DEUTSCHE GRAMMATIK.

MIT RÜCKSICHT AUF

VERGLEICHENDE SPRACHFORSCHUNG.

VON

Dr. H. B. RUMPELT,

PRIVATDOCENTEN AN DER UNIVERSITÄT ZU BRESLAU.

ERSTER THEIL.

LAUTLEHRE.

BERLIN,
FERD. DÜMMLER'S VERLAGSBUCHHANDLUNG
1860.

Vorwort.

***

Wir geben in diesen Blättern lediglich eine Darstellung der hochdeutschen Sprache. Alles, was dieselben aufserhalb der Sphäre der letzteren enthalten, ist nur Mittel, nicht Zweck. Es dürfte jedoch für den Begriff hochdeutsch eine schärfere Begrenzung nicht überflüssig sein, und dazu bedarf es eines kurzen Ueberblicks der wichtigsten hier einschlagenden Verhältnisse.

Das ganze Gebiet der germanischen Sprachfamilie gliedert sich nach seinen Hauptzügen in folgender Weise:

I. Die gothische Sprache. Aelteste Form, in welcher uns germanische Sprache überhaupt begegnet, daher fast immer für die grammatischen Vorgänge derselben die tiefste Regel bietend; gleichwohl nicht als eigentliche Muttersprache der übrigen germanischen Idiome zu betrachten, und in einzelnen Fällen sogar von diesen an Alterthümlichkeit übertroffen.

II. ·Die nordische Sprache. Ihre älteste uns bekannte Gestalt, das Altnordische, geht im 13 — 14. Jahrh. mit rascher Wendung, ohne ein scharf ausgeprägtes Mittelnordisch zu bilden, in das Neunordische über, welches letztere jedoch, gleichsam zum Ersatz dafür, in zwei Aeste: Schwedisch und Dänisch, sich spaltet.

III. Die niederdeutschen Sprachen. Ursprünglich wohl nur Eine; aber schon in den ältesten Denkmälern unter dreifacher Gliederung auftretend. ·

1) *Das Angelsächsische.* Sprache der nach den britischen Inseln ausgewanderten niederdeutschen Stämme; erleidet im 11. Jahrh. durch die Eroberung der längst zu Franzosen gewordenen Normannen eine tiefgreifende Störung, bis endlich beide einander so ent-

gegengesetzten Idiome: das germanische und romanische, zu einer höheren Einheit: dem späteren **Englisch**, verschmelzen.

2) *Das Niederländische.* Mit diesem Namen erlauben wir uns hier diejenigen Mundarten zu bezeichnen, welche auf den nordwestlichen Niederungen des deutschen Festlandes einheimisch waren und wovon die altfriesischen Denkmäler die älteste Gestalt bieten. Aus den südlichern Mundarten erwuchs später, in Folge einer immer tiefer gehenden politischen Trennung vom Mutterlande, das Mittelniederländische und aus diesem das heutige Neuniederländische (Holländisch und Vlämisch).

3) *Das Plattdeutsche.* Unter diesem Namen begreifen wir die Mundarten des nördlichen Deutschlands, so weit dieses letztere auch politisch vereinigt blieb; obschon die Sprachgrenze gegen das Niederländische hier in der That, namentlich für die ältere Zeit, kaum angebbar ist. Aelteste Gestalt desselben bietet die altsächsische Evangelienharmonie („Heliand"). Eine mittlere Periode (Mittelplattdeutsch, bei Grimm Mittelniederdeutsch) ist zwar vorhanden, aber literarisch wenig vertreten. Dies gilt in noch höherem Grade von dem Neuplattdeutsch, d. h. der noch jetzt im nördlichen Deutschland beim Landvolk üblichen Sprache, welche völlig auf den Standpunkt des Dialekts getreten ist und selbst als solcher in immer engere Grenzen zurückweicht. Diese trotz aller künstlichen Belebungsversuche nicht aufzuhaltende Erscheinung darf vom provinziellen und selbst vom ethnographischen Standpunkt aus beklagt werden, vom nationalen ist sie ein Segen für unser ohnehin so vielfach gespaltenes Vaterland.

IV. **Die oberdeutsche Sprache.** Sie gilt vorzugsweise im südlichen Deutschland, und selbst die mittleren Gegenden, welche den Uebergang zwischen ihr und der niederdeutschen bilden, schliefsen sich mehr an sie als an diese letztere. Die oberdeutschen Denkmäler vom 7—11. Jahrh., meist von Geistlichen verfafst, werden indefs in Bezug auf ihre Sprache nicht mit jenem Namen, sondern in der Regel mit „althochdeutsch" bezeichnet. Diese Sprache ist auch keineswegs eine scharf begrenzte, sondern sie enthält eine Menge oberdeutscher Mundarten, welche im Allgemeinen zwar unter die vier Hauptgruppen: Alemannisch, Schwäbisch, Bairisch, Fränkisch, sich vertheilen lassen, aber auch innerhalb dieser letzteren noch sehr wesentliche Unterschiede bieten. In den Denkmälern des 12. bis zur Mitte des 13., höchstens bis zum Anfang des 14. Jahrh. vereinfachen sich diese Unterschiede bedeutend, und zwar zu Gunsten

des Schwäbischen, welche Mundart, offenbar durch den Glanz
des regierenden Kaiserhauses, weit über die Grenzen des eigentlichen Schwabens hinaus die Sprache des höfischen Adels und besonders die seiner Poesie (Minnegesang, Ritterepos) wird und als
solche jetzt unter dem Namen „Mittelhochdeutsch" bekannt ist.
Vom 14. Jahrh. an zerfließt dieselbe zusehends und bald existiren
eben nur noch wieder oberdeutsche Dialekte; jeder Schriftsteller
bedient sich der Mundart seiner speciellen Heimat (14—16. Jahrh.
Verfall der Literatur).

Was nun diejenige Sprache betrifft, welche seit J. Grimm als
„Neuhochdeutsch" bezeichnet wird, so entwickelt sich dieselbe
in Mitteldeutschland, namentlich Obersachsen („Meissenscher Dialekt"); steht also, von diesem rein mundartlichen Standpunkte betrachtet, zwischen Oberdeutsch und Niederdeutsch, wenn gleich die
oberdeutsche Färbung überwiegt (vgl. oben). Dadurch aber, dafs
in ihr die Literatur der Reformationszeit, vor Allem Luther's Bibel-
übersetzung und das protestantische Kirchenlied, auftritt, so wie dafs
auch noch später diese mittleren Provinzen die Hauptvertreter des
deutschen Geisteslebens bleiben, gewöhnt man sich zunächst daran,
dieses Idiom als deutsche Schriftsprache anzusehen und es
verschwinden allmälig neben ihm die einzelnen Mundarten aus der
Literatur völlig, wenn auch nicht ohne ihrerseits die Schriftsprache
zu beeinflussen, so dafs diese letztere bald nirgends mehr, auch in
Obersachsen nicht, eigentlich gesprochen wird; dafür aber nun
mit keiner deutschen Mundart mehr zusammenfallend, nur desto
entschiedener ihren Charakter als ideale deutsche Schriftsprache
festhält und weiter ausbildet; d. h. immer mehr von der mündlichen
Rede sich entfernt, welche letztere nach wie vor den Strömungen
der einzelnen Dialekte folgt (16—18. Jahrh.).

Durch den gewaltigen Aufschwung der Literatur aber in der
zweiten Hälfte des 18. Jahrh., und durch die Herrschaft, welche
dieselbe über das gesammte deutsche Geistesleben ausübte, so
dafs während eines vollen Jahrhunderts fast alle anderen Inter-
essen neben dem literarischen zurücktraten, gewann nun diese
Schriftsprache auch mehr und mehr Geltung als Umgangssprache, sie wurde wesentlich die Sprache der Gebildeten und trat
als solche in Gegensatz zu der Volkssprache, welche noch immer in den Grenzen des speciellen Dialekts verharrte. Die neueste
Zeit endlich mit ihrem grofsartigen Verkehr hat jene Umgangssprache
in immer weitere Kreise verpflanzt, so dafs sie, leisere Schwankun-

gen abgerechnet, gegenwärtig als allgemeine Sprache der Gebildeten in Deutschland gelten darf.

Aus dieser Entwickelung geht hervor, dafs jenen beiden ersten Beziehungen: Alt- und Mittelhochdeutsch, die sich ihnen anschliefsende dritte: das Neuhochdeutsch, keineswegs parallel geht. Im erstern Falle drückte das Wort Hochdeutsch eine landschaftliche Beziehung aus, es stand für das was wir heute Oberdeutsch nennen; im zweiten Falle hat es eine culturhistorische Beziehung, es bedeutet die edlere, höhere Sprache im Gegensatz zu der gemeineren. Dieser Wechsel der Beziehungen ist keineswegs erst in unserer Zeit vor sich gegangen, sondern hat sich langsam in der Volkssprache selbst entwickelt (vgl. W. Wackernagel, Gesch. d. D. L. p. 373); nur die Zusammensetzung mit der Zeitbestimmung ist erst von J. Grimm eingeführt worden, der auch hiebei mit schonender Liebe das, was einmal Wurzel gefafst, zu erhalten suchte.

Wo indefs eine solche Schonung die Klarheit der Verhältnisse beeinträchtigen könnte, da wäre sie freilich zu beschränken, und in diesem Falle steigt wohl die Frage auf, ob es nicht gerathen sei, hier der Bezeichnung ein einheitliches Prinzip zu Grunde zu legen, also z. B. entweder:

a) indem man die Namen Alt- und Mittelhochdeutsch zwar bestehen liefse, aber den hinzugehörigen dritten: Neuhochdeutsch, in dieselbe Sphäre verwiese wie sie, also darunter die jetzt lebenden oberdeutschen Dialekte zusammenfafste; dagegen für die allgemeine Schrift- und Umgangssprache eine andere Bezeichnung wählte, etwa Neudeutsch, Schriftdeutsch, etc.;

oder:

b) indem man statt Alt- und Mittelhochdeutsch lieber Alt- und Mitteloberdeutsch setzte, das Wort Hochdeutsch aber für die mit dem 16. Jahrh. beginnende Büchersprache anwendete, wobei dann kein weiterer Zusatz nöthig wäre;

oder:

c) dasselbe Verfahren, aber dadurch vervollständigt, dafs man zwischen dem Ober- und Niederdeutschen noch eine dritte Entwickelungsreihe: das Mitteldeutsche *), einschöbe; das Hochdeutsche

---

*) Sein Gebiet würde etwa vom Trier'schen und Mainzischen aus durch Hessen nach Thüringen sich erstrecken. — J. Grimm begehrt indefs für diese räumliche Beziehung einen andern Namen und möchte das Wort Mitteldeutsch

dann zunächst als ursprüngliches Neumitteldeutsch darstellte, und von hier an dessen selbständige Entwickelung betrachtete.

Alle diese Wege sind, mit mehr oder weniger Consequenz, bereits in Vorschlag gekommen; keiner aber hat sich bisher Geltung erwerben können. Der dritte dürfte allerdings dem wahren Sachverhalt am nächsten kommen; er setzt aber eine ideale Höhe der Sprachforschung, insbesondere eine Kenntnifs und Sonderung der Dialekte voraus, wie sie für die ältere Zeit (bis zum 16. Jahrh.) aus den vorhandenen Denkmälern kaum zu gewinnen sein dürfte. — Somit halten wir immer noch an den von J. Grimm eingeführten Namen: Alt-, Mittel-, Neuhochdeutsch fest und glauben sogar den Vorwurf der Inconsequenz von denselben ablehnen zu dürfen. Jener Wechsel der Beziehung ist nämlich für den heutigen Sprachgebrauch gar nicht mehr vorhanden, sondern es liegt für uns Neuere dem Worte Hochdeutsch in allen drei Fällen ein und derselbe Begriff zu Grunde.

Dieser Begriff ist aber kein anderer als: „Die Sprache der deutschen Literatur". — Die Denkmäler dieser letzteren treten in drei verschiedenen Perioden mit scharf ausgeprägter Eigenthümlichkeit der Sprache auf; vom 7—11., vom 11—13., vom 16—19. Jahrhundert; diese Sprache heiſse demnach immerhin Hochdeutsch, d. i. die höhere Sprache, die Trägerin des deutschen Geistes im Strome der Zeit, gegenüber den verhallenden Klängen der mündlichen Rede; wobei es gleichgültig bleibt, daſs früher dasselbe Wort eine räumliche Beziehung ausgedrückt hat. Im 14. und 15. Jahrh. gab es kein Hochdeutsch in unserem Sinne mehr, sondern nur Dialekte, weil eben die Literatur selbst im Erlöschen war.

Die Grenzen zwischen Hochdeutsch einerseits, den ober- und niederdeutschen Mundarten andrerseits werden freilich nicht in allen Fällen praktisch angebbar sein. Die hochdeutsche Sprache erwuchs langsam mit der ihr zu Grunde liegenden Literatur und bedurfte Jahrhunderte, um sich aus den Verschlingungen der sie üppig umblühenden Volkssprache emporzuarbeiten. Dies ist ihr in der ersten Periode nur in äuſserst geringem Maſse gelungen; das Althochdeutsche ist wesentlich noch Altoberdeutsch, d. h. eine Fülle

---

heber in zeitlicher Weise, nämlich für die Sprache des 13—15. Jahrh. angewendet wissen. Vgl. von Dems. „Ueber den sogenannten mitteldeutschen Vokalismus" in der Haupt'schen Zeitschrift, VIII, 544.

oberdeutscher Mundarten, die Anfangs noch unverbunden neben einander liegen, also völlig als Provinzialdialekte auftreten, später bereits auf einander einwirken und damit den ersten Schritt auf der
Bahn des eigentlichen Hochdeutschen thun. — Einen schon an-
sehnlichen Umblick gewährt das Mittelhochdeutsche; von ihm kann
man bereits nicht mehr sagen, dafs es gleich Mitteloberdeutsch, oder,
was dasselbe, eine Zusammenstellung der oberdeutschen Mundarten
des 12. und 13. Jahrh. sei. Zunächst nämlich ist die räumliche
Sphäre, auf der es erwuchs, eingeschränkter als in der vorigen
Periode; es ist wesentlich schwäbisch, aber keineswegs mehr in
dem Sinne, wie die ahd. Denkmäler alemannisch etc., genannt werden müssen; der Abstand zwischen dem schwäbischen Volksdialekt
und dem Schwäbisch der mhd. Poesie mufs bereits sehr fühlbar gewesen sein, sonst würde diese Poesie nicht einen so weiten Kreis
(ganz Ober- und Mitteldeutschland) haben umspannen können; hier
ist der Name Hochdeutsch schon wohlverdient. Diese Sprache erlischt zugleich mit dem schwäbischen Kaiserhause und dem Glanze
der höfischen Poesie; was zurückbleibt, sind eben wieder nur Dialekte; selbst bedeutendere Schriftsteller können sich keiner andern
Sprache bedienen als der von ihrer Provinz gebotenen, und für das
gerade damals mit Vorliebe gepflegte Feld der Satire durfte dies
sogar als Vortheil gelten (Fischart). Noch Geiler von Kaisersberg,
Sebastian Brandt, Hans Sachs und deren Zeitgenossen schreiben
nicht hochdeutsch, sondern elsässisch, fränkisch etc. Das Neuhochdeutsche selbst verliefs nur zögernd den Standpunkt des Dialekts, es
mufste lange Zeit sowohl den Schweizern wie den Niedersachsen über-
setzt werden, und noch heute verstehen die nördlichsten und südlichsten Landstriche dasselbe blofs mit dem Auge, nicht mit dem
Ohr. Seine allmälige Ausbildung als deutsche Schriftsprache seit
dem 16. Jahrh. durch die fortwährend einmündenden Dialekte, so
wie andererseits sein Eindringen in diese zu verfolgen, ist eine der
schönsten, aber auch schwierigsten Aufgaben deutscher Sprachforschung, welche indefs weniger der Grammatik als dem Wörterbuche
anheimfällt und die denn auch in dem von den Gebrüdern Grimm
unternommenen bereits die würdigste Vertretung gefunden hat. Wohl
aber wird die Grammatik sich der Grenzen beider Gebiete be-
wufst bleiben müssen, und auch da, wo sie zur Erklärung einer
hochdeutschen Thatsache der Herbeiziehung des Dialekts bedarf,
aufs sorgfältigste zu unterscheiden haben, wo dieser Einfluss anfängt
und aufhört, damit nicht Folgerungen, welche nur vom Standpunkt

des Dialekts aus richtig sind, fälschlich der allgemeinen Sphäre des Hochdeutschen beigemessen werden; eine Gefahr, die für die ältere Periode in mehr als Einem Falle gar nahe liegt, und der völlig zu entgehen kaum möglich sein wird.

Daſs eine Grammatik der hochdeutschen Sprache nur auf historischem Wege möglich ist, versteht sich nach der gegebenen Entwickelung von selbst; es frägt sich nur, wie weit dabei auszugreifen sei. Hierauf läſst sich eine allgemeine Antwort nicht geben; es kommt auf den Zweck des Buches an. Wir haben bei dem unsrigen vor Allem an denjenigen Leserkreis gedacht, welcher uns der nächste war: an Studirende. Hiernach wird einerseits der freieste Standpunkt im Prinzip, andererseits innerhalb desselben die möglichste Beschränkung im Detail geboten. Der Ausgangspunkt vom Gothischen verstand sich von selbst, das Gebäude hätte ohne diese Grundlage in der Luft geschwebt; andere germanische Sprachen sind nur ausnahmsweise herbeigezogen; Dialekte kommen nur für die Fälle in Betracht, wo ihr Einfluſs auf die hochdeutsche Umgangssprache schon jetzt ganz bestimmt nachweisbar ist.

Dagegen schien uns eine Herbeiziehung der urverwandten Sprachen, wenigstens der beiden klassischen und des Sanskrit, für unsern Zweck dringend geboten. Die Unentbehrlichkeit der Sanskrita für jedes gründlichere Sprachstudium braucht heut zu Tage wohl nicht mehr gepredigt zu werden; einer Ueberschätzung derselben, als ob sie schlechthin die Ursprache unsers Stammes wäre und in allen Fällen die tiefste Regel bieten müſste, glauben wir uns nicht schuldig gemacht zu haben. Aber, wenn wir einerseits uns gar wohl bewuſst sind, wie unsäglich viel noch auf heimischem Boden zu lernen und zu finden ist, ehe an einen Abschluſs der speciellen Forschung zu denken wäre (wofern von einem solchen überhaupt jemals die Rede sein kann), so durften wir andererseits doch nicht verkennen, daſs das specielle deutsche Sprachstudium durch die „vergleichende Grammatik" bereits sehr wesentliche Fortschritte gemacht und Resultate gewonnen hat, welche vom rein germanischen Standpunkt nimmermehr hätten erlangt werden können. Diese sich anzueignen, ist denn doch die Pflicht jedes Strebenden, und den Weg dahin zu erleichtern, schien uns kein nutzloses Unternehmen.

Jenes mit Recht so verpönte Construiren der Sprache nach sub-
jectivem Gutdünken wird am sichersten dadurch verhütet, daſs man
den Blick an verwandten Erscheinungen schärft und aus ihnen das
gemeinsame Gesetz zu ermitteln strebt. Wir haben hauptsächlich
auf Grundlage der oben genannten drei Sprachen und des Deutschen eine Zusammenstellung solcher gemeinsamen Verhältnisse zu
geben versucht, verwahren uns aber ausdrücklich davor, als hätten
wir damit ein vollständiges Kategorienschema für alle Sprachen
oder auch nur für sämmtliche Sprachen des indo-europäischen Stammes liefern wollen; vielmehr erklären wir im voraus, daſs wir bei
jener Aufstellung unausgesetzt an unser eigentliches Ziel: die deutsche Grammatik, gedacht, und Alles weggelassen haben, was mit
dieser in gar keiner oder allzugeringer Verbindung zu stehen schien;
auch in der Besprechung der einzelnen Erscheinungen niemals weiter gegangen sind als gerade hinreichte, um ein deutliches Bild derselben zu gewinnen.

 Was die Darstellung der deutschen Sprachentwickelung selbst
betrifft, so brauchen wir wohl kaum zu erwähnen, daſs dieselbe auf
Grundlage der Forschungen von J. Grimm ruht. Wie wäre es
anders möglich! Seine „Deutsche Grammatik", jenes preiswürdige
Denkmal deutschen Geistes und Gemüthes, ist eben mehr als bloſse
Grammatik, sie ist wesentlich auch Sprachschatz und kann als
solcher nie veralten; so daſs alle späteren Forscher immer und immer wieder zu ihr zurückkehren müssen, wenn sie nicht die Arbeit
eines Lebens daran setzen wollen, — unvergleichlich Gethanes auf
zweifelhaften Erfolg hin nochmals zu thun: Daſs hiermit im Einzelnen, wo es nöthig erscheint, eine unmittelbare Prüfung der Denkmäler nicht ausgeschlossen sein soll, versteht sich von selbst. —
Der eigentlich grammatische Theil jenes Werkes ist, wie bekannt,
in Grimm's späteren Schriften, besonders in seiner „Geschichte der
deutschen Sprache", an mehreren Stellen berichtigt worden, wie es
der veränderte Standpunkt der Sprachforschung erheischte; in solchen Fällen sind wir bemüht gewesen, dem Gange der Auffassung
möglichst zu folgen und haben in wichtigeren Fragen den Verlauf
derselben in Kürze mitgetheilt. Daſs wir die Schriften auch anderer Forscher zu Rathe gezogen, dürfte das Buch am besten selbst
bezeugen, und wo wir eigene Wege einschlugen, da wird man hoffentlich eine unparteiische Angabe des Sachverhältnisses und die
Gründe unserer Abweichung nicht vermissen. Vielleicht werden
Einige von der hier vorliegenden Lautlehre urtheilen: sie hebe be-

sonders den phonetischen Standpunkt hervor. Wir selbst möchten dies, mag es nun tadelnd oder lobend gemeint sein, kaum gelten lassen; unser Streben wenigstens ging lediglich dahin, die verschiedenen Standpunkte, von denen aus Laute betrachtet werden können, recht scharf zu sondern und das Gebiet eines jeden möglichst rein zu halten. Tritt dabei der phonetische Standpunkt scheinbar etwas in den Vordergrund, so kommt dies wohl nur daher, weil derselbe bis jetzt allzusehr im Hintergrunde gestanden hat.

Daß wir hinsichtlich des Leserkreises zunächst an die Bedürfnisse von Studirenden gedacht, ist bereits gesagt. Es weht, wenn nicht alle Zeichen trügen, unter denselben seit einiger Zeit auf dem Felde der Sprachwissenschaft ein sehr frischer Geist. Jene Klage, daß die weiteren Kreise der jungen Philologen sich noch immer beharrlich gegen die neuere Sprachwissenschaft abschlössen, verliert sichtlich mehr und mehr an Berechtigung, und vielleicht ist die Zeit nicht mehr fern, wo die „Linguistik" neben und unbeschadet der Philologie die ihr gebührende Stellung erringt. Von großer praktischer Wichtigkeit wäre es, wenn zunächst auch nur zwischen „altklassischem" und „germanistischem" Gebiet eine gewisse Verbindung gelänge; wie anders müßte unter solcher Voraussetzung der Sprachunterricht auf höheren Schulen sich gestalten! Von dem einen Ufer hat Georg Curtius bereits in glänzender Weise die ersten Pfeiler gegründet; wir möchten nach unserer schwachen Kraft von dem andern denselben entgegenbauen; vielleicht wird, wenn man nur von beiden Seiten mit Liebe weiterarbeitet, dereinst doch die volle Brücke sich wölben.

Breslau, im Juni 1860.

B. R.

Berichtigungen und Zusätze.

Seite 12, Zeile 6 von unten statt ò *in* è lies ò *und* è.

S. 19, Z. 6 v. u. im Text sind die Worte *Bopp und* zu streichen   Bopp schreibt nämlich in der 2. Ausg. der V. G. den weichen *S*-Laut nicht z, sondern ʒ

S. 20, Z. 3 v. o. statt *Bopp'sche* lies *Lepsius'sche* und ebenso daselbst Z. 7 statt *Bopp* lies *Lepsius*.

S. 21, Z. 12 v o. statt *convexer* lies *concaver*.

S. 23, Z. 3 v. u. lies: *erhalten wir folgende 25 (26) Laute*.

S. 30, Z. 9 ist das *und* zu tilgen.

S. 33, Z. 1 v o. statt *bei* lies *vor*.

S. 48, Z. 5 v. o lies: *Consonantenverbindung; das einzige e t s i ausgenommen*.

S. 50, Z 11 v. o. statt IV. lies *VI*

S. 52, Z. 6 v. u. füge hinzu: Die *ſ*-Verbindungen finden sich namentlich im Slavischen sehr häufig, vergl. poln. *zl, zr, zn, zm, zg, zd, zb, zw*; aber auch im Italienischen, vergl. *sg, sd, sb*; und aller Wahrscheinlichkeit nach kann auch. in den griechischen Verbindungen *σγ, σδ, σβ* das σ nur *ſ*, nicht *s* gewesen sein.

S. 52, Z 13 v. u. statt *vs* lies *sv*.

S. 57, Z. 11 v. u. statt λ lies *ν*.

S. 61, Z. 4 v. u. statt *in* lies *und*.

S. 62, Z 7 v. o. statt *§ 33* lies *§. 34*.

S. 63, Z. 1 v. o. statt *§. 34* lies *§. 35*.

S. 67, Z. 9 v. o. statt *ahd mhd. ei, i, é* lies *ahd. mhd. ei, é, nhd. ei, i, é*. — Ebendaselbst Z. 14 und 15 ist in den ahd. Formen *ſêo, ſêola, ſêla* statt des *ſ* ein *s* zu setzen.

S. 69, Z. 15 v. u. setze hinter λευκός ein Komma.

S. 70, Z. 17 v. o. statt *juśma* lies *yuśma*.

— Z. 6 v. u. statt *plahan* lies *plaihan*.

S. 73, Z. 20 v. o. statt *litan* lies *lêtan*.

S. 76, Z. 15 v. u. statt *hâlms* lies *hâlmr*.

S. 78 und 79 ist am Anfang der Absätze statt h), i), k) zu setzen *g), h), i*).

S. 78, Z 2 v. u. in der Note sollte das Wort *splendere* nicht cursiv, sondern mit Antiqua gedruckt sein, da es nicht der Etymologie, sondern der Bedeutung wegen dasteht

S. 89, Z. 3 von unten setze hinter *sumus* ein Komma

S. 91, Z. 11—13 ist statt der Zeichen *i, ı̌, z* lieber zu setzen *ſ, ſ, ſ*. — Ebendaselbst Z 15 hinter *d', t* einzuklammern *d', t*?

S. 95, Z. 20 v. o. statt *vedal* lies *wadal*.

— Z. 12 v u lies: *es von h o c h ableitend, wozu auch das mhd. h ô c h v a r t stimmt. Es wäre indeſs möglich, daſs dabei später der Gedanke an H o f mitgewirkt hat; entweder, etc.*

S. 96, Z. 14 v. u. lies: *mit ausfallendem p.*
S. 100, Z. 3 und 4 v. u. lies: *übergeht*, bezügl. *bleibt.*
S. 101, Z. 9 v o. statt *bloma* lies *bluoma*, und Z. 13 statt *nicht* lies *nieht*
S. 107, Z. 11 v. o. lies: σέντι.-
S. 123, Z. 4 v. u lies: *ei* (d. i. *i*).
S. 126, Z. 3 v. u. in der Note, lies *dvêsami, dvêsasi, dvêsati.*
S. 129, Z. 15 v. o. lies *kakâra.*
S. 133, Z 11 v. o. lies *von der Fortis.*
S. 134, Z. 3 v. o. füge hinter den Worten *langem Vokal* in Klammer hinzu: *Diphthonge ausgenommen.*
S. 136, Z. 4 v. o. statt *dunchil* lies *dunchil*; und Z. 7 lies: *wo der Uebergang des a in i etc* — Die Z. 11 v. u. aufgestellte Erklärung, wonach das nhd. *weilend.* ahd. *huilont* (olim) das Participium von *huilôn* (morari, quiescere) wäre, gebe ich jetzt auf und schliefse mich Grimm's Auffassung (III, 217) an, welcher darin eine Nebenform zu dem dativischen Adverb *huilom* (mit epenthetischem *t?*) sieht. — Daselbst Z. 2. v. u. ist *ebenfalls* zu streichen.
S. 137, Z. 10 v. u. statt *assimilirende* lies *assimilirend.*
S. 138, Z. 11 v. o. lies *ursprünglichere.* — Am Schlufs der Seite ist hinzuzufügen: Anmerkung 2. Das ganze Gebiet der *Compensation* würde sich nach Holtzmann's Theorie (der wir unsererseits vollständig beipflichten) natürlich zwischen *Assimilation* und *accentischem Lautwechsel* (unserer *Gravitation*) vertheilen, so dafs die Aufstellung eines eigenen Abschnitts dafür in der Folge überflüssig sein dürfte. Für unsern Zweck schien jedoch eine abgesonderte Behandlung derselben noch wünschenswerth.
S. 143, Z 17 v o. lies *dadâsi, dadâsi, tišṭasi.*
S. 145, Z. 17 v. o. war *traugum cursiv* zu drucken
S. 147, Z. 9 v. o ist in der Klammer statt *bimamida* zu lesen *bimaminida.*
S. 149, Z. 4 v. u. lies: *Mittelhochdeutsch.*
S 151, Z. 11 v. u. im Text lies: *die Endung*, und etc.
S. 153, Z. 5 v. u. statt ἐρεύγεω lies ἐρεύγω; und Z. 15 statt *wenigstens* lies *meistens.*
S 160, Z. 4 v. u. lies θίμβρα.
S. 164, Z. 19 v. o. setze hinter σκύρθαξ ein Semikolon.
S 169, Z. 12 v. o statt *genwún* lies *genwôn.*
S. 182, Z. 19 v. o. statt *Qualität* lies *Quantität.*
S. 184, Z. 6 v. o. lies: *nun auch in echt gothischen Wörtern den Laut i durch das Zeichen ei zu geben.*
S. 185, Z. 5 v. o. ist das *nicht* zu streichen.
S. 186, Z. 1 v. o. lies *jacêre*
S. 187, Z. 3 v. o. lies lat. *luo, so-lvo,* und Z. 13 v o statt *griech.-lat.* lies *lat.*
S. 188, Z. 6 v. u. lies *firmum.*
S. 190, Z. 19 v. o. statt νεφός lies νίφος.
S. 194, Z 17 v. o. statt *tuhta* lies *puhta.*
S. 197, Z. 5 v. u. ist nachzutragen: hm. *ahma* (animus); und Z. 19 hinter (*tenebrae*) statt des Punktes ein *Komma* zu setzen
S. 200, Z. 9 v. o füge hinter hv hinzu: *Vergleiche Pfeiffer's Germania I*, 129.
S. 202, Z. 8 v. o. statt *âd* lies *dd.* Ebendaselbst Z 9 v. u. ist das *p* zu streichen, und als erstes Beispiel hinzuzufügen: *haihaist* (*st. haihaitt).*
S. 204, Z. 3 v o ist der hier beginnende Satz zu streichen und dafür zu lesen: *Vor dem t der Flexion geht es in s über, z. B. qast (st. qapt).*
S. 205, Z. 18 v. u. füge hinter *kämen* hinzu: Beisp. *baudt, haihaitt, qapt* werden zu *baust, haihaist, qast;* selbst das n übt diese Wirkung, also *anabusns* (biudan), *usbeisns* (beidan).
S. 206, Z. 16 v. o. lies *protrudere.*
S 209, Z. 8 v. o. lies *bêrusjôs.*
S. 211, Z. 3 v. u. lies *haifsts.*

S. 212, Z 5 v. u. füge hinzu: *Nur nach langem Vokal, sonst sich in u auf-
lösend.*

S 214, Z 5 v. o. lies *acker (d. i. akker)*; und Z 8 statt *starben* lies *darben.*
— Ebendaselbst in der Anmerkung Z. 3 v o füge hinter *ver-
zichten* hinzu: *ausgenommen, wo dieselben auch in der deutschen
Umgangssprache scharfe Abgrenzungen hervorbringen.*

S. 217, Z. 13 v. o. sind die Bedeutungen *pluvia* und *movere* mit einander zu
vertauschen. — Ebendaselbst Z. 24 v o. lies: *wo die Orthographie ä oder äh bietet*, etc.

S. 219, Z. 10 v o. statt *wisa* lies *wisa.*

S. 222, Z. 9 v u. im Text lies: *Das ahd. u* etc.

S 224, Z. 4 v. u im Text ist hinter § 47, 1 die Klammer zu tilgen

S. 230, Z. 5 und 6 muſs hinter *geschrieben* beide Male ein Punkt stehen.

S. 234, Z. 20 v. o. lies. *nur noch mit dem Englischen und Holländischen, wo
man zwar i (ij) schreibt*, etc.

S. 237, Z. 15 v. o. statt *suochu* lies *suohhu.*

S. 239, Z. 1 v. o. statt *eigentlich schon* lies *bereits.*

S 240, Z. 11 v. o. lies: *daſs man den Vokal der beiden ersten als Umlaut von
ú behandelte, den des letzten der Analogie* etc.

S. 254, Z. 4 v. o. statt *Gesav* lies *Gefar.*

S. 257, Z. 20 v. o. statt *Tet.* lies *Tat.*

S. 263, Z. 14 v. o statt *sind* lies *waren.*

S. 268, Z 18 v u statt *jefan* lies *jesan.*

S. 272, Z. 14 v. u. lies *hehti.*

S 273, Z. 14 v. u im Text fehlt hinter *Mittelalter* das Komma.

S. 274, Z. 18 v o lies *ignavus*

S 275, Z 4 v. o. lies *goth. luftus.*

S. 279, Z 16 v. o. statt *ihn* lies *ihm.*

S 283, Z. 6 v. u. statt *diesen* lies *diesem.*

S. 285, Z 4 ist *die* zu streichen.

— Z. 8 v. u. lies: *weil diese obengenannten als Fortes, auch den Zischlaut
zur Fortis machen, also sklave, stark, springen; hätten wir*
etc. bis *Italienischen*, wo dann die noch folgenden Worte bis zum
Punkt zu streichen sind.

S. 297, Z. 12 v. o. statt *bezeichneten* lies *schrieben.*

S. 299, Z. 15 v. o. statt *archus* lies *arctus.*

S. 300, Z. 1 v. o. statt *den* lies *dem.*

S. 307, Z. 7 v. o. lies *dialektischen.*

S. 314, Z. 17 v. o. ist vor die Zahl 150 das Zeichen § zu setzen.

S. 315, Z. 10 v. o. statt *Beziehungsweise* lies *Bezeichnungsweise.*

— Z. 10 v. u. statt *quis* lies *quies.*

S. 316, Z. 4 v. o statt *c* lies *i.*

S. 323, Z. 5 v. u. lies *Worte.*

S. 326, Z. 12 v. o. statt *jaciebat* lies *jacebat.*

Inhalt.

Drittes Kapitel.
Von den Lautänderungen.

Zweiter Abschnitt.

Von den einzelnen deutschen Lauten im Besondern.

Erstes Kapitel.
Von den gothischen Vokalen.

Verzeichnifs

derjenigen Schriften, bei deren Angabe wir uns Abkürzungen
erlaubt oder blos den Namen des Verfassers
genannt haben,

— — — —

Benfey. Griechisches Wurzellexicon.
Bopp. Vergleichende Grammatik, 2te Ausgabe (V. G)
— Kritische Grammatik der Sanskritsprache in kürzerer Fassung (B.)
Corssen. Ueber Aussprache, Vokalismus und Betonung der lateinischen
    Sprache,
Curtius. Die Bildung der Tempora und Modi
— Grundzüge der griechischen Etymologie (G. E.)
Dieffenbach. Vergleichendes Wörterbuch der gothischen Sprache (G W)
Frommann. Deutsche Mundarten; eine Monatsschrift (D. M.)
Graff. Althochdeutscher Sprachschatz.
Grimm. Deutsche Grammatik (D. G)
— Geschichte der Deutschen Sprache (G. d. D. S.)
— Deutsches Wörterbuch (D. W.)
Haupt. Zeitschrift für Deutsches Alterthum
Heyse Deutsche Grammatik (D. G.).
— System der Sprachwissenschaft.
Holtzmann. Ueber den Umlaut. Ueber den Ablaut
Jakobi. Beiträge zur Deutschen Grammatik.
Kuhn. Zeitschrift für vergleichende Sprachforschung, auf dem Gebiete des
    Deutschen, Griechischen und Lateinischen (Zeitschr.)
Kuhn und Schleicher. Beiträge zur vergleichenden Sprachforschung (Beitr)
Lepsius. Das allgemeine linguistische Alphabet
Pfeiffer. Germania, Vierteljahrsschrift für deutsche Alterthumskunde (Germ.)
Pott Etymologische Forschungen; 1ste Ausgabe (E. F.)
R v. Raumer Ueber Aspiration und Lautverschiebung.
Schleicher. Zur vergleichenden Sprachengeschichte (Zetac.)
— Die Sprachen Europas (S. E.)
— Litthanische Grammatik (L. G.)
— Formenlehre der kirchenslavischen Sprache (S. G.)
Schmeller. Die Mundarten Bayerns (M B.)
— Bayrisches Worterbuch (B. W.)

Stalder Schweizerisches Idiotikon.

Steinthal. Grammatik, Logik und Psychologie.

Steinthal und Lazarus. Zeitschrift für Völkerpsychologie und Sprachwissenschaft.

Ulfilas, herausgegeben von v d. Gabelentz und Loebe. Altenburg (G. u. L.)

Vilmar. Anfangsgründe der Deutschen Grammatik.

P. Wackernagel. Edelsteine deutscher Dichtung und Weisheit (E.)

W. Wackernagel Altdeutsches Lesebuch (A. L.)

— Deutsche Literaturgeschichte (D. L.)

Weinhold. Ueber Deutsche Dialektforschung (D. D.)

Wörterbuch, Mittelhochdeutsches, mit Benutzung des Nachlasses von Beneke,
herausgegeben von W. Müller und F Zarncke

I.

Lautlehre.

———

Einleitung.

———

Die Betrachtung der Sprachlaute kann von dreifachem Standpunkte aus geschehen: vom phonetischen, etymologischen, graphischen.

A. Der phonetische Standpunkt hält sich streng an die
Aussprache des Lautes, also an dessen natürliche Be-
schaffenheit, wie dieselbe aus der Art seiner Hervorbringung erkannt wird.

B. Der etymologische Standpunkt stützt sich auf die
Herkunft eines Lautes und die Aenderungen, denen der-
selbe im Laufe der Zeit unterworfen gewesen, mit Einem
Worte auf dessen historische Verhältnisse.

C. Der graphische Standpunkt geht von dem Zeichen
(Buchstaben) aus, durch welches ein Laut ausgedrückt wird.
Streng genommen ist hierbei zu unterscheiden:

a) das *orthographische Moment*, welches auf phonetischen
und etymologischen Gründen beruht;

b) das *calligraphische Moment*, welches nur der Zier-
lichkeit, Kürze oder sonstigen Zweckmäfsigkeit der Schrift
dient.

So ist z. B. im Neuhochdeutschen die Verdoppelung
des Auslauts ein orthographisches, die Sonderung zwischen *f* und *s* ein calligraphisches Moment.

Von diesen drei Standpunkten ist der erste, der phonetische (man könnte ihn auch den natürlichen nennen), die nothwendige Grundlage der beiden andern. Alle historisch-ety-
mologischen Veränderungen der Laute haben, so weit sie nicht
der intellectuellen Sphäre angehören, mehr oder weniger deutlich ihren Grund in rein phonetischen Verhältnissen.

Der dritte Standpunkt, der graphische, sollte eigentlich mit dem ersten in nothwendigem Zusammenhange stehen, d. h. jeder Buchstabe nichts als das Bild eines bestimmten Lautes sein; dies wäre die natürliche, rein phonetische Orthographie. Eine solche giebt es jedoch, so weit die Erfahrung reicht unter den lebenden Sprachen nirgends, sondern die Etymologie hat darauf in verschiedenster Weise eingewirkt, und es muſs für jedes Idiom ausdrücklich bestimmt werden, welchen Laut die Buchstaben (einzeln oder verbunden) bezeichnen.

Was die erstorbenen Sprachen betrifft, so ist es ungemein schwierig die Aussprache der einzelnen Zeichen festzustellen. Die historische Grammatik hat sich meistens damit begnügen müssen, eben nur die Buchstaben selbst ins Auge zu fassen und mit ihnen zu operiren; d. h. sie setzte das graphische Prinzip an Stelle des phonetischen und gab somit zunächst wesentlich eine Geschichte der Orthographie. Zwar wird in den meisten Fällen das auf diese Weise gewonnene Resultat auch vom phonetischen Standpunkte aus der Wahrheit entsprechen oder doch ihr nahe kommen; in einigen andern dagegen dürfte es doch gerathen sein, recht scharf zwischen Laut und Schrift zu sondern; und auch für jene ersteren Fälle wird das rege erhaltene Bewuſstsein dieses Gegensatzes fruchtbringend wirken.

Wir glauben, hierauf gestützt, die Geschichte der einzelnen deutschen Laute nicht beginnen zu dürfen, ohne unsere Auffassung der natürlichen Lautverhältnisse überhaupt dargelegt zu haben. Die Resultate dort richten sich nur allzusehr nach der Stellung, welche man hier einnimmt. Auch werden auf diese Weise eine Menge allgemeiner Erklärungen unnöthig, welche in die Behandlung eines speziellen Idioms nicht gehören.

Anmerkung. Als Beispiel, wie verschieden die Antwort zuweilen ausfällt, je nach welchem Standpunkt sie ertheilt wird, diene das griechische ζ. Dasselbe ist graphisch ein einfacher Laut, nach den beiden andern Standpunkten ein zusammengesetzter; und zwar phonetisch $= \delta + \sigma$, historisch-etymologisch $= \delta + j$ oder $\gamma + j$. — Das nhd. sch ist graphisch ein Triphthong; etymologisch ein Diphthong, $= sk$; phonetisch ein völlig einfacher Laut. Am meisten tritt diese Abweichung in der Theorie der erst spät entstandenen Laute (also namentlich der Fricativen) hervor, weil die Schrift dem stets nur unmerklich, aber doch stetig fortschreitenden Lautwechsel nicht zu folgen pflegt, sich daher den endlich unzweifelhaft vorhandenen neuen Lauten gegenüber rathlos findet und nun auf unsichere, daher oft ungeschickte und fast immer unconsequente Weise den Schaden gut machen muſs. Als Beispiel diene wiederum jenes monströse *sch*, dann das *ch* und die leidige Verwirrung im Gebrauch des *sz* (hier *ſs*), *ss*, *s*.

Erster Abschnitt.
Von den wichtigsten Lautverhältnissen im Allgemeinen.

Erstes Kapitel.
Von den einfachen Lauten.

§. 1.
Entstehung und Eintheilung.

1. Die Frage nach der Entstehung der Laute gehört mehr in die Physiologie als in die Grammatik, sie darf uns nur in so weit beschäftigen, als sie die Grundlage für die Eintheilung derselben bildet und dazu dürfen kurze Andeutungen genügen.

2. Es kann aber die Eintheilung der Laute nach zwei Grundsätzen erfolgen:

a) quantitativ, d. h. nach dem Grade der Hemmung, welche der Luftstrom auf seinem Wege nach Auſsen zu überwinden hat;

b) qualitativ, d. h. nach der Art der Organe, welche diese Hemmung bewirken.

3. Beide Eintheilungsarten, sowohl die quantitative als die qualitative, sind von gleicher Wichtigkeit und ergeben eine Menge Lautgruppen, die zum Theil stetig unter einander zusammenhängen. Diejenigen Laute, welche in quantitativer Hinsicht einer und derselben Gruppe angehören, heiſsen homogene; die, welche in qualitativer Hinsicht, heiſsen

homorgane. Im Gegensatz hiezu stehen dann die hete-
rogenen und heterorganen Laute.

§. 2.
1. Quantitative Eintheilung.

A. Der Mund vollständig offen . . . **I. Vokale.**

   a) Die Nase geschlossen, indem das
     Gaumensegel die Choanen bedeckt   1) *reine.*

   b) Die Nase offen . . . . . .   2) *nasale.*

B. Der Mund unvollständig offen . . **II. Halbvokale.**

   a) Seitlich, zwischen Zungenrand
     und Backenzähnen, eine Oeffnung   1) *L-Laute.*

   b) Abwechselnde Oeffnung und
     Schliefsung durch eine vibrirende
     Bewegung . . . .   2) *R-Laute.*

C. Der Mund geschlossen . . . . . **III. Consonanten.**

   a) Die Nase offen . . . . . .   1) *nasale.*

   b) Die Nase (durch das Gaumen-
     segel) geschlossen . . . . .   2) *reine.*

     α. Die Schliefsung des Mundes
      ist locker, so dafs die Luft,
      wenn auch nur mühsam und
      gleichsam sich reibend, den-
      noch hindurchdringen kann .   1. *Fricativlaute.*
                                 (harte und weiche)

     β. Die Schliefsung des Mundes
      ist fest, so dafs der Luftstrom
      für einen Augenblick völlig
      unterbrochen wird . . . .   2. *Explosivlaute.*
                                 (harte und weiche)

Anmerk. 1) Gewöhnlich unterscheidet man nur *Vokale* und *Conso-nanten*; die Halbvokale werden alsdann mit zu den Consonanten gezählt. Wir werden im Gegensatz zu den Halbvokalen die übrigen Consonanten echte nennen.

2) Die Explosivlaute, auch Schlaglaute genannt, haben eine nur augenblickliche, alle übrigen (Vokale wie Consonanten) eine beliebige Dauer. daher jene auch *momentane*, diese auch *durative* oder *continuirliche* Laute genannt werden.

3) Die *Explosivlaute* werden auch stumme (*mutae*, ἄφωνα) genannt. von den 9 bekannten *mutis* der griechischen Sprache sind jedoch die drei Aspiraten (χ, θ, φ) keine Explosivlaute in unserm Sinne mehr.

4) Hinsichtlich der *Fricativlaute* (auch Reibelaute genannt), welche in der älteren Grammatik eine etwas unsichere Stellung einnehmen, müssen wir lediglich auf die späteren Entwickelungen, außerdem auf die trefflichen Werke von Lepsius und Schleicher hinweisen, mit denen wir im Wesentlichen übereinstimmen. Nur möchten wir nicht mit Schleicher diese Laute *Spiranten* nennen, eine Bezeichnung, welche ebenso wie die der *Liquidae* eigentlich gar keinen phonetischen, sondern nur einen historischen Werth hat, demnach auch am besten von der allgemeinen Lauttheorie ausgeschlossen und der historischen Grammatik überlassen bleibt.

5) Die Mutae (abgesehen von den Aspiraten) werden bekanntlich in *tenues* und *mediae* eingetheilt. Es wäre Zeit, auch diese Namen endlich zu beseitigen; sie haben nur vom griechischen Standpunkte aus Sinn und schaden durch die fortwährende Erinnerung an eine dritte Klasse. Die natürliche Bezeichnung: harter und weicher Laut (*fortis*, *lenis*) ist ja so nahe liegend und längst populär. Sie wird um so dringender nöthig, als die Fricativlaute ganz dieselbe Scheidung verlangen und man bei ihnen doch die Namen *tenues* und *mediae* nicht wird einführen wollen.

6) Vielleicht wird es manchem Leser überraschend sein zu hören, daß der praktisch so allgemein bekannte und scheinbar auch theoretisch so nahe liegende Unterschied zwischen *fortis* und *lenis* (*tenuis* und *media*), also zwischen *k* und *g*, *t* und *d*, *p* und *b*, — die Fricativen übergehen wir einstweilen — eines der schwierigsten Probleme der Phonetik bildet, um dessen endgültige Lösung sich bisher Physiologen und Grammatiker vergeblich bemüht haben. Die wichtigsten darüber geltend gemachten Theorieen sind folgende:

a) Die *populärste* Ansicht ist jedenfalls die, wonach *k*, *t*, *p* etc. mit kräftigerem, *g*, *d*, *b* mit schwächerem Luftdruck explodiren. Wir finden dieselbe auch bei dem fein und scharf beobachtenden Schleicher (Zetac. S. 122): „Stößt man die Luft mit weniger Kraft aus, d. h. drängt man dieselbe vor der Aussprache gelinder an den Verschluß an, welcher letztere eben deshalb weniger fest zu sein braucht, so entsteht unter sonst gleichen Bedingungen der betreffende weiche Laut". Hiernach wäre also der ganze Unterschied kein specifischer, sondern ein blos gradueller; so meint es auch Schleicher, ja er glaubt eine Menge Uebergänge zwischen *fortis* und *lenis* sogar in Deutschland nachweisen zu können. Wir unsererseits kennen dergleichen auch, möchten aber doch darum jener Theorie nicht ohne Weiteres*) beistimmen; schon der alte Kempelen verstand Alles, was sich zu ihren Gunsten physiologisch und historisch anführen läßt, gar trefflich; und — verwarf sie doch.

b) Was nun aber das positive Resultat Kempelens selbst betrifft, so scheint uns dies freilich von der Wahrheit noch weiter entfernt. Er

---

*) Daß der Grad des Luftdrucks etwas dabei mit ins Spiel kommt, wollen wir nicht läugnen; der wesentliche Unterschied aber liegt wo anders, und zwar wie ich nach zahllosen Versuchen glaube mit Gewißheit behaupten zu dürfen, in einem Vorgange zwischen Zungenbein und Kehlkopf, wobei das erstere nach vorn und unten drückt. Nur ob dieser äußerlich zu bemerkende Vorgang der ganze, oder ob nicht er selbst ein blos begleitendes Moment ist, wage ich nicht zu entscheiden. Vergl. übrigens *c*).

glaubte nämlich nach langer Bemühung den Unterschied zwischen *fortis*
und *lenis* darin zu finden, daſs bei letzterer *die Stimme mittöne*, bei erste-
rer *nicht*. Wäre dies richtig, so müſste man bei der *vox clandestina* die
harten von den weichen Lauten gar nicht unterscheiden können, etwas was
doch bekanntlich keineswegs der Fall ist. Gleichwohl findet diese Meinung
noch heut viele Anhänger, obschon bei der genauen Art wie K. sein Ex-
periment beschreibt, der Irrthum sichtlich zu Tage liegt. Er besteht darin,
daſs K., um die weichen Laute, namentlich die weichen *fricativae*, beim
Lautiren in möglichst starken Gegensatz zu den harten zu bringen, die
Beihülfe der Stimme in Anspruch nahm, also z. B. um mildes *ſ* (*sagen*)
von scharfem *s* (*sable*) zu trennen, lautirte er das erstere nicht rein als
ſſſſſ...., sondern lieſs daneben noch ein *eeeee*.... mitsummen; ebenso
bei dem Gegensatz von *w* und *f*, wo er dem *wwwww*.... ein *uuuuu*....
zur Seite gab (wie eben auch heut noch Viele). Dieses accidentelle
Moment hielt er dann für substantiell. — Es ist ein Irrthum, daſs *ſſſſ*...
und *wwww*... ohne jene vokalische Beihülfe sofort zu *ssss*... resp.
ſſſſ... werden; sie klingen nur leiser, als mit jener Hilfe. Wer sie
lauter machen will, fällt freilich oft in *s* und *f*.

c) Der neueste und vielleicht mühsamste Forscher auf dem Felde der
Phonetik: Merkel[*]) stellt das Verhältniſs so dar, daſs bei den harten
Lauten die Glottis offen stehen bleibe, bei den weichen dagegen
den Kehlkopf bedecke, so daſs also *k* = *gh*, *t* = *dh*, *p* = *bh*, etc.
oder mit andern Worten die *fortis* nichts weiter als die Aspirate der *lenis* wäre; die Aspiraten der *fortes* aber ganz wegfielen.
Wir wagen hierüber kein Urtheil; die Frage hängt allzu nah mit
der über die Aspiraten selbst zusammen (vergleiche dort). Hier nur
so viel, daſs die bisherige historische Sprachforschung mit diesem Er-
gebniſs in schneidendem Widerspruch steht, indem sie von allen Explosivlauten, sowohl den *fortes* als den *lenes*, Aspiraten annimmt, also *kh*, *gk*;
th, *dh*; *ph*, *bh* aufstellt und diese von den einfachen Lauten genau scheidet. Sollte sich gleichwol die letztgenannte Auffassung dereinst Bahn brechen, so müſste eine bedeutende Umwälzung der historischen Lautlehre
davon die unmittelbare Folge sein.

§. 3.
2. Qualitative Eintheilung.

1. Jene Organe, welche die Absperrung des Luftstroms
bewirken, sind, wenn wir von feineren Unterschieden absehen,
folgende: *a*) *Gaumen und Zunge*, *b*) *Zähne und Zunge*, *c*) *Oberlippe und Unterlippe*; also überall zwei Factoren, von denen
der erste fest, der zweite beweglich ist. Dieser dreifachen

---

[*]) Anatomie und Physiologie des menschlichen Stimm- und Sprachorgans,
von C. L. Merkel. Leipzig 1857. S. 853 u. a. O. Im Wesentlichen so auch
schon bei J. Müller: Handbuch der Physiologie II, 234 ff. Unter den Grammatikern stimmt blos Rapp bei.

Zusammenstellung entsprechen die drei Hauptgruppen der Laute: *Gutturale, Dentale, Labiale*; diese Bezeichnungen im weitesten Sinne genommen, wonach sämmtliche Zwischengruppen entweder gänzlich ignorirt oder unter jene subsumirt werden.

2. Da nämlich der Gaumen eine ziemlich lange Fläche darbietet, so kann bei *a*) der Berührungspunkt zwischen ihm und der Zunge eine sehr verschiedene Lage haben. Ebenso kann bei *b*) die Zungenspitze von den Vorderzähnen sich mehr oder weniger entfernen, d. h. ebenfalls an den Gaumen anlehnen, wo jedoch zwischen *a*) und *b*) noch immer ein wesentlicher Unterschied dadurch bewirkt wird, dafs bei *a*) die Zunge nach unten, bei *b*) nach oben convex ist, daher bei der Explosion des Lautes dort sich die Zungenwurzel, hier die Zungenspitze vom Gaumen losreifst. Bei *c*) endlich kann statt der Oberlippe auch der obere Zahnrand eintreten.

3. Hieraus ergeben sich dann mannigfache Zwischengruppen, welche indefs meistentheils etwas Künstliches haben und namentlich in den Explosivlauten nur bei einzelnen Völkern vorkommen. Die auf diese Art erweiterten Lautgruppen sind folgende:

1. Kehlkopf und Kehldeckel . . . Faucale,
2. Hintergaumen und Zungenwurzel . Gutturale,
3. Mittelgaumen und Mittelzunge . . Palatale,
4. Vordergaumen und Mittelzunge . Palatal-Dentale,
5. Mittelgaumen und Zungenspitze . Cerebrale,
6. Vordergaumen (oberes Zahnfleisch) und Zungenspitze . . . . . Dentale,
7. Zahnränder und Zunge . . . . Interdentale,
8. Oberer Zahnrand und Unterlippe Dental-Labiale,
9. Oberlippe und Unterlippe . . . Labiale,

wobei die Bezeichnungen Gutturale, Dentale, Labiale in engerm Sinne genommen sind. — Die semitischen Sprachen besitzen noch eine sogenannte Lingual-Reihe, welche (nach Lepsius) zwischen Cerebralen und Dentalen liegt und dadurch gebildet wird, dafs „die breite Zunge mit nach unten gebogener Spitze den ganzen vorderen Raum des harten Gaumens bis zu den Zähnen berührt oder ihm sich nähert."

Anm. Die Bezeichnung Cerebrale (sanskr. *mûrdanya*) ist natürlich

ganz unpassend. Früher sagte man Linguale; aber abgesehen davon, dafs
die Zunge bei allen Lauten ins Spiel kommt, ist dieser Name bereits an
die eben erwähnten semitischen Laute vergeben.

§. 4.

Ideales (allgemeines, natürliches) Alphabet; Möglichkeit und Methode desselben.

1. Dies Wort bedarf zunächst einer Verständigung. Es
kann damit gemeint sein:

a) eine *Zusammenstellung aller physiologisch möglichen
Sprachlaute.* In diesem Sinne ist die Aufstellung eines solchen absolut-unmöglich; da jene Laute, mag man sie betrachten nach welchem Prinzip man auch wolle, stetige Reihen ergeben, ihre Zahl demnach unendlich-grofs, also nicht sinn-
lich darstellbar ist.

b) eine *Zusammenstellung aller historisch feststehenden
Laute*, d. h. derjenigen, welche als concret vorhanden nachgewiesen sind Diese Aufgabe ist zwar nicht absolut, wohl aber
relativ unmöglich, weil Niemand sich rühmen darf, Alles, was
in dieser Hinsicht berichtet wird, zu kennen, noch weniger
kritisch gesichtet zu haben. Eine, wenn auch ferne, Zukunft
kann jedoch hier dem Ziele sehr nahe kommen.

c) eine *Zusammenstellung der in den wichtigsten Sprachen unsers Stammes enthaltenen Laute nach einem möglichst
naturgemäfsen Systeme.* Selbst in dieser so engen Fassung
dürfte die Aufgabe, strenggenommen, Schwierigkeiten bieten, von denen ein Anfänger in der Linguistik keine Ahnung
hat; da selbst die scheinbar allgemeinsten Laute in den verschiedenen Idiomen Nuancen der mannigfachsten Art bieten‘
welche sämmtlich zu kennen, zu würdigen, zu beschrei-
ben gegenwärtig die Kraft eines Einzelnen weit übersteigen
dürfte.

2. Fafst man jedoch diese letztgenannte Aufgabe nicht
im strengsten Sinne, so kann man natürlich sie sich je
nach seinem besondern Zwecke zurechtlegen. Wir unserseits
wünschten durch die nachfolgende Zusammenstellung dreier-
lei zu erreichen:

a) die Symmetrie der Lautverhältnisse darzustellen,

b) die Continuität der einzelnen Lautgruppen anschaulich zu machen,

c) ein bestimmtes System der Zeichen (Buchstaben) zu gewinnen, welches wir den spätern Entwickelungen zu Grunde legen können; da viele Mifsgriffe der historischen Lautlehre nur darin ihren Grund haben, dafs man die Grenzen des Lautes mit denen seines Zeichens, d. h. des Buchstabens verwechselte. Natürlich müssen wir nun aber bitten, den lautlichen Werth der folgenden Zeichen streng nach· unserer Erklärung zu nehmen, und namentlich bei den Fricativlauten, diesen modernen Spätlingen, möglichst behutsam zu sein.

3. Die *Wahl unserer Zeichen* geschah nach folgenden drei Grundsätzen:

a) das lateinische Alphabet bildet die Grundlage, wo dieses nicht ausreicht, tritt das griechische ein;

b) jeder einfache Laut darf nur durch ein einfaches Zeichen ausgedrückt wsrden;

c) verschiedene Laute dürfen nicht durch ein und dasselbe Zeichen, ein und derselbe Laut nicht durch verschiedene Zeichen gegeben werden.

Die Forderung von Lepsius, dafs kein Buchstabe in dem allgemeinen Alphabete verwendet werde, welcher in den wichtigsten europäischen Orthographieen einen verschiedenen Werth hat, weshalb er z. B. das *j* (aber doch nicht das *s*) verwirft, — glauben wir für unsern Zweck ablehnen zu dürfen.

§. 5.
Versuch eines solchen.
I. Vocales.
A. purae.
a
è ŏ ò
e ö o
é ő ó
i ŭ ü ŭ u
B. nasales.
(Voyelles nasales.)
ã ẽ ĩ õ ũ

II. Consonantes.

Im weitern Sinne.	Im engern Sinne.	A. Nasales.	B. Purae.				C. Semivocales
			a. Explosivae		b. Fricativae		
			fortes	lenes	fortes	lenes	
I. Guttu-rales.	1. Faucales . .		"	'	"	'	
	2. Gutturales . .	*v*	*k*	*g*	*χ*	*j*	
	3. Palatales . .	*ń*	*k̓*	*ǵ*	*χ̓*	*j̓*	
II. Denta-les.	4. Denti-Palatales				*ś*	*ź*	
	5. Cerebrales . .	*ń*	*t̓*	*d̓*	*s̓*	*z̓*	Die
	6. Dentales . .	*n*	*t*	*d*	*s*	*z*	*l u. r-*
	7. Interdentales .				*ϑ*	*δ*	Laute
III. Labia-les.	8. Denti-Labiales				*f*	*v*	
	9. Labiales . .	*m*	*p*	*b*	*φ*	*w*	

Anmerk. Es sei bald hier bemerkt, dafs statt der obigen im Anschlufs an Lepsius, Schleicher, Bopp, etc. gebrauchten Zeichen z, ź, ż, welche für ein allgemeines Alphabet allerdings die passendsten sind; später, um jede Verwechselung mit dem deutschen Doppellaute z zu vermeiden, lieber *ſ*, *ſ'*, *ſ'* sollen gesetzt werden.

§. 6.

I. Reine Vokale.

1) Unser *a, i, u, e, o, ü, ö* bezeichnen die Laute wie sie in Nord- und Mitteldeutschland von Gebildeten ganz allgemein in den Wörtern *Ast, Wind, Hund, Welt, Korn, Hulle, Hölle* gesprochen werden.

2) *è* bezeichnet das französische *è ouvert* (*père*), das deutsche *ä* in *wäre, Hähne*.

3) *é* ist das franz. *é fermé* (*aimé*), das deutsche *ee* oder *eh* (*Heer, mehr*) wie diese Laute von gebildeten Norddeutschen allgemein gesprochen werden.

4) *ò*, das franz. *o* in *corps, or*; das italienische *ò*.

5) *ó*, das franz. *au* in *eau*.

6) *ö̀*, die Verschmelzung von *ò* in *è*, das franz. *eu* in *peur*.

7) *ö́*, die Verschmelzung von *ó* und *é*; seinen Laut wird man leicht finden, wenn man sich bemüht, das gewöhnliche lange *ö*, z. B. in *Löwe* dem *e* möglichst zu nähern, ohne es darin aufgehen zu lassen.

13

8) *ŭ*, Mittellaut zwischen *ü* und *u*, ungefähr dem polnischen *y* entsprechend.

9) *ŭ*, Mittellaut zwischen *u* und *i*, wahrscheinlich der Laut des altgriechischen *v*.

Anm. Wir nennen *a*, *i*, *u* Grund- oder Urvokale; *a*, *e*, *i*, *o*, *u* Hauptvokale, alle übrigen Nebenvokale. Außerdem unterscheidet man *a*, *o*, *u* als dunkle, *e* und *i* als helle; *ä* (*e*), *ö*, *ü* als getrübte Vokale.

Lange Vokale und Diphthonge können als Verbindungen der einfachen Vokale aufgefaßt werden und gehören als solche nicht hierher. S. Zweites Kapitel.

§. 7.
II. Nasalirte Vokale.

Sie kommen unter allen europäischen Sprachen nur im Portugiesischen sämmtlich vor, theilweise aber auch im Französischen und Slavischen. Dem deutschen Organ fallen sie schwer, selbst Gebildete verwechseln häufig die Nasalirung mit dem Guttural-Nasal, d. i. unserm Consonanten *v* (dem Boppschen *ñ*), sprechen also z. B. das franz. *enßn* (d. i. *äfē*) ganz wie *avfev*.

1) *ă*, franz. *an* oder *en* (*dans*, *vent*).

2) *ĕ*, franz. *in* (*vin*), poln. *ę* (*ręka*).

3) *ĭ*, nur im Portugiesischen; sein Laut in der That etwas schwieriger als bei den vorigen. •

4) *ŏ*, franz. *on* (*mon*), poln. *ą* (*mąka*).

5) *ŭ*, nur im Portugies.; sein Laut ebenfalls schwierig.

Anm. Das Sanskrit bezeichnet die Nasalirung eines Vokals durch einen darüber, bezüglich daneben gesetzten Punkt (Anusvára), und sie kommt für alle Vokale vor.

§. 8.
III. Halbvokale.

Die *l* und *r* Laute können, theoretisch aufgefaßt, die ganze Reihe der Organe durchlaufen; wirklich nachweisbar ist nur ein Theil derselben.

Das gutturale *l* soll nach Schleicher das polnische *ł* sein. Unserer Beobachtung nach liegt das Wesen dieses letztern Lautes nicht darin; er kann eben so gut am Hinter- als am Vordergaumen gesprochen werden; das eigentlich Wirksame dabei scheint uns die Art des Druckes, welchen die Zunge nach vorn und unten ausübt. Das palatale *l* ist der Laut des franz. *ll* (*famille*); wieder verschieden von ihm ist der des polnischen *l* (historisch *l* + *i*); unser deutsches *l* wird gewöhnlich als rein dentales betrachtet. Labiales *l* ist ein unsicherer, lallender Laut, der wohl nirgends als wirklicher Sprachlaut verwendet wurde.

2. Unser deutsches *r* ist ebenfalls dentaler Natur; das gutturale *r*, durch Vibration des Gaumensegels hervorgebracht („Schnarren") kommt dialectisch im Deutschen, Französischen und anderen Sprachen vor; das labiale *r* ist mit Zunge und Oberlippe leicht zu bilden, kommt aber als wirklicher Sprachlaut wohl nirgends vor.

Anm. 1) Dafs diese beiden Laute, *l* und *r*, den Vokalen sehr nahe stehen, bestätigt die historische Grammatik. Im Sanskrit figuriren neben den Consonanten *l* und *r* auch zwei Vokale *l* und *r*; ebenso noch jetzt im Böhmischen, wo viele Silben keinen andern Vokal haben, demnach unaussprechbar blieben, wenn nicht die vokalische Natur dieser Laute physiologisch begründet wäre. Beisp. *Vltawa, Trcky*; in Deutschland *Moldau, Terxky*.

2) Die Verwandtschaft der Laute *l* und *r* zeigt sich an unzähligen Stellen der Grammatik. Wir erinnern z. B. daran, dafs Grimm bei den meisten Regeln worin die „Liquidä" eine Rolle spielen (z. B. bei der mittelhochd. Synkope), wenn er ins Einzelne geht, das *n* und *m* ausnehmen mufs, so dafs jene Regeln in der That nur von *l* und *r* gelten. Ganz besonders tritt diese Uebereinstimmung bei den Lautverbindungen ins Auge, wo die beiden Reihen des *l* und *r* einander fast völlig parallel gehen. — In uncultivirten Sprachen fliefsen häufig beide Laute in einen einzigen zusammen. Vergl. Chamisso. Reise um die Welt. S. 242.

§. 9.

IV. Faucale.

1. Der *Spiritus lenis* der Griechen, hebr. א, arab. ا. Lepsius betrachtet ihn als die Explosiva lenis dieser Klasse; er entsteht dadurch, dafs die Stimmritze durch den Stimmdeckel momentan geschlossen wird, etwas was beim Aussprechen jedes Vokals geschehen mufs, wenn derselbe nicht aspirirt klingen (ein *h* vor sich haben) soll. Seinen Einflufs gewahrt man am deutlichsten, wenn zwei Vokale neben einander mit Hiatus (syllabisch) gesprochen werden, z. B. engl. *no order*, deutsch *See-adler* oder auch nach Consonanten, wenn wir z. B. *mein Eid* unterscheiden von *Meineid*. Durch einige Uebung gelangt man auch dazu, ihn allein und beliebig oft

hören zu lassen. Man thue, als wollte man einen Vokal (Anfangs am bequemsten *a*) aussprechen; lasse aber, ehe noch der Ton eintritt, plötzlich die zusammengepreſsten Organe wieder auseinander. Das alsdann vernehmbar werdende leise Schnappen am Kehlkopf (der aufspringende Kehldeckel) ist eben der gesuchte Spiritus lenis. Im Semitischen steht er häufig ohne Vokal, wie jeder andere Consonant, kann auch ebenso verdoppelt werden.

2. Der vorbeschriebene leise Laut kann durch eine stärkere Explosion an demselben Punkte der Kehle auch hart ausgesprochen werden; dann entsteht das arabische *Aín*, hebräische *Ajin*, die Explosiva fortis der Faucalklasse. Lepsius bezeichnet ihn durch *ʾ*. Ueber die Methode seiner Aussprache können wir nichts mittheilen.

3. Der *Spiritus asper* der Griechen, unser jetziges deutsches *h*. Lepsius sieht in ihm die dem Spiritus lenis entsprechende Continua; die meisten Andern dagegen erklären ihn für einen Guttural, obschon das Kriterium eines solchen, die Berührung zwischen Gaumen und Zungenwurzel hier doch offenbar nicht vorhanden ist. Daſs die Gutturalen, namentlich durch einige slawische und semitische Laute sich dem Spiritus asper ungemein nähern, sowie daſs andererseits die historische Grammatik unläugbare Uebergänge der Gutturalen in den Spiritus asper nachweist, ist kein Beweis dagegen, sondern beruht, wenn man jener Lepsiusschen Annahme beistimmt, auf einem Wechsel der qualitativen Reihen, wie er sich auch an andern Orten findet. — Unsere eigene hiervon etwas abweichende Auffassung siehe in der Anmerkung.

4. Der dem *ʾ* entsprechende fricative (continuirliche) Laut ist nach Lepsius ein stärker gehauchtes *h* als der Spiritus asper, indem es eine gröſsere Verengung der Kehle erfordert. Die Araber bezeichnen ihn mit ح *hha*, Lepsius mit *ʿ*.

Anm. Wir sind bei Beschreibung dieser Klasse völlig der Darstellung von Lepsius gefolgt. Der Umstand, daſs die beiden fortes, das *ʾ* und *ʿ*, für uns unaussprechbar sind, macht uns in der Beurtheilung dieser Laute überhaupt zurückhaltend; sonst möchten wir einwenden, daſs das Verhältniſs zwischen dem Spiritus lenis und asper doch nicht ganz dasselbe zu sein scheint, wie das der übrigen explosivae zu ihren fricativis. Wo ist hier eine Reibung? Es müſste, wenn das Verhältniſs genau sein sollte, die Epiglottis leise aufliegen und der Ton sich unter ihr hervordrängen.

Für gewönlich wird in der historischen Grammatik die Faucalreihe gar nicht erwähnt, da zwei Laute derselben in dem indo-europäischen Sprachstamme nicht vorkommen und der dritte, der Spiritus lenis, wenigstens nicht graphisch anerkannt ist. Was den vierten, den Spiritus asper, betrifft, so stellen ihn die Meisten, wie bereits oben gesagt, zu den Gutturalen. Unter den eigentlichen Vertretern der historischen Schule wüßten wir nur Raumer, der dies nicht zugiebt (und der deshalb von Schleicher getadelt wird).

Gleichwohl hat sich in weiteren Kreisen vielfacher Zweifel über die Natur des h geltend gemacht, und derselbe ist endlich in die bekannte, vielbesprochene Frage ausgelaufen: „ob denn das h ein wirklicher Buchstabe sei."

Entkleiden wir dieselbe zunächst ihrer unwissenschaftlichen Fassung, so wird sie wohl so lauten müssen: „Ist der Spiritus asper *) ein echter Sprachlaut so gut wie die übrigen, namentlich die historisch ihm so nahe stehenden ch, k, etc ?"

Wir antworten darauf: Vom historischen Standpunkt — ja! vom phonetischen — nein! Da nun keine Grammatik einen dieser beiden Standpunkte ganz rein festzuhalten vermag, so erklärt sich das Schwanken in der Behandlung jenes Lautes.

Unser ja bedarf hier keines Beweises; die historische Grammatik bietet unzählige. Unser nein gründen wir darauf, daß dem h die wesentlichste Bedingung eines Sprachlautes: die Articulation fehlt; ja daß sein Wesen gerade in dem Mangel derselben besteht. Glottis, Isthmus, Mundhöhle und Lippenspalte stehen weit offen, die Zunge drückt sich abwärts, um so viel Luft als möglich ausströmen zu lassen. Ein solches Ausströmen von Luft ist aber wesentlich ein *Naturlaut*, ein bloßes Ausathmen, und daß dieses von manchen Völkern zur Sprache mit verwendet wird, darf uns über sein wahres Wesen nicht irre führen **). Es geschieht diese Verwendung übrigens in einer Menge Abstufungen, welche sämmtlich zwischen dem reinen Hauche und dem articulirten χ (deutschem ch) liegen. Das polnische h (z. B. in *hrabia*, Graf) wird zwischen beiden genau die Mitte halten.

Wir müssen hierbei bemerken, daß auch unter den Vokalen ein solcher Naturlaut vorkommt, nämlich das a. Die Articulation desselben besteht lediglich in der Berührung der Glottis durch den Kehldeckel und diese kommt ihm nicht zu in seiner Eigenschaft als a, sondern als hauchloser Vokal; alle sonstigen Bedingungen sind bei a und h ganz dieselben; a ist = h, mit vorangehendem Schluß der Glottis; h = a, ohne denselben. So sagt auch Steinthal (S. 309), daß „der Laut a noch wenig sprachliches Element hat; er ist Stimmton und weiter nichts." — Dies hindert natürlich nicht, daß er andrerseits der „ursprünglichste, absichtsloseste, reinste", oder wie Grimm ihn sinnig nennt, der edelste Vokal sei;

---

*) Das Zeichen h bedeutet keineswegs immer den Spiritus asper. Im Gothischen und Althochdeutschen drückt es vielleicht stets, gewiß aber öfters die Fricativa χ, oder doch wenigstens einen Mittellaut zwischen ihr und dem Spiritus asper aus, ähnlich dem polnischen h.

**) „Das h als formloser, elementarer Lautstoff kann natürlich in einem System der Consonanten keine Stelle finden." Heyse S. 270.

es ist dies vielmehr eher eine Folge jener Eigenschaften. Interessant und unserer Auffassung zusagend erscheint dabei der Umstand, dafs im Sanskrit dieser Laut gewöhnlich unbezeichnet bleibt.

§ 10.
V. Gutturale.

1. Das *k*, *g*, *χ* unsers Alphabets entspricht dem deutschen k, g, ch neben dunkeln Vokalen (*a*, *o*, *u*), also z. B. in *Kamm*, *Gast*, *ach*; *wacker*, *Tage*, *lachen*.

2. Das *j* unsers Alphabets dagegen findet sich in Deutschland nur dialectisch, z. B. in dem Worte *fagen*, wie es von einem echten Berliner gesprochen wird. So bemerkt auch Steinthal (bei Heyse, S. 277): „In gewissen Gegenden Deutschlands wird das *g*, z. B. in *fagen*, weder als reines *g*, noch wie *j* oder *ch* gesprochen, sondern als ein Laut*), der sich zu *ch* in *ach* verhält, wie unser deutsches *j* zu *ch* in *ich*."

3. Der zu diesen Lauten gehörige Nasal ist der Laut des deutschen *n* vor *k* und *g*, z B. in *Anker*, *Engel*; lateinisch ebenfalls *n* geschrieben, aber in seiner Wechselnatur erkannt (*littera adulterina*), griechisch *γ* (*ἄγκυρα*, *ἄγγελος*), nur im Sanskrit mit eignem Zeichen. Bopp bezeichnete diesen Laut früher mit *ṅ*, jetzt (in der 2. Ausg. der vergl. Gramm.) mit *n*; wir unsrerseits müssen, unserm Prinzip gemäfs, zunächst im griechischen Alphabet Aushilfe zu suchen, ihn durch *ν* geben.

§. 11.
VI. Palatale.

1. Rückt man diese eben beschriebenen Gutturallaute weiter nach vorn, an eine Stelle, welche zwischen dem Guttural- und Dentalpunkte liegt, so entstehen die Palatalen, welche wir mit *k*, *ġ*, *χ́* bezeichnen. Schon im Deutschen sind sie annähernd vorhanden, da die Gutturalen (im weitern Sinne) vor und hinter den hellen Vokalen eine ganz andere Aussprache haben als sonst**); man vergl. *Kamm — Kind, Hacke*

---

*) Steinthal hat hier die Bezeichnung „palataler Halbvokal", was wir von unserm Standpunkt nicht billigen konnten; sonst aber ist der von ihm beschriebene Laut genau der, den auch wir meinen.

**) Das deutsche *j* ist immer palatal, das *g* bewegt sich wenigstens in en-

— *Wicke*; *ach* — *ich*, *Sache* — *Sichel*. Recht auffallend wird
der Gegensatz, wenn in einzelnen Fällen der palatale Laut
ausnahmsweise einmal auch zu dunkeln Vokalen tritt, wie
dies in den Diminutiven geschieht. Die Meisten sprechen
Aachen ganz anders als *Mamachen*, jenes guttural, dieses palatal, wobei man deutlich spürt, wie im letztern Falle die
Zunge nach dem Laute *a* sich vorwärts bewegt, während sie
bei *Aachen*, *Lachen*, *Sache*, etc. am hintern Gaumen bleibt.
— Wirkliche Gutturale hinter hellen Vokalen zu sprechen,
vermögen Norddeutsche nur nach langer Uebung; wohl aber
thun es regelmäßig die Schweizer (man denke an ihr *ich*,
Milch), deren Idiom dadurch sofort eine eigenthümliche Färbung erhält.

2. Weit schärfer als im Deutschen tritt der Unterschied
zwischen reinen Gutturalen und Palatalen im Slavischen
auf, wo das *k* in *ke*, *ki* etwas eigenthümlich Dünnes („Ge-
quetschte Laute") hat. Die deutschen Palatalen stehen zwischen diesen und den echten Gutturalen in der Mitte.

3 Was die sanskritischen Palatalen betrifft, deren
Laute jetzt bekanntlich = *ts'*, *dź* gesetzt werden, so stimmen wir vollkommen mit Raumer und Schleicher überein,
daß diese Aussprache unmöglich die ursprüngliche gewesen
sein kann, sondern auf zetacistischer Entartung beruht. Rapp
sieht in ihnen die Laute *tś*, *dź* (im Polnischen sehr bekannt,
der erstere *ć*, *ci* geschrieben), die Gründe jedoch, welche gegen *ts'*, *dź* sprechen, scheinen uns hier gleichfalls zu gelten,
und wir möchten *k*, *ǵ* lieber als ganz einfache Laute betrachten, entweder völlig identisch mit den slawischen ge-
quetschten (jerirten) *k*, *g*, oder doch diesen sehr nahe.

4. Auch für den Nasal dieser Klasse besitzt das Sanskrit ein eigenes Zeichen; es hat den Laut des franz. *gn* (*Cham-
pagne*), poln. *ń* (*koń*), welcher bekanntlich für die deutsche
Zunge schwer auszusprechen ist; selbst Gebildete setzen dafür
häufig *nj*, Ungebildete wohl gar (namentlich im Auslaut) *nch*.

---

gern Grenzen als *k* und *ch*; d. h. es wird niemals weder so guttural wie jenes,
noch so palatal wie dieses.

Stehen *k*, *g*, χ zwischen dunkeln und hellen Vokalen, so entscheidet meist
der vorangehende; zuweilen tritt indefs auch eine Verschiebung während
des Schlusses der Organe ein.

§. 12.
VII. Dentale.

1. Unser *t* und *d* bezeichnen das reine deutsche t und d, wie diese in Norddeutschland allgemein gesprochen werden, während in Süddeutschland häufig das organische *d* wie *t* klingt; in manchen Gegenden Mitteldeutschlands aber (Sachsen, Thüringen, Franken) beide zu einem eigenthümlichen Mittellaute verschmelzen, welcher weder *d* noch *t* ist.

2. Die zu diesen rein dentalen Explosivlauten gehörigen Fricativlaute haben wir in unserer Tabelle mit *s* und *z* bezeichnet.

a) Demnach ist unser *s* der Laut, welchen man in Deutschland mit *sz* (*ſs*), *ss, s* (*reiſsen, Meissen, das*), in Frankreich mit *s, c, ç* (*son, celui, ça*), in Italien, Spanien, Portugal, England, Holland, Skandinavien, den Slavenländern mit *s* bezeichnet. Hinsichtlich der Identität des durch so verschiedene Zeichen gegebenen Lautes vergl. später die Geschichte der einzelnen Laute.

b) Unser *z* dagegen ist der Laut, den man in Deutschland mit *ſ* (*ſagen, reiſen*) *), in fast allen übrigen europäischen Ländern aber mit *z* schreibt. Beispiele: franz. *hazard, zèle*; engl. *gazing, zeal*; holl. *razend, zant, zat*; poln. *zabić, razem*; litth. *veizeti*.

c) Die wahrhaft quälende Verwirrung, welche in Betreff dieser Laute **) so wie der mit ihnen so eng zusammenhängenden *s* und *z* (siehe §. 13) herrscht, wäre mit Einem Schlage gelöst, wenn man sich entschließen könnte, diese auch von Bopp und Lepsius aufgenommene Bezeichnung festzuhalten; leider aber bildet für die neuhochdeutsche Sprache der Umstand ein unübersteigliches Hinderniß, daß durch *z* bereits etwas ganz Anderes, nämlich der Doppellaut *ts* bezeichnet wird, da man sich schwerlich dazu verstehen würde, denselben wieder in seine Bestandtheile zu zerlegen, also

---

*) Wir begreifen nicht, wie Schleicher (Litth. Gramm. S. 22) zu der Annahme kommt, dieser Laut sei dem deutschen Idiom fremd Oder waltet dabei nur ein Druckfehler? da einige Zeilen später dieselben Worte (und hier mit Recht) auf den Laut *ź* angewendet werden.

**) Es ist ein Mangel der älteren Grammatik, daß sie den Unterschied dieser beiden Laute, des „hizzing" und „buzzing" *S* so gut wie gar nicht achtete, sondern beide als einen und denselben Laut behandelte. Sie waren sowohl im Griechischen als (späteren) Latein vorhanden. Vergl. Heyse S. 274, Corssen S. 121.

2 *

reitsen, hetsen, wits zu schreiben. Ja wir selbst dürfen in diesen der deutschen Grammatik gewidmeten Blättern es nicht wagen, die Boppsche Bezeichnungsweise (so sehr wir sie billigen) beizubehalten, wenn nicht fortwährend Anlaſs zu Miſsverständnissen eintreten soll. Wir erlauben uns also, den weichen Laut durch *ſ* zu geben; für den harten bleibe dann *s* (wie bei Bopp), und *z* sei = *ts*.

3. Der zu dieser Klasse gehörige Nasal ist unser gewöhnliches deutsches n, und wohl allen Sprachen gemeinsam.

§. 13.
VIII. Cerebrale.

1. Das *s* unsers Alphabets bezeichnet den bekannten Laut, welcher im Deutschen mit *sch*, im Englischen mit *sh*, im Französischen mit *ch*, im Polnischen mit *sz* *), im Böhmischen mit *š*, im Russ.-Altslawischen mit Ш, im Sanskrit mit ष geschrieben wird, und welcher ganz gewiſs phonetisch einfach ist, obschon er historisch öfters aus zwei Lauten hervorging und ihn daher die westlichen Völker durch zusammengesetzte Zeichen ausdrücken.

2. Ganz ebenso einfach ist die dazu gehörige Lenis, von uns *ż* bezeichnet, desgleichen bei den Polen; böhm. *ž*, franz. engl. *j*, russ.-altslaw. Ж, im Deutschen fehlend, aber für die deutsche Zunge leicht; nur ganz Ungebildete sprechen dafür *s*.

3. Auch über diese Laute herrschen die wunderlichsten Meinungen. Die Einen sehen in der Fortis einen Diphthongen oder gar Triphthongen (wegen der deutschen Schreibung *sch*), Andere eine Aspirata (wegen *sh*, *ch*), ja selbst Heyse noch setzt S. 269 das *s* = $s + \chi$ und das *ż* = *z* + *j*, wiederruft dies jedoch im Wesentlichen S. 275, indem er hierbei „mehr eine Annäherung als Mischung" annimmt. Wir unserseits läugnen gänzlich die Mischung, d. h. jede Spur eines Diphthongen in *s* und *ż*; es sind eben blos Zwischenlaute zwischen *s, ſ* einerseits und χ, *j*, genauer χ', *j'*, anderseits.

---

*) inconsequent; die Polen muſsten (gradeso wie wir) *ż* schreiben; so erfordert es die Analogie des weichen Lautes ($\dot z$). Die Böhmen haben hierin allein den rechten Takt gezeigt

4. Wo finden wir die zu diesen Fricativen gehörigen Explosivlaute?

a) In den indischen Sprachen giebt es eine Klasse von Lauten, welche allgemeiner Angabe zufolge so gebildet werden, daß die Zungenspitze nach oben bis in die Nähe des Palatalpunktes zurückgebogen wird und hier die Explosion oder resp. Frication erzeugt; man nennt sie Cerebrales und Bopp bezeichnet sie durch die Dentalen mit einem darunter gesetzten Punkt, also *ṭ, ḍ.* Sie verhalten sich nach der eben gegebenen Beschreibung zu den Dentalen ganz so wie die Palatalen zu den Gutturalen; ja es sind Palatale, nur mit nach oben convexer Zunge

b) Zu diesen Cerebralen rechnet nun die Sanskritgrammatik auch das ष, welches unser *s'* sein soll, und hierauf gründet sich die Stellung dieses letztern Lautes in unserer Tabelle, so wie die von uns (abweichend von Bopp) gewählte Bezeichnungsart der beiden Explosivlaute (*'t, 'd*).

c) Rapp nimmt an, daß die indischen Cerebralen identisch sind mit den slavischen Dentalen, wenn diese mit *i* implicirt (jerirt, gequetscht) sind, also das russisch-altslawische *t, d* mit nachfolgendem Jer. Auch wir neigen uns zu dieser Auffassung, da wir sonst mit jenen indischen Lauten schlechterdings nichts anzufangen wissen; nur gehört alsdann nicht das *s'*, sondern das *s̓* zu ihnen.

5. Auch einen Nasal giebt die Sanskritgrammatik dieser Klasse: Bopps *ṇ.* Sollte es wirklich von dem न phonetisch verschieden gewesen sein? Oder verdankt es sein Dasein nicht blos dem Streben der Grammatiker nach Symmetrie des Alphabets?

§. 14.
IX. Dental-Palatale

Das *s̓* und *z̓* unsers Alphabets bedeuten die ebenso bezeichneten Laute des Polnischen, z. B. in *proś, raźno*; sie finden sich auch im Litthauischen *), sind aber für die deutsche

---

*) Nach Schleicher (Litth. Gramm. S. 22) entsprächen dem polnischen *ś* im Litthauischen zwei Laute, nämlich s (*si*) und sz (*szi*) Sollte dem wirklich so sein? Mit andern Worten· ist der Zischlaut z. B. in *sausio* nicht blos graphisch, sondern auch phonetisch ein anderer als der in *neszu*? Ist dies wirklich der Fall, dann überrascht es, daß der Lenis, dem polnischen *ź*, nicht eben-

und noch mehr für die romanische Zunge ungemein schwierig. Wir glauben sie als Dental-Palatale bezeichnen zu dürfen. Bopp nimmt an, daſs das sanskritische palatale *s* dem
ersteren dieser Laute sehr nahe gekommen sei, und hat es
neuerdings (in der 2. Ausg. d. V. G.) auch demgemäſs (*ś*)
bezeichnet; in der 1. Ausg. mit *s'*, in früheren Schriften mit
ç, wie auch jetzt noch Viele thun.

§. 15.
X. Interdentale.

1. Mit ϑ und δ bezeichnen wir den Laut des englischen
th, und zwar ϑ für den harten (*thing*), δ für den weichen
(*whether*). Die Wahl der Zeichen wird durch das Neugrie-
chische gerechtfertigt, wo sie dieselbe Geltung haben. Wir
nennen sie Interdentale; entsprechende Explosivlaute dazu
scheint es nicht zu geben.

2. So die Auffassung von Lepsius und Schleicher. Wir
möchten dabei wenigstens fragend anmerken: Wie, wenn
diese Laute überhaupt nicht einfach wären? Wie, wenn sie
nicht blos annähernd (was Jeder zugiebt), sondern, wenigstens ursprünglich, völlig identisch wären mit dem was wir
Affrikaten nennen, also genauer ausgedrückt, ϑ und δ
nichts anders als die Affrikaten der Dentalklasse selbst.
Dann erklärte sich sofort der Mangel an hiezu gehörigen
Explosivlauten.

3. Wir unserseits sind davon überzeugt und verweisen
zur Unterstützung dieser Annahme auf das, was Raumer
S. 20 ff über die Aussprache jener Laute anführt. Es geht
daraus hervor, daſs das engl. *th* (hartes wie weiches) keineswegs immer gleichförmig als Interdentalis gesprochen wird,
sondern zuweilen auch als *t* oder *d* mit nachklingendem *s* bezügl.
f. Diese letztere Aussprache ist offenbar die frühere und
gegenwärtig im Ersterben; es kann eine Zeit kommen, wo
das harte englische *th* völlig zum *s*, das weiche völlig zum *f*
wird: ein Lautproceſs, zu welchem das Hochdeutsche eine
schöne Analogie bietet.

Anm. Daſs die englische Aussprache schon geraume Zeit an der Hin-

---

falls zwei Laute im Litthauischen entsprechen; aber Schleicher erwähnt blos einen: z' (ži).

wegschaffung dieser Affrikaten arbeitet, beweist in einzelnen Fällen selbst die Schrift; z B *he loves* statt *loveth* Noch findet man in der Poesie *hath* neben *has,raineth* für *raines*, etc

§. 16.
XI. Labiale und Dentallabiale.

1. *p* und *b* unsers Alphabets bezeichnen reines deutsches p und b, wie es in Norddeutschland allgemein gesprochen wird. Die dazu gehörigen Fricativlaute sind φ und *w*, wovon das letztere Zeichen = engl. *w* ist. Das φ, die dazu gehörige Fortis, ist leicht zu bilden, wenn man beide Lippen zusammenschließt und nun die Frication eintreten läßt; es ist gradezu ein Blasen, als ob man etwas Heißes abkühlen wollte. (Reine Labialen).

2. *f* ist das deutsche *f* oder *v* (welche nämlich neuhochdeutsch völlig identisch sind); unser *v* ist das engl. franz. *v*, deutsche *w*. Diese Laute werden bekanntlich nicht mit den beiden Lippen gebildet, sondern mit der Unterlippe und dem Rande der obern Zahnreihe. (Dental-Labiale).

3. Der zu den reinen Labialen gehörige Nasal ist das deutsche *m*, welches wohl in allen Sprachen auf gleiche Art ausgesprochen wird.

Anm. Der Unterschied zwischen dem altgriechischen φ und dem lateinischen *f* war (wenigstens in der Zeit Cicero's) sicherlich kein anderer als der eben dargestellte zwischen unserm φ und *f*. Dies ergiebt sich zunächst schon daraus, daß in Assimilationsfällen die Römer ihr *f* als Dentalis (*infans, confinium, confero*), die Griechen ihr φ als Labialis (συμφέρω) behandelten. Dazu das Zeugniß Priscians: „Non tam fixis labris est pronuntianda *f*, quomodo φ, atque hoc solum interest inter *f* et φ." — Das althochdeutsche *f* muß φ gewesen sein (*samft*), das neuhochdeutsche ist Dental-Labial (*sanft, hanf*).

§. 17.
Natürliches Alphabet in kürzester Fassung.

Scheiden wir nunmehr von diesen zahlreichen Lauten alle die aus, welche für die europäischen Cultursprachen keine besondere Wichtigkeit haben, und halten uns mit Uebergehung der Zwischenstufen nur an die drei Hauptorgane, so erhalten wir folgende 10—25 (26) Laute, die wir Grundlaute nennen möchten, weil alle übrigen sich mehr oder weniger an sie anlehnen.

| | Nasale Consonanten | Reine Consonanten | | | | Vokale u. Halbvokale |
| | | Explosivae | | Fricativae | | |
		weiche	harte	harte.	weiche.	
Gutturale . . .	ν	g	k	χ	j	i
Dentale . . .	n	d	t	{ s' / s / ϑ	'f / ſ / δ	r — l
Labiale . . .	m	b	p	f	v	u

Hiezu kommen dann noch das *a*, der Spiritus asper und lenis, welche drei Laute, als keinem der hier genannten Organe zugehörig, in dieser Anordnung keine Stelle finden konnten; die Ausschliefsung des *e* und *o* war durch die des *a* mitbedingt.

§. 18.
Die Alphabete der empirischen Grammatik.

Wir heben hiebei drei Fälle als besonders wichtig hervor:

1. Die beschreibende Specialgrammatik hält sich gewöhnlich streng an das Lautsystem, welches von dem ihr vorliegenden Idiom selbst geboten wird, mag dasselbe auch vom phonetischen Standpunkte aus erhebliche Mängel zeigen und theils zu viel, theils zu wenig enthalten. Mit Recht! denn auch diese Mängel gehören zum Gesammtbild der Sprache, beruhen meist auf Eigenthümlichkeiten ihres Baues, und sie zu Gunsten des natürlichen Verhältnisses ändern wollen, hiefse die Physiognomie der Sprache verwischen.

Man beobachtet ferner so viel als möglich eine solche Eintheilung der Laute, welche eine bequeme Fassung der grammatischen Regeln erlaubt. Dergleichen Lautgruppen sind zwar meistentheils dem natürlichen Prinzip verwandt, selten oder nie jedoch demselben ganz rein entsprechend. Sie deshalb sämmtlich zu verwerfen, wäre unpraktisch, eine Erschwerung des Studiums

So, um das für uns wichtigste Beispiel anzuführen, ist

die Gruppe der Liquidae für die praktische, namentlich die
griechische Grammatik von unläugbarer Wichtigkeit, und
daher stets beizubehalten. Gleichwohl ist dieselbe, phonetisch
genommen, schwer zu rechtfertigen. Sie scheint freilich eine
Verbindung zweier natürlicher Gruppen, der Halbvokale
und Nasale; aber abgesehen davon, dafs gerade diese beiden einander am wenigsten nahe stehen, so fehlt auch der
eine Nasal, das *v* (Bopps *ñ*), und die Liquidae wollen ihn
schlechterdings unter sich nicht dulden; eine Menge Regeln
müfsten sofort fallen, wenn man ihn einzwängen wollte.

2. Das Grimmsche Lautsystem. Die Nothwendig-
keit eines idealen, oder wenn man dies Wort vermeiden will,
wenigstens eines auf natürlicher Grundlage ruhenden Alphabets ist von jeher gefühlt worden, selbst als die Sprachforschung sich wesentlich nur mit Latein und Griechisch be-
schäftigte. Es war für dieses Bedürfnifs ein günstiger Umstand, dafs die griechische Specialgrammatik selber die Rücksicht auf eine physiologische Anordnung der Laute erheischt
und im Bereich ihrer eigenen Grenzen schon in alter Zeit zu
lösen versuchte, so dafs wenigstens die Grundzüge einer
solchen dem Bewufstsein nahe gerückt wurden. Freilich aber
gewöhnte man sich hiedurch auch daran, griechische und
natürliche Eintheilung als identisch zu betrachten, etwas
was eben nur relativ richtig war. Die Täuschung mufste
sofort schwinden, als J. Grimm die germanischen Sprachen
mit gewaltiger Hand inmitten der neuern Sprachwissenschaft
stellte, und es sich nun ergab, dafs zu den hier auftretenden
Lauten das griechische Alphabet schlechterdings nicht mehr
ausreicht Den Hauptschlag zu thun, nämlich ein (annähernd)
allgemeines Lautsystem auf physiologischer Grundlage hinzu-
stellen, dazu war die damalige Zeit noch nicht reif (tauchen
doch selbst in der unsrigen erst Versuche dazu auf); Grimm
behalf sich demnach mit einer blofsen Erweiterung des
griechischen Alphabets, indem er ihm die durch die deutsche
Grammatik verlangten Laute: *h, j, f, w* („Spiranten") hin-
zufügte. In dieser Form ist es nicht blos von der eigentlichen Grimmschen Schule mit gröfster Einstimmigkeit festgehalten worden, sondern auch mehr oder weniger in die
ganze neuere Grammatik übergegangen, so weit dieselbe nicht
unmittelbar auf Sanskrit sich bezog. Wir dürfen ihm dem-

nach wohl den Namen seines ehrwürdigen Gründers mit gutem Fug beilegen. Es lautet:

I. Vokale.

i, e, a, o, u; — ai, au, ei, iu *).

II. Consonanten.

	Tenues	Mutae Mediae	Aspiratae	Liquidae.	Spirantes
Gutturale	k	g	ch		h, j
Dentale	t	d	th, z	l, r, n	f
Labiale	p	b	ph, f	m	w.

Da Grimm die Spiranten als „hauchende, jehende, sau-
sende, wehende" Laute kennzeichnet, so entnehmen wir daraus, daß unter dem S das milde, also f gemeint ist, denn
das scharfe nennt er sonst zischend; auch lassen die Regeln, worin Spiranten eine Rolle spielen, fast stets nur f,
nicht s zu. Grimm selbst indeß macht diesen Unterschied
nicht; er wendet das Wort Spirant auch da an, wo es scharfes s gilt.

3. Das sanskritische Lautsystem. Es spielt für
die „vergleichende" Grammatik ganz die nämliche Rolle,
wie das Grimmsche für die „historische" (im engern Sinne).
Wir geben es im Wesentlichen nach der Aufstellung Bopps.

I. Vokale.

    1. Einfache a, á; i, í; u, ú; r, ŕ; l;

    2. Diphthonge ê, ô; âi, âu;

        Anusvâra ṅ (§. 7).

II. Consonanten.

    1. Gutturale   k,   k̓,   g,   ǵ,   n;

    2. Palatale   k̓,   k̄,   ǵ,   ǰ,   ṅ;

    3. Cerebrale   ṭ,   ṭ̓,   ḍ,   ḍ̓,   ṇ;

    4. Dentale   t,   t̓,   d,   d̓,   n;

    5. Labiale   p,   p̓,   b,   b̄,   m;

    6. Halbvokale y,   r,   l,   v;

    7. Zischlaute   ś,   s̓,   s,   h.

---

*) In der Geschichte der deutschen Sprache S. 843 leitet Grimm diese Vo-
kale sämmtlich aus den drei Urvokalen a, i, u, durch bloße Combination zu
zwei Elementen ab, wobei er genöthigt ist, é, ô, ei bezüglich aus ia, ua, ui hervorgehen zu lassen; eine Annahme, welche uns sowohl historisch als physiologisch unhaltbar scheint.

Diese Laute werden zunächst eingetheilt in dumpfe und tönende. Als dumpf gelten sämmtliche Fortes mit ihren Aspiraten, und außerdem die drei Zischlaute; alle übrigen Laute sind tönend.

Die Consonanten ihrerseits lassen noch eine andere Eintheilung zu, nämlich in schwache (Nasale, Halbvokale) und starke (alle übrigen).

Anm. Da in der Nomenclatur der Laute wenig Uebereinstimmung herrscht, so bleibt nichts übrig als in sprachwissenschaftlichen Schriften sich vorher genau mit dem Standpunkt des Verfassers bekannt zu machen. Ganz besonders mannigfaltig ist die Auffassung der Halbvokale Bopp meint damit stets die vier im Sanskrit dafür geltenden Laute (j, r, l, v), ebenso Graff; Heyse j, w, f; Lepsius j und w, Schleicher l und r; Grimm braucht diese Bezeichnung gar nicht

§. 19.
Gewicht der Laute.

Wir dürfen dieses Kapitel nicht schließen, ohne noch einen Blick auf jene accessorische Eigenschaft der Laute geworfen zu haben, welche man deren Gewicht nennt, und die auf die historische Entwickelung derselben von entschiedenem Einfluß ist. Es kommen dabei besonders die Vokale in Betracht.

1. „Nach Kempelens Beobachtungen sind die Vokalstellungen des Mundes gewissermaßen von zwei Oeffnungen abhängig, von der der Lippen und von der des hintern Mundcanals, welchen die Zunge und der Gaumen bilden. Denkt man sich die größte der beiden Oeffnungen in fünf Theile getheilt; so ist, nach seinen Angaben:

bei i die Weite der Lippenöffnung 3, des Canals 1
- e - - - - 4, - - 2
- a - - - - 5, - - 3
- o - - - - 2, - - 4
- u - - - - 1, - - 5.

Da die Weite der Mundöffnung durch das Herabziehen des Unterkiefers, das Oeffnen des Mundcanals durch das Herabdrücken der Zunge bewirkt wird, so muß man sich die obere Linie feststehend denken und die Theile immer von oben nach unten auftragen, wenn man sich durch eine Figur diese Verhältnisse deutlich machen will.

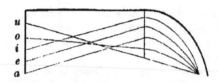

Es gewährt ihre Betrachtung manche unmittelbare Einsicht, da z. B. die drei Urkürzen *a*, *i*, *u*, auf eine für alle Zeiten unverlierbare Weise bestimmt sind; *a* als das Maximum der Mundöffnung, *u* als das Minimum der Lippen- und Maximum der Canalweite und *i* durch das Minimum der letztern. Auch ergiebt sich augenblicklich daraus die Ursache der Verwandtschaft von *u* mit dem Lippenlaut *v* und die von *i* mit dem Gaumenlaut *j*, und warum nicht dem *a*, wie jenen beiden, ein entsprechender Consonant zur Seite steht, weil nämlich die ihm eigene Stellung des Mundes auf keinerlei Weise durch eine geringe Veränderung zu einem Verschlusse des Mundes führen kann, wie die des *i* in der Gaumen-, die des *u* in der Lippengegend. Endlich zeigt der Parallelismus der Linien von *a*, *e* und *i* deutlich, daſs der Uebergang des *a* zu *e* und *i* natürlicher und leichter ist, als der von *a* zu *o* und *u*. Er erscheint gewissermaſsen als ein allmäliges Zusammenklappen der Kinnladen." (Jakobi, S. 39 ff.).

2. Addirt man nun die Werthe der beiden Oeffnungen für jeden Vokal zusammen, so erhält man eine Skala für das, was man das Gewicht oder die Schwere der Vokale nennt, und welche somit auf nichts Anderem beruht, als der gröſseren oder geringeren Entfernung der Mundorgane von einander. Bei gleichen Werthen muſs der innere Weitengrad als der wesentlichere entscheiden, und wir erhalten somit folgende Reihe *a* (8), *u* (6), *o* (6), *e* (6), *i* (4). Das stumme *e* übrigens ist noch leichter als *i*; sein Werth darf gleich 1 gesetzt werden — Die Sprachgeschichte zeigt, daſs die schwereren Vokale gern in die leichteren übergehen, nicht umgekehrt diese in jene.

3. Das Gewicht der Consonanten beruht auf der Intensität, mit welcher die bei ihrer Hervorbringung thätigen Organe einander berühren. Wir getrauen uns jedoch für jetzt noch nicht, ein Prinzip oder auch nur eine genauere Scala darüber aufzustellen, sondern begnügen uns mit der Hindeu-

tung, dafs in den quantitativen Reihen die weichen Fricativae und die Halbvokale die leichtesten Consonanten sind, dann folgen die harten Fricativae, darauf die Mutae, endlich die Nasale. Nach den qualitativen Reihen betrachtet, scheinen die Gutturalen die leichtesten Consonanten, schwerer sind die Dentalen, am schwersten die Labialen.

Zweites Kapitel.
Von den Lautverbindungen.
§. 20.
Uebersicht.

A. **Vokalische.** Nur aus Vokalen bestehend.
  a) *Lange Vokale.* Verschmelzung zweier gleicher Vokale zu einem Lautganzen (I).
  b) *Diphthonge.* Verschmelzung zweier verschiedener Vokale zu einem Lautganzen (II).
  c) *Syllabische Verbindungen.* Die beiden Vokale stehen unverschmolzen (durch den Spir. lenis getrennt) neben einander (III).

B. **Consonantische.** Nur aus Consonanten bestehend.
  a) *Geminaten.* Verschmelzung zweier gleicher Consonanten zu einem Lautganzen (IV).
  b) *Diphthonge.* Verschmelzung zweier verschiedener Consonanten zu einem Lautganzen (V).
  c) *Zusammenstellung.* Die beiden Consonanten stehen unverschmolzen nebeneinander (VI).

C. **Gemischte.** Aus Vokalen und Consonanten bestehend.
  a) *Silben* (VII).
  b) *Worter* (VIII).
  c) *Wortverbindungen* (IX).

Anm. Die Silben können freilich auch blos vokalisch sein. Ueberhaupt ist bei Eintheilung der Lautverbindungen in vokalische, consonantische, syllabische weniger ein einheitliches Prinzip, als die Rücksicht auf praktische Anwendung mafsgebend gewesen Streng genommen müfsten die Lautverbindungen so gesondert werden:

a Nach ihren Elementen: 1) *vokalische,* 2) *consonantische,* 3) *gemischte.*

b. Nach ihrem Verhältnifs zur Stimme: 1) *unvollkommene* (lautirende), 2) *einfache* (Silben), 3) *zusammengesetzte* (Silbenvereine, Wörter, Wortverbindungen)

§. 21.
I. Lange Vokale.

1. Jeder kurze (einfache) Vokal dauert nur einen Moment; treten zwei gleiche Kürzen zusammen, z. B. *aa,* und und man spricht sie ohne dazwischen liegenden Spiritus lenis, mithin als ein Lautganzes, so entsteht ein **langer**, d. h. mindestens zwei Momente dauernder Vokal; wir bezeichnen ihn durch den Circumflex.

2. Zweierlei Bedenken treten dieser Erklärung entgegen; das eine von historischer, das andere von phonetischer Seite.

A. Historischer Einwurf.

a) Die beiden Längen *ê* und *ô* können unmöglich aus *ee* und *oo* entstanden sein, da die historische Grammatik lehrt, dafs jene früher da waren als diese, ja im Sanskrit nur die ersteren existirten. Zugleich erfahren wir aber auch hier den wahren Ursprung dieser Laute; sie erweisen sich als die innigste Verschmelzung von *a + i, a + u*; gleichsam eine Diphthongisirung derselben in zweiter Potenz, nicht sowohl eine **Mengung** dieser Elemente, als vielmehr eine **Mischung**. — So viel über den (absoluten) **Ursprung** dieser Laute.

b) In Bezug auf die (relative) **Entstehung** der langen Vokale in bestimmten concreten Fällen, sehen wir dieselben häufig aus der Contraction **differenter** Laute hervorgehen; z. B. τιμῶμεν aus τιμάομεν, κῆρ aus κέαρ. Heyse nimmt an, dafs in solchen Fällen der Uebergang durch assimilirende Mittelformen (τιμόομεν) erfolgt sei; ohne dafs übrigens darum diese letzteren gerade immer in der geschriebenen Sprache eine wirkliche Spur hinterlassen zu haben brauchen.

c) Anderseits bilden auch zwei **gleiche** kurze Vokale nicht immer den **entsprechenden** langen, sondern einen anderen, oder auch einen Diphthongen; z. B. griech. *oo* nicht = ω, sondern = ου; *ee* nicht = η, sondern = ει; wie denn überhaupt die Contractionsgesetze der einzelnen Idiome sehr

abweichende Erscheinungen bieten und zum Theil auf Lautwechsel beruhen.

Alle diese Einwürfe thun der oben aufgestellten Theorie
des langen Vokals überhaupt keinen Eintrag; der historische
Verlauf der Dinge ist eben häufig ein anderer, als der nächste natürliche Zusammenhang (der weitere ist immer vorhanden) erwarten läfst; beide schliefsen einander nicht aus,
begegnen sich aber nur in besonders glücklichen Fällen ganz
in denselben Resultaten.

B. *Phonetischer Einwurf.*

Das Weglassen des Hauches zwischen zwei kurzen Vokalen ist nicht so leicht auszuführen. Es ist den menschlichen Sprachorganen unmöglich, wenn sie einmal kurz *a* hervorgebracht haben, unmittelbar ohne Absatz ein neues folgen
zu lassen, denn die Luft in der Kehle war nur für Eins zu-
gemessen. Wird aber nun eine gröfsere Luftmasse aus der
Kehle hervorgestofsen, so mufs dies mit einer gröfseren Energie geschehen, die an sich schon als etwas zu den beiden
kurzen Vokalen Neuhinzukommendes zu betrachten ist. Diese
Energie wird keineswegs blos die Quantität des Vokals
ändern, sie wird auch auf seine Qualität Einflufs üben;
das *a* in *Vater* ist nicht blos ein längeres, sondern auch
ein lautlich anderes als das in *Gevatter.* Die Vergleichung fremder Sprachen lehrt, dafs diese Lautdifferenz eine
sehr verschiedene sein kann, so dafs die Anerkennung einer
Länge als zu einer Kürze gehörig für eine Art Gewohnheits-
sache gelten kann.

Diese Einwendungen (Jakobi's) sind vollkommen richtig;
aber wir dürfen ihnen desselben Forschers weitere Ergebnisse
als ein gewisses Gegengewicht mitgeben. Jene Theorie des
$á = a + a$ ist keinesweges so zu verstehen, dafs die Zusammensetzung als ein äufserer, mechanischer Akt im Munde vor
sich gebe, sondern dieselbe beruht auf einer von der Vorstellung selbst ausgehenden Thätigkeit, dort hat gleichsam die
Zusammensetzung stattgefunden und diese hat erst die hinreichende Energie veranlafst, um den kurzen *a*-Laut in einem
Mafse zu entfalten und auszudehnen, dafs wir darin einen
Ersatz für zwei kurze *a* zu finden glauben.

3. Man sollte erwarten, dafs sämmtliche Vokale sowohl lang als kurz vorkommen, und die Sprache als Gan-

zes betrachtet wird sich dies, wenn auch zu verschiedenen
Zeiten und an verschiedenen Orten, thatsächlich so verhalten.
Im Bereich eines und desselben Idioms jedoch trifft es keineswegs zu. Wir enthalten uns hier des Eingehens in ältere
Sprachen, wegen der damit verbundenen Zweifel, und machen nur darauf aufmerksam, daſs im Neuhochdeutschen
von den in unserer Vokaltabelle verzeichneten Lauten eigentlich blos *a, i, u* ganz beliebig sowohl lang als kurz gesprochen werden können; *e, o, ö, u* neigen mehr zur Kürze; *é, è,*
ó, ò, ú, ö, ú, ù mehr zur Länge; so daſs wir kaum glauben,
es werde in Deutschland Jemand ohne viel Uebung im Stande
sein, z. B. *é, e, è* nach einander sowohl lang als kurz auszusprechen; er wird in der Regel *é, ë, è* sagen. Man täusche
sich nur nicht und halte schon für Kürze, was blos Schnel-
ligkeit und Abgebrochenheit der Aussprache ist. Ganz ebenso
verhält es sich mit *ó, o, ò,* mit *ó, ö, ò* und *ú, u, ù.*

  4. Bezeichnung der Länge im Deutschen.

  a) Eine solche existirt im *Gothischen* gar nicht; sie kann
daher nur durch die Vergleichung mit andern Sprachen fest-
gestellt werden und bleibt zum Theil zweifelhaft.

  b) *Althochdeutsche* Handschriften älterer Zeit geben die
langen Vokale durch Verdoppelung: *aa, ee,* etc.; spätere durch
Circumflexion: *â, ê,* etc.; selten durch Hinzufügung eines *h.*

  c) *Mittelhochdeutsch* gilt zwar im Allgemeinen die Circumflexion als Längezeichen, wird indeſs in den Handschriften nur sparsam und unsicher angewandt; es bieten jedoch
die Vergleichung mit dem Althochdeutschen und vor Allem
der Reim hinreichende Mittel, um die Quantität eines Vokals
sicher zu stellen.

  d) *Neuhochdeutsch* giebt es keine wahren Längen und
Kürzen im alten Sinne mehr; die vorhandene Dehnung indeſs,
welche als Länge gelten darf, wird auf höchst inconsequente
Weise bezeichnet; nämlich:

  1) gar nicht, z. B. *war, klar, haben; er, wer, heben;*
     mir, dir, wir; bogen, oben, los; schwur, fuder, bube;
     ware, böse, mude, etc.
  2) durch Verdoppelung des Vokals, z. B. *faal,*
     meer, moor; von *i* und *u,* auch von den Umlauten
     kein Beispiel.
  3) durch Anfügung von *h:*

a. an den Vokal. Nur bei Liquidis, z. B. *wahl,*
bahn, sehr, lehne, ihr, ihn, mohr, lohn, huhn,
pfuhl; wähle, söhne, buhne;
b. an den vorangehenden Consonanten. Nur
bei *t,* z. B. *that, thor, thum, thun, thäte, thörin,*
thüre;
c. an den folgenden Consonanten. Nur bei *t,*
z. B. *rath, meth,* von *i* kein Beispiel, *roth, wuth,*
räthe, rothe, bluthe.
4) Durch Anfügung eines *e* an den Vokal Nur
bei *i;* z. B. *biene, lied, ziel, sieg, vieh, nieder,* etc.
Wir wenden in diesem Buche für Goth., Ahd., Mhd.
die Circumflexion ausschliefslich an; im Nhd., wo die Bezeichnung der Länge eigentlich überflüssig ist, nur da, wo
der Zusammenhang die Quantitätsbezeichnung wünschenswerth
macht.

§. 22.

II. Diphthonge.

1. Sie entstehen durch Verschmelzung zweier verschiedener Vokale zu einem ·Lautganzen, so dafs beide Factoren
vernommen werden. Ein Diphthong im phonetischen Sinne
besteht nicht aus zwei Vokalen die hinter einander gesprochen
werden, sondern es ist nur Ein Vokal, bei dessen Aussprache
jedoch der Mund aus der Stellung eines Vokals in die eines
andern übergeht. Im nhd. *ai* ist weder *a* noch *i,* sondern
nur der Uebergang von *a* zu *i.* Diphthongen haben mit den
Consonanten gemein, dafs sich bei ihrer Hervorbringung der
Mund bewegt; sie unterscheiden sich von ihnen dadurch, dafs
diese Bewegung nicht eine öffnende, sondern eine schliefsende
ist, und dafs dieser Schlufs nicht so weit fortgeführt wird,
um den Laut stumm werden und ein hörbares Oeffnen folgen
zu lassen. Versucht man es Diphthongen zu bilden, deren An-
fangslaut eine engere Oeffnung verlangt als der Endlaut, so
bleibt man entweder bei der distinct-syllabischen (zweisilbi-
gen) Aussprache der beiden Vokale stehen, wie das bei *ia,*
ea, ua, uo etc. gewöhnlich der Fall ist, oder man bildet einen mehr oder weniger bestimmten Consonanten mit folgendem einfachen Vokal, etwa *ja, va,* etc.

2. Nicht jede Zusammenstellung zweier Vokale ist also

3

einer solchen Verschmelzung fähig, sondern diese letztere waltet nur in der Richtung von Vokalen mit weiterer Mundöffnung zu solchen mit engerer, also in der natürlichen Vokalreihe *i, e, a, o, u,* wesentlich von der Mitte nach den Enden; in der Art wie es folgendes Linienbild darstellt:

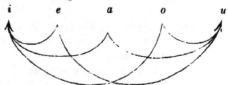

$$i \qquad e \qquad a \qquad o \qquad u$$

3. Die so entstehenden sechs Laute *ai, au; ei, eu; oi, ou* sind allein echte Diphthonge; die beiden ersten die ursprünglichsten, im Sanskrit die einzigen; die anderen entstehen später. Alle übrigen Combinationen, sei es kurzer Vokale unter einander oder langer mit kurzen, sind entweder geradezu zweisilbig oder im besten Falle uneigentliche Diphthonge (§. 23). — Wenn Grimm in seiner D. G. oder Zeuss in seiner Grammatica Celtica überhaupt jede Vokalverbindung als Diphthonge oder Triphthonge bezeichnen, so stehen sie dabei auf dem rein graphischen Standpunkt, und es ist dagegen nichts einzuwenden, so lange nicht dabei irgend wie der Gedanke mit einfliefst, dafs in Folge dieser Bezeichnung nun auch die Laute selbst als Diphthonge gesprochen worden seien. Dies wäre in vielen Fällen unrichtig; vielmehr besteht der gröfste Theil z. B. der althochdeutschen Vokalverbindungen aus unechten Diphthongen, der keltischen aus geradezu einfachen Lauten.

4. Hinsichtlich des Vorkommens der Diphthonge in einzelnen Sprachen bemerken wir Folgendes:

a) Die Sanskritgrammatik nimmt vier Diphthonge an: *é* (grammatischer Werth $= a + i$), *ó* (gr. W. $= a + u$), *ái* (gr. W. $= á + i$), *áu* (gr. W. $= á + u$). Ueber die Aussprache weifs man wenig.

b) Die griechische Sprache hat graphisch namentlich die Zusammenstellungen $\alpha\iota$, $\alpha\upsilon$, $\varepsilon\iota$, $\varepsilon\upsilon$, $o\iota$, $o\upsilon$ und einige seltnere, wie $\upsilon\iota$, $\eta\upsilon$. Wie viele derselben echte Diphthonge waren, ist schwer zu sagen und jedenfalls sehr von den verschiedenen Zeiten abhängig. In der klassischen Zeit soll $\alpha\iota$ wirklicher Diphthong gewesen sein (Curtius, Jahrb. f. wiss. Krit.

1846. April, No. 63 ff.). Allein schon zur Zeit der Ptolemäer wurde der Laut *a* herrschend, der auch früher schon als dialektische Entartung bestanden haben mag. Siehe bei Heyse (S. 289) die älteren Belegstellen, sodann Hermann (De emend. rat. graec. gram. S. 51), Thiersch (G. G. 2. Aufl. S. 21—27), etc. Daſs *αυ, ευ* schon lange vor Christi Geburt wie *aw, ew* lautete, ist aus der Untersuchung des Liscovius (Ueber die Aussprache des Griechischen. Leipz. 1825, S. 107—110) zu entnehmen; man denke an jenes *κavvέας =* *cave ne eas* bei Cicero (De divinat. II, 40). Wenn man dagegen das lat. *eurus = εὖρος* anführt, so muſs auf die Untersuchung Benary's verwiesen werden, welcher (Röm. Lautl. I, 81) zeigt, daſs auch lat. *eu* kein Diphthong im phonetischen Sinne war. — Das *ει* endlich war schon zu Cicero's Zeit vollkommen sicher nichts anders als *i* (Winkler: De pronunciatione *ει*. Progr. des kathol. Gymn. zu Bresl. 1842). Diese Aussprache noch für die echt griechische Zeit giebt auch Buttmann zu (Ausführl. Gramm. S. 15 u. 25), desgleichen Hermann, und wenigstens für das dritte Jahrh. nach Chr. Thiersch. Den Beweis, daſs auch lat. *ei* nur der graphische Ausdruck für *i* war, hat Benary (Röm. Lautlehre I, S. 77—81) geführt. Vergl. auch Schneider (Ausführl. lat. Gramm. I, 69).

c) Die lateinische Sprache zeigt überhaupt Abneigung gegen Diphthonge. In der klassischen Zeit finden sich graphisch *ae, oe, au, eu,* sind aber sämmtlich von eingeschränktem Gebrauch. Die beiden ersten sind hervorgegangen aus *ai, oi;* auf Inschriften findet sich noch *Aimilius, aiternus, aidilis, aiquom, quairere;* die alten Dativformen *terrāi, aulāi* entsprechen dem griech. *ᾳ; coetus* ist aus *coitus, coelum* aus *κοῖλον* erwachsen. Möglich, daſs sie damals auch wirklich diphthongisch ausgesprochen wurden, als *ae* und *oe* sind sie natürlich einfache Laute (unser *è, ö*); manchmal sinkt *ae* zu bloſsem *e* herab und wechselt damit: *saeculum, seculum; haeres, heres.* Ganz ebenso schwankt *au* in *o,* schon im Zeitalter der Punischen Kriege: *Claudius, Clodius; plaustrum, plostrum; etc.* Vgl. Corssen, 163 ff. Die romanischen Sprachen haben diese Tilgung der echten Diphthonge weiter fortgesetzt, die französische hat gar keinen mehr, dafür aber mehrere unechte.

d) In den deutschen Sprachen entbehrt, nach unserer Auffassung, das Gothische der Diphthonge gänzlich (denn selbst das *iu*, welches diesen Namen noch am ehesten verdiente, ist blos ein unechter) und erweist sich auch hierin, wie in so vielen andern Fällen, als verwandt mit den niederdeutschen Mundarten. Das Althochdeutsche zeigt nur zwei echte Diphthonge: *au* (später *ou*) und *ei*, dagegen viele uneigentliche. Das Mittelhochdeutsche bietet zwei echte: *ou, ei* und drei unechte: *uo, iu, ie*. Das Neuhochdeutsche endlich hat graphisch sechs Diphthonge: *ai, ei, au, eu, äu, ie*. Davon ist aber der letzte ein völlig einfacher Laut (*i*), *äu* vollkommen dem *eu* gleich und nur aus etymologischer Rücksicht von ihm durch die Schrift geschieden. Selbst das *ei* ist überall dem *ai* gleich, *Baier* klingt völlig wie *Freier*; die Sache steht so, dafs die meisten Gebildeten jetzt weder mehr rechtes *ai*, noch rechtes *ei* sprechen, sondern einen Mittellaut zwischen beiden. Die Scheidung ist also unnöthig, auch haben nur wenige Wörter *ai*, und diese meistens aus Rücksicht auf die Bedeutung; man glaubte die Verschiedenheit derselben bei gleichklingenden Wörtern dieser Art wenigstens dem Auge vorhalten zu müssen, schrieb also *waife* (orbus), *weife* (sapiens); *haide* (campus), *heide* (paganus), *faite* (chorda), *feite* (latus); etc. offenbar mit Unrecht, da die Schrift eine solche Function gar nicht haben darf. Auch der (etymologische) Grund für *getraide*: die Abstammung aus *gitragidi*, ist zu verwerfen, da das Volksbewufstsein davon nichts mehr weifs. — So bleiben denn in Wahrheit nur drei echte Diphthonge im Neuhochdeutschen: *au, ei, eu*; unechte giebt es gar nicht mehr, aufser dialectisch (in Oberdeutschland).

§. 23.
III. Vokalzusammenstellung.
(Syllabische Vokalverbindung).

1. So nennen wir alle Verbindungen zweier einfacher (kurzer) Vokale, welche weder lange Vokale noch (echte) Diphthongen bilden. Dieselben können, nach unserer Auffassung, nicht anders gesprochen werden, als mit dazwischen liegendem Spiritus lenis, d. h. zweisilbig. Beisp. *ea, eo, ua, uo,* etc. Ein solches Zusammentreffen von Vokalen hat für

die meisten Sprachen etwas Unangenehmes (Hiatus) und
wird durch mannigfache Mittel (Contraction, Epenthese, etc.)
vermieden. Mit einer gewissen Vorliebe pflegt ihn nur die
jonische Mundart der griechischen Sprache.

2. Einige dieser Verbindungen sind in manchen Idiomen
zwar graphisch erhalten, aber ihre Aussprache hat eine gewisse Abgeschliffenheit erlangt, etwas was wesentlich dadurch
geschieht, dafs der eine Laut, gewöhnlich der erste, auf Ko-
sten des andern begünstigt wird, so dafs dieser letztere gleichsam verhallend nachklingt; z. B. i^e, u^o. Dadurch erlangt eine
solche Verbindung etwas Diphthongisches und man spricht in
Bezug hierauf auch wohl von unechten Diphthongen. Reich
an solchen ist namentlich das Althochdeutsche; es finden sich
ao, ea, eo, ia, io, iu, oa, ua, uo; mehrere davon auch heute
noch in Oberdeutschland üblich. Hierher gehört auch das
ital. *ao, uo*; das franz. *oi, ui*; das griech. *υι, ην, ωυ*, u. a.

3. Solche Verbindungen, welche blos graphisch auftreten, nicht mehr phonetisch wirksam sind, wie das nhd. *ie*,
franz. *ou*, griech. *ov*, und ähnliche, gehören natürlich nicht
hierher, sondern gelten uns als reine Vokale, *ie* $=$ *i*, *ou*, *ov*
$=$ *u*. Gewöhnlich aber stammen sie historisch von unechten Diphthongen ab; z. B. unser *ie* war als mhd. *ie* noch
$=$ i^e, als ahd. *io, ia* $=$ i^o, i^a.

Anm. Der historische Verlauf der Vokalentwickelung, so
weit wir denselben bis jetzt, d. h. abgesehen vom Lautwechsel, überschauen
können, scheint also der gewesen zu sein, dafs in der Ursprache nur die
drei einfachen (kurzen) Grundvokale *a, i, u* vorkamen, sämmtliche Verbindungen derselben syllabisch waren Allmälig verschmolzen die geminirten Verbindungen zu langen Vokalen (*á, í, ú*), die differenten zu Diphthongen: *ai, au* Die Aussprache dieser letzteren kann ursprünglich von
der des neudeutschen *ai, au* nicht weit entfernt gewesen sein Von den
langen Vokalen verband sich das *á* wiederum seinerseits mit den Kürzen
i, u, und erzeugte dadurch neue Diphthonge *ái, áu*, deren Aussprache vielleicht ursprünglich der von *ai, au* glich (anders Bopp, V. G. p 7), aber
dieselbe auch beeinflufste, so dafs die alteren Laute den neueren, etymologisch schwereren, gegenüber sich mehr und mehr verengten, und endlich
zu zwei Vokalen. *é, ó* wurden, die eben dieses diphthongischen Ursprungs
wegen immer als Längen auftraten, ja geradezu selbst als Diphthonge betrachtet wurden. Bis hierher vollziehen sich die Vorgänge innerhalb des
Sanskrits und wesentlich auch des Gothischen; nur dafs hier bereits einige
Schwächungen des *a* in *i* und *u* vorkommen; aufserdem noch ein Laut *ıu*
auftritt, dessen Herkunft und Wesen (syllabisch oder diphthongisch) dunkel
ist. Bopp vermuthet darin (etymologisch) ein geschwächtes *au*; im Laufe der

Sprachentwickelung geht er immer deutlicher in den Vokal *ŭ* über. — I. Periode der Vokalentwickelung.

Jetzt beginnt die Macht des Assimilationstriebes und es entsteht dadurch jene Fülle von Nebenvokalen, die wir S. 11 angegeben haben. Aufserdem greift aber auch die Schwächung immer weiter um sich und strebt alle kräftigeren Vokale in ein farbloses *e* abzustumpfen. — II. Periode.

Im Verlauf des Sprachlebens erlischt das plastische Element der Quantität immer mehr, und an seine Stelle tritt das musicalische des Accents. Ist dieser letztere vollständig zur Herrschaft gelangt, so gerathen die ursprünglichen Vokalverhältnisse in vollständige Auflösung, so dafs nicht blos die Quantität, sondern auch die Qualität der einzelnen Vokale den mannigfachsten Aenderungen unterliegt. — III. Periode.

§. 24.

IV. Consonantengemination.

(Geminaten.)

1. Die Geminaten (Doppelconsonanten) entsprechen gewissermafsen den langen Vokalen; nur dafs sie weder im An- noch Auslaut, und selbst im Inlaut nur zwischen zwei Vokalen, also im Uebergang von einer Silbe zur andern vorkommen. Dies Alles natürlich vom phonetischen Standpunkt aus gesagt; dafs der graphische, d. h. die Schreibmethode mancher Völker (besonders des deutschen) damit nicht übereinstimmt kommt daher, weil dieselben eben weniger die phonetische, als die etymologische Orthographie befolgen.

2. Aber auch die echten Geminaten in unserm Sinne, also Fälle wie *akka, agga; atta, adda; appa, abba;* etc. beruhen, streng phonetisch betrachtet, nicht eigentlich auf Verdoppelung, sondern, wie Steinthal richtig bemerkt, vielmehr auf Theilung des Consonanten, und zwar dergestalt, dafs die erste Hälfte desselben (der Schlufs der Organe) zum vorangehenden, die zweite Hälfte (die Oeffnung der Organe) zum nachfolgenden Vokale gezogen wird. Bei den Continuis ist damit nothwendig eine gewisse Dehnung verbunden, bei den Explosivis tritt wenigstens ein etwas kräftigerer Schlufs und in Folge dessen auch wohl eine etwas längere Dauer desselben ein, so dafs man in diesem bedingten Sinne auch bei ihnen von Dehnung sprechen kann [*]. Das Verhältnifs ist also folgendes:

---

[*] Steinthal (bei Heyse, S. 298, Anm.) will eine solche für die explosiven

a) Einfache Consonanz; Schluſs und Oeffnung gehört zum folgenden Vokal.

b) Gemination; der Schluſs zum vorangehenden, die Oeffnung zum nachfolgenden Vokal gehörig.

c) Wirkliche Consonantenzusammenstellung; z. B. *ab-brennen*, *auf-fallen*, *an-nehmen*. Schluſs und Oeffnung zweimal vorhanden; das erste Mal zum vorangehenden, das andre Mal zum nachfolgenden Vokal gehörig.

3. Die oben angegebenen Beschränkungen des Vorkommens der Gemination rechtfertigen sich aus diesen Verhältnissen von selbst. Wir stellen jene nochmals zusammen:

a) Gemination ist anlautend unmöglich. Dies wird auch graphisch überall anerkannt; nur im Spanischen schreibt man anlautendes *ll*, wobei dieses Zeichen nichts weiter als mouillirtes *l* ausdrückt.

b) Gemination ist auslautend unmöglich. Graphisch ist sie allerdings in einigen Sprachen vorhanden, vor Allem im Neuhochdeutschen (nicht ahd. und mhd.), weil sie hier theils etymologische Beziehungen ausdrücken, theils den vorangehenden Vokal als kurz kennzeichnen soll   Ganz gewiſs aber klingt z. B. das nhd. *ball, herr, kann* um kein Haar anders, als das mhd. *bal, her, kan* *)   In einigen kleinen oft gebrauchten Wörtern hat man den einfachen Auslaut gelassen: *in, an, von, um, man, bin*, etc.

c) Gemination ist vor Consonanz unmöglich. Dies wird ebenfalls im Neuhochdeutschen zu Gunsten der Etymologie übertreten. Man schreibt *stellte, scharrte, nannte*, (mhd. *stalte, scharte, nante*), weil das Präsens die Gemination trägt; ein auch nur annähernd phonetischer Grund liegt hier nicht vor. Bei Ulf. findet sich z. B. neben der etym. Schreib. *fullnan* auch die phonetische: *fulnan*.

d) Gemination ist nach Consonanz unmöglich.

Laute nicht gelten lassen, sondern nimmt hier eine Verdoppelung um die Hälfte an; ἵππος $= \iota + \dfrac{\pi}{2} + \pi + o\varsigma$, wobei $\dfrac{\pi}{2}$ den Schluſs, π die Oeffnung bedeutet, indem diese letztere allein schon den Laut bewirke.

*) Grimm meint dies nicht; ja er vergleicht den einfachen Auslaut der Liquidae im Alt- und Mittelhochdeutschen mit der mittelhochdeutschen eben dort herrschenden Tenuis (Fortis) der stummen Consonanten und zieht daraus den Schluſs, daſs geminirte Liquida milder laute als einfache (D G. I, 122). — Sollte dies wohl heute noch seine Meinung sein?

Dies wird auch graphisch jetzt überall anerkannt. Im 15. bis 17. Jahrh schrieb man in Deutschland freilich auch zuweilen *menggen, wartten, handdeln*, u. dergl.

4. *Gemination kann sowohl nach kurzen als nach langen Vokalen eintreten.* Die Theorie hat dagegen nichts einzuwenden und die Erfahrung bestätigt es. Beispiele hinsichtlich der kurzen liegen aller Orten auf, hinsichtlich der langen bieten wenigstens das Lateinische und Griechische eine Menge: ϑᾶσσον, μᾶλλον, γλῶσσα, λῆμμα; *amássem, éssem* (von *edere*) etc. Das Deutsche jedoch liebt die Gemination hinter langen Vokalen nicht; sie findet sich im Gothischen gar nicht, im Althochdeutschen zuweilen in Folge von Synkopen, z. B. *leitta* (duxit), *mietta* (conduxit) für *leitita, mietita.* Fälle wie *leibbá* (reliquias), *erlauppe* (concedat) bei Tatian sind wohl nur schlechte Schreibung, wie sie im späteren Mittelalter freilich sehr häufig war, neuhochdeutsch aber ganz verschwunden ist. Es hängt dies offenbar mit der Erscheinung zusammen, daß umgekehrt das Neuhochdeutsche die Fähigkeit verloren hat, einfache Consonanz nach kurzem Vokal zu sprechen. Während der Römer streng unterschied zwischen *féro* und *ferro*, zwischen *túli* und *Tulli*, spricht der Deutsche für das erstere Wort entweder *féro, túli* (also mit falscher Quantität) oder *ferro, tulli* (also mit hinzugefügter Gemination); nur beim Verselesen werden diese Fehler gewöhnlich vermieden.

5. *Alle Consonanten können geminirt werden.* Dazu folgendes Nähere:

a) Die weichen Fricativae (*j, f, w*) können es zwar phonetisch, werden es aber praktisch nur selten, z. B. im Sanskrit, (*yy, vv*); im Deutschen nie. Es hängt dies damit zusammen, daß man dieselben im Auslaut nicht verträgt. Vergl. unter c) am Schluß die Erklärung derselben Erscheinung im Hochdeutschen hinsichtlich des *g, d, b.*

b) Für die harten Fricativae läugnet J. Grimm (I, 133 und and. Stellen) das Recht der Gemination und er begründet diese Annahme dadurch, daß dieselben Doppellaute seien*), wobei er offenbar die historisch-etymologische

---

*) „Vorerst will ich hier fragen, ob *f* ein einfacher oder doppelter Laut sei? und antworten, ein doppelter. Daß ein besonderer Buchstabe vorhanden ist, beweist nichts dawider, man müste denn auch das nordische und sächsische

Herkunft des Lautes mit seinem natürlichen Wesen verwechselt, und somit in einer Frage, welche lediglich von dem letzteren abhängt, ein ihr fremdes Prinzip entscheiden läfst. Auch wird seine Annahme thatsächlich dadurch widerlegt, dafs bereits im Althochdeutschen eine Menge *ff* und *ʒʒ* vorkommen und im Neuhochdeutschen diese Gemination nach kurzem Wurzelvokal strenge Regel ist, so gut wie bei *k* (*ck*), *t* (*tt*), *p* (*pp*, *pf*). Nur *chch* fehlt, und Grimm legt darauf ein bedeutendes Gewicht; es soll bezeugen, dafs auch *ff* und *ʒʒ* tadelhaft sind und in den Ausgaben eigentlich getilgt werden müfsten. Wir entgegnen hierauf: *graphisch* kommt *chch* allerdings nicht vor, aber nur darum nicht, weil der Widersinn der Schreibung *ch* (für den einfachen Laut *χ* ein zweifaches Zeichen!) bei der Gemination allzugrell hervortrat und man jene monströse Vervierfachung scheute; es waltet also hier blos eine calligraphische Maxime, nicht aber ein etymologisches oder gar phonetisches Gesetz. So lange man *χ* noch einfach, d. h. mit *h* bezeichnete, geminirte man es so gut wie *f* und *ʒ*. Beisp. *sahha, mihhil, lohhe*, etc. Steinthal irrt, wenn er bei Heyse (der die Sache ganz richtig sieht) S. 293 in der Note ‡‡ meint: „Wir sagen *lä-chen, brĕ-chen*." Mit Nichten! Wir sagen *laχ-χen, breχ-χen*, so gut wie *waffen, treffen, hassen, essen*; und dies allein erhält den Wurzelvokal kurz, · sonst würde man *láchen, bréchen* sagen.

    c) Bemerkenswerth dagegen ist die Thatsache, dafs das Hochdeutsche die Gemination der weichen Explosivae nicht liebt. Die im Neuhochdeutschen sich etwa zeigenden *gg* (*flagge, egge, fegge, dogge, roggen, flugge*), *dd* (*widder, troddel*), *bb* (*krabbe, ebbe, robbe*) sind entweder niederdeutschen Ursprungs oder sollen gleichklingende Wörter von verschiedener Bedeutung (ganz wie bei *ai* und *ei*) wenigstens für das Auge unterscheiden; z. B. *rooken* (colus), *roggen* (secale); *ecke* (angul. solid.), *egge* (occa); *flugge* (alatus), *pflücke* (carpo); *widder* (aries), *ge-witter* (tempestas). Die Aussprache ist beim

---

p für einen einfachen Buchstaben erklären; die drei Aspiraten *f*, *p*, *ch* stehen sich aber gewifs gleich " — Wir erwidern allerdings thun sie das, (nur möchten wir für *p* lieber *s* setzen) und alle drei (das *p* nur bedingt) sind eben einfache Laute, wobei wir natürlich auf das einfache Zeichen *f* und *p* wenig oder gar keinen Werth legen

Volke und in Oberdeutschland selbst bei Gebildeteren auch hier überall geminirte Fortis. Es hängt dies mit der Abneigung der hochdeutschen Sprache zusammen, Lenis im Auslaut zu haben; man müfste *rog-gen*, *wid-der*, *eb-be* sprechen, aber die Zunge fehlt schon bei der ersten Silbe und bildet *rok*, *wit*, *ep*, was dann auch in der zweiten die anlautende Fortis erzeugt.   .

6. *Historisch* erweist sich die Gemination in der Regel entstanden:

a) aus Assimilation z. B. *appello, attingo, affero*;

b) aus dem Wegfall eines *i* z. B. *hüllen* aus *huljan*;

c) aus dem Bestreben, eine Silbe mit kurzem positionslosem Vokal, die den Hochton tragen soll, zu stärken (zu „schärfen“), z. B. *geritten*, mhd. *geriten*.

Am häufigsten geminiren, auch schon in den alten Sprachen, die Liquidae und *s*.

§. 25.
V. Consonantenverschmelzung.

1. Die durch dieselbe entstehenden Laute entsprechen den (vocalischen) Diphthongen und werden von Lepsius gradezu „consonantische Diphthonge“ genannt.

2. Sie bestehen sämmtlich aus der innigen Verbindung eines explosiven Lautes mit einem fricativen, am liebsten einem homorganen. Die Sprachgeschichte zeigt, dafs Laute dieser letztern Art besonders leicht gebildet werden und meistens aus den einfachen Lauten durch anfängliche Aspiration derselben erwachsen.

3. Wir unterscheiden demnach drei Arten von consonantischen Diphthongen:

A. **Aspiraten,** d. i. Verschmelzungen der Explosivlaute mit dem Spiritus asper; z. B. sansk. *kh, gh*; *th, dh* etc.

B. **Affrikaten,** d. i. Verschmelzungen der Aspiraten mit ihrem homorganen Fricativlaute. Beisp. *khχ, ths, phf*.

C. **Eigentliche Doppellaute,** d. i. Verschmelzungen einer Explosiva mit einer Fricativa.

a) *Homorgane* (Affrikations-Diphthonge): *kχ, ts* (*з*), *pf*.

b) *Heterorgane: kv* (*q*), *ks* (*x*), *ps* (*ψ*).

Anm. Die phonetischen Bestandtheile dieser Diphthonge lassen keineswegs einen sichern Schlufs auf die historische Entstehung

derselben zu. So darf man z. B. nicht daraus, 'dafs x phonetisch aus
t + s besteht, schliefsen, dafs dasselbe nun stets aus diesen beiden Lauten
hervorgegangen sei Vergleiche darüber bei den einzelnen Lauten
selbst. — Eine feste Grenze übrigens zwischen consonantischem Diphthong und Consonantenzusammenstellung läfst sich so wenig ziehen, wie
zwischen vokalischen Diphthongen und syllabischer Vokalverbindung.

§. 26.
1. Aspiration.
(Aspiraten.)

1. Wir müssen uns hier begnügen, die fast ganz allgemein geltende Erklärung dieses Begriffs einfach mitzutheilen.

a) „Aspiraten nennt man diejenigen explosiven Laute,
welche mit einem einfachen aber hörbaren Hauche ausgesprochen werden. Sie sind am vollständigsten im Sanskrit ausgebildet worden, wo sowohl die Fortes als Lenes aller Klassen in dieser Weise aspirirt werden können. Im Altgriechischen wurden nur die Fortes aspirirt und diese gingen dann
später in die entsprechenden Reibelaute (*also kh, th, ph in
unser* χ, ϑ, φ. Vf.) über. Der Hauch kann nur der Explosion folgen, nicht wie mit einem Reibelaute durchgängig
verbunden sein. Es findet daher hier wirklich eine Composition statt. Wenn im Sanskrit dennoch die Aspiraten als
einfache Laute aufgefafst und geschrieben werden (nur in der
Gemination nicht), so ist dies dadurch zu erklären, dafs der
Hauch sich inniger als irgend ein anderer Consonant mit den
explosiven Buchstaben verbindet und von so geringem Gewicht ist, dafs er keine Position bildet, ja dafs er eigentlich
nur eine Verlängerung desselben Hauches ist, welcher jedem
Consonanten von selbst inhärirt." Lepsius a. a. O. S. 43,44.

b) „Ein jeder Aspirate wird wie sein Nicht-Aspirirter
mit beigefügtem, deutlich vernehmbarem *h* ausgesprochen.
Man darf also nicht etwa *kh* wie ein deutsches *ch*, *ph* nicht
wie *f*, oder *th* wie ein englisches *th* aussprechen, sondern nach
Colebrooke wird *kh* gerade so wie in *inkhorn*, *ph* wie in
haphazard, *th* wie in *nuthook*, *bh* wie in *abhorr* etc. gelesen.
Ebenso verhält es sich mit den übrigen Aspiraten" (*gh, dh,
bh*). Bopp, Kl. Gr. S. 15, 16.

c) „Der Uebergang von einfacher Consonanz zu diph-
thongischer ist ein ganz allmäliger. Eine Tenuis, z. B. *t*,
hart gesprochen wie in *Tag*, hat einen fast hörbaren Hauch

nach sich. So wie ·dieser Hauch stärker und für sich ver-
nehmlich wird, so ist der Diphthong da, dessen erster Bestandtheil eine Muta (denn auch der Media kann man ein *h*
nachfolgen lassen) und dessen zweiter der Spiritus asper *)
ist. Diese Art von Aspiraten entsteht aber nur, wenn die
Organe nach der Aussprache des stummlautenden Theiles des
Diphthongen sich sogleich weit öffnen, um dem ungebroche-
nen und ungefärbten Gutturalhauche Durchgang zu gestatten.
Die Aussprache solcher Diphthongen hat daher etwas Ge-
zwungenes, Mühsames an sich, und ihr wirkliches Vorkommen in den Sprachen ist beschränkt." Schleicher, Zet.
S. 128.

2. Die Zweifel und Bedenken, welche wir unserseits
vom phonetischen Standpunkte aus hinsichtlich der eben aufgestellten Theorie haben, können wir in diesen Blättern nicht
darlegen, ohne deren Bestimmung wesentlich zu ändern; wir
versparen sie für einen andern Ort, und dürfen dies auch,
da die folgenden Entwickelungen wenigstens in der Hauptsache mit unserer Meinungsverschiedenheit nichts zu thun
haben. — Wir bemerken hier nur noch, daſs auch die griech.
χ, ϑ, φ, wenigstens für die ältere Zeit, von den Meisten als
solche echte Aspiraten nach der obigen Erklärung aufgefaſst
werden.

§. 27.
2. Affrikation.
(Affrikaten.)

1. Die Aussprache der echten Aspiraten hat etwas Ge-
zwungenes, Mühsames an sich, und die Fortes gehen gern in
die hier in Rede stehenden Laute über. Bleibt nämlich bei
den Aspiraten *kh, th, ph* nach dem Aussprechen der Explosiva die zur Hervorbringung derselben nöthige Lage der Organe (z. B. bei den Labiallauten die Annäherung der Lippen),
so wird der dem Stummlaute nachströmende Hauch in der
Mundhöhle gebrochen und nähert sich dadurch der Fricativa
derselben Qualität (desselben Organs), also *kh* dem χ, *th*
dem *s*, *ph* dem *f*.

---

*) Bei Schleicher steht eigentlich: „die weiche gutturale Spirans *h*."
Wir durften dies wohl nach unserer Terminologie umändern, da der Sinn ganz
derselbe bleibt.

2. Wir nennen diesen Lautproceſs: *Affrikation*, die dadurch erzeugten Laute selbst: *Affrikaten*, und bezeichnen diese letzteren durch *khχ*, *ths*, *phf*. Die Aussprache derselben liegt zwischen *kh*, *th*, *ph* einerseits und *χ*, *s*, *f* anderseits, dabei eine stetige Reihe von Zwischenstufen zulassend, je nachdem das Element der Aspirata oder das der Fricativa überwiegt, und demnach ohne feste Grenze sowohl gegen jene als gegen diese.

3. Ueberhaupt hat die Aussprache aller Affrikaten, selbst der eigentlichen Mittellaute, welche wir bei diesem Namen vorzüglich im Sinne haben, etwas Unsicheres und Schwebendes. Die historische Grammatik erweist dieselben in der That wesentlich als bloſse Durchgangsstufen in andere festere Laute; und zwar:

a) in die reine Fricativa ihres Organs, also *khχ* in *χ*, *ths* in *s*, *phf* in *f*.

b) in einen Doppellaut, bestehend aus der ursprünglichen Explosiva und der ihr homorganen Fricativa, also *khχ* in *kχ*, *ths* in *ts*, *phf* in *pf*. Wir nennen diese Doppellaute Affricationsdiphthonge.

4. Der erste Fall tritt (mit Ausnahme einiger althochdeutschen Formen, welche auf nachlässiger Schreibung beruhen) nur in- und auslautend ein; und zwar unter folgenden Umständen:

a) *Langer Vokal* geht vorher. Alsdann stets. Beisp. goth. *galeik*, nhd. *gleiχ*; goth. *smeitan*, nhd. *schmeisen*; goth. *hrôpan*, nhd. *rufen*; auch nach unorg. Dehnung: goth. *at*, nhd. *às*.

b) *Kurzer Vokal* geht vorher. Seltener. Beisp. goth. *vakan*, nhd. *waχχen*; goth. *itan*, nhd. *essen*; goth. *hatis*, nhd. *hass*; goth. *skapan*, nhd. *schaffen*; goth. *skip*, nhd. *schiff*.

c) *Consonant* (*l*, *r*) geht vorher. Noch seltener. Beisp. goth. *arka*, nhd. *arχe*; goth. *hilpan*, *vairpan*, nhd. *helfen*, *werfen*. Für die Dentalen weiſs ich kein Beispiel; doch wenn Grimms Vermuthung auf ein goth. *hirut* (cervus; warum nicht *hairut?*) richtig ist, dann möchte ich das ahd. *hiruz*, mhd. *hirz*, nhd. *hirsch* hierher ziehen, denn in dieser letzten Form steht *rsch* für die neuhochdeutsch unbeliebte Verbindung *rs*.

5. Der zweite Fall tritt ein:

a) *Anlautend*. Hier stets. Beisp. goth. *kalds*, ahd. und noch jetzt mundartlich *kχalt*, nhd. in den organischen Laut zurücktretend; goth. *taihun*, nhd. *zehen* (*z = ts*): goth. *pund*, nhd. *pfund.*

b) *Inlautend.* Niemals nach langem, in der Regel nach kurzem Vokal, also die consonantische Gemination (Schärfung) ersetzend und vielleicht aus ihr entstanden, oft unter Mitwirkung eines ursprünglichen *i* (*j*). Beisp. goth. *sikls*, ahd. *secchil*, nhd. hier wieder der organische Laut; goth. *sitan*, ahd. *sizan* (aus *sitjan, sittan?* oder unmittelbar aus dem ersteren?); goth. *sliupan*, nhd. *schlüpfen.*

c) *Auslautend.* Ganz wie inlautend, aber schwer zu belegen. Ob althochdeutsch *kχ* phonetisch auch im Auslaut gegolten, ist zweifelhaft; das Zeichen *cch* ist hier jedenfalls sehr selten (vergl. Grimm, G. I, 193). Für eine gewisse Periode oder noch lieber für gewisse Landstriche scheint uns jedoch das Erstere in hohem Grade wahrscheinlich; also goth. *sakkus*, ahd. gewiſs vielfach *sakχ*, wie sich ja selbst noch im Mittelhochdeutschen *rokch* (Parz.) geschrieben findet. Für die Dentalen vergl. goth. *nati*, nhd. *nez*; oder auch ohne mitwirkendes *i* das zu supponirende goth. *fat* (angels. und nord. *fat*), nhd. *fass.* Für die Labialis lassen die hochd. auf *pf* sich gothisch nicht belegen; aber die dem Gothischen in dieser Hinsicht gleichstehenden niederdeutschen Sprachen bieten auch hier die expl. fort. (*p*).

6. Die ganze Entwickelung des **Affrikationsprocesses** ist also folgende:

	Explosiva	Aspirata	Affricata	
Guttural-Reihe:	*k*	*kh*	*khχ*	*kχ* (Affrikationsdiphthong.)
				χ (Reine Fricativa.)
Dental-Reihe:	*t*	*th*	*ths*	*ts* (Affrikationsdiphthong.)
				s (Reine Fricativa.)
Labial-Reihe:	*p*	*ph*	*phf*	*pf* (Affrikationsdiphthong.)
				f (Reine Fricativa)

Anm. Hinsichtlich der Dentallaute hat die Affrikation praktisch zuweilen dasselbe Resultat wie der Zetacismus; sie ist aber selbst hier theoretisch von ihm durchaus verschieden

Keine andere Sprache hat den Affrikationsprozeſs so entschieden, wir möchten sagen, so reinlich herausgearbeitet, wie die deutsche. Ihr am nächsten steht jedoch die griechische. Wenn die gewöhnliche Ansicht richtig ist, daſs dort χ, ϑ, φ in der ältesten Zeit echte Aspiraten im Sinne des Sanskrit waren; da ferner Raumer nachgewiesen (a a. O. 96 ff.), daſs dieselben wenigstens in einer gewissen Periode Doppellaute wie unser

kch, *pf* gewesen sein müssen; da endlich es allgemein bekannt ist, daſs
in noch späterer Zeit dieselben reine Fricativae (nämlich = unserm χ, ϑ,
φ) wurden, so ist hiermit der wesentliche Entwicklungsgang jenes Prozes-
ses durchlaufen und wir vermissen höchstens die Stufe der organischen
Grundlaute; in den Dialecten finden sich selbst diese.

§. 28.

3. a) Homorgane Doppellaute.
(Affrikationsdiphthonge.)

1. $k\chi$ oder nach deutscher Schreibung *kch* (*cch*) ist im
Althochdeutschen aller Wahrscheinlichkeit nach mächtig entwickelt, ob es schon durch die Schreibung nicht immer deutlich genug markirt ist, wenigstens für uns Spätere nicht.
Wir glauben nämlich, daſs das Zeichen *ch* im Althochdeutschen, wenigstens dem der älteren Denkmäler, durchaus den
hier in Rede stehenden Doppellaut ausdrückt (der Laut χ
wurde *hh* und *h* geschrieben; ersteres inlautend, letzteres auslautend); erst später, als sich für das Zeichen *ch* der Laut χ
einzufinden begann, schrieb man den Diphthongen mit *cch*.
Gründe dieser Annahme sind:

a) Die Analogie des *ts* (*z*) und *pf*. Wie sollte allein
die Gutturalis dem Affrikationsprozeſs entgangen sein?

b) Der in manchen Denkmälern z. B. bei Isidor streng
durchgeführte Unterschied der Schreibung *ch* einerseits, *h* (*hh*)
anderseits. Wenn diesen letzteren, wie wir später darzuthun
hoffen, der Laut χ gebührte, so muſs *ch* einen andern Laut
gehabt haben, denn sonst würden jene Denkmäler sicherlich
auch in diesem Falle *h* geschrieben haben. Welcher andere
Laut aber kann es gewesen sein, wenn nicht $k\chi$? Das *c* bedeutet *k*, das *h* ist gleich χ, beide zusammen geben also $k\chi$.

c) Die noch heutzutage geltende Aussprache $k\chi$ gerade
in den Gegenden (Schweiz), welche auch in anderer Beziehung am treuesten die alten Lautverhältnisse bewahrt haben.

Auch im Mittelhochdeutschen muſs der Laut $k\chi$
noch vielfach, namentlich im Anlaut, Geltung gehabt haben;
darauf deutet das beständige Schwanken der mittelhochdeutschen Handschriften zwischen anl. *k* und anl. *ch*, und die bisweilen noch vorkommende Schreibung *cch*; z. B. *dicche* (Mar.
Tit.), *ecche* (S. Gall Nibel.), *rokch* (Parz.). Neuhochdeutsch
ist er völlig verschwunden und in den organischen Laut (*k*)
zurückgetreten.

48

2. Bei den Dentalen sind mehrere Laute zu unterscheiden:

a) *ts*, im Deutschen *z*, polnisch und böhmisch c, russisch **Ц**, altslavisch **ц** geschrieben. Dem Latein fehlt dieser Laut, auch als Consonantenverbindung. Erst im Mittelalter begann die zetacistische Entartung, vor den hellen Vokalen (*e*, *i*) das *c* (d. i. den Laut *k*) und z. Thl. auch das *t* wie *ts* (*z*) zu sprechen *), übrigens ohne dafür ein eigenes Zeichen zu schreiben. Den Griechen fehlt dieser Laut gänzlich.

b) *dſ*. Diese Verbindung ist das altgriechische ζ, welches also nicht (wie es noch immer in manchen Grammatiken heifst) = σδ war **). Sehr früh ging übrigens dieser Laut in blofses ſ über (Schleicher, 160), wie noch heute bei den Neugriechen, welche, wenn sie unser deutsches *z* ausdrücken wollen, τζ schreiben müssen. Das italienische *z* ist theils *ts* (*nazione, condizione*), theils und häufiger *dſ*, namentlich da, wo es lateinischem *d* entspricht; z. B. *mezzo* (*medius*), *razzo* (*radius*).

c) *ts'*. Das italienische *ci* und (nach jetziger Aussprache) das sanskritische *k'*. Die Russen haben dafür ein eigenes Zeichen **Ч** (altslaw. **Ҁ**); ja ein solches sogar für die ternäre Verbindung *s'ts'*, welche sie **Щ** bezeichnen.

d) *dſ'*. Das italienische *gi* und (nach jetziger Aussprache) das sanskritische *ǵ*. Im Slawischen ebenfalls eine häufige Verbindung, aber durch keine besonderen Buchstaben bezeichnet; poln. *dż* geschrieben.

e) *ts'* und *dſ'*. Nur im Polnischen, z. B. *cień* (umbra), *dzień* (dies), Russischen, Litthauischen. Für die deutsche Zunge ebenso schwierig wie die analogen einfachen Laute (*s'* und *ſ'*).

---

*) Die erste Spur der Aussprache des *tia* wie *zia* findet sich zu Anfang des 7. Jahrhunderts bei Isidor, Origines I, 26. Vergl. Schneider I, 248. Diez. Gramm d rom. Spr. I, 196.

**) Es ist dies, wie Schleicher (S. 42 ff.) darthut, eine dorische Metathese, wie ja in diesem Dialekt auch ξ, ψ in σκ, σπ umgestellt wurden, z. B. σκέτος, σκίφος, σπέλιον f ξέτος, ξίφος, ψελιοι; ebenso also σδυγόν f. ζυγόν, etc. In ganz Griechenland war dieser Dorismus bekannt und lächerlich, und dies um so mehr, als die Lautverbindung σδ sonst fast gar nicht vorkam. In einigen Fällen fand sie sich indeſs doch, und dies bewirkte, daſs man dieselben irrthümlich ebenfalls für Dorismen hielt und vermeiden zu müssen glaubte, also statt 'Αθήρασδε, Θηβασδε, βύσδην (confertim) lieber 'Αθήναζε, Θήβαζε, βύζην sagte; gerade so wie ungebildete Norddeutsche statt *Treppe, Kappe, Lippe* glauben *Trepfe, Kapfe, Lipfe* sprechen zu müssen, weil sie dies für hochdeutscher halten.

3) $p\varphi$ oder *pf.* Im Althochdeutschen galt vielleicht zur Zeit der früheren Denkmäler noch die wirkliche Affrikata (*phf*); in den späteren war wohl schon die Scheidung in *f* und *pf* eingetreten, wenigstens lautlich, obschon man noch *sláphan, werphan*, etc. zuweilen geschrieben findet. Abweichend von *kχ* ist hier der Affrikationsdiphthong noch im Neuhochdeutschen geblieben, wenigstens graphisch: *pfad, pfand, pfál, pferd, pfeife, pflicht; napf, stapfe, kopf, topf, stopfen, kupfer, hupfen*, etc., und Gebildete bemühen sich (wie immer) auch hierbei der Schrift gerecht zu werden. Das Volk aber hat den Laut *pf* so gut wie *kχ* völlig getilgt, nur in umgekehrter Weise; d. h. es setzt die Fricativa im Anlaut, die Explosiva dagegen im In- und Auslaut: also *fand, fert, feife*, etc.; aber *kopp, topp, stoppen, kupper*, etc.

§. 29.

3. b) Heterorgane Doppellaute.

Dieselben sind strenggenommen nichts als Consonantenzusammenstellungen; wir möchten sie den vokalischen „uneigentlichen Diphthongen" vergleichen. Einige jener Zusammenstellungen nämlich haben in manchen Sprachen eine solche Verbreitung, ihre Aussprache demnach eine solche Abgeschliffenheit erlangt, daß das Ohr sich gewöhnte, sie als Einheit zu fassen und endlich dafür sogar eigene Zeichen üblich wurden. Es sind namentlich folgende drei:

1. *kw* oder *kv* (*q*). Dieser Mischlaut hat noch am meisten die Natur einer Affricata und scheint, nach seiner Schreibung im Althochdeutschen zu urtheilen, dort Schwebelaut gewesen zu sein, ja ist dies im Italienischen (*quello, questo, quarto*) noch heute. Im Neuhochdeutschen ist er völlig $= k + v$.

2. *ks*, griech. ξ, lat. und deutsch *x*. Der Laut des ξ war, nach dem ausdrücklichen Zeugniß des Dionys. Halic. stets hart, wie auch noch heute bei den Neugriechen; entstanden ist er allerdings nicht blos aus *ks*, sondern vielleicht ebenso häufig aus *γσ, χσ*. Auch das lat. deutsche *x* ist stets hart, dagegen das französische, wenn es vor einem Vokale steht (*exemple*) weich, also $= gf$. Im Deutschen steht das Zeichen *x* nur in wenigen Wörtern ganz fest: *Axt, Hexe, Nixe*; in anderen schwankt es: *Axe* und *Achse*; in den mei-

sten schreibt man *chs*, spricht aber *ks*; *Lachs, Luchs, Fuchs, Sachsen*, etc.

3. *ps*, nur im Griechischen durch ein eigenes Zeichen (ψ) bezeichnet, welches immer harter Laut war, obschon es auch aus $\beta\sigma$ und $q\sigma$ entstehen konnte — Uebrigens gehören die Zeichen ξ und ψ zu den spätesten des griechischen Alphabets, mit denen angeblich Simonides im Zeitalter der Perserkriege dasselbe bereichert hat. Früher schrieb man die betreffenden Factoren einzeln.

§. 30.
IV. Consonantenzusammenstellung.

1. Man unterscheidet binäre, ternäre, quaternäre Zusammenstellungen; noch weiter gehende sind zwar graphisch, doch nicht lautlich vorhanden. Schon die ternären Verbindungen sind nur dann möglich, wenn darunter wenigstens ein Laut Halbvokal oder *s* ist. Wir nennen den ersten Laut einer Consonantenzusammenstellung die Basis derselben. Die Verhältnisse einer solchen Verbindung ändern sich, je nachdem sie im An- oder Auslaut auftritt; der Inlaut kommt hiebei wenig in Betracht, da er eigentlich jede Verbindung (wenn auch nicht wurzelhaft, so doch in Zusammensetzungen) zuläfst. Die griechische Sprache hat im Anlaut, die deutsche im Auslaut die gröfste Freiheit; die mannigfachsten und freiesten Verbindungen überhaupt zeigen die slawischen Sprachen, besonders die polnische und böhmische; auffallend beschränkte im An- und Inlaut die lateinische.

2. Wir müssen uns hier begnügen, ein blofses Schema der binären Verbindungen (mit Einschlufs der Geminaten und Diphthonge) aufzustellen. Die ternären und quaternären Verbindungen können leicht aus den binären beurtheilt werden. Als allgemeine Regel schicken wir dabei voraus, dafs unter den reinen Consonanten fast nur verwandte Laute (homorgane oder homogene) mit einander in Verbindung treten; wenigstens phonetisch, wenn auch die Schreibung zu Gunsten der Etymologie, namentlich in Compositis, hiervon vielfach abweicht; z. B. im Lateinischen *subtrahere*; deutsch *abtreten, leidtragen*, etc. Der Vollständigkeit wegen führen wir auch die phonetisch unwirksamen mit auf.

A. Liquide Basis.

Comp. liquid.	*ll*	*lr*	*ln*	*lm*	*rl*	*rr*	*rn*	*rm*
Comp. gutt.	*lg*	*lk*	*lχ*	*lj*	*rg*	*rk*	*rχ*	*rj*
Comp. dent.	*ld*	*lt*	*ls*	*lf*	*rd*	*rt*	*rs*	*rf*
Comp. lab.	*lb*	*lp*	*lf*	*lv*	*rb*	*rp*	*rf*	*rv*
Comp. liquid.	*nl*	*nr*	*nn*	*nm*	*ml*	*mr*	*mn*	*mm*
Comp. gutt.	*ng*	*nk*	*nχ*	*nj*	*mg*	*mk*	*mχ*	*mj*
Comp. dent.	*nd*	*nt*	*ns*	*nf*	*md*	*mt*	*ms*	*mf*
Comp. lab.	*nb*	*np*	*nf*	*nv*	*mb*	*mp*	*mf*	*mv.*

Anlautend findet sich die halbvokalische Basis gar nicht,
die nasale nur bei *ml, mr, mn* im Slaw., *mn* auch im Griech.
Auslautend sind diese Verbindungen im Deutschen überaus häufig. Das Latein hat nur *lt, rt, nt, nk (nc), rs, ns*
(*vult, fert, sunt, nunc, ars, mens*), das Griechische nur *ls* und
dialektisch *rs*. — Die nasale Basis gestattet von Explosiven
nur den homorganen Lauten Anschlufs, es gilt also blos *vg,
vk; nd, nt; mb, mp*. Die Fricativen haben einen etwas freieren Anschlufs; es gilt auch *nχ, nf* (wohl wegen der Mittelstellung des *f*) und besonders *ms*. — Die gutturale und labiale Verbindung gestattet im Deutschen leicht den Anschlufs
eines ternären Dentals; ist derselbe ein *s*, dann kann noch
ein quaternäres *t* hinzutreten. Beisp. *balgt, salbt; birgt, wirbt;
bangt, wankt; — balgst, salbst, birgst*, etc.

B. Gutturale Basis.

Comp. liquid.	*gl*	*gr*	*gn*	*gm*	*kl*	*kr*	*kn*	*km*
Comp. gutt.	*gg*	*gk*	*gχ*	*gj*	*kg*	*kk*	*kχ*	*kj*
Comp. dent.	*gd*	*gt*	*gs*	*gf*	*kd*	*kt*	*ks*	*kf*
Comp. lab.	*gb*	*gp*	*gf*	*gv*	*kb*	*kp*	*kf*	*kv*
Comp. liquid.	*χl*	*χr*	*χn*	*χm*				
Comp. gutt.	*χg*	*χχ*	*χk*	*χj*		Basis *j* fehlt in		
Comp. dent.	*χd*	*χt*	*χs*	*χf*		unserm Sprachstamm.		
Comp. lab.	*χb*	*χp*	*χf*	*χv*				

Die **Liquidalverbindung** ist namentlich im Anlaut
mächtig, bei Basis *χ* wenigstens im Griechischen, und den
slawischen Sprachen, aber auch im Gothischen und (erlöschend) im Althochdeutschen. *gn* ist im Deutschen selten;
im Latein ist meist das *g* abgeworfen: *natus, notus* statt
gnatus, gnotus. *kn (cn)* findet sich lateinisch nur in *Cnejus.*

Die *m*-Verbindung ist sehr arm, auf das Slawische beschränkt, im Griechischen das einzige *km* (z. B. χμητύς). — Auslautend sehr selten; fast nur im Gothischen (z. B. *tagl*, *tagr*, *bagm*, *vókr*, etc.)

Die Gutturalverbindung liefert blos Geminationen und dialektisch den Affrikationsdiphthongen *kχ*.

Die Dentalverbindung liefert den Diphthongen *x(ks)*; *kt*, *gd* sind im griechischen Anlaut, das erstere und mehr noch *χt* im deutschen Auslaut wirksam.

Die Labialverbindung ist gänzlich unwirksam, bis auf *kv*, welches sogar einen Diphthongen (*q*) erzeugt und *χv* im gothischen und slawischen Anlaut.

C. Dentale Basis.

Comp. liquid.	*dl*	*dr*	*dn*	*dm*	*tl*	*tr*	*tn*	*tm*
Comp. gutt.	*dg*	*dk*	*dχ*	*dj*	*tg*	*tk*	*tχ*	*tj*
Comp. dent.	*dd*	*dt*	*ds*	*df*	*td*	*tt*	*ts*	*tf*
Comp. lab.	*db*	*dp*	*df*	*dv*	*tb*	*tp*	*tf*	*tv*
Comp. liquid.	*sl*	*sr*	*sn*	*sm*	*ſl*	*ſr*	*ſn*	*ſm*
Comp. gutt.	*sg*	*sk*	*sχ*	*sj*	*ſg*	*ſk*	*ſχ*	*ſj*
Comp. dent.	*sd*	*st*	*ss*	*sf*	*ſd*	*ſt*	*ſs*	*ſſ*
Comp. lab.	*sb*	*sp*	*sf*	*sv*	*ſb*	*ſp*	*ſſ*	*ſv.*

Die Liquidalverbindung. Meist im Anlaut und namentlich in den slawischen Sprachen mächtig. Nur Basis *s* hat ein reicheres Gebiet; sie findet sich goth. und ahd. in *sl*, *sn*, *sm*, *vs* (wofür überall später *s'* eintritt), im Griechischen σμ, nur im Lateinischen gar nicht.

Die Gutturalverbindung nur bei Basis *s* wirksam, besonders *sk* im Griechischen, Lateinischen, Gothischen, Althochdeutschen; im Griechischen und Slawischen auch *sχ*.

Die Dentalverbindung liefert zunächst Geminationen, den Diphthongen *z (ts)*, dann die überaus reiche, an allen Stellen des Worts wirksame Verbindung *st*.

Die Labialverbindung ist nur in *dv*, *tv*, *sv* und *sp* wirksam; die beiden ersten jedoch nur slawisch; das griech. σβ ist wohl = *ſb*. Die beiden letzten werden jetzt im Deutschen *s'v*, *s'p* gesprochen, die erstere von ihnen auch demgemäfs (nämlich *schw*) geschrieben.

D. Labiale Basis.

Comp. liquid.	*bl*	*br*	*bn*	*bm*	*pl*	*pr*	*pn*	*pm*
Comp. gutt.	*bg*	*bk*	*bχ*	*bj*	*pg*	*pk*	*pχ*	*pj*
Comp. dent.	*bd*	*bt*	*bs*	*bf*	*pd*	*pt*	*ps*	*pf*
Comp. lab.	*bb*	*bp*	*bf*	*bv*	*pb*	*pp*	*pf*	*pv*
Comp. liquid.	*fl*	*fr*	*fn*	*fm*	*vl*	*vr*	*vn*	*vm*
Comp. gutt.	*fg*	*fk*	*fχ*	*fj*	*vg*	*vk*	*vχ*	*vj*
Comp. dent.	*fd*	*ft*	*fs*	*ff*	*vd*	*vt*	*vs*	*vf*
Comp. lab.	*fb*	*fp*	*ff*	*fv*.	*vb*	*vp*	*vf*	*vv.*

Die **Liquidalverbindung** im Anlaut äufserst wirksam, nur *m* versagt den Anschlufs. Basis *v* findet sich blos slaw.

Die **Gutturalverbindung** dagegen ist ebenso unwirksam als die Labialverbindung der gutturalen Basis, welcher sie analog ist.

Die **Dentalverbindung** liefert den griechischen Mischlaut ψ; *pt*, *bd* sind im griechischen; *vt*, *vd* im slawischen Anlaut; *bt* (phon. *pt*) und *ft* im deutschen Auslaut wirksam.

Die **Labialverbindung** liefert blos Geminationen und dialektisch den Affrikationsdiphthongen *pf*.

Anm. Die genauern Verhältnisse dieser Art sind vom sprachvergleichenden Standpunkt aus noch wenig erforscht, obschon sie für die phonetischen Vorgänge in den einzelnen Idiomen, so wie für die gegenseitige Verwandtschaft der letzteren manches Interessante erwarten lassen Einiges findet man bei Pott II, 292 ff , Benary (Zeitschr. I, 51 ff.), Heyse, 294 ff.

§. 31.

VII. Silben.

1. So nennt man diejenigen Lautverbindungen, welche nur mit einem einzigen Ansatz der Stimme, d. h. ohne dazwischen tretenden Spiritus lenis gesprochen werden. Auch der blofse Vokal bildet demnach eine Silbe, in der Regel jedoch treten die Silben als gemischte Lautverbindungen auf.

2. In mehrsilbigen Wörtern wird der auslautende einfache Consonant der Stammsilbe regelmäfsig als Anlaut zu der vokalisch beginnenden Endung gezogen: *a-mo*, *ἔ-χει*, *Lie-be*, *sa-gen*. Zwei oder mehrere auslautende Consonanten der Stammsilbe werden im **Deutschen** so getheilt, dafs nur der letzte als Anlaut zur Endung gezogen wird: *seg-nen*,

Men-schen, *Wes-pe*, *hung-rig*. Anders im Griechischen und Lateinischen; wo man gern die erste Silbe vokalisch schliefst und diejenigen Consonantenverbindungen, welche im Anlaute möglich sind, zur zweiten Silbe zieht; also zwar ἔϱ-γον, *ar-bor*, *cal-cis*; aber ἀ-χμή, δε-σμός, ἀ-μνός, *a-sper*, *po-sco*; es hängt dies mit dem allgemeinen Streben dieser Sprachen nach vokalischem Auslaut zusammen.

3. Der erste Laut einer Silbe heifst ihr **Anlaut**, der letzte ihr **Auslaut**, jeder andere **Inlaut**. Zuweilen unterscheidet man noch bei denselben **einfache** und **zusammengesetzte** Form.

a) **Einfacher An- oder Auslaut** ist da vorhanden, wo dem Silbenvokal ein einfacher Consonant vorangeht, bezügl. folgt; z. B. *ka* (einfacher Anlaut), *an* (einfacher Auslaut), *kan* (einfacher An- und Auslaut). Geminationen, z. B. *kann*, werden hierbei als einfache Laute betrachtet, da sie nur graphisch sind.

b) **Zusammengesetzter An- oder Auslaut** waltet da, wo dem Silbenvokal zwei (oder mehr) Consonanten vorangehen, bezügl folgen, z. B. *kra* (zusammengesetzter Anlaut), *aft* (zusammengesetzter Auslaut), *kraft* (zusammengesetzter An- und Auslaut).

c) **Zusammengesetzter Inlaut** kommt erst bei Silbenverbindungen in Betracht; z. B. *ata* (einfacher Inlaut), *asta* (zusammengesetzter Inlaut). Geminationen, z. B. *atta*, sind hier zwar als zusammengesetzter Inlaut zu betrachten, doch ist die Grenze zwischen ihnen und dem einfachen Inlaut änfserst unsicher. Besonders gilt dies von den harten Fricativen; αχχα, *assa*, *affa* sind phonetisch von αχα, *asa*, *afa* kaum zu unterscheiden. Daher das im Althochdeutschen so häufige Schwanken zwischen der einfachen und zusammengesetzten Form solcher Wörter.

4. Die **Eintheilung der Silben** kann nach drei Gesichtspunkten erfolgen: *a)* nach den sie bildenden Elementen, *b)* nach ihrer Quantität, *c)* nach ihrer Betonung *).

---

*) Nur das erste Eintheilungsmotiv gehört strenggenommen hierher; die beiden andern beruhen auf accidentellen Eigenschaften der Laute, welche mit den Verbindungen derselben nichts gemein haben und bei weiterer Ausführung des Ganzen speciell für sich behandelt werden müfsten.

a) Nach ihren Elementen:

I. *Nackte Silben.* Sie enthalten blos Vokale.

II. *Bekleidete Silben.* Sie enthalten Vokale und Consonanten

    1) offene. Der Auslaut ist vokalisch.

    2) geschlossene. Der Anlaut vokalisch, der
Auslaut consonantisch.

    3) umschlossene. Anlaut und Auslaut sind
consonantisch.

b) Nach der Quantität:

I. *Lange Silben.*

    1) gedehnte. Sie haben einen langen Vokal
in sich.

    2) geschärfte. Sie haben einen kurzen Vokal,
auf welchen zwei oder mehr Consonanten folgen („Position"), gleichviel ob geminirte oder
discrete.

II. *Kurze Silben.* Sie haben kurzen Vokal und auf
ihn folgt einfache Consonanz.

c) Nach der Betonung:

I. *Hochtonige Silben.* Wir bezeichnen sie mit dem
Acutus (′).

II. *Tieftonige Silben.* Wir bezeichnen sie mit dem
Gravis (`).

III. *Tonlose Silben.* Sie bleiben ohne Bezeichnung.

Anm. J Grimm unterscheidet als vierte Art noch die stummen
Silben Für die ältere deutsche, namentlich die mittelhochdeutsche Sprache
empfiehlt sich diese Hinzufügung; für die allgemeine Theorie schien sie
uns nicht unumgänglich nöthig.

a) Hochton gebührt nach Grimm in einfachen Wörtern durchaus
der Wurzel-, also der ersten Silbe; in zusammengesetzten zieht er sich
bisweilen auf die Vorsilbe zurück, z B. *fállen, entfállen, aúffallen*

b) Tiefton gebührte in Zusammensetzungen, dem den Nebenbegriff
ausdrückenden Theile, althochdeutsch auch noch den meisten Ableitungssilben, z. B. *fiscàri* (piscator), *heilànd* (salvator). Im Mittelhochdeutschen ist dieser Accent im letzteren Falle vielfach erloschen, man
erkennt jedoch auch dann noch seinen Einfluß daran, daß der Vokal solcher ursprünglich tieftonigen Silben seine Qualität entweder völlig bewahrt
(vgl. die Bildungen auf *-unge, -sam, -nisse, -inc, -inne* etc) oder doch im
Reim eine gewisse Schwere bewahrt, z B. *fórgènde, videlènde* etc.

c) Tonlosigkeit kommt im Althochdeutschen wohl allen Silben zu,
welche nicht hoch- oder tieftonig waren Im Mittelhochdeutschen
nennt Grimm diejenigen Silben so, deren Vokal *e* oder *i* ist und die auf

eine lange (gleichviel ob hochtonige oder tieftonige) Silbe folgen; z. B
midè (evito), *findè*, *vischaère*, *faelic*, *xiegel*, *ruoder*, *àtem* etc Die tonloss
Silbe schwankt noch in den alten Tiefton, wenn ein weiterer Zusatz folgt,
z. B. *faéligen*. — Einen bemerkenswerthen, aber von der hier gegebenen
Regel nicht abweichenden Fall der Tonlosigkeit siehe unter *d*).

d) Stummheit. Ob es auch im Althochdeutschen stumme Silben
gegeben, ist zweifelhaft; Grimm nimmt solche an (I. S. 24) ohne sich
über das Princip derselben näher zu erklären. Im Mittelhochdeutschen
dagegen gilt ihm jede Silbe als stumm, welche den Vokal *e* oder *i* hat und
auf eine kurze Silbe folgt, gleichviel übrigens, ob diese letztere hochtonig
(*léfen*, *mánic*, *édel*) oder tieftonig (tonlos) z. B *faéligen* ist. Eine solche
stumme Silbe gilt dann metrisch als gar keine mehr, sondern das Wort
wird verwendet, als stünde *lefn*, *manc*, *edl*, *faelign*, wie auch in vielen
Fällen wirklich geschrieben wird. Darum — und darauf deuteten wir vorhin unter *c*) hin — gilt aber auch eine auf die stumme Silbe folgende
Kürze wieder als blos tonlos, z B. in *manigen*, *edelen*, die ultima, weil
sie gleichsam unmittelbar an die Längen *man'g*, *ed'l* grenzt

Auch für das Neuhochdeutsche wendet Grimm diese vierfache Scheidung
an, aber es werden auf diese Art der Ausnahmen so viele, dafs es gera-
thener scheint, hier die Silben nur nach der oben angegebenen Art in
hochtonige (betonte), tieftonige (nebentonige) und tonlose zu
scheiden.

1) Hochtonig ist im Allgemeinen die bedeutsamste Silbe des
Wortes, also in einfachen Wörtern die Stamm-(Wurzel-) Silbe. Ausnahmen: *lebéndig*, *leibháftig*, *wahrháftig*, wo der alte Tiefton so fest haftete,
dafs er endlich zum Hochton wurde. In zusammengesetzten Wörtern trifft
der Hochton die Stammsilbe des Bestimmungsworts.

2) Tieftonig sind zunächst alle Stammsilben, welche in zusammengesetzten Wörtern das Grundwort oder zweite Glied ausmachen, z. B
haustür, *hofhund* etc , sodann die volllautigeren Bildungssilben, namentlich die Nachsilben, deren Vokal nicht ein schwaches *e* ist, als *am*, *and*,
at, *bar*, *dar*, *haft*, *heit*, *icht*, *inn*, *heit* (*keit*), *lei*, *lein*, *lich*, *ling* (*lings*),
niss, *sal*, *sam*, *schaft*, *tüm*, *ung*, etc.

3) Tonlos sind zunächst alle Biegungssilben der Declination, Con-
jugation, Comparation etc., als *e*, *en*, *end*, *er*, *ern*, *es*, *est*, *et*, *te*, *ste* etc ,
aufserdem die meisten Ableitungssilben, namentlich die, deren Vokal *e* ist.
also die Vorsilben *be*, *ge*, *ent*, *er*, *ver*, *zer*, etc. und die Nachsilben *chen*,
el, *er*, *en*, *ig*, *zig*, etc.

§. 32.

VIII. Wörter.

1. Das Wort unterscheidet sich von der Silbe nicht
mehr nach dem phonetischen Princip, sondern nach dem
intellectuellen. Eine Silbe oder ein Silbenverein wird
zum Worte, insofern sie ein bedeutsames Zeichen der Vor-

stellung ist. Dies hindert jedoch nicht, die Wörter selbst auch vom rein phonetischen Standpunkte zu beurtheilen.

2. Man theilt dieselben in dieser Hinsicht nach der Zahl der Silben in einsilbige, zweisilbige, dreisilbige u. s. w. Für die letzte, vorletzte, drittletzte Silbe eines Wortes sind die Bezeichnungen ultima, penultima, antepenultima als termini technici üblich geworden.

3. Die Begriffe des An-, In- und Auslauts werden auch in Bezug auf Wörter angewandt, und auch hier unterscheidet man zuweilen einfache und zusammengesetzte Form jener Elemente. Die Anordnung einfacher Wörter zu rein lexicalischen Zwecken geschieht bekanntlich nach dem Anlaut, zu etymologischen nach dem Auslaut.

4. In der Regel scheidet die Sprache das selbständige, bedeutsame Wort als eine geschlossene Einheit auch äußerlich schon durch eigenthümliche beschränkende Bestimmungen von der unselbständigen Silbe. Namentlich geschieht dies in Betreff des Wortendes, welches gewöhnlich nicht dieselben Auslaute ohne Unterschied zuläßt, wie das Silbenende.

5. Die hierauf bezüglichen Auslautgesetze sind theils etymologisch-historisch, theils der Orthographie eines speciellen Idioms angehörig.

a) Im Sanskrit darf im reinen, d. h. vom folgenden Worte ungetrübten Auslaute nur Explosiva fortis stehen. Zwei Consonanten werden im Auslaut gar nicht geduldet, sondern der letzte fällt ab, ausgenommen wenn der vorletzte ein *r* ist.

b) Im Griechischen finden sich auslautend nur 4 einfache Consonanten (ς, λ, ϱ, $\varkappa$), 5 binäre (ψ, ξ, $\lambda\sigma$, $\varrho\sigma$, $\nu\sigma$), 2 ternäre Verbindungen ($\varrho\xi$, $\gamma\xi$).

c) Das Lateinische hegt auslautend besonders die Liquidae und *s*; außerdem nur noch *b*, *d*, *k* (*c*), *t*; diese jedoch, abgesehen von der Verbindung *t*, nur in wenigen, meist einsilbigen Wörtern: *ab*, *ad*, *at*, *lac*, *caput*. Das Streben der Sprache geht dahin, den starren Endconsonanten abzuwerfen. Daher hat der Ablativ im Singular seinen Charakterbuchstaben *d* (sanskr. *t*) aufgegeben, während auf alten Inschriften noch *praedad*, *in altod*, *marid*, *senatud* zu lesen. Die italienische Sprache ist zum Ziele gelangt; sie hat mit Ausnahme einiger weniger einsilbigen Wörter (*il, con, per*) nur vokalischen Auslaut. Binäre Verbindungen finden sich im Lat. 12 (*ls, rs, ns, ms, bs, ps, x, nc, lt, rt, nt, st*); ternäre 4 (*lx, rx, nx, rbs*). Das *bs* ist indefs lautlich vom *ps* wohl nicht verschieden gewesen.

d) Von den deutschen Sprachen kommt hier zunächst das Gothische in Betracht, dessen Auslautgesetz in Bezug auf historische Ableitung Westphal (Zeitschrift für vgl. Sprachf. II. 161 ff.) in ungefähr folgender Art aufstellt.

I. Von ursprünglich auslautenden Doppelconsonanten hat das Gothische blos diejenigen geduldet, deren zweiter Consonant ein *s* ist; von allen übrigen mufs der zweite abgeworfen werden; Beisp. *sununs* (filios), aber *bairan'* gegenüber dem lat. *ferant*.

II. Von auslautenden einfachen Consonanten, mögen sie ursprünglich oder auf die eben angegebene Weise aus einer Doppelconsonanz entstanden sein, hat das Gothische blos *s* und *r*, aber keine Muta und keinen Nasal geduldet. Jeder andere Consonant als *s* und *r* erscheint dem Gothischen im Auslaut als Härte und wird auf zwei Weisen vermieden:

1) durch Apocope; Beisp. *bairai* (lat. *feret*, sanskr. *baret*).

2) durch Hinzufügung eines auslautenden Hilfsvokals *a*. Beisp. *þata*, griech. *τό(δ)*, sanskr. *tat*.

III. In ursprünglichen Endsilben mehrsilbiger Wörter wird kein ursprünglich kurzes *a* und *i* geduldet, sondern es tritt Apocope oder Syncope ein, je nachdem der Vokal den Auslaut bildet oder ein einfacher Consonant darauf folgt. Beisp. später in der Flexionslehre.

IV. Auch *ai* kann, wo es ursprünglichen Auslaut bildet, in den meisten Fällen sein *i* nicht behalten, sondern mufs zu *a* werden. Dagegen bleiben *u* und *au*.

V. Ebenso bleibt auch *a* und *i*, wenn dieselben aus *á* bezügl. *ja, já* entstanden sind.

Zwischen den Gesetzen I, II und den übrigen besteht insofern ein Widerspruch, als jene nach Weichheit des Auslauts streben, diese aber an derselben Stelle möglichste Härte bewirken, wie denn das Gothische durch die grofse Zahl seiner schwer auszusprechenden Consonantenverbindungen im

Auslaut (nach **Lepsius** 82 binäre, 80 ternäre, 15 quaternäre) unter den deutschen Sprachen geradezu auffällt. Der Grund dieses Gegensatzes ist in der Zeit der Entstehung zu suchen; die beiden ersteren Gesetze sind die ursprünglicheren, die drei letzteren gehören bereits einer sinkenden Sprachperiode an.

6. Hinsichtlich der **orthographischen** Behandlung des in der lebenden Sprache wirklich vorhandenen Auslauts gelten im Deutschen folgende Verhältnisse:

a) Das **Gothische** leidet im Allgemeinen jeden Consonanten im Auslaut, namentlich auch die weiche Explosiva, z. B. *vig*, *god*, *þiub* (am wenigsten gern *b*, welches oft in *f* übergeht), und allem Vermuthen nach wurde die Aussprache dieser Schreibung gerecht, d. h. sie geschah nach niederdeutscher (englischer) Art. So wenigstens in der noch blühenden Sprache. Jenes *gadik* ($\pi\lambda\acute{\alpha}\sigma\mu\alpha$) von *gadeigan* steht zu vereinzelt, als dafs man daraus etwas schliefsen dürfte.

b) Für das **Althochdeutsche** wird die Sache dadurch verworren, dafs eine Menge Denkmäler die weiche Explosiva überhaupt, d. h. an allen Stellen des Wortes in die harte übergehen lassen, natürlich also auch im Auslaut. — Diejenigen Schriftsteller jedoch, welche den organischen Laut nur überhaupt nicht verläugnen, schreiben ihn im Allgemeinen auch auslautend, also *weg*, *ward*, *diob*, so dafs das gothische (etymologische) Princip geblieben scheint *). Allerdings aber giebt sich hiebei ein gewisses Schwanken kund; man findet zuweilen auch in derartigen (den organischen Laut sonst festhaltenden) Denkmälern: *wec*, *wart*, *diop* geschrieben, und wir ziehen daraus den Schlufs, dafs man vermuthlich so **gesprochen** hat; der Hochdeutsche liebte also auslautende Lenis nicht, und so opferte man denn zuweilen auch graphisch das etymologische Princip dem phonetischen.

c) Diesem phonetischen Principe huldigt die **mittelhochdeutsche** Orthographie hier (wie auch an anderen Stellen der Grammatik) im höchsten Grade; d. h. man schreibt im Auslaut durchaus nur die **harte** Explosiva, so dafs dieselbe hier doppelter Art ist: einmal organisch (etymologisch),

---

*) Die Schreibung **Notker's** kann hierbei nicht in Betracht kommen, da sie auf einem Assimilationsprincip beruht.

sodann unorganisch (orthographisch-phonetisch). Die erstere bleibt natürlich auch dann, wenn sie in Folge von Flexion in den Inlaut tritt, z. B. *hart, hartes*; die zweite kehrt in diesem Falle in den organischen weichen Laut zurück; z. B. *wec, weges*; *wart, wurden*; *diep, diebes*. Auch bei Inclination kehrt der unorganische harte Laut in den weichen zurück; z. B. *mager (mac er), leider (leit er), gabich (gap ich)*; nicht aber bei Zusammensetzungen; man schreibt *juncfrouwe, juncherre, lantgrâve, wiplîch*.

d) Im Neuhochdeutschen kehrte man graphisch zum etymologischen Princip zurück, d. h. schreibt im Auslaut immer das Zeichen, welches sich durch den Inlaut als organisch erweist. Phonetisch jedoch bleibt man in Süd- und Mitteldeutschland meistens auf dem Standpunkt des Mittelhochdeutschen stehen, d. h. spricht nur harte Laute, also *weck* (via), *wart* (fiebat), *diep* (fur); die Norddeutschen dagegen unterscheiden genau den Auslaut in *weg* und *fack*, *ward* und *hart*, *dieb* und *hopp!* Gewisse Ausnahmsfälle, z. B. das Eintreten von Fricativlauten (*tach* für *tag*) mögen hier noch unerwähnt bleiben.

§. 33.

IX. Wortverbindungen.

1. Vom rein lautlichen Standpunkt sind die Wortverbindungen nichts anderes als Silbenvereine, d. h. lediglich durch den Spiritus lenis geschieden. Erst das Auftreten logischer Motive bewirkt zwischen ihnen gröfsere Einschnitte, welche entweder durch wirkliches Einhalten der Stimme oder doch wenigstens durch eine Aenderung des Tons angedeutet und zum Theil durch besondere Zeichen ("Interpunktion") geregelt werden. Ein weiteres Eingehen in diese Verhältnisse gehört nicht hierher, sondern in die Satzlehre.

2. Es wird somit begreiflich, dafs in früheren Zeiten die Schrift den Unterschied der Wörter gar nicht andeutete. „Die Rede ist eine ganzheitliche Schöpfung des Geistes, welche dieser erst mit grofser Mühe zerlegen lernt Der Mensch zeichnete ab, ehe er schrieb; und viele redende Menschen gingen und gehen über die Erde, welche weder im Satz

die Wörter, noch im Worte die Silben und Buchstaben je mit klarem Bewußstsein unterschieden." (Pott.) Am auffallend-sten ist dieses bloße Aneinanderreihen von Buchstaben oder Silben im Sanskrit, welches seine überaus feinen Assimila-tionsgesetze nicht blos innerhalb einzelner Worte, sondern ganz in derselben Weise auch zwischen verschiedenen walten läßt: eine Eigenthümlichkeit, welche auch das Alt-griechische zum Theil, wenigstens in gesprochener Rede, besaß und von der sich Spuren selbst bis ins Neugriechi-sche erhalten haben, im Deutschen jedoch nur in leisester An-deutung vorliegen. Ein Zusammenfließen in der Schreibung verschiedener Wörter zu einem findet sich für einzelne Fälle, besonders zwischen Verb und Pronomen, noch im Mhd. ("In-clination", vgl. oben S. 60) und in der Volkssprache selbst heute; z. B. *biste (bist du), haste (hast du), kannste (kannst du)*, etc.

3. So wie die Silbenverbindungen durch das intelle-ctuelle Moment zu Worten, so werden die Wortverbindungen durch weiteren Einfluß desselben zu Sätzen und Satzverbin-dungen (Perioden). Bemerkenswerth ist an dieser Stelle nur der Umstand, daß ähnliche Verhältnisse wie die, welche in Bezug auf einzelne Laute angewandt, den Wohlklang des Worts (die *Euphonie*) bewirken, innerhalb ganzer Wort- und Satzverbindungen den Wohlklang oder das Ebenmaß der Rede (die *Eurhythmie*) hervorbringen. Die nähere Entwik-kelung dieser Verhältnisse gehört nicht mehr in die Gram-matik, sondern in die Rhetorik.

Anm. Wir haben bereits an einer früheren Stelle des Accents ge-dacht. Es war dies nur eine specielle, wenn gleich die grammatisch-wich-tigste Art desselben: der Silbenaccent Im weiteren Sinne ist zu un-terscheiden:

I **Rhetorischer Accent.** Derselbe steht ganz unter dem Einfluß der subjectiven Freiheit und kann mitunter auf eine einzelne, gram-matisch tonlose Silbe fallen: z. B *Er ist nicht erzogen, sondern verzogen.* (Heyse.)

II. **Grammatischer Accent.** Er hängt von der ein für allemal fest-stehenden logisch-grammatischen Bedeutung der Sprachelemente in in ihrem Verhältniß zu einander ab, und ist

    1. Satzton, d i. Hervorhebung eines Satzgliedes vor dem an-dern in zusammengesetzten Sätzen und Perioden;

2. **Wortton**, d. i Hervorhebung des logisch wichtigeren Wortes im einfachen Satze;
3. **Silbenton**, d. i. Hervorhebung einer Silbe vor den übrigen in mehrsilbigen Wörtern.

Drittes Kapitel.

Von den Lautänderungen.

§. 33.
Eintheilung.

A. **Lautwechsel**; d. i. bloße Vertauschung eines Lautes mit einem andern.

    a) *etymologischer.* Ohne bemerkbaren Einfluß anderer Laute auftretend. („Lautverschiebung"). I.

    b) *euphonischer.* Durch die Einwirkung anderer Laute bedingt.

        α) **qualitativer.** Eine Wirkung des Lautstoffs. („Lautabstufung"). II.

        β) **quantitativer.** Eine Wirkung des Lautgewichts. („Compensation"). III.

    c) *accentischer.* Durch den Einfluß des Accents hervorgerufen. („Gravitation"). IV.

B. **Figuration**; d. i. Abfall, Zutritt, Umstellung von Lauten. V.

C. **Contraction**; d. i. Zusammenziehung mehrerer Laute in Einen. VI.

Anm Wir haben uns hierbei erlaubt, das Wort „Gravitation" in anderem Sinne zu brauchen als Bopp, welcher es (häufiger jedoch „Gravität") für die Erscheinungen der „Compensation" anwendet. Die von J Grimm eingeführten und uns Allen lieb gewordenen Namen „Lautverschiebung" und „Lautabstufung" mochten wir auch hier nicht entbehren; wir mußten aber freilich dem ersteren einen etwas weiteren Begriff zuweisen, ähnlich wie ja Grimm selbst der Lautabstufung, welche in seiner Grammatik nur etwas ganz Spezielles bezeichnet, in der Gesch. d. D Spr. ein größeres Gebiet (dasselbe wie oben) zugetheilt hat.

§. 34.
Sphäre des Vorkommens.

Wir unterscheiden hinsichtlich der Sphäre, in welcher die Lautänderungen oder noch allgemeiner: die Lautverschiedenheiten auftreten, diese letzteren in drei Arten: historische, dialectische, grammatische.

A. *Historische Lautverschiedenheit* findet da statt, wo von zwei Lautformen die eine ganz ersichtlich später als die andere entstanden und aus dieser hervorgegangen ist; gleichviel übrigens, ob diese Formen verschiedenen Entwicklungsstufen eines Sprachstammes, einer Sprachfamilie oder einer einzelnen Sprache angehören. Am glänzendsten tritt diese historische Verschiedenheit da auf, wo sie an zahlreichen concreten Fällen nachgewiesen werden kann und ein bestimmtes ihr zu Grunde liegendes phonetisches oder etymologisches Prinzip erkennen läfst. Beispiele: die Zufügung eines vokalischen Anlauts im Griechischen, als sanskr. *náman, navan*; griech. *ὄνομα, ἐννέ(ϝ)α*; der Affrikationsprozefs im Deutschen, als goth *vakan, létan, hrôpan*, ahd. *wachen, lázan, hruofan*; die Acc. Plur. auf *in, ún* des klassischen Sanskrit gegenüber den vedischen auf *inr, únr*; die Abwerfung des *e* im Neuhochdeutschen bei *hirt, gluck, bett, hemd*, etc. gegenüber dem noch vor hundert Jahren üblichen *hirte, glücke, bette*, etc.

B. *Dialectische Lautverschiedenheit* nehmen wir da an, wo von zwei verschiedenen, ihrem Wesen nach identischen Formen eines Wortes keine als von der andern im näheren Sinne hergeleitet erscheint, sondern beide unabhängig von und vielleicht neben einander, nur in verschiedenen Landstrichen, auftreten, gleichviel übrigens auch hier, ob sie verschiedenen Gliedern eines Sprachstammes, einer Sprachfamilie, oder einer einzelnen Sprache angehören. Ein Beispiel der ersten Art bietet wiederum der sanskritische Acc. Plur. auf *án, in, ún* gegenüber dem Gothischen auf *ans, ins, uns*; denn diese letzteren Formen sind offenbar nicht durch jene hindurch gegangen, sondern die uns vorliegenden indischen haben sich nach der Sprachtrennung als eine diesem Sprachglied eigenthümliche, in den Entwickelungsgang der übrigen nicht eingreifende Abschleifung gebil-

det. Ebenso möchten wir hieher ziehen das griech. Suff. *ματ*
gegenüber dem sanskr. *man* (beide aus *mant*); das lat. *lent*
gegenüber dem sanskr. *vant*; weil der Uebergang von *n* in *t*, *v*
in *l* ungewöhnlich ist. — Beispiele der zweiten Art sind das dor.
κώρα, jon. *κούρη*, att. *κόρη*; das ahd *pluot*, *pluomo*, altsächs.
blod, *blomo*; hier ist die Bezeichnung dialectisch am popu-
lärsten. — Beispiele der dritten Art endlich wären Formen
wie nhd. *Trotz, Trutz*; *Born, Bronn*; *Athem, Odem*; *nackend,
nackt*; oder auch ohne graphische Fixirung *Tak, Tach*; *Berk,
Berch* (beides geschrieben *Tag, Berg*). Gewöhnlich liegen
diesen Verschiedenheiten solche der zweiten Art (provin-
zielle) zu Grunde. — Im weiteren Sinne beruhen freilich
alle dialectischen Unterschiede auf historischen.

C. Grammatische Lautverschiedenheit findet da statt, wo
die organische Form eines Wortes gewisse Störungen erleidet, welche in dieser Art nur einem bestimmten Idiom angehören, mit andern Worten, welche nicht dem Entwickelungsgang der Sprache überhaupt, sondern der Spezialgrammatik
eines einzelnen Sprachgliedes beigemessen werden dürfen. Hierher gehören z. B. die synkopirten mhd. Formen *steln, bern*
gegenüber den organischen *stelen, beren*; hierher fast alle
Wohllautsgesetze des Sanskrit und Griechischen. Daſs die
organischen Formen durch solche Aenderungen keine wirkliche Einbuſse erleiden, zeigt die Vergleichung mit den nächst-
liegenden Sprachepochen, welche meist von ihnen gar keine
Notiz nehmen.

I. Lautverschiebung.

§. 36.

Ueberblick.

Wir bringen die Erscheinungen derselben nach Art der
wechselnden Laute in folgende Gruppen:
A. **Vokalische Lautverschiebung.** (1)
B. **Vokalisch-consonantische Lautverschiebung.** (2)
C. **Consonantische Lautverschiebung.** Dieselbe geschieht
im Allgemeinen nur nach verwandten Gruppen; sie
ist daher:
a) *homogene*; der Wechsel geschieht nach den quantitativen Reihen; (3)

b) homorgane; der Wechsel geschieht nach den qualitativen Reihen. (4) — Eine gewisse Form derselben bildet das „Grimm'sche Gesetz der Lautverschiebung."

§. 37.

1. Vokalische Lautverschiebung.

Dieselbe erweist sich in den älteren Sprachepochen meistentheils als eine successiv fortschreitende Schwächung des Vokalgewichts, indem zunächst der kräftigste unter den Urvokalen, das *a*, in die beiden schwächeren *u* und *i* übergeht, sodann aber diese beiden, ja unmittelbar das *a* selber, sich noch weiter in *o* und *e* abstumpfen. Hierzu gesellt sich dann öfters ein Wechsel zwischen dunklern oder hellern Vokalen, oder, namentlich in der dialektischen Sphäre, eine diphthongische Zertheilung des einfachen Lautes.

1. In der *Sphare des indo-europaischen Sprachstammes* beruht der Hauptvorgang hiernach in den Spaltungen, denen der grofsartig einfache Vokalismus des Indischen in den spätern Schwestersprachen ausgesetzt ist und wobei diese letzteren, z. B. das Griechische, oft an Wohllaut und grammatischem Material gewinnen. So gliedert sich das sanskr. *a* im Griechischen zu *ă, ε, o*, im Lateinischen desgleichen, aber aufserdem auch noch zu *i* und *u*. Sehr ähnlich dem latein. Vokalismus ist der gothische, wenn nämlich unsere Auffassung des goth. *ai, au* als *e, o* richtig ist; nur bleibt hier das organische *a* noch mächtiger als im Lateinischen. Beisp. Sanskr. *padas*, griech. ποδός, goth. *fôtaus*, lat. *pedis*. Sanskr. *vahantas*, griech. (ϝ)έχοντες, goth. *aigand(ôs)*, lat. *vehentes*. Sanskr. *anyas*, goth. *alja*, lat *alius*, griech. ἄλλος. Sanskr. *sama*, goth. desgl., griech. ἄμα, lat. *simul, similis*. Sanskr. *antar*, lat. *inter*. Sanskr. *aham*, goth. *ik*, lat. *ego*, griech. ἐγώ, ἐγών. Sanskr. *saptan*, goth. *sibun*, griech. ἑπτά, lat. *septem*. Sanskr. *asti*, goth. *ist*, griech. ἐστί, lat. *est*. Sanskr. *ganas*, lat. *genus*, griech. γένος, goth. *kuni*. Sanskr. *mahat*, lat. *magnus*, griech. μέγας, μεγαλ-, goth. *mikils*. Sanskr. *agnis*, lat. *ignis*, goth. *auhns* (fornax). Sanskr. *pari*, griech. περί, lat. *per*, goth. *faur*; etc. Selten findet sich im Indischen ein geschwächter Laut, wo die Schwestersprachen noch den vollen gewähren. Beisp. sanskr. *pitar*, lat. *pater*, griech.

πατήρ, goth. *fadar.* — Das sanskr. *á* wird griech. *ā, η, ω*; die beiden letztern auch hier häufiger als der organische Laut, nur im Dorischen hat sich statt *η* das alte *ā* erhalten. Beisp. *da d̍ámi, dad̍ámi*; τίθημι, δίδωμι; der Dualendung *tám* entspricht *την* und nur im Imp. *των*; der pluralen Genitivendung *ám* steht überall *ων* gegenüber. Im Latein sind *ó, é* und kurzes *a* die gewöhnlichsten Vertreter des sanskr. *á*, z. B. *sópio* für *svdpayámi, datórem* für *dátáram, sorórem* für *svasáram, sémi* für *sámi*; dagegen der organische Laut in *máter, fráter,* sanskr. Them. *mátar, áratar.* Im Gothischen fehlt die organische Länge *â* ganz, und es tritt dafür gewöhnlich *ó,* seltener *é* ein. Das sanskritische *é* und *ai* wird lateinisch zu *é, ae,* griech. zu *αι, ει, οι*; z. B. sanskr. *émi,* griech. *εἶμι,* lat. *eo;* sanskr. *d̍arés,* lat. *feres,* griech. *φέροις.* Das sanskr. *ó, au,* giebt lat. *ó, ú, au,* griech. *αυ, ευ, ου*; z. B. sanskr. *dyó* (coelum), Nom. *dyaus,* Plur. *dydvas;* griech. *Ζεύς,* lat. *Jó-vis, Jú-piter;* sanskr. *gó* (vacca), Nom. *gaus,* Plur. *gávas,* griech. *βοῦς,* Plur. *βό(ſ)ες* lat. *bós,* Plur. *bóves.* — Sanskr. *u* wird griech. *υ,* lat. *u,* z. B. sanskr. *tup,* griech. *τύπ;* sanskr. *muk̄,* griech. *μυχ,* lat. *mung-o;* etc.

2. In der *Sphare der germanischen Sprachfamilie* begnügen wir uns, den Uebergang der gothischen Vokale ins Hochdeutsche anzugeben.

a) Die *kurzen Vokale a, i, u,* werden vom etymologischen Lautwechsel so gut wie gar nicht berührt; die vielfachen Störungen, denen sie trotz dessen unterliegen, beruhen auf andern Einflüssen, besonders auf Assimilation. Die vokalische Lautverschiebung waltet also im Deutschen nur zwischen langen Vokalen und Consonanten.

b) Goth. é, hochd. á. Beisp.: *népla,* ahd. *nádala,* mhd. nhd. *nádel; slépan,* ahd. *sláfan,* mhd. *sláfen,* nhd. *schláfen; néhva,* hochd. *náh; jér,* hochd. *jár; vépn,* ahd. *wáfan,* mhd. *wáfen,* nhd. (mit Schärfung statt Dehnung) *waffen; mén a,* ahd. *máno,* mhd. *máne,* nhd. erloschen und durch *mónd* (d. i. *monat*) ersetzt.

c) Goth. ó; ahd. ó, oa, ua, uo; mhd. uo; nhd. ú. Beisp. *blóma;* ahd. *blómo, bloamo, bluamo, bluomo;* mhd. *bluome;* nhd. *blúme. blóp;* ahd. *bloat, bluat, bluot;* mhd. *bluot;* nhd. *blút. móds;* ahd. *moat, muat, muot;* mhd. *muot;* nhd. *mút. góds;* ahd. *guat, guot;* mhd. *guot;* nhd. *gút. hrópjan;* ahd.

ruafan, ruofan; mhd. *ruofen;* nhd. *rûfen.* *brôp ar;* ahd. *bruodar;* mhd. *bruoder;* nhd. *brûder.*

d) *Goth.* û, *ahd. mhd.* û, *nhd. au.* Beisp. *dûbo;* ahd. *tûba,* mhd. *tûbe,* nhd. *taube.* *brukja* (utilis); ahd. *brûhhan,* mhd. *brûchen,* nhd. *brauchen.* *rûms;* ahd. mhd. *rûm,* nhd. *raum.* *hûs;* ahd. mhd. *hûs,* nhd. *haus.* *pûsundi;* ahd. *tûsunt,* mhd. *tûsent,* nhd. *tausend.* *ût;* ahd. mhd. *ûz,* nhd. *aus.*

e) *Goth. ai; ahd mhd. ei, i, ê.* Beisp. *aigan* (ἔχειν); ahd. *eigan,* mhd. nhd. *eigen.* *taikns;* ahd. *zeihhan,* mhd. nhd. *zeichen.* *dails,* hochd. *teil.* *ains,* hochd. *einer.* *stains,* hochd. *stein.* *haitan,* ahd. *heizan,* mhd. *heizen,* nhd. *heisen.* *graip;* ahd. mhd. *greif,* nhd. *griff.* *smait;* ahd. mhd. *smeiz,* nhd. *schmiss.* — *saivs;* ahd. *fêo,* mhd. nhd. *fê.* *saivala;* ahd. *fêola, fêlu,* mhd. nhd. *fêle.* *aiz;* ahd. mhd. *êr,* nhd. *êrz.* *mais;* hochd. *mêr.* *laisjan;* ahd. *lêran,* mhd. nhd. *lêren.*

f) *Goth. au; ahd. (au) ou, ô; mhd. ou, ô; nhd. au, ô.* Beisp. *haubip;* ahd. *haubit, houbit;* mhd. *houbet;* nhd. *haupt.* *galaubjan;* ahd. *gilouban, gilouban;* mhd. *gelouben;* nhd. *glauben.* *raubôn;* ahd. *rauban, rouban;* mhd. *rouben;* nhd. *rauben.* *augô;* ahd. *auga, ouga;* mhd. *ouge;* nhd. *auge.* *auk;* ahd. *auh, ouh;* mhd. *ouch;* nhd. *auch.* *hlaupan;* ahd. *hloufan;* mhd. *loufen;* nhd. *laufen.* — *ausô;* ahd. *ôra;* mhd. *ôre;* nhd. *ôr.* *hausjan;* ahd. *hôran;* mhd. *hoeren;* nhd. *hôren.* *raus;* hochd. *rôr.* *laun;* ahd. *lôn, laon;* mhd. nhd. *lôn.* *daups;* hochd. *tôd (t).* *hlauts;* ahd. *hlôz;* mhd. *lôz;* nhd. *lôs.*

g) *Goth. ei; ahd. mhd. î; nhd. ei, i.* Beisp. *steigan;* ahd. *stîgan;* mhd. *stîgen;* nhd. *steigen.* *reiks;* ahd. *rîhhi;* mhd. *rîche;* nhd. *reich.* *vein;* ahd. mhd. *wîn;* nhd. *wein.* *meins, peins, seins;* ahd. mhd. *mîner, dîner, sîner;* nhd. *meiner, deiner, seiner.* *greipan;* ahd. *grîfan;* mhd. *grîfen;* nhd. *greifen.* *veis;* hochd. *wîr.*

h) *Goth. iu; ahd. iu (eo), io, ia, ie; mhd. iu, ie; nhd. eu, î (geschr. ie), i, u* Beisp. *niun;* ahd. mhd. *niun;* nhd. *neun.* *hliuma* (auris); ahd. *hliumunt* (fama); mhd. *liument, liumet, liumt;* nhd. *leumund,* *;* ahd. *fiur;* mhd. *viur;* nhd. *feuer.* *;* ahd. *tiuri;* mhd. *tiure;* nhd. *teuer.* *;* ahd. *hiutu;* mhd. *hiute;* nhd. *heute.* — *liubs;* ahd. *liub, liob, liab;* mhd.

liep; nhd. *lib. diups*; ahd. *tiuf, tiof, tiaf*; mhd. *tief*; nhd.
tif. piubs; ahd. *diub, diob*; mhd. *dieb*; nhd. *dib. liup*;
ahd. *liod*; mhd. *liet*; nhd. *lid. kniu*; ahd. *knio (chnio)*; mhd.
knie; nhd. *kni. piuda*; ahd. *dheod, thiot*; mhd. *diet*; nhd.
(*Ditrich*). *liuhap*; ahd. *lioht, leoht*; mhd. *lieht*; nhd. *licht.
liugan*; ahd. *liogan*; mhd. *liegen*; nhd. *lugen* (unorg.).

§. 38.
2. Vokalisch-consonantische Lautverschiebung.

1. Vor Allem kommt hier in Betracht der häufige Wechsel zwischen den weichen Fricativen (*j, f, v*) und deren homorganen Vokalen (*i, r, u*). Wir betrachten an dieser Stelle nur
den ersten und dritten Fall, um deren so enge Gemeinsam-
keit nicht durch ein etwas differentes Mittelglied unterbre-
chen zu dürfen. Ueber dieses letztere vergl. dann §. 40, 2.

a) j und *i*. Sanskr. *syâm;* lat. *siem, sim*; griech. ἐ(σ)ιην,
εἴην. Sanskr. Genitivendung *asya*, griech. οιο. Sanskr. *anya*,
lat. *alio*. Lat. *etiam* aus *et jam*. Umgekehrt Verdichtung
des *i* in *j*: ahd. *io*, mhd. *ie*, ahd. *je*.

b) v und *u*. Sanskr. *katvar*, lat. *quatuor*. Goth. *havi*,
ahd. *hawi, howi, hewi*; mhd. *hou*, Gen. *howes*. Ahd. *frowa*,
mhd. *vroue* (oder mit Annectiv *vrouwe*), vrou. Umgekehrt
Verdichtung des *u* in *v*: altgriech. αὐτός, neugriech. *avtos*.

2. Ein zweiter hieher gehöriger Fall ist die Neigung
des Halbvokals *l*, sich völlig in einen Vokal aufzulösen; ein
Uebergang, der namentlich in der Sphäre des Latein und
seiner Töchtersprachen häufig eintritt.

a) l in *u*. So gewöhnlich im Französischen, wenn dem
l ein Vokal vorangeht, welcher dann mit dem *u* zu einem
langen Vokal oder Diphthongen verschmilzt. Beisp. *collum*,
franz. *col, cou. mollis* franz. *mol, mou. talpa, taupe*;
falco, faucon; *caballus, cheval*, Plur. *chevaux*; *capilli,
cheveux*; *alnus, aune*; *salix, saule*; *calvus, chauve*, etc.
Das ital. *del, al*, franz. *du, au.*

b) l in *i*. So im Italienischen, wenn es zwischen Muta
und dunklem Vokal (*a, o, u*) steht. Beisp. *planus, piano*;
placere, piacere; *plenus, pieno*; *blancus, bianco*; *clarus,
chiaro*; *clamare, chiamare*; *claudere, cludere, chiudere*:
flamma, fiamma; *flos, floris, fiore*; *flumen, fiume*. Vor
hellem Vokal (*e, i*) wird es palatal („mouillirt") und gra-

phisch durch *gl* bezeichnet, z. B. *ille, egli; melior, meglio; filius, figlio*, etc. Umgekehrt verdichtet sich im Spanischen *l* mit folgendem Vokal gern zur harten Fricativa χ (von den Spaniern *j* geschrieben), z. B. *melior, mejor; filius, filia, hijo, hija; allium, ajo; speculum, espejo*, etc.

§. 39.

3. Consonantische Lautverschiebung.

a) Homogene.

Wir glauben derselben nur eine dialectische Bedeutung beimessen zu dürfen, sei's im sprachvergleichenden Sinne, sei's im engern in Bezug auf eine bestimmte Sprachfamilie.

1. **Halbvokale und Nasale** (Liquidae).

Am häufigsten ist hier die Verschiebung der beiden Halbvokale selbst, nämlich des *l* und *r*. Beisp. Sanskr. *ruk* (fulgere), lat. *lux, luceo*; griech. λευκός λυχνός. Sanskr. *rik* (deserere), lat. *linquo*, griech. λείπω, ἔλιπον. Pers. *kärd*, litth. *kardas*, poln. *kord*, lat. *gladius*. Gr. λείριον, lat. *lilium*. Gr. παῦρος, lat. *paulus*. Lat. *vermis*, griech. ἕλμυνς. Litth. *karwa* (vacca), goth. *kalbô* (juvenca). Lat. *peregrinus*, ital. *pelegrino*, franz. *pelerin*. Lat. *prunum*, hochd. *pflaume*. Hochd. *kirche*, dial. schweiz. *chilche*. Sehr häufig geht das *l* des Lateinischen in den romanischen Sprachen in *r* über; z. B. *titulum, tître; apostolus, apôtre; epistola, epître; capitulum, chapître; ulmus, orme; luscinia, lusciniola*, ital. *rossignuolo*, franz. *rossignol*; ganz besonders aber im Portugiesischen. Zuweilen mag freilich in solchen Vorgängen auch der Dissimilationstrieb thätig gewesen sein; es läfst sich da keine scharfe Grenze ziehen — Der nächst häufige Uebergang ist der zwischen den beiden Nasalen *m* und *n*, jedoch fast nur in den Endungen, wobei das letztere offenbar eine Schwächung des ersteren ist. Beisp. die sanskr. Nominalendung *am*, lat. *um*, griech. *ov*. Auch in der deutschen Sprachentwickelung öfters, z. B. im Dat. Plur. goth. *fiscam*, goth. *fiscum*, mhd. *vischen*. — Selten ist der Wechsel zwischen Halbvokal und Nasal, z. B. *l* und *n* in νύμφη, *lympha*; πνεύμων, jon. πλεύμων, lat. *pulmo(n)*; ἤνϑον, βέντιστος dor. st. ἦλϑον, βέλτιστος; *asinus*, goth. *asilus*, ahd. *esil*; *kind*, angels. *cild*, engl. *child*; *knauel*, oberd. *kleuel*, niederd. *klouwen*, vom ahd. *chliwa* (globus, glomus); *knoblauch*, ahd. *chlobilouh*, von *chliuban* (findere); goth. *himins* (coelum), ahd. *himil*.

2. **Weiche Fricativae und h (Spirantes).**

Für die Sprachvergleichung ist hier vor Allem der Uebergang des organischen *s* in *h* (griech. send. pers. welsch) wichtig. Beisp. sanskr. *sa, sá*; griech. ὁ, ἡ. Sanskr. *saptan*, griech. ἑπτά. Sanskr. *sara*, lat. *sal*, griech. ἅλς. Lat. *sub*, super, griech. ὑπό, ὑπέρ. Sanskr. und goth. *sama*, lat. *simul*, griech. ἅμα, ὅμο. Lat. *sus*, griech. ὗς (bei Homer auch noch σῦς). Sanskr. *sarpámi*, lat. *serpo*, griech. ἕρπω. Sanskr. *svapnas*, griech. ὕπνος. Sanskr. *sváddus*, lat. *suavis*, griech. ἡδύς. Sanskr. *sámi*, lat. *sémi*, griech. ἥμι. Lat. *sedeo*, griech. ἵζω, ἕζομαι. Lat. *silva*, griech. ὕλη. Lat *salio*, griech. ἅλλομαι. Lat. *socer*, griech. ἑκυρός, etc. Seltener geht das organische *j* in den griechischen Spiritus asper über; z. B. *yas*, griech. ὅς; ἧπαρ, ἥπατ-ος (aus ἥπαρτος), sanskr. *yakṛt*, aus *yakart*, lat. *jecur*; ὑμεῖς für ὑμμεῖς, aus ὑσμεῖς, sanskr. *ju'sma*; ἄζω, aus ἄγ-jω, ἅγιος, sanskr. *yag* (colere). Für die deutsche Grammatik specieller ist der häufige Wechsel zwischen *j, w, h* in einigen, ursprünglich vokalisch auslautenden Wurzeln interessant; vergl. Gr. I, 885; z. B. *sajan, sahan, sawan*, ursprünglich *sáan*, Wurzel *sá*. — Vereinzelte Fälle solchen Wechsels sind *vesper*, ἕσπερα; *sinister*, ahd. *winister*; mhd. *ruowe*, nhd. *ruhe*.

3. **Harte Fricativae und Aspiratae.**

Das griech. ϑ ist im Aeolischen und dem ihm so nahe stehenden Lateinischen φ; z. B. ϑήρ, ϑλᾶν, ϑλίβειν, äol. φήρ (lat. *fera*), φλᾶν, φλίβειν; griech. ϑύρα, ϑυμός, ἐρυϑρός, lat. *fores, fumus, rufus*. Beispiele anderer Art sind χλοή, χλωρός, lat. *flos, floreo*; goth. *plaqus*, lat. *flaccus*; goth. *plahan, pliuhan*, ahd. *flehan, fliuhan*. Es gehört hierher aber auch der Uebergang des altlateinischen *f* in *h*, da dieser letztere Buchstabe auch im Latein (wie im Deutschen) ursprünglich keineswegs den Spiritus asper, sondern die Fricativa (nicht die Aspirata!) χ bezeichnet[*]). Beisp. *fasena, frcus*,

---

[*]) Bildungen wie *veho, vexi, traho, traxi*; wären nicht entstanden, wenn das *h* reiner spiritus asper gewesen. Im Umbrischen ist *h* wenigstens vor *t* sicherlich Fricativlaut, z B. *rehte* (recte), *uhtur* (auctor), *frehtu* (frictum). Vgl. Corssen, S. 47, welcher jedoch den Uebergang des *h* in den reinen Hauch schon in sehr frühe Zeit glaubt setzen zu müssen, worin wir ihm nicht ganz beistimmen.

fostis, *fostia*, *fordeum*, *foedus*; später: (*h*)*arena*, *hircus*, *hostis*, etc. Die romanischen Sprachen setzen dann diese Umwandlung noch weiter fort; vor Allem das Spanische: *fatum*,
hado; *falco*, *halcon*; *farina*, *harina*; *facere*, *hacer*; *foenum*, *heno*; *filius*, *hijo*. Endlich schlagen selbst einige romanische *f* in altdeutsches *h* über, z. B. das mittellat. *floc-
cus*, *froccus*, franz. *froc*, *frac*, ahd. *hrocch*, nhd. *rock*; oder
ital. *fianco*, franz. *flanc*, althochd. *hlancha* (lumbus). Vergl.
Grimm, G. d. D. S. 348 ff. Aus den neueren deutschen
Mundarten vergl. *after*, niederd. *achter*; *klafter*, *lachter*;
neffe, *nichte* (oberd. *niftel*); *taufen*, *tauchen*; *rufen*, *gerücht*;
niederd. *ruchte*, alt. *rucht* st. *ruf*, daher *ruchtbar*, *ruchbar*;
streifen, *streichen*; *kluft*, *schlucht*; *sanft* (engl. *soft*), *sacht*;
lichten, engl. *liften*, -lat. *levare*; *kraft*, holl. *kracht*; *luft*,
holl. *lucht*; auch *graben*, niederd. *gracht* gehört hierher, da
der Uebergang vermittelst *f* (vergl. *gruft*) geschieht.

4. **Harte Explosivae.**

Sanskr. *pankan*, griech. *πέντε*, lat. *quinque*. Sanskr. *kas*,
lat. *quis*, griech. *τις*. Sanskr. *kar*, griech. *πορεύω*. Sanskr.
ap, lat. *aqua*. Sanskr. *pak*, lat. *coquere*. Die griechischen
mit *π* beginnenden korrelativen Adverbien und Pronomina, so
wie die durch Vorschlag von *o* daraus gebildeten Relativa
haben äolisch und jonisch *k*, also *κοῦ*, *κῶς*, *κότε*, *κοῖος*, *κόσος*,
ὅκου, etc. Vergl. ferner *equus*, *ἵππος*; *λύκος*, *lupus*; *sequor*,
ἕπω; *vox*, *ὄψ*; *voco*, (*Ϝ*)*έπω*, *εἶπον*, *ἔπος*; *ταώς*, *pavo*; *τέσ-
σαρες*, äol. *πέσυρες*; *interpretari*, *inter-precari*; *postulo*, *po-
sculo* (*posco*); *pristinus*, *priscinus*; *Accius*, *Attius*. Im Deutschen sehr selten; *knüttel*, *knuppel*; *kuss*, schwedisch *puss*,
oberd. *bussel*.

5. **Weiche Explosivae.**

Sanskr. *gó*, griech. *βοῦς*, lat. *bós*. Sanskr. *ga*, griech.
βα (*ἔβαν*, *ἔβην*). *γῆ*, äol. u. dor. *δᾶ*; *βλέφαρον*, äol. u. dor.
γλέφαρον; *γλυκύς*, *dulcis* (mit Metathese). Auch im Deutschen zuweilen: *hügel*, mundartl. *hübel*; *farbe*, schwed. *faerg*;
goth. *bagms* (arbor), altn. *badmr*; goth. *tvaddjê*, altn. *tveggja*.

Anm. Einige Fälle finden sich denn doch, wo Laute wechseln, die
in gar keiner Verwandtschaft zu einander stehen. So namentlich *v* (*w*) mit
den beiden Halbvokalen *l*, *r*; z. B. in dem lateinischen Suffix *lent* (*opulen-
tus*, *violentus*, etc) gegenüber dem sanskr *vant*, griech. (*Ϝ*) *ent*; sanskr.
Wurzel *svap*, goth. *slêpa*; sanskr. *svâdus*, engl. *sweet*, ahd. *suazi* (d. i.

swaji), aber litth. *saldus*; sanskr. *śvas* (aus *kvas*), lat. *cras*; sanskr Wurzel *śvi* (aus *kvi*), lat *cre-sco*; sanskr. *bavamas* (sumus), ahd. *birumes*. Andere Fälle sind: lat. *quatuor*, goth *fidvor*; sanskr *gṛv*, lat. *viv*; sanskr. *navan*, angels. *nigon*. Manches hierbei ist auch nur scheinbar; z B. in dem letzten Beispile, wo ich die Form *nigon* niederd *negon* nicht unmittelbar auf die Formen mit *v* (sanskr. *navan*, lat. *novem*) beziehen möchte; zwischen diesen und jenen liegen vielmehr solche, wo das *v* ganz fehlte. z B griech *ἐννέ(ϝ)α*, goth. *niun*, d i. *niv'n* Die niederdeutsche Zunge hebt weder Hiatus noch Diphthongen, und schob daher zwischen *i* und *u* das Annectiv *j* ein, also *nijun*, später erhärtet zu *nigun*, *nigon*. — Bei dem goth. *fidvor* gegenüber dem sanskr. *katvar* nehme ich zunächst die gewöhnliche Einschiebung eines *v* hinter Gutturalen an, dann Aphärese des Anlauts, endlich Erhärtung des *v* in *f*.

§. 40.
4. Consonantische Lautverschiebung. Fortsetzung.
b) Homorgane.

Wichtiger als die vorige, nicht blos weil sie ungleich häufiger eintritt, sondern auch weil sie eine gröfsere Regelmäfsigkeit bietet. In dialectischer Sphäre zeigt sie sich namentlich auf dem Boden des Griechischen und Deutschen wirksam, indem die Fricativa mehr attisch und oberdeutsch, die Explosiva mehr äolisch, lateinisch, niederdeutsch ist; auch der Ionismus setzt die Expl. fort *x*, *π* statt der Fric. oder Aspir. *χ*, *φ*. In historischer Sphäre beruht auf ihr jenes *Grimmsche Gesetz der Lautverschiebung*, von dem nachher ausführlich gehandelt werden soll. Hier seien·nur einige Fälle aus beiden Sphären des Vorkommens mitgetheilt, welche aufserhalb der eben erwähnten Gesetze stehen.

1. **Gutturale.** Bemerkenswerth ist hier der Wechsel zwischen *j* und *g* in manchen althochdeutschen Denkmälern. Kero, Otfried, Tatian schreiben vor *i* und dem aus *i* enstandenen *e* statt des organischen *j* ein *g*, also *yehan*, *genêr*, *getan*, ja wechseln in Folge der Flexion mit beiden Zeichen in einem und demselben Worte, z. B. *gihu*, *gihis*, *gihit*; aber Prät. *jah*, Plur. *jâhun*. Sodann der Wechsel von *g*, *h* und *ch* in der Conjugation einiger starken Verba; z. B. mhd. *ziehen*, Prät. *zôch*, aber inlautend 2. Pers. *zuge*, 3. Pers. Plur. *zogen*, Part. *gezogen*. Gr. Gr. I, 427.

2. **Dentale.** Für die deutsche Grammatik kommt hier besonders der Uebergang des organischen *f* in *r* in Betracht Im Griechischen findet sich derselbe nur dialektisch, nament-

lich im Laconischen, z. B. *πίσορ, γονάρ, τίρ* für *πίϑος, γο-νάς, τίς*; häufiger im Lateinischen, wo er·(ungefähr seit den Samniterkriegen) in der Regel dann eintritt, wenn *s* zwischen zwei Vokalen steht; daher *Papirius*, früher *Papisius* (Cic. Fam. IX, 21), *eram, ero* für *esam, eso*, sanskr. *ásam, sydmi*; *quorum, quarum* für *quosum, quasum*, sanskr. *késám, kásám*; auch im Auslaut, z. B. im Comparativsuffix *ior* (sanskr. *fyas*) und in Substantiven wie *amor, odor, dolor*. Von den zahlreichen Fällen im Hochdeutschen später; hier sei nur erwähnt, daſs das goth. *s* (d. i. *ſ*) regelmäſsig im Althochdeutschen als *r* auftritt. — Mehr vom allgemein sprachvergleichenden Standpunkt wichtig ist der häufige Uebergang zwischen *d* und *l*. Beisp. *δάϰρυ, lacrima; μελετᾶν, meditari; Όδυσσεύς, Ulysses*; *lingua, sella*, altlat. *dingua, sedda; oleo* ursprüngl. *odeo*, wovon *odor*, vgl. *ὄζω*, d. i. *ὄδσω, ὄδjω*; goth. *silubr*, litth. *sidabras; galmei* aus griech. *ϰαδμία; lignum, λιγνύς* vielleicht von sanskr. Wurzel *dah* (urere). Das sanskr. *daśan* (decem) erkennt Bopp wieder in dem litth. *lika*, goth. *lif (ainlif, tva-lif)*. Ein höchst interessanter Fall wäre das ahd. *láſan*, goth. *litan* (wozu die urverwandten Sprachen keinen Beleg bieten) wenn darin, wie Graff glaubt, wirklich die uralte, mächtige Wurzel *dá* (dare) verborgen läge, welche sonst räthselhafter Weise auf dem Gebiet germanischer Sprache verschwunden wäre. Das altpreuſsische *dat* heiſst sowohl dare als concedere. — Im Altlateinischen und Umbrischen wird *d* (besonders in der Präp. *ad*) vor Labialen (*v, f, b*) ungemein häufig zu *r*; in *arbiter (adbitere), meridies (medidies), arcessere* ist dieser Wechsel sogar der späteren Sprache verblieben. (Corssen, S. 89). Das goth. *dd* tritt ahd. als *ll* auf, z. B. *vaddjus* (vallum), ahd. *wal, walles*. — Sehr häufig gehen *d, t* in *s* über, besonders im Griechischen, aber auch im Lateinischen. Vergl. Heyse, S. 305, obschon einige der dort gegebenen Beispiele uns bereits auf Assimilation zu beruhen scheinen. Umgekehrt wird *σσ* im Neuattischen zu *ττ*.

3. **Labiale.** Häufiger Wechsel zwischen den weichen Explosiva und Fricativa: *βούλομαι, volo; βιόω, vivo*; das Französische erweicht eine Menge lateinischer *b* und *p*, als *rapa, rave; ripa, rive; faba, fève; faber, fèvre; habere, avoir; debere, devoir*; nach Liquiden jedoch haftet die Explosiva: *talpe, taupe; alba, aube; herba, herbe*; selten tritt Erhär-

tung des lat. *v* ein; z. B. *vervex*, mittellat. *berbix*, ital. *berbice*, franz. *brebis*. Dagegen begünstigt das Neuhochdeutsche gerade diese; z. B. ahd. *sualawa, farawa, garawan*; mhd. *swalwe, varwe, garwen*; nhd. *schwalbe, farbe, gerben*. *Tübingen* hiefs mhd *Tuwingen* (Twingen? Tuniwenga?). Das Englische wiederum erweicht gern: *haben, have*; *geben, give*; manchmal bis zur Verflüchtigung.

§. 41.

J. Grimms Gesetz der Lautverschiebung.

1. J. Grimm hat (Gr. I, 584) den homorgan-consonantischen, etymologischen Lautwechsel in ein System gebracht. Diesem zufolge lösen die neun Mutae nach drei Stufen einander ab, wobei Sanskrit, Lateinisch, Griechisch (auch die iranischen, slawischen und keltischen Sprachen) die I.; Gothisch, die niederdeutschen und nordischen Sprachen die II.; Hochdeutsch, namentlich Althochdeutsch die III. Stufe einnehmen, so dafs folgende Reihen sich bilden:

I. Stufe.	II. Stufe.	III. Stufe.
Media	Tenuis	Aspirata.
Tenuis	Aspirata	Media.
Aspirata	Media	Tenuis.

oder dafür bald die entsprechenden Buchstaben eingetragen:

	Griech.-Lat.	Goth.	Ahd.
Gutturales.	*G*	*K*	*CH. H*
	K	*H*	*(G)*
	X. H	*G*	*K*
Dentales.	*D*	*T*	*Z*
	T	*þ*	*D*
	Θ	*D*	*T*
Labiales.	*(B)*	*P*	*PH. PF. F.*
	P	*F*	*(B)*
	Φ	*B*	*P.*

2. Dabei sind allerdings einige Einschränkungen zu machen. Am meisten zeigt sich die Verschiebung einerseits bei den Dentalen, andererseits im Anlaut. Im Einzelnen bemerke man:

a) Die Gutturalaspirata wird im Sanskrit, Latein, Gothischen und Althochdeutschen durch *h* bezeichnet. Unter
diesem Buchstaben hat man sich indefs keineswegs den Spiritus asper zu denken, sondern entweder die Fricativa χ oder
einen Mittellaut zwischen ihr und dem Spiritus asper, also
etwa das polnische *h* Die gänzliche Verflüchtigung dieses
Lautes in den blofsen Hauch gehört einer späteren Periode
an. Im Inlaut, namentlich nach kurzem Vokal, wird das ahd.
h in der Regel geminirt geschrieben. Von dieser Seite erscheint also das Grimmsche Gesetz durchaus nicht gefährdet,
eine wirkliche Störung desselben liegt dagegen darin, dafs
das goth. *h* nicht in ahd. *g* übertritt, sondern dieses letztere
Idiom dafür ebenfalls *h* bietet.

b) Die Dentalaspirata wird wie im Aeolischen durch φ,
im Latein häufig durch *f* ersetzt. Im Hochdeutschen dagegen
verdichtet sich *th* zu *z*; welches Zeichen übrigens erst allmälig den wirklichen Doppellaut *ts* bedeutet. Davon später mehr.

c) Die Labialen lassen zunächst den Uebergang der organischen Media in goth. Tenuis vermissen; vielmehr entspricht dieser letztern, so wie der goth. Aspirata, ebenfalls
die organische Tenuis; aufserdem fehlt aber auch, ganz wie bei
den Gutturalen, der Uebergang der goth. Aspirata in die ahd.
Media; mit andern Worten: goth. *f* bleibt auch im Althochdeutschen *f*. Grimm nahm für das letztere in diesem Falle
v an, dessen phonetischer Werth = *bh* sein sollte; eine Aeu-
fserung, die von Unzähligen nachgeschrieben worden, uns
aber so gut wie unverständlich ist; später davon mehr. In
der Gesch. d. D. Spr. hat indefs Grimm selbst dem althoch-
deutscen *f* sein Recht gelassen.

d) Als durchgreifendes Gesetz gilt endlich sowohl für
das Gothische, als mit wenigen Ausnahmen auch für die
übrigen germanischen Sprachen, dafs die Tenuis (Fortis) hinter den starken Fricativen *h* (d i. χ), *s* und *f* geschützt
bleibt. Beisp. goth. *skaida*, lat. *scindo*, griech. σκίδνημι,
sanskr. *kinádmi*; *fisks*, lat. *piscis*; *speiva*, lat. *spuo*;
stairnó, sansk. *star*; *standa*, lat. *sto*, griech. ἵστημι,
zend. *histámi*; *ist*, lat. *est*, griech. ἐστί, sanskr. *asti*; *nahts*,
lat. *noct-*, griech. νυκτ-, sanskr. *naktam*; *dauhtar*, sanskr.
duhitar, u. Aehnl.

3. Wir geben nunmehr eine Sammlung von Beispielen, dabei besonders Grimm, Gesch. d. D. Sprache, S. 306 ff. benutzend und dessen ahd. Schreibung beibehaltend.

a) G. K. CH (H). Anlautend. Sanskr. *gd*, altn. *ku*, ahd. *chuo.* Griech. *γεύομαι, γεύσομαι*; lat. *gusto*; goth. *kiusa*; ahd. *chiusu.* Griech. *γένος*, lat. *genus*; goth. *kuni*; ahd. *chunni.* Griech. *γυνή*; goth. *qinð* (d. i. *kvinð*); altn. *kona*; ahd. *chena,* *chona.* Griech. *γόνυ*, lat. *genu*; goth. *kniu*; ahd. *ckniu.* Griech. *γένυς*, lat. *gena*; altn. *kinn*; ahd. *chinni.* Griech. *γι-γνώσκω*, lat. *gnoscere* (*noscere*); goth. *kunnan*; ahd. *chunnan.* Lat. *gula*; angels. *ceol*; ahd. *chela.* Lat. *gelu, gelidus*; goth. *kalds*; ahd. *chalt.* In- und auslautend: Griech. *ἐγώ*, lat. *ego*; goth. *ik*; ahd. *ih.* Griech. *ἀγρός*, lat. *ager*; goth. *akrs*; ahd. *ahhar.* Griech. *μέγας, μεγάλου*; goth. *mikils*; ahd. *mihhil.* Lat. *rex*; goth. *reiks*; ahd. *rihhi.* Lat. *jugum*; goth. *juk*; ahd. *joh.* Griech. *ἀμέλγειν*, lat. *mulgere*; altn. *miolka*; ahd. *melchan.*

b) K. H. G; für das letztere fast immer *h* eintretend. Anlautend: Latein. *cannabis*; altn. *hanpr*; ahochd. *hanaf.* Lat. *canere*; goth. *hana* (gallus); ahd. *hano.* Sanskr. *kapâla*, griech. *κεφ-αλή*, lat. *caput*; goth. *haubiþ*; ahd. *houpit.* Griech. *καρδία*, lat. *cord-*; goth. *hairtô*; ahd. *herza.* Lat *celare*; goth. *huljan*; ahd. *helan.* Griech. *κάρτος, καρτερός*; goth. *hardus*; ahd. *hart.* Griech. *κέρας*, lat. *cornu*; goth. *haurn*; ahd. *horn.* Lat. *collum*; goth. *hals*; ahd. *hals.* Griech. *κάλαμος*, lat. *calamus, culmus*; altn. *hâlms*; ahd. *halam.* Griech. *κοιλός*, lat. *coelum*; goth. *huls*; ahd. *hol.* In- und auslautend: Griech. *ὄχος*, lat. *oculus*; goth. *augô*; ahd. *ouga.* Lat. *lux*; goth. *liuhaþ*; ahd. *licht.* Griech. *δάκρυ*; goth. *tagr*; ahd. *zahar.* Griech. *δέκα*; goth. *taihun*; ahd. *zehan.*

c) CH (lat. *H*). *G. K.* Anlautend. Sanskr. *hansa,* griech. *χήν*, lat. *anser* (st. *hanser*); altn. *gás*; ahd. *kans.* Griech. *χέω, χυτός*; goth. *giutan*; ahd. *kiozan.* Griech. *χολή*; altn. *gall*; ahd. *kalla.* Griech. *χθές*, lat. *heri*; goth. *gistra*; ahd. *kestar.* Griech. *χόρτος*, lat. *hortus*; goth. *gards*; ahd. *karto.* Lat. *hostis*; goth. *gasts*; ahd. *kast.* Lat. *homo*; goth. *guma*; ahd. *komo.* Griech. *χρύσος*; goth. *gulþ*; ahd. *kold.* In- und auslautend: Griech. *ἔχειν*; goth. *aigan*; ahd. *eikan.* Griech. *λείχειν*; goth. *laigôn*; ahd. *lekôn.*

d) *D. T. Z.* Anlautend. Sanskr. *dantas*, griech. ὀδόντ-, lat. *dent-*; goth. *tunpus*; ahd. *zand, zan.* Altlat. *dingua*; goth. *tuggô*; ahd. *zunka.* Griech. δια-, δις-; alts. *to*; ahd. *zi.* Sanskr. *damayâmi*, griech. δαμᾷν, lat. *domare*; goth. *tamjan*; ahd. *zeman.* Sanskr. *diś*, griech. δειχ-, lat. *indicare*; alts. *têkan*; ahd. *zeihhan.* Lat. *duco*; goth. *tiuha*; ahd. *ziuhu.* Sanskr. *dva*, griech. δύω, lat. *duo*; goth. *tva*; ahd. *zuei.* Sanskr. *daśan*, griech. δέχα, lat. *decem*; goth. *taihun*; ahd. *zehan.* Griech. δάχρυ; goth. *tagr*; ahd. *sahar.* Sanskr. *dyaus, divas*, griech. Ζεύς, Διός, lat. *deus, divus*; goth. *Tius, Tivis* (?), angels. *Tiv*, ·altn. *Tŷr, Tŷs*; ahd. *Zio, Ziowes.* Sanskr. *dar*, griech. δέρω; goth. *tairan*; ahd. *zeran.* Griech. δυς-; altn. *tor*; ahd. *zir.* In- und auslautend: Sanskr. *svâdus*, griech. ἡδύς; goth. *sutis*; ahd. *suozi.* Griech. ἕδος, lat. *sedes*; goth. *sitan*; ahd. *sizan.* Griech. ἕδειν, lat. *edere*; goth. *itan*; ahd. *ezan.* Griech. εἰδέναι, lat. *videre*; goth. *vitan*; ahd. *wizan.* Lat. *odium*; goth. *hatis*; ahd. *haz.* Lat. *claudere*; schwed. *slûter*; ahd. *sliozan.* Sanskr. *uda*, griech. ὕδωρ, lat. *unda*; goth. *vato*; ahd. *wazar.* Griech. ἴδρως, lat. *sudor*; altn. *sueiti*; ahd. *sueiz.*

e) *T. TH* (*p*). *D.* Anlautend. Sanskr. *tvam*, lat. *tu*; goth. *pu*; ahd. *du.* Sanskr. *tad*, griech. τό(δ); goth. *pata*; ahd. *daz.* Lat. *torreo* (f. torseo), griech. τέρσομαι; goth. *pairsa, paursus*; ahd. *durri.* Sanskr. *tanus*, lat. *tenuis, tener*; altn. *punar*; ahd. *dunni.* Griech. τείνω, lat. *tendo*; goth. *panja*; ahd. *deniu.* Lat. *tacere*; goth. *pahan*; ahd. *dagén.* Griech. τέχνον, von τεχεῖν, τίχτειν; goth. *pigus* von *peihau* (crescere); ahd. *dekan.* Lat. *tegere, tectum*; altn. *pak*; ahd. *decchan, dah.* Lith. *Tauta* (Germania); goth. *piuda* (gens), angels. *peod*, altn. *piodh*; ahd. *diot.* Griech. τρεῖς, lat. *tres*; goth. *preis*; drî. Griech. ταλᾷν, τλᾶν, lat. *tolero*; goth. *pulan*; ahd. *dolôn.* In- und auslautend: Lat. *ratio*; goth. *rapjô*; ahd. *redja.* Lat. *frater*; goth. *brôpar*; ahd. *pruodar.* Sanskr. *dantas*, griech. ὀδόντ-, lat. *dent-*; goth. *tunpus*; ahd. *zand, zan.* Lat. *rota*; altn. *hradhr*; ahd. *hrad.* Lat. *iterum*, goth. *vipra*; ahd. *widar.* Sanskr. ʼantara, lat. *alter*; goth. *anpar*; ahd. *andar.* Im Auslaut schleicht sich für ahd. *d* zuweilen *t* ein; z. B. griech. μετά; goth. *mip*; ahd. *mit.*

f) *TH.* (äol. Φ, lat. *F*). *D. T.* Anlautend. Sanskr. *duhitar*, griech. θυγάτηρ; goth. *dauhtar*; ahd. *tohtar.* Griech.

ϑύρα, lat. *fores*; goth. *daur*; ahd. *tor.* Griech. ϑήρ, äol. φήρ, lat. *fera*; goth. *dius*; ahd. *tior.* Griech. ϑαῤῥεῖν; goth. *gadauran*; ahd. *turran.* In- und auslautend: Hier schon im Lateinischen zuweilen *d* eintretend. Sanskr. *madu*, griech. μέϑυ; angels. *medo*; ahd. *metu.* Griech. ἔϑος; angels. *sido*; ahd. *situ.* Lat. *medius*; goth. *midja*; ahd. *mitti.*

h) (B). P. PH (PF. F). Für den Anlaut findet sich kein, auch für die erste (sanskr. griech. lat.) Stufe passender Beleg *). Die wenigen goth. mit *p*, ahd. mit *ph*, *pf* anlautenden Wörter haben auch auf der ersten Stufe ein *p* statt *b* und „verrathen dadurch, dafs sie im Deutschen nicht dem Gesetz der Lautverschiebung folgen, ihre Fremdheit." Beisp. Lat. *pondus*, goth. *pund*, ahd. *phunt, funt.* Sanskr. *pata*, finn. *paita*; goth. *paida*, ahd. *pheit.* Sanskr. *pata*, griech. πάτος; alts. *pàdh*, ahd. *pfad*; etc. In- und auslautend ist das einzige κανναβις, *cannabis*; altn. *hanpr*, engl. *hemp*; ahd. *hanaf* für alle drei Stufen zu belegen; für die zweite und dritte Stufe allein giebt es viele: goth. *hropjan*, ahd. *hruofan.* Goth. *kaupôn*, ahd. *choufan.* Goth. *hilpan*, ahd. *helfan.* Goth. *vêpan*, ahd. *wâfan.* Goth. *paurp*, ahd. *dorof.* Goth. *skip*, ahd. *skif*; etc.

i) P. F. F. Anlautend. Sanskr. *pitar*, lat. *pater* griech. πατήρ; goth. *fadar*; ahd. *fatar.* Sanskr. *pankan*, griech. πέντε, πέμπε; goth. *finf.* Lat. *piscis*, goth. *fisks*, ahd. *fisc.* Sanskr. *padas*, lat. *pes, pedis*, griech. ποῦς, ποδός; goth. *fôtus*; ahd. *fuoz.* Lat. *pedica*, griech. πέδη; altn. *fetill*; ahd. *fezzil.* Lat. *porcus*; angels. *fearh*, ahd. *farah.* Sanskr. *patis*, griech. πότις, πόσις; goth. *faps.* Sanskr. *pasu*, griech. πῶϋ, lat. *pecu*; goth. *faihu*; ahd. *fihu.* Griech. πῦρ; altn. *fŷr*, ahd. *fiuri.* Lat. *pauci*; goth *favai*, ahd. *fohê.* Griech. παλάμη, lat. *palma*, angels. *folma*, ahd. *folma.* Griech. πυγμή, lat. *pugnus*; angels. *fŷst*; ahd. *fûst.* Griech. πῶλος, lat. *pullus*; goth. *fula*, ahd. *folo.* Lat. *pellis*; goth. *fill*, ahd. *fel.* Griech. πλέος, lat. *plenus*; goth. *fulls*; ahd. *fol.* Griech. πολύ; goth. *filu*; ahd. *filo.* Sanskr. *parà, pari*, griech. παρά, περί, lat. *per, prae, pro*; goth. *far, fair, faura, fra*; ahd. *far, fir, furi, fora.* Sanskr. *pratamas*, griech. πρῶτος, lat. *primus*;

---

*) Bopp (V. G. I, 123) glaubt als hierher gehörig unser *Pracht* anführen zu dürfen, goth. *bairhts* (*manifestus, splendens*), engl. *bright*; sanskr. *b'râg'* (*splendere*), griech. φλέγω, lat. *flagro, fulgeo.*

goth. *fruma.* Lat. *prudens*; goth. *frôds*; ahd. *fruot.* In-
und auslautend: Hier zuweilen das von Grimm verlangte
b wirklich eintretend. Sanskr. *upari*, griech. *ύπέρ*, lat. *super*;
goth. *ufar*; ahd. *ubar.* Sanskr. *saptan*, lat. *septem*, griech.
έπτά; angels. *seofon*; ahd. *sibun.* Lat. *aper*, angels. *eofor*,
ahd. *ebar.* Lat. *rapina*; angels. *reaf*; ahd. *roub.*

    k) PH (lat. *F*). B. P. Anlautend. Griech. *φηγός*,
lat. *fagus*; goth. *bôka*; ahd. *puocha.* Sanskr. *bû*, griech. *φυ*,
lat. *fu* (esse); goth. *bauan* (?), angels. *beon*; ahd. *pim.* Lat.
forare; altn. *bora*; ahd. *porôn.* Lat. *frango*, *fregi*; goth.
brikan; ahd. *prehhan.* Lat. *frui*, *fructus*; goth. *brukon*; ahd. *pruh-
hôn.* Sanskr. *ôrdtar*, lat. *frater*; ahd. *pruodar.* Lat. *flare*;
goth. *blêsan*; ahd. *plâsan.* Sanskr. *ôar*, griech. *φέρω*; goth.
baira; ahd. *piru.* In- und auslautend: Griech. *νεφέλη*,
(lat. *nebula*); goth. *nibls* (?), ahd. *nepal.* Griech. *γράφειν*;
goth. *graban*; ahd. *krapan.* Griech. *κεφαλή*; goth. *haubiþ*;
ahd. *haupit.*

Anm Wir unserseits sind geneigt, bei Gutturalen und Labialen jene
Verschiebung von II zu III. Stufe noch an einer andern Stelle zu beschränken, nämlich im Uebergang von der Media zur Tenuis; mit andern Worten: wir mochten den Wechsel von goth. niederd. *g*, *b* in hochdeutsch *k*,
p zu dem hier beabsichtigten Zwecke nicht gelten lassen. Und zwar aus
folgenden Gründen:

1) Jener Uebergang ist bekanntlich gar nicht allgemein hochdeutsch,
sondern speciell althochdeutsch. Mehr noch, derselbe ist selbst im Althochdeutschen keineswegs durchaus oder auch nur vorzugsweise üblich, sondern nach Graffs Untersuchungen in Bezug auf die Denkmäler
des 7—11. Jahrh. findet im Anlaut (als der auch nach Grimms Annahme
wesentlichsten Stelle) folgendes Verhältniss statt:

k (*statt goth. niederd g*) *ausschliefslich* haben nur 8 Denkmäler, darunter kein einziges bedeutenderes; ungefähr 150 mischen willkürlich
und oft in denselben Worten beide Laute durcheinander; ungefähr 110, darunter Isidor, Otfried, Tatian, Williram, haben ausschliefslich den organischen Laut (*g*) bewahrt.

p (*statt goth niederd. b*) *ausschliefslich* haben 39 Denkmäler, und
diese sind mit Ausnahme von dreien (darunter das Gedicht Muspilli) lauter
Glossensammlungen, von denen nur eine so reichhaltig, dafs man auf einen entschiedenen Gebrauch des *p* schliefsen darf, während die übrigen,
wenn sie mehr Glossen böten, vermuthlich auch *b* zeigen würden; durchgängig *b* haben bewahrt 49 Denkmäler, unter ihnen Isidor, Otfried, Tatian; alle übrigen Denkmäler mischen wieder willkürlich beide Laute*).

---

*) Notker kann hierbei nicht in Betracht kommen, da er ein eigenthüm-
liches Assimilationsgesetz befolgt.

2) Aber selbst diese zweifelhafte, offenbar auf einer gewissen Rathlosigkeit beruhende Schreibung und Aussprache (denn hier hängt Beides sicherlich zusammen) ist genau betrachtet gar nicht einmal althochdeutsch, d. h. hochdeutsch der Periode vom 7—11 Jahrh, sondern sie ist oberdeutsch, d h. nicht von der Zeit, sondern von dem Landstrich abhängend, sie existirte auch vom 12—14. Jahrh und weiter bis in unsere Tage; wie sich Jeder überzeugen kann, der diese Gegenden durchwandert. Man spricht dort in den der abschleifenden Cultur noch ferner stehenden Orten vielfach entweder geradezu *kehen*, *pin*, oder Mittellaute zwischen *k* und *p*; ja die Landleute schreiben auch noch so, ganz wie in der alten Zeit.

3) Demnach haben wir es hier nicht mit einem historischen, sondern einem dialektischen Lautwechsel zu thun. Dürfen aber die Erscheinungen des letzteren denen des ersteren coordinirt werden, um ein allgemeines Lautgesetz der vergleichenden Sprachgeschichte darauf zu gründen? Wir unsrerseits glauben dies verneinen zu müssen Jene Erhärtung der gutturalen und labialen Lenis hat sicherlich grofse Bedeutung für eine Specialgrammatik der oberdeutschen Mundart, ja selbst der althochdeutschen Periode. Wo aber das Hochdeutsche als solches, wenn auch in ältester (ahd) Form, den Schwestersprachen gegenübertritt, da darf es die gerade an dieser ältesten Form accidentell und überdiefs nur schwankend haftenden Eigenthümlichkeiten nicht geltend machen, sondern mufs auch hier die organische, allgemein hochdeutsche Gestalt tragen. Wir schreiben also nicht *kanc*, *keist*, *kot*, *wakan*, *kekin*, sondern *gang*, *geist*, *got*, *wagan*, *gegin*; nicht *pant*, *pein* (os), *pin*, *lepan*, *sterpan*, sondern *band*, *bein*, *bin*, *leban*, *sterban*; wie schon Graff gethan und Bopp wenigstens prinzipiell zu billigen scheint, wenn er auch zuweilen noch die andere Form anführt

4) So erweist sich denn jenes Grimmsche Gesetz nur für die Dentalen als wirklich durchgreifend; für die beiden andern Klassen gelten (Einzelheiten und zweifelhafte Fälle abgerechnet) folgende Verhältnisse:

	Organischer Laut. (Sanskr, Gr, Lat.)	Gothisch.	Althochdeutsch.
Gutturale	g	k	*ch* (d i. $k\chi$)
	k	h (d i χ)	h (d. ı χ)
	h (gr χ)	g	g (in manchen Denkm. auch k)
Labiale.	b	—	—
	p	p, f	ph, f
	b', φ, f	b	b (in einigen Denkm auch p)

Eine treffliche Zusammenstellung aller Lautübergänge im ganzen Gebiet des indo-europäischen Sprachstammes findet man bei Curtius: Grundzüge, etc. I S. 98 (Tabelle).

II. Lautabstufung.

§. 42.

Ueberblick.

1. Sämmtliche Erscheinungen der Lautabstufung sind' entweder *Assimilation*, d. h. nicht verwandte Laute treten zu einander in Verwandtschaft; oder *Dissimilation*, d. h. verwandte Laute geben diese ihre Beziehung zu einander auf. Von diesen beiden gegensätzlichen Erscheinungen sind die der ersteren Art die überwiegend häufigeren und lebensvolleren. Sie bedürfen daher einer besonderen Erwägung.

2. Es kann aber die Assimilation sein: *a*) *vokalisch*, d. h. Vokal wirkt auf Vokal; *b*) *consonantisch-vokalisch*, d. h. Consonant wirkt auf Vokal; *c*) *vokalisch-consonantisch*, d. h. Vokal wirkt auf Consonant; *d*) *consonantisch*, d. h. Consonant wirkt auf Consonant.

3. Die Assimilation kann ferner sein: *a*) *Angleichung*. Der assimilirte Laut ist dem assimilirenden gleich, Beisp. *illustris, irridere, nisi* (aus *ne si*); *b*) *Anähnlichung*. Der assimilirte Laut ist, wenigstens prinzipiell, dem assimilirenden nicht gleich, sondern nur ähnlich; und zwar entweder homorgan, z. B. ἐμβάλλειν, ἐγκρατεῖν, oder homogen, z B. τέτριπται (τρίβω), γέγραπται (γράφω).

4. Sie kann ferner sein: *a*) *rückwirkend* (*regressiv*). Der assimilirte Laut steht vor dem assimilirenden. Dies der gewöhnliche Fall, alle obigen Beispiele sind regressive Assimilationen; „die Sprache eilt vorwärts und anticipirt in dem vorangehenden Laute schon den folgenden" (Heyse). *b*) *vorwirkend* (*progressiv*). Der assimilirte Laut steht hinter dem assimilirenden; dies nur selten, z B. ἄρσην, ἄρρην; sanskr. *asti*, griech. ὀστέο, lat. *osse*, apoc. *os*. Die „Notkersche Lautabstufung" ist progressive homogene Anähnlichung. *c*) *zusammenwirkend* (*congressiv*). Beide Laute wirken gegenseitig assimilirend auf einander. Selten; am häufigsten noch im Sanskrit, z. B. *iḍ* + *tê* bildet nach B. §. 91 *iṭṭê* (celebrat), indem zunächst das *ḍ* den folgenden Laut sich homorgan (*ṭ*), dieser aber seinerseits nun das vorangehende *ḍ* sich homogen assimilirt, d. h. zu einer Fortis oder nach indischer Bezeichnung **dumpf** macht.

6

4. Sie kann ferner sein: *a*) *unmittelbar*; d. h. die betreffenden Laute stehen dicht neben einander, z. B. *illustris*. b) *mittelbar*; d. h. die betreffenden Laute sind durch andere Laute von einander getrennt, z B. *nisi*. Meistens ist die consonantische Assimilation ùnmittelbar, die vokalische mittelbar.

5. Die Assimilation kann endlich stattfinden: *a*) *innerhalb der Grenzen Eines Wortes*; dies der gewöhnliche Fall in den späteren Sprachen. *b*) *zwischen verschiedenen Wörtern*; dies besonders im Sanskrit, aber auch im Griechischen und vereinzelt im Deutschen. (Notker.)

6. Eine Darstellung der Lautabstufungserscheinungen, streng gegliedert nach allen den eben angeführten Unterschieden, dürfte' etwas zu complicirt ausfallen, ist auch bei der Seltenheit gewisser Verhältnisse nicht nöthig. Wir stellen daher nur folgende Gruppen auf:

A. Vokalische Assimilation.
   a) *Angleichung*. (1)
   b) *Anahnlichung*. (2)

B. Consonantisch-vokalische Assimilation. (3)
C. Vokalisch-consonantische Assimilation. (4)
D. Consonantische Assimilation.
   a) *Angleichung*. (5)
   b) *Anahnlichung*. α. homorgane (6), β. homogene. (7)
E. Dissimilation. (8)

Anm. Die Assimilation tritt in verschiedenen Sprachen, mehr noch in verschiedenen Sprachepochen, mit sehr ungleicher Stärke auf und man kann in dieser Hinsicht wesentlich drei Perioden unterscheiden. In der ersten findet noch gar keine Assimilation statt, das Leben pulsirt gleichsam in jedem einzelnen Laute so stark, dafs er unter allen Umständen ein und derselbe bleibt. In der zweiten hat der einzelne Laut seiner Selbständigkeit zu Gunsten des Lautwesens seiner Sprache überhaupt (dasselbe als Ganzes betrachtet) entsagt, und dieses läfst nun die in ihm liegenden natürlichen Attractions- und Repulsionsgesetze walten; dies ist die eigentliche Zeit der Assimilation, zugleich gewöhnlich auch die klassische Periode der Sprache selbst, eine Versöhnung zwischen den Gegensätzen des lautlichen und intellectuellen Prinzips. In der dritten Periode endlich erlangt dieses letztere Prinzip das Uebergewicht über das erstere, d h. das sinnliche Element der Sprache wird durch die zunehmende Vergeistigung derselben zurückgedrängt und somit auch die Herrschaft der Assimilation beschränkt. Wenigstens wird dann der in der wirklichen, zumal flüchtigen Rede wohl noch vorkommende Assimilationsakt durch die

Schrift gewöhnlich nicht mehr fixirt, sondern das Wort behauptet ein
für allemal seine feste schriftmäfsige Gestalt. Wo aber die frühere Assimilation in der Schrift ihre Spuren gelassen, da wechselt sie nicht nach
den jedesmaligen Umständen, sondern steht gleichsam erstarrt, orthographisch ein- für allemal fest. Man weifs auch von ihrer Natur und Herkunft nichts mehr, sondern giebt ihr allerlei etymologische und grammatische Bedeutungen, welche ihrem ursprünglichen Wesen ganz fern liegen

§. 43.

1. Vokalische Assimilation.

a) Angleichung.

1. Das Sanskrit und Griechische bietet hiervon nur geringe Spuren. Im Latein werden dieselben häufiger: *soboles*
st. *suboles*, *bubus* neben *bobus*; besonders wirkt das *i* assimi-
milirend: *nihil* (*ne hilum*), *nisi* (*ne si*), *tibi* (aus *tubi*, sanskr.
tubyam), *nimirum* (*ne mirum sit*), etc.; zumal auf ein durch *l*
von ihm getrenntes *u*, als *exsul*, *exsilium*; *consul*, *consilium*; *famulus*, *familia*; *facul(tas)*, *facilis*, *difficilis*;
simul, *similis*; *incola*, *inquilinus*; *Cures*, *Quirites*;
Brundusium, *Brundisium*; *Aemulus*, *Aemilius*; *Sextulejus*,
Sextilius; etc. Beispiele von dem Einflufs anderer Vokale sind selten: *bonus*, *bene*; *suboles*, *soboles*; *secordia*,
socordia; *tego*, *tugurium*. Vergl. Pott, E. F. I, 64.
Corssen, 305 ff.

2. Unter den deutschen Sprachen zeigt besonders das
Althochdeutsche diese Erscheinung, obschon es schwierig
ist, deren Grenzen zu bestimmen, da sie mit denen der Gravitation zusammenfliefsen. Der häufigste Fall ist der, dafs
namentlich bei Otfried in drei- und mehrsilbigen Wörtern
der Vokal der Bildungssilbe in den der Flexion oder einen analogen (den einfachen statt des gedehnten) übergeht.
Am häufigsten erzeugen sich auf diesem Wege die Vokale
e, *i*, *o*, seltener *a*, *u*. Beisp. nach Grimm I, 117 ff.:

a) *scônóra*, *sconara* (pulchrior); *grôzôra*, *grôzara*
(major); *kôrôta*, *kôrata* (gustabat); *luagéta*, *luagata* (pro-
minebat).

b) *besames*, *besemes* (scopi); *sûbaret*, *sûberet* (mun-
date); *finstaremo*, *finsteremo* (obscuro).

c) *adali*, *edili* (gens); *spihari*, *spihiri* (spicarium);
bittari, *bittiri?* (amaritudo); *hungarita*, *hungirita* (esu-
riebat).

d) ebano, ebono (plane); *tanarota, tonorota* (toni-
truit); *wagano, wagono* (curruum).

e) bittaru, bitturu (amaro).

§ 44.

2. Vokalische Assimilation. Fortsetzung.

b) Anähnlichung.

Hierher gehören die in den germanischen Sprachen eine
so bedeutende Rolle spielenden Erscheinungen des Umlauts
und der Brechung.

1. Der *Umlaut* besteht darin, daſs wurzelhaftes *a, o, u*
durch das *i* der Endung zu *a, ö, u* getrübt wird; z. B. ahd.
halid (heros), *arbi* (haereditas), *anti* (finis), später *helid,
erbi, enti.* Die Wirkung bleibt in der Regel auch dann,
wenn später jenes *i* zu *e* abgeschwächt oder ganz abgeworfen wird (*„versteckter Umlaut“*) z. B. die obigen Wörter im
Mittelhochdeutschen *erbe, ende, held.* Manchmal jedoch
tritt in letzterem Falle der reine Vokal wieder auf (*„Rück-
umlaut“*) z. B. *stellan* (collocare), Prät. *stalta,* aus *stelita.*
Selteuer ist der durch *u* erzeugte Umlaut, wonach *a* in *o*
übergehen müſste. So im Send (*au*) und Altnordischen
(*o, au, o*).

2. Die *Brechung* besteht darin, daſs wurzelhaftes *i* oder
u durch das *a* der Endung in *e,* bezügl. *o* verwandelt wird.
Sie ist also gewissermaſsen das Gegentheil des Umlauts;
bei diesem nähert sich das stärkere Element dem schwächeren, bei der Brechung das schwächere dem stärkeren. Beispiele: goth. *stilan, hilpan,* ahd. *stelan, helfan;* goth. *stulans, hulfans,* ahd. *stolan, holfan.* Die Wirkung bleibt
auch hier gewöhnlich noch dann, wenn das brechende *a* bereits abgefallen ist (*„versteckte Brechung“*); z. B. *wec, helm,
geld, felb,* goth. *vig(a)s, hilm(a)s, gild(a)s, silba.* Manchmal jedoch kehrt in diesem Falle, ganz besonders aber bei
eintretendem *i* der nächsten Silbe, der ursprüngliche Laut zurück (*„Rückbrechung“*); z. B. *erda, irdisk; feld, gifildi;
wolla, wullin; dorn, durnin.*

Anm. Sowohl Umlaut wie Brechung, beide Begriffe in der gewöhnlichen Art genommen, wie die deutsche Grammatik sie entwickelt,
beruhen auf mittelbarer Anähnlichung. Das Latein jedoch, welches
den deutschen Umlaut nicht kennt, zeigt mehrfache Spuren von unmittel-

barem Umlaut und zwar in progressiver Richtung; z B die Substantiva
auf *ies* aus denen auf *ia*, als: *barbaria, duritia, materia,* etc neben *bar-
baries, durities, materies*; die Zahladverbien auf *iens* (*toties, quotiens, cen-
tiens, multiens*, etc.) neben dem sanskr -*tjans*; die Conjunctive mit *ie*,
(griech *ιη*) neben dem sanskr *ia*, als: *siem, sies, siet*, sanskr. *syâm, syâs,
syât*, etc. oder noch in der späteren Sprache *audies, facies,* etc. Aus dem
Griechischen liefse sich hierber das eben angeführte *ιη* ziehen, vielleicht
auch die Contraction des *αε, εα* in *ā*, des *οε, εο* in *ου*, wenn man diese
Längen als durch *αα, οο* hindurchgegangen betrachtet. Aus dem Deutschen wüfsten wir etwa nur den Uebergang des früheren ahd. *ai, au* in
das spätere und nhd *ei, ou* zu nennen (denn goth *ai, au* gelten uns nicht
als Diphthonge) Vielleicht thäte man am besten, die Bezeichnung Umlaut und Brechung nur auf die regressive mittelbare Anähnlichung zu
beschränken, oder überhaupt diese Namen blos in der deutschen Grammatik zu brauchen; die übrigen hierher gehörigen Erscheinungen aber allgemein als Assimilation etc. zu bezeichnen.

§. 45.

α. Der Umlaut.

1. Die gothische Sprache kennt den Umlaut gar
nicht. Es heifst *balgs, balgim, balgins, balgeis,* etc.

2. Im Althochdeutschen finden wir, soweit die ältesten Quellen hinaufreichen, den reinen Laut des kurzen *a*,
sobald ein *i* in der Endung nachfolgt, nicht mehr ausschliefslich, sondern daneben den Umlaut *e*. Dasselbe scheint sich
im 7. oder 6. Jahrhundert ausgebildet zu haben, früher nicht;
Tacitus schreibt noch *Albis, Amisia* (später *Elbe, Ems*). Wurzeln mit einfacher Consonanz lauten am frühesten um; Position schützt den Wurzelvokal oft noch bis über das 9. Jahrhundert hinaus. Auf die Antepenultima wirkt das *i* der ultima erst an der Grenze des Althochdeutschen, z. B. *managi,
sangari, zahari.* Werden dagegen solche Wörter syncopirt,
so erscheint auch gleich der Umlaut, z. B. *starah* (robustus),
Superl. *starahist, sterhist.* Nur im Gen. und Dat. Sing.
der schwachen Deklination erzeugt die Endung *in* niemals
Umlaut; *hanin*, nicht *henin*. — Gegen den Schlufs der althochdeutschen Periode, also mit dem 10. Jahrhundert beginnt
auch *u* in *iu* umzulauten.

3. Erst im Mittelhochdeutschen, also namentlich
seit dem 12. Jahrhundert, zeigt sich der Umlaut vollständig
entfaltet. Der *i* Laut der Endung, welcher denselben bewirkt, ist zwar hier bereits fast durchgängig in ein unbeton-

tes *e* abgeschwächt; nichtsdestoweniger vermag im Allgemeinen nur das ursprünglich *i* gewesene *e* der Endung den Umlaut zu erzeugen, nicht aber ein solches, welches durch Abschwächung aus *a, o, u* entstanden ist. Hieraus läfst sich schliefsen, dafs die Ein- und Durchführung der Umlaute in einer etwas früheren Zeit stattgefunden haben mufs, wo noch der *i*-Laut der Endung lebendige Bedeutung hatte, also etwa im 11. Jahrhundert. Nachdem aber das Gefühl dieses ursprünglichen *i* sich allmälig verloren und der verschiedene Ursprung des tonlosen *e* der Endungen völlig verdunkelt war, da betrachtete die Sprache die einmal eingeführten Umlaute mehr als etwas Ueberliefertes ohne deutliches Bewufstsein des Grundes und der Bedeutung derselben. Wo der Umlaut seitdem noch weitere Ausdehnung erlangte, da geschah es nach äufseren, zuweilen irre leitenden Analogieen. Die Sprache hatte den wahren Grund des Umlauts verlernt, und fing daher an, ihn schwankend zu handhaben und fehlerhaft auszubreiten, welche Verwirrung dann im Neuhochdeutschen in vielen unorganischen Bildungen noch ausgedehnter hervortritt. — Im Ganzen zählt das Mittelhochdeutsche acht verschiedene Umlautsformen, von denen zwei sich schon im Althochdeutschen zeigen.

a in *e*, z. B. *ende*, ahd. *enti*, früher *anti*.

á in *ae*, z. B. *traege*, ahd. *trâgi*.

u in *u*, z. B. *kunne*, ahd. *chunni; dunne*, ahd. *dunni*.

û in *iu*, z. B. *krût, kriuter*, ahd. *chrutir (chriuter)*.

uo in *ue*, z. B. *gruene*, ahd. *gruoni*.

o in *o*, z. B. *mohte*, ahd. *mohti*.

ô in *oe*, z. B. *schoene*, ahd. *scôni*.

ou in *öu*, z. B. *toup, betöuben*.

4. Im Neuhochdeutschen sind diese 8 Umlaute auf 4 zurückgebracht; denn *e* und *eu* können nicht als eigenthümlich neben *ä* und *au* gelten; aufserdem werden bei *ä, ö, ü* die Länge und Kürze in der Schreibung nicht unterschieden. — Der rein phonetische Ursprung des Umlauts ist hier völlig verdunkelt, und statt dessen fing man an, ihm eine begriffliche Bedeutung zu ertheilen, indem er eine Menge Ableitungs- und Biegungsformen zu sondern diente, welche im Althochdeutschen ohnehin durch die verschiedenen Vokale der Endungen hinlänglich unterschieden waren. So

wurde mithin in solchen Fällen der Umlaut grammatisch bedeutsam und durch das Bedürfniſs einer begrifflichen Unterscheidung fixirt, welche seinem Ursprung ganz fremd ist. Folgende Uebersicht enthält die einzelnen Fälle seines Vorkommens.

A. Stammformen.

a) Organisch; d. h. als Folge eines ursprünglich in der Endung vorhanden gewesenen *i*, sollte dasselbe auch längst zu *e* geschwächt oder ganz abgefallen sein; z. B. *Traene*, ahd. *trahin*; *spat*, ahd. *spati*; *schön*, ahd. *sconi*.

b) Unorganisch; d. h. in Folge fehlerhafter Analogie oder Aussprache; z. B. *Bar*, mhd. *ber*, ahd. *bero*; *Lowe*, ahd. *lewo*; *schwören*, ahd. *sueran*; *löschen*, ahd. *lescan*.

B. Ableitungen.

a) Diminutiva: *Knabe, Knäblein*; *Rose, Röschen.*

b) Abstracta auf *e* (ahd. *i*): *rot, Rote*; *blau, Bläue.*

c) Mobilia auf *in*: *Hund, Hundin*; *Wolf, Wölfin.*

d) Adjectiva auf *ig, isch, icht, lich*: *Tat, tätig*; *Spott, spottisch*; *Tor, töricht*; *Kunst, kunstlich*. Daneben jedoch: *Wald, waldig*; *Buler, bulerisch*; *Dorn, dornicht*; *Sprache, sprachlich.*

e) Personennamen auf *er* (mhd. *aere*, ahd. *âri*): *Lauf, Läufer*; *Tanz, Tänzer*; *Spott, Spötter.*

C. Biegungen.

a) Pluralform: *Glas, Gläser*; *Schloss, Schlösser*; *Hand, Hande*; *Kuh, Kuhe*; etc. Ein Theil dieser Formen ist organisch.

b) Steigerugsformen: *alt, alter, altest*; *gros, groser, grösest*; *jung, junger, jüngest*; etc. Daneben: *matt, matter*; *stumm, stummer*; etc.

c) Verbalformen, jedoch nur in der starken Conjugation. *α)* in der 2. und 3. Singul. Präs. *falle, fällst, fallt*; etc. *β)* im Conjunctiv: *as, äse*; *flog, flöge*; etc.

Anm Auf dem Gebiete des Sanskr Griech. Lat. läſst sich von Umlaut in der hier dargestellten Art mit Sicherheit nichts nachweisen Jene Fälle aus dem Latein, welche man sonst hierher zu ziehen geneigt war, wie *imberbis (barba), perennis (annus)*, und ähnliche sind in der That kein Umlaut, sondern beruhen auf Lautschwächung, wie man ja auch *in-eptus (aptus), discerpo (carpo), refello (fallo), iners (ars)*, etc sagt. Auch jene französischen Wortbildungen: *commentarius, commentaire; arbitrarius, arbitraire; repertorium, repertoire; gloria, gloire; mansio, maison; ratio, raison; palatium, palais* gehören nur scheinbar hierher, da sie nicht auf der Assimilationskraft des *i*, sondern auf der Neigung des Idioms beruhen, reine Vokale zu trüben, wie man denn ja auch *amare, aimer; fames, faim; granus, grain; sanus, sain*; etc bildet, wo gar kein *i* vorhanden ist. Nur das Send hat unter den urverwandten Sprachen dem deutschen Umlaut ganz analoge Erscheinungen, ja besitzt den Vorzug, dafs das *u* dem *i* auch hierbei, wie sonst immer, völlig parallel geht. — In weitester Ausdehnung endlich, doch in progressiver Richtung, waltet der Umlaut im finnisch-tartarischen Sprachstamme, z B dem Magyarischen, wo jedes *a, o, u* der Endung, wenn der Stammvokal *i* oder *e* ist, in *ä, ö, u* verwandelt wird.

§. 46.

β. Brechung.

1. **Im Gothischen** findet sich diese Erscheinung **gar nicht.** Was J. Grimm hier Brechung nennt, die Umwandlung des *i, u* in *ai, au*, wird nicht durch vokalischen, sondern consonantischen Einflufs bewirkt.

2. **Althochdeutsch** dagegen ist die hier gemeinte Assimilation in vollster Kraft. Man vergl. goth. *stilan*, ahd. *stelan*; *bairan, beran* (man lasse sich hier von der factischen Uebereinstimmung beider Sprachen nicht täuschen!); *niman, neman*; *rig(a)n, regan*; *brikan, brehhan*; *saihs, sehs* (hier wieder!); *itan, eʒan*; *lisan, lesan*; *giban, geban*; sodann mit *u*: goth. *vulla*, ahd. *wolla*; *faura, for* (hier wieder!); *guma, gomo* (homo); *fug(a)ls, fogal*; *juk, joh*; *dauhtar, dohtar* (hier wieder!); etc. Am auffallendsten tritt das Prinzip der Brechung in der Verbalflexion hervor, weil hier Brechung und Rückbrechung innerhalb eines und desselben Stammes fortwährend wechseln, z. B. *stilu, stilis, stilit*; *stelan, stelat, stelant*; Inf. *stelan*; Part. *stolan* (goth. *stulans*). Nur vor *n* und *m* in geschlossenen Silben bleibt der ursprüngliche Vokal; also: *brinnan, suimman, brunnan, swumman, chind, hund*, etc. — In *ligan* (jacere), *bittan* (rogare), *sizan* (sedere) erklärt sich das Verbleiben des *i* durch ältere Formen: *ligian, bitian, sitian*, wozu das Gothische wenigstens in *bidjan* einen Beleg liefert.

3. **Mhd.** und **Nhd.** macht die Brechung nur geringe
Fortschritte, namentlich durch allmälige Beseitigung jener Beschränkung von Seiten des *m* und *n*. Niemals erlangt die
Brechung, gleich dem Umlaut, grammatische Bedeutung.
Einige *u* halten sich bis zur neuhochdeutschen Periode; z. B.
goth. *sundrô* (seorsim), *sunna* (sol), *brunna* (fons), *kunnan*
(nosse); ahd. *sundar, sunnô, brunnô, kunnan*; mhd. *sunder,
sunne, brunnen, kunnen*; erst nhd. *(be)fonder, fonne, bronnen*
(landschaftl. und poet. neben *brunnen*), *konnen*.

> Anm. Im Latein finden sich mehrere Fälle von Brechung. Zunächst
> regressiv bei *i* durch den Einfluß von *a, o, u*; z. B. *mea, meus*, ne-
> ben *mihi, mius*; *eamus, eo, eunt*, neben *imus, is, it*; *dea, deus*, ne-
> ben *divus*; *ea, eo, eum*, neben *is, id*; *cochlea, nausea*, neben κοχλίας;
> ναυσία; dazu Doppelformen wie *fereae, alleum, doleum, vicea, no-
> xeos*, neben *feriae*, etc. Sodann progressiv, indem *i* und *e* ein folgen-
> des *o* verhindern, sich vor *l* in *u* zu verdunkeln; z B *viola, filiola,
> gladiolus, Tulliola, Coriolanus; aureolus, luteolus, lineola*;
> ja selbst ein *i* der vorangehenden Silbe wirkt zuweilen in dieser Art:
> *vinolentus, sanguinolentus* (neben *vinulus, spicula, stimulus*, etc.).

§. 47.
3. Consonantisch-vokalische Assimilation.

Sämmtliche Hauptvokale, vielleicht mit Ausnahme des
a, können ihre Entstehung dem Einfluß eines, gewöhnlich
homorganen, Consonanten verdanken. Wir heben besonders drei Fälle hervor.

1. Im Lateinischen gehen die Vokale sehr häufig in
u über, unter dem Einfluß einer folgenden Labialis, als welche
jedoch vor Allem das *l* zu betrachten ist, das hier inlautend
eine entschieden labiale Färbung gehabt haben muß. Beisp.
πάσσαλος., *pessulus*; ϝίταλος, *vitulus*; κραιπάλη, *cra-
pula*; σκυτάλη, *scutula*; σπατάλη, *spatula*; σκόπελος,
scopulus; Σίκελος, *Siculus*; νεφέλη, *nebula*; φαινόλη,
paenula; ἕλκος, *ulcus*; ἀμέλγω, *mulgeo*; καταπέλτης, *ca-
tapulta*; die Suffixe *ulo, bulo, culo*, etc. Zuweilen haben
indeß andere Einflüsse die Assimilation gestört. Beispiele anderer Labialen (*m, b, p, f*) bieten: γλαύκωμα, *glaucuma*; ἐσό-
μεθα, *sumus*: βουλόμεθα *volumus, nolumus, malumus*;
in den anderen Verbalformen hat sich dieses *u* zu *i* geschwächt:
dasselbe geschah in den altlat. Formen *lacrumas, decuma*,

infumum, optuma, testumonium (*testi*), *monumentum*
(*mone*); in *documentum* (*doce*), hat sich das *u* auch später erhalten, ebenso bei *alumnus* (*alere*), *Vertumnus* (*vertere*), etc. Hieran
reihen sich Formen wie *bubus, rubeus, ebur, robur,* ne-
ben *bobus, robeus, ebor, robor;* *Hecuba,* alt *Hecoba,* griech.
Ἑκάβη; das plautinische *sacrufico, magnuficus, pontufex,* etc.

2. Ganz ebenso wie die Labialen die Entstehung von
u begünstigen, wirken die Dentalen (*n, d, t, s*) auf die des *ı.*
Man vergleiche Uebergänge wie βαλανεῖον, *balineum;* βυ-
κάνη, *bucina;* μηχανή, *machina;* πατάνη, *patina;* ῥυ-
κάνη, *runcina;* τρυτάνη, *trutina;* βάσκανον, *fascinum;*
κάναστρον, *canistrum;* κωμάζω, *comissor;* Μασανάσσης,
Masinissa; das Suffix τητ (ἀγριότης, βαρύτης, etc.) gegenüber dem lat. *ität* (*bonitas, caritas,* etc.); das mediale Parti-
cipialsuffix *mana,* griech. μενο, lat. *mino;* sanskr. *tana,* lat.
-tino; die Casus obliqui derer auf -*an,* lat. *on* (*cardinis, ordi-
nis,* etc.).

3. Unter den german. Sprachen bietet das Goth. den
beachtungswerthesten Fall dieser Art, indem *i, u,* durch ein
darauf folgendes *h* oder *r* in *ai, au* (d. i. nach unserer Auffassung *e, o*) umgewandelt, oder wie Grimm es auch hier
nennt: gebrochen wird. Im Hochdeutschen ist von diesem
Gesetz keine Spur zu entdecken; *i, u* können hier vor allen
Consonanten stehen. Auch die concreten Fälle des gothischen
auf diese Art entstandenen *ai, au* (von Grimm *ái, aú* bezeichnet) pflanzen sich keineswegs ins Hochdeutsche fort
(brauchte freilich kaum gesagt werden, da überhaupt eine
solche Fortleitung des Gothischen nicht stattfindet), sondern
die, allerdings häufigen, Fälle, wo mhd. *ë, o* dem goth.
ai, aú begegnet, wie *saihvan, sehan; nauh, noh;* etc. beruhen auf einem zufälligen Zusammentreffen gleicher Wirkungen bei verschiedenen Ursachen. Beispiele vom Gegentheil sind *vaihts, wiht; vairþa, wirdu; fauho, fuhs; sauhts,
suht; vaurms, wurm; vaurts, wurz;* etc. Interessant ist
faurhts, ahd. *foraht,* mhd. *vorhte,* nhd. *furcht,* wegen des
in jüngster Periode noch einmal durchbrechenden ursprünglichen Vokals. — Auch das Latein begünstigt übrigens vor
r den Vokal *e,* z. B. *cineris* (*cini*), *pulveris* (*pulvi*), *dederunt*
(*dedi*), die Bildungen mit -*ro* als *tener, lacer, liber, asper,
gener, socer,* etc. etwas was besonderes beim Uebergang

aus dem Griechischen hervortritt: χαμάρα, *camera*; ψά-
λαρα, *phalera*; τέσσαρα, *tessera*; σίσαρον, ·*siserum*;
κάρχαρον, *carcer*; κιϑάρα, *citera*; etc. Vgl. Corssen,
273 ff. Pott, I, 67.

§. 48.

4. Vokalisch-consonantische Assimilation.

(Zetacismus   Assibilation.)

1. Wir rechnen hierher namentlich die Einwirkung, welche eine gutturale oder dentale (selten labiale) Explosiva durch
ein ihr folgendes *i* erleidet. Allerdings kann dieses letztere
auch *j* sein und somit könnte die Erscheinung auch unter den
rein consonantischen betrachtet werden. Sie bietet jedoch so
viel Abweichendes von den übrigen Anähnlichungen, zu denen sie in diesem Falle gehören müfste, dafs es schon darum
wünschenswerth scheint, ihr eine besondere Stelle einzuräumen.

2. Es besteht der hier gemeinte Vorgang aber wesentlich darin, dafs das *i* oder *j*, als palatale Laute, jenen ihm
vorangehenden Gutturalen oder Dentalen sich zu nähern suchen. Und zwar:

a) *in homorganer Weise*, d. h. dieselben werden selber
mehr oder weniger Palatale; sie erleiden, wie die slawische
Grammatik es nennt, eine „Quetschung“. In Wahrheit
ist die ganze Sache nichts Anderes, als dafs einerseits *g*, *k*
in *ǵ*, *ǩ*; andererseits *d*, *t* in *d'*, *t'* übergehen.

b) *in homogener Weise*, d. h. jene Mutae werden zu Fricativen, jedoch mit entschiedener Bevorzugung der Zischlaute,
selbst unter Aufgebung des streng homorganischen Princips,
also zu *ś*, *ź*, *š*, *ž*, *s*, *z*, oder noch häufiger zu den diesen
entsprechenden Diphthongen mit dentaler Basis: *tś*, *dź*, *tš*,
dž, *ts*, *dz*.

3. Schleicher, der diese Erscheinung in ihrem ganzen Umfange zuerst erkannt und in einer trefflichen Mono-
graphie behandelt hat, giebt derselben den Namen *Zetacismus*, eben weil *ts* und dessen verwandte Laute darin eine so
bedeutende Rolle spielen; wir unsererseits würden die Bezeichnung *Assibilation* vorziehen. Die eigentliche Heimath derselben
sind die slawischen Sprachen und unter diesen zumeist das
Polnische; doch findet sie sich mehr oder weniger fast in al-

len übrigen, sogar nicht indoeuropäischen Sprachen. Wir begnügen uns, einige unserem Zwecke besonders nahe liegende Beispiele hervorzuheben.

a) Im klassischen Sanskrit tritt der Zetacismus nur erst in schwachen Spuren auf; für die spätere Zeit aber beruht auf demselben die jetzt übliche Aussprache der Palatalen.

b) Im Griechischen ging das organische *γj, κj, χj, τj, ϑj*, in *σσ* über. Beisp. *τάσσω, λάσσω, βήσσω, λίσσομαι, κορύσσω*; aus *τάγjω, λάκjω*, etc. Ferner wurden *γj* und *δj* zu *ζ*. Beisp. *ἔζομαι, κράζω*. Im Neugriechischen wird, wenigstens vom niederen Volke, *κ* vor *ι, η, υ, ει, οι* (sämmtlich = i) oft, seltner vor *ε* und *αι* wie *ts* (ital. *ci*) gesprochen; *ἐκεῖνος* also wie *etschinos*. Vergl. Pott, E. F. II, 11.

c) Dem klassischen Latein war diese Entartung völlig fremd, sein *c, t* ist in allen Fällen reines *k, t*. Dafür hat es aber später sowohl an sich selbst, als auf dem Gebiete seiner Töchtersprachen davon so viel zu leiden gehabt, daß es darin eben nur noch den slawischen Sprachen nachsteht. Es gehört hierher zunächst jene seit dem 7. Jahrhundert eingerissene und noch heut in allen Schulen sorgsam gepflegte Unsitte, *c* vor *i* und *e* überhaupt, *t* wenigstens vor *i cum vocali* als *s* (*ts*) zu sprechen; ein Verfahren, dessen Grundlosigkeit gegenwärtig von allen Berechtigten zugestanden wird[*)] und welches in Rücksicht auf Etymologie und Sprachvergleichung keineswegs so harmlos erscheint, als man es noch immer anzusehen geneigt ist. — Das organische lat. *k* (*c*) vor Vokalen wird im Italienischen zu *ca, co, cu, ce, ci* (phonetisch: *ka, ko, ku, tse, tsi*); im Französischen zu *cha, ce, ci, co, cu* (phonetisch: *ša, se, si, ko, ku*, wobei namentlich der Zischlaut auch vor *a* überrascht). Beisp. *camera, chambre; capilli, cheveux; canis, chien; vicinus*, ital. *vicino*, franz. *voisin*; etc. Das lat. *t* wird vor tonlosem *i* und *e* mit diesen Lauten ital. zu *z*, franz. zu *s* verschmolzen; z. B. *Martius, Marzo, Mars; palatium, palazzo, palais*. Lateinisches *d* geht ebenfalls mit folgendem *e, i cum vocali* ital. in (weiches) *z*,

---

[*)] Vgl. Corssen, I, 20 ff., der übrigens hinzufügt, daß vor *i cum vocali* die Assibilation schon früher begonnen, wie das bereits im zweiten Jahrhundert n. C. hervortretende Schwanken zwischen der Schreibweise *cia, tia; ciu, tiu*, etc. beweist.

d. i. *df* über; z. B. *hordeum*, *orzo*; *medius*, *mezzo*; *radius*, *razzo*. Hier sogar zuweilen Labialzetacismus, z. B. *rubeus*, *ruggio*, *rouge*.

d) Auf dem Gebiete germanischer Sprachen zeigt sich der Zetacismus innerhalb des Gothischen noch gar nicht; es heißt *bugjan*, *rakjan*, *midja*, *ratjan*, *rapjô*, ohne irgend welche Aenderung des Explosivlautes. Im Hochdeutschen hat er nur beschränkten Umfang; es gehört ihm (was Schleicher übersehen hat) der schon ahd. und zwar zunächst vor *i* und *e* beginnende Uebergang der Lautverbindung *sk* in den einfachen Laut *s'* (geschrieben *sch*). Nicht als Zetacismus anzusehen ist dagegen der Uebergang des organischen *t* in hochd. *z*; derselbe geschieht ohne allen Einfluß heller Vokale. Die zahlreichen Fälle des Zetacismus im Friesischen, Englischen und den nordischen Sprachen, besonders im Schwedischen, siehe bei Schleicher, S. 77 ff.

§. 49.

5. Consonantische Assimilation. ·

a) Angleichung.

1. Im *Sanskrit* zeigt sich dieselbe meistens zwischen verschiedenen Wörtern. Die Hauptfälle sind (mit Uebergehung gewisser Einzelheiten) folgende:

a) Auslautende Dentalis vor *l*, Palatalis oder Cerebralis; mit Ausnahme des Nasals aller drei hier genannten Klassen, und bei den Cerebralen auch des *s'*. Beisp. *tat lika* (hoc scribe), *tat karma* (haec parma), *tat givanam* (haec vita), etc. werden zu *tal lika*, *tak karma*, *tag givanam*. B. §. 61.

b) Auslautendes *n* vor *l*. Beisp. *pakśân lunâti* (alas concidit) wird zu *pakśâl lunâti*. B. §. 66.

c) Auslautendes *m* vor *y*, *l*, *v*. Beisp. *kam* (quem) kann bilden *kay yuvânam*, *kal lâbam*, *kav vindum*. B. §. 70. Ja diese Assimilation kann sogar dann noch stattfinden, wenn diese Buchstaben, zu denen hier noch *n* und *m* treten, durch ein (anlautendes) *h* von jenem auslautenden *m* getrennt sind, also *kam hnuté* kann werden zu *kan hnuté*. B. § 71.

Dadurch indeß, daß die Zusammensetzungen und manche Ableitungen (z. B. die durch Taddhitasuffixe) sich in eupho-

nischer Hinsicht ganz den Gesetzen der End- und Anfangs-
buchstaben fügen, gewinnt die Angleichung natürlich auch
innerhalb eines und desselben Wortes vielfache Geltung.

2. Aus dem *Griechischen* gehört hierher vornehmlich:

a) *n* vor Liquida; z. B. ἐλλείπω, συλλέγω; ἐμμένω,
σύμμετρος; συρρέω. Nur ἐν vor ϱ bleibt lieber unverändert,
also eher ἔνϱυϑμνς als ἔῤῥυϑμος, obschon auch dies letztere
sich findet.

b) *n* vor *s*. Wohl nur in σύν und πάλιν; z. B. σύσ-
σιτος, παλίσσυτος. Folgt dem *s* noch ein Consonant, dann
fällt das *n* (oder das assimilirte *s*) ganz weg; σύστημα, πα-
λίστρεπτος, aus σύσ-στημα, etc.

c) Labialis vor *m*; z. B. κομμός, κόπτω, τέτριμμαι
von τρίβω, γράμμα von γράφω.

d) *s* vor *m*. Nur in einigen Fällen aus etymologischer
Sphäre, z. B. ἄμμες, ὔμμες, ἐμμί, aus sanskr. *asma, yusma,
asmi*. Häufig ist dann das eine *m* weggefallen und durch die
Quantität des Vokals compensirt worden, z. B. εἰμί.

3. Im *Latein* zeigenangleichende Kraft:

a) Die Liquidae. Beisp. *allicio, illicio, collabor; ar-
ripio, irruo, corruo, surripio, parricida (pater); annuo, con-
necto; ammoneo* (selten), *immitto, summus* aus *sup(i)mus, sum-
motus (sub)*. Ganz besonders das *l* der Deminutivform: *puer,
puella; liber, libellus; culter, cultellus; corona, co-
rolla; columna, columella* (mit epenthetischem *e*); *sedes,
sella; lapid-, lapillus; vicus, villa*. — Im Französischen
übt das *r* starke Assimilation auf vorangehenden Dental.
Beisp. *nutrire, nourrir; vitrum, verre; butyrum, beurre;
petra, pierre; quadratus, quarré; Lotharingia, Lorraine;
putrere, pourrir; pater, parrain; mater, marrain; tonitru, tonnerre;* holl. *Atrecht, Arras; claudere, clorre; videre habeo, verrai; Frederic, Ferry; Theoderic, Thierry;
Mederic, Merry;* etc.

b) Das *s*. Am kräftigsten wirkt es auf homorgane
Laute (*d, t, r*): *cedo, cessi; quatio, quassi; potsum, possum; gero, gessi; uro, ussi*. Nur vereinzelt auf heterorgane: *jubeo, jussi; premo, pressi*.

c) Das *f* und Mutae. Nur auf die Präfixe *ad, sub,
ob*. Beisp. *affinis, sufficio, offero; aggredi, suggredi, oggero*
(selten); *accipio, succingo, occiput; attendo; appeto, suppono,*

oppono. Kein Beispiel also von Wirkung des *b* auf *ad*, des *d*, *t* auf *sub*, *ob*. — Im Italienischen giebt es viele Angleichungen dieser Art, besonders unter dem Einfluſs des *t*: *factus, fatto; dictus, detto*,

4. Aus dem *Deutschen* sind nur vereinzelte Erscheinungen hier anzuführen.

a) Im Gothischen assimilirt sich bei Zusammensetzungen das *h* der Partikeln *nih, jah, uh* dem Anlaut des folgenden Wortes; z. B. *nip-pan, jas-sa, jan-ni, vasup-pan*; eben so das *s* der Präposition *us* einem folgenden *r*, z. B. *urreisan, urrinnan*.

b) Althochdeutch scheinen besonders einige *rr* aus *rn*, *rs* hervorgegangen, z. B. *sterro, ferra* aus *sterno, ferna*; *irri, thurri, wirran, merran, farr* (taurus), etc. deuten auf ältere Formen *irsi, wirsan, marsjan, fars*, wie theils einzeln stehen gebliebene *rs* darthun, namentlich *wirs* (pejus), *thurst* (sitis), *fersa* (vacca), theils die goth. *paursis, airzja, marzjan*. Aus *stimna* (goth. *stibna*), *namnjan* wird *stimma*, *nennan*; aus *madmunti* (lenitas) *mammunti*, aus *guotlihhin* (gloria) *guollihhi*; *wallôn* deutet auf ein älteres *wadalôn*, von *vedal* (vagus). Gr. 1, 123. Weniger scheint der häufige Uebergang des *lj, rj, nj, mj* hierher zu gehören; vielmehr ist anzunehmen, daſs das *j* oder *i* wirklich ausfällt, und dann (in der Regel) durch Schärfung der Silbe ersetzt wird.

c) Mittelhochdeutsch sehr vereinzelt; *kullinc* für *kunelinc* (propinquus), *zwillinc* für *zwinelinc* (gemellus); das später zur Herrschaft gelangte *hatte* aus *habete, habte*.

d) Neuhochdeutsch führt Heyse *Hoffârt* an, es von *hoch* ableitend? aber sollte nicht eher *Hof* zu Grunde liegen; entweder geradezu *Hof-fârt*, oder (wahrscheinlicher) *Hof-art*. Der Umlaut in *hoffärtig* beweist gegen diese zweite Auffassung nichts.

§. 50.

6. Consonantische Assimilation. Fortsetzung.

b) Homorgane Anähnlichung.

1. Hier begegnet uns nur Ein, dafür aber vielleicht allen Sprachen gemeinsames, wenn auch nicht überall gleich stark waltendes Gesetz: Der Nasal muſs der ihm folgenden Muta homorgan sein, also vor Gutturalen

unser *ν* (Bopps *ñ*), vor Labialen ein *m*, im Sanskrit noch
vor Palatalen ein *ń*, vor Cerebralen ein *ṅ* (Bopps *ṇ*); nur
vor Dentalen also ein gewöhnliches *n*, obschon die meisten
Sprachen dies letztere Zeichen in weiterer Ausdehnung anwenden.

2. Beispiele aus dem Griechischen bieten besonders
die Präpositionen *ἐν* und *σύν*; als *συγγενής, συγκαλεῖν, συγ-
χέω; συμβάλλω, συμπίπτω, συμφέρω. ἐγγράφω, ἐγκρατής, ἐγ-
χειρέω; ἐμβάλλω, ἐμπίπτω, ἐμφαίνω*. Aber auch andere Fälle:
παλιγγενής, παλίγκοτος, παλίμβολος, etc.

3. Im *Latein* liegt das Gesetz weniger klar zu Tage,
ist aber ebenfalls vorhanden. Zunächst nämlich wird der
Gutturalnasal durch dentales *n* mit ausgedrückt, lautlich war
er aber gewiß von diesem verschieden, wie schon Varro's
(bei Priscian aufbehaltener) Versuch beweist, mit Nachahmung der Griechen *aggulus, agceps* zu schreiben. Vielleicht sprach man auch in *quamquam, numquid* das *m* guttural aus, obschon wir unserseits dies bezweifeln, da man sonst
annehmen müßte, es sei in *pessumdare* u. ähnl. dental gewesen, was doch kaum zu glauben. Beispiele eines wirklichen Uebergangs des *m* in (gutturales oder dentales) *n* sind
zahlreich vorhanden: *clam, clandestinus; tam, tandem;
eorum, eorundem; primus, princeps; num, nunc; tum,
tunc*. Das *f* wird dabei stets als Dentalis behandelt (vergl.
§. 16), also *infans, confinium, confero*. — Aus den romanischen Sprachen vergl. man Fälle wie ital. *pronto* (lat. *promptus*, mit ausfallendem *t*), franz. *printemps* (lat. *primum
tempus*), *sente (semita), conte (comit-), ronger (rumigare),
rauche (ramex)*, etc.

4. Im Deutschen hat das erwähnte Gesetz am wenigsten Spielraum. Zunächst läßt Ulfilas bei Zusammensetzungen *n* vor Gutturalen nicht in *ν* (bei ihm *g*) übergehen, sondern schreibt *ingaggan, unkunps*; ob nicht indeß dennoch *ig-
gaggan, ugkunps* gesprochen worden, sei dahingestellt; es
wäre möglich, daß ihm die Etymologie hier (wie auch an
manchen andern Stellen) mehr galt als der Laut. Freilich
finden wir aber auch *inbrannjan, unbeistei, unbarnahs, unbau-
rans*, und gewiß stünde auch *inpraggan* u. ähnl., wenn die
Fälle mit *p* sich belegen ließen. Die späteren Sprachen verhalten sich im Wesentlichen ebenso. Zu erwähnen ist etwa

das ahd. Präfix *ant, int,* mhd. *ent,* wenn es vor *f* steht, z. B.
intfahan, intfindan, später *empfangen, empfinden.* Bopp (Pott,
Heyse) sieht hierin zunächst eine homorganische Anähnlichung
des *t* zu *f,* also *inpf-,* dann eine ebensolche des *n* zu *p.* Mit
Recht jedoch erinnert Graff III, 373, dafs auch vielfach
intphahan, intphindan, etc. vorkommt; es ist also ein wirklicher Ausfall des *t* anzunehmen, offenbar wegen der phonetischen Schwierigkeit des *ntf,* so dafs eben nur der Uebergang
des dentalen in den labialen Nasal vorliegt, welcher in den
mhd. Nebenformen *enpfahen, enpfinden* noch nicht eingetreten ist. Im Nhd. beachte man Formen wie *amboss,* mhd.
aneboʒ; imbiss (von *ein*); *Bamberg* (aus *Babenberg*); *Homburg*
(aus *Hohenburg?*); *Hamburg* (von *Hafen?*); *Lombardei* (von
Longobarden). Viele sprechen bei schneller Rede *immitten*
(kann auch zum vorigen § gezogen werden), *avkommen, av-
geben, Vernumft, Ankumft;* Manche sogar *Imbegriff, umbe-
scheiden,* u. ähnl. Dergleichen würde noch häufiger sein und
namentlich auch orthographische Geltung gewinnen, wenn
nicht in Deutschland die herkömmliche Schreibung eine so
überaus grofse Macht auf die Rede ausübte, dafs weit eher
diese letztere sich Zwang auferlegt, als dafs umgekehrt jene
dem frisch quellenden Leben der Volkssprache sich anbe-
quemte.

§. 51.

7. Consonantische Assimilation. Fortsetzung.
c) Homogene Anähnlichung.

1. Im Sanskrit aufserordentlich häufig, indem z. B.
(um nur die weitreichendsten Fälle zu erwähnen) die nach
allgemeiner Regel auslautende Fortis zur Lenis wird, sobald
das folgende Wort mit einer Sonans anlautet, also *harit* (vi-
ridis) bildet *harid asti, harid ǒavati* (v. est); aufserdem kann
aber auch jede auslautende Muta vor Nasalen in den Nasal
ihres Organs übergehen, *vâk mama* (sermo meus) bildet ebensowohl *vâg mama* als *vâṅ mama.* Vor grammatischen Suffixen und Endungen gilt als allgemeine Regel, dafs sobald
diese dumpf anlauten, der Wortstamm auf Fortis, sobald sie
tönend anlauten, der Stamm auf Lenis auslauten mufs, also
von *mahat* (magnus) der Dat. Plur. *mahadǒyas.*

7

2. Im Griechischen zeigt sich diese Anähnlichung in folgenden Fällen:

a) Vor *Dentalen*; so dafs also nur κτ, πτ; γδ, βδ; χϑ, φϑ gestattet sind. Beisp. λέγω, λεκτός, λεχϑῆναι; πλέκω, πλέγδην, πλεχϑῆναι; βρύχω, βρύγδην, βρυκτός; τρίβω, τριπτός, τριφϑείς; κλέπτω, κλέβδην, κλέφϑεις; γράφω, γράβδην, γραπτός, γραφϑείς. Nur die Präposition ἐκ macht eine Ausnahme indem sie in allen Zusammensetzungen unverändert bleibt: ἐκδρόμη, ἔκϑεσις, ἔκβασις, ἔκφασις. Die Fricativa *s* tritt dabei hinter Gutt. und Lab. als Fortis auf, wie wenigstens die unter allen Umständen gebildeten harten Mischlaute ξ und ψ andeuten. Beisp. λέξω, βρύξω, τρίψω, γράψω.

b) Vor *m* wird Gutturalis zu γ, Dentalis zu σ, Labialis zu μ. ₐ Beisp. διώκω, διωγμός; βρέχω, βέβρεγμαι; οἶδα, ἴσμεν; ἀνύτω, ἤνυσμαι; πείϑω, πεπείσμενος; τρίβω, τέτριμμαι; κόπτω, κομμός; γράφω, γράμμα. Für die Gutturalis gilt also ganz der Standpunkt des Sanskrit: Lenis vor Sonans; die Dentalis liefse hienach δμ erwarten, aber sie schlägt in die Fricativa über, und hier entsteht die Frage, ob dieses σ wohl ebenfalls Fortis gewesen, oder dem erweichenden Einflufs der Liquida zufolge nicht vielleicht zur Lenis geworden. Auch die Labialis verschmäht das sanskritische *b*, der Uebergang in die Fricativa war nicht möglich, da dem Griechischen sowohl die Fortis (*f*) als die Lenis (*v*) fehlte; so tritt denn Angleichung ein. In der Wortbildung bleiben übrigens die Gutturalen und Dentalen vor μ zuweilen. auch unverändert; z. B. ἀκμή, δραχμή, ῥυϑμός, etc.

c) *Muta* vor *Spiritus asper* geht in die entsprechende Aspirata über. Beisp. δεχήμερος, αὐϑήμερος, νυχϑήμερον, ἐφήμερον, ἐφίστημι, ἀφίστημι, etc. So auch zwischen verschiedenen Wörtern, wo namentlich die Präpositionen ἀπό, ἐπί, ἀντί zu ἀφ, ἐφ, ἀνϑ werden, οὐκ wandelt sich in οὐχ, aus νύκτα ὅλην wird νύχϑ᾽ ὅλην, im letzteren Falle unter Mitwirkung der Regel a). Noch kühner ist die Assimilation, wenn dabei sogar ein Vokal übersprungen wird, z. B. ϑοιμάτιον für τὸ ἱμάτιον, φρουρός für προορός, φροῦδος für πρὸ ὁδοῦ.

d) In lebendiger Rede erstreckte sich die Assimilation zwischen verschiedenen Wörtern viel weiter als die gewöhn-

liche Schrift andeutet. Auf Inschriften, welche die übliche
Orthographie zu Gunsten des phonetischen Prinzips vernach-
läßigen, findet man *τὸμ βωμόν, ἐμ πυρί, σὺγ καρπῷ, τὸλ λό-
γον* (Buttmann S. 91). Im Neugriechischen spricht man *τὸν
πατέρα = tom patéra.*

3. Im Lateinischen hat die homogene Anähnlichung
keine rechte Energie mehr, obschon man ihren Einfluß
noch deutlich fühlt. Zwar heißt es *scribo, scriptum*; *nubo,
nuptum*; *rego, rectum*; auch vor *s*: *rego, rexi (recsi)*;
scribo, scripsi; daneben findet sich aber *obtineo, subtilis*, u. ähnl.; gesprochen wurde indeß sicherlich auch
hier *opt, supt*, wie die wechselnde Schreibung *plebs, urbs,
caelebs, trabs* (etym.) neben *pleps, urps, caeleps, traps* (phon.)
bei Ter. Scaur. und Cassiod. beweist. Vgl. Corssen S. 61.
Die Liquidae erweichen auch hier: *populus, publicus* (alt
poplicus, puplicus); *quatuor, quadraginta, quadrupes*;
decus, dignus; *seco, segmentum*; *salix, salignus.* — Die
Dentalen sollten mit dem *s* des Perf. und dem *t* des Supi-
nums nach obigen Angaben *ts, tt* bilden; aber sie fallen entweder ganz aus, oder bilden (im Supinum mit congressiver
Assimilation) *ss*.

4. Auf dem Gebiet der deutschen Sprache findet sich
die regressive Assimilation dieser Art hauptsächlich in folgenden Fällen.

a) Im Gothischen wandelt sich vor dem *t* der 2. Pers.
Prät. *p* und *b* in *f*; *k* und *g* in *h*; *t, d, þ* in *s*. Beispiele:
hilpa, halft; *graba, gröft*; *brika, braht*; *biuga, bauht*; *beita,
baist*; *beida, baist*; *qiþa, qast*. Ganz dasselbe geschieht vor
dem Nominalsuffix *t*, als *giba, gifts*; *skapja, gaskafts*; *mag,
mahts*; etc. Vor dem *s* des Nominativ Singularis wandelt
sich *b, d* nur zuweilen in *f, þ*; z. B. Thema *LAUBA,
HLAIBA*; Nominativ *laufs, hlaifs*; Genitiv *laubis, hlaibis;*
aber daneben auch *hlaibs* und *þiubs*. Ebenso Thema *FADA,
SEDI*; Nom. *faþs, sēþs*; Gen. *fadis, sēdais*; aber daneben
auch *sads, gōds*; das *g* unterliegt hier gar keinem Wechsel:
dags, dagis; *mēgs, mēgis.* — Alle diese Erscheinungen sind
eigenthümlicher Art, nämlich ebensowohl assimilirend als dis-
similirend. Der erste Laut assimilirt sich dem zweiten, indem er zur Fortis wird; er dissimilirt sich ihm, indem er in

7 *

die Fricativa überschlägt. Also assimilirend-dissimilirende Lautabstufung. Einzelne, gleichsam erstarrte Erscheinungen derselben ziehen sich durch das gesammte Hochdeutsch; z. B. nhd. *schreibe, schrift; grabe, gruft; mögen, macht; tragen, tracht; schlagen, schlacht.*

b) Aber auch eine strengere hierher gehörige Assimilation, nach griechischer Art, findet sich im Hochdeutschen; obschon, graphisch betrachtet, nur ganz vereinzelt. So ahd. bei Otfried: *werban, warpta; zerbjan* (volutare), *zarpta; uobjan, uopta; giloubjan, giloupta;* aber doch *hengen, hangta; sprengen, sprangta;* nicht *hancta, sprancta.* Viel häufiger im Mhd. *leben, lepte; haben, hapte; wipt* st. *wibet; ampt* st. *ambet; houpt* st. *houbet; aptie* st. *abetie; erstapten, lapten* st. *erstabeten* (obriguerunt), *labeten; verdarpte, erstarpte* st. *verderbete, ersterbete;* hier nun auch *hancte, sprancte, genuocte, gefuocte,* etc. für *hengete, sprengete, genuogete, gefuogete.* Dies Alles aber nur in einzelnen Denkmälern und daneben auch die Verbindung *bt, gt* ganz üblich, ja in gewissen Formen, wie *magt, gesagt, klagt, vogt,* etc. allein gebräuchlich. Nhd. verschwindet dergleichen ganz, außer in *haupt,* dessen Etymologie (von *heben*) man vergessen hatte.

c) Dies vom graphischen Standpunkt. Phonetisch betrachtet hat freilich diese Assimilation auch im Hochdeutschen einen bedeutend größeren Spielraum. Neuhochdeutsch wird in der That jede Lenis vor Fortis selbst zur Fortis, also *sägen, säkt; leben, lept; reisen, reist;* und ganz sicher darf man annehmen, daß im Mhd. und Ahd. ebenso gesprochen wurde; sonst würden nicht einzelne Denkmäler in der oben angegebenen Art den Kreis der etymologischen Schreibung haben überspringen können.

5. Außerdem bietet aber das Deutsche auch ein bemerkenswerthes Beispiel progressiver Assimilation; es ist die im Ahd. bei Notker sich zeigende Lautabstufung. Dieselbe besteht darin, „*daß anlautende Media (Expl. lenis) am Anfang eines Satzes und hinter nicht liquiden Consonanten in ihre entsprechende Tenuis (Expl. fort.) übergehen, während sie hinter Vokalen und Liquiden unverändert bleiben*" (Bopp). Es heißt also:

a) eine geba, diu geba, dû gibest, demo golde, dero ge-

walto, snellen ganges, din guot, er gehaltet; hingegen *ih ke-sihu, sih kebe, noh cnuhtig, ouh cnôto, des coldes, alles kd-hes, gab cold, úf kuldinemo, úf kange, manig cot, ward kebo-ten, waz kewalto, daz cold, úz kieng, iz kerno.*

b) demo *dritten, demo diete, dero dingo, diu dierna, filo durft, dú daz, in dih, er diccho*; dagegen *dih tritten, ih tih, eines tritten, wib tiu, sdlig tiet, mag ter, mag taz, ward tanne, ist turft, daz ting, waz tes.*

c) eina *bindun, diu bloma, dú bist, dero boumo, demo buoche, jungen boumes, mín bruoder, er begrîfet*; aber *ih pin, dingolih pinde, sih pergent, des poumes, sines pruoder, gab pilde, liuf paldo, úf poume, sdlig pin, sundig pluot, chad prin-gen, nicht pildes, sint pilde, daz puoh, úz prahta.*

Dabei ist jedoch zu beachten, daſs die Beispiele unter *b)* lauter solche sind, deren Dental einem goth. *þ* entspricht. Die Analogie mit den Gutturalen und Labialen forderten aber, daſs auch *t* (welches dem goth. *d* entspricht) der Abstufung unterliege; also *des tages, demo dage; ich tuon, dú dáte; des teiles, den deil*; etc.; aber diese letztere Formen finden sich nicht. Vergl. Grimm, Gesch. d. D. Spr. 365 ff.; Bopp, V. G. I, 163.

Einzelne Spuren dieser „Notkerschen Lautabstufung" finden sich auch im Mhd. bei Wolfram. Auſserdem wirken hier häufig die Liquidae, besonders *l* und *n*, progressiv erweichend auf *t*, z. B. *walden, rúmde, winder, hordes* (Grimm, I, 393 ff. 408.)

§. 52.
8. Dissimilation.

Man versteht unter Dissimilation die Vermeidung eines übelklingenden Gleichlauts durch Verwandlung homogener Laute in heterogene, homorganer in heterorgane. Theoretisch könnten alle für die Assimilation gültigen Momente auch bei der Dissimilation eintreten; thatsächlich ist jedoch ihr Gebiet viel zu beschränkt, als daſs dieselben sämmtlich nachzuweisen wären. Es genügt, die Hauptfälle dieser Art unter zwei Verhältnisse einzureihen: *a)* Dissimilation zusammenstoſsender Laute; *b)* Dissimilation gleicher Anlaute.

§. 53.

1. Sind die betreffenden Laute Consonanten, so
tritt nur selten Dissimilation ein. Das hervortretendste Beispiel dieser Art findet sich im Griechischen, wo δ, τ, ϑ vor
eben diesen Lauten, um hörbar zu werden, in σ übergehen;
als ἀνύτω, ἀνυστός; ᾄδω, ἀστέον; πείϑω, πεισϑῆναι.
Einen etwas analogen Fall aus dem Gothischen glaubten wir
aus anderen Gründen doch eher der Assimilation einreihen
zu müssen. Vergl. §. 51, 4, a.

2. Sind jene Laute dagegen Vokale, so entsteht der unter dem Namen Hiatus bekannte Mifsklang, in dessen Vermeidung namentlich das Sanskrit ungemein präcis zu Werke
geht. Jedes i, í, u, û verwandelt sich vor ungleichen Vokalen entweder in den ihm entsprechenden Consonanten (j, v),
oder schiebt diesen letzteren als Annectiv ein, wo dann freilich der Vorgang nicht mehr Lautabstufung, sondern Figuration ist. Die Diphthonge é, ái, ó, áu wandeln vor Vokalen ihr schliefsendes Element in seinen entsprechenden Consonanten, wodurch ihr anfangender a-Laut frei wird; z. B.
né + ana = nayana (oculus), nái + aka = ndyaka (dux),
bó + ati = bavati (est), ndu + i = ndvi (navi). Das
Nähere gehört nicht hierher.

3. Das Gothische bietet zwar keine solche Auflösung
seines é und ó; sonst aber sind bei ihm die dissimilirenden
Uebergänge zwischen i, u und j, v denen des Sanskrit völlig
analog. Beisp. Grundf. ÞIUJA, MAUJA, HAUJA, HARJA;
Nom. þivi (ancilla), mavi (puella), havi (foenum), hari (exercitus); þiujôs, maujôs, haujis, harjis; ferner lagjiþ aus lagiiþ;
tavida von taujan; fidvor aus fiduor (quatuor) u. ähnl. Der
Uebergang des i findet jedoch nicht statt, wenn das letztere
zum Stamm des Wortes gehört, sondern es wird alsdann
ganz wie im Sanskrit ein annectives j eingeschoben; z. B.
sijai, sijum, saijiþ, fijands, frijapva, etc. statt siai, sium,
saiiþ, fiands, friapva, etc.

4. Das Latein hat eine entschiedene Abneigung vor
den Verbindungen vv und ii, auch wenn ein Factor derselben
consonantisch werden könnte. Nur uv läfst es sich gefallen

(*fluvius*, *uvidus*, *Vesuvius*, etc.), nicht aber *vu*. Daher kam
es, daſs sich nach *v* das alte *o* der *A(O)*-Stämme bis in das
Augusteische Zeitalter hielt in Formen wie *servos*, *mortuos*,
novom statt *servus*, etc.; ferner, daſs in eben diesem Falle *l*
das vorangehende *o* nicht, wie sonst immer, zu *u* sich assimilirte (*contuolus*, *Scaevola*), und daſs in geschlossenen Silben *o* bis zu Quintilians Zeit sich erhielt in Formen wie *volt*,
voltus, *volpes*, *volnus*, *vivont*, *ruont*, *loquontur*. Um dem
Gleichklang *qvu* zu entgehen, schrieb man in älterer Zeit entweder *quom* oder *cum*, *loquontur* oder *locuntur*, und die Composita von *quatio* lauten auch in der klassischen Zeit *concutio*,
percutio, etc. Noch unangenehmer scheint die Verbindung *ii*
(*ji*, *ij*) gewesen zu sein. Die Sprache verwandelte dieselbe
in *ie* (*societas*, *varietas* neben *dignitas*, *veritas*) oder in
i (*di*, *compendi*, *praemi*, neben *dii*, *compendii*, etc.), oder sie
stieſs den einen von beiden Lauten ganz aus (*adicio*, *conicio*,
zuweilen für *adjicio*, *conjicio*). Aus diesem Grunde hielt sich
auch die alte Form des Genitivs auf *us* (*Venerus*, *Castorus*)
in den Formen *cujus*, *ejus*, *unius*, *ipsius*, *istius*, etc. Vergl.
Corssen, 318 ff.

§. 54.

b) Dissimilation gleicher Silbenanlaute.

Es kommt hiebei viel einerseits auf die Empfindlichkeit
des betreffenden Idioms, andererseits auf die Art des Anlauts an.

1. Am unangenehmsten scheinen wiederkehrende Lautverbindungen. So wird im Sanskrit bei der Reduplication von Stämmen mit doppelter Consonanz für gewöhnlich
nur der eine Consonant wiederholt; z. B. sanskr. Wurzeln
kram (ire), *skand* (scandere), reduplic. *kakram*, *kaskand* (B.
§. 330); und daſs die Palatalen redupliciren können, z. B.
Wurzel *giv*, *gigiv*, ist ein starker Beweis gegen ihre jetzt
übliche Aussprache. — Aehnlich im Gothischen: *hlaupa*,
haihlaup; doch ist hier *s cum expl. fort.* geduldet: *skaida*,
skaiskaid; *stauta*, *staistaut*; (*sp* ist nicht nachweisbar).
Das Griechische ist hier sehr empfindlich; es reduplicirt
in solchen Fällen überhaupt nur dann, wenn der Anlaut *basis cum liquida* ist, also πλήσσω, πέπληγα; γράφω, γέ-

γραφα; πνέω, πέπνυμαι; (τμάω), τέτμηκα; aber selbst
hier γνώσκω, ἔγνωκα (neben γί-γνομαι); βλαστέω, ἐβλά-
στηκα; umsomehr bei *basis cum muta*: κτείνω, ἔκτονα;
ζητέω, ἐζήτηκα (Ausnahmen: κέκτημαι, μέμνημαι); Wörter,
wie lat *scisco, proprius* finden sich hier gar nicht. Uebrigens reduplicirt auch das lateinische Verbum nicht Doppelconsonanz; vergl. *sto, steti; sisto, stiti.*

2. Den eigentlichen Lautverbindungen zunächst stehen,
wie sonst so auch hier, die Aspiraten. Im Sanskrit werden dieselben bei der Reduplication vorn durch die entsprechende Muta ersetzt: *dá* (ponere), *dadá*; ganz ebenso im
Griechischen: χέω, κέχυκα; θύω, τέθυκα; φαίνω, πέ-
φηνα; auch wo es sich nicht um Reduplication handelt:
τρέφω, ἔθρεψα; θάπτω, ἐτάφην; θρίξ, τριχός; ταχύς,
θάσσων. — Bei den Gothen dagegen *plaiha, paiplaih.*

3. Unter den einfachen Lauten zeigen den Dissimilationstrieb dieser Art am entschiedensten die Halbvokale
(*l, r*). Das Griechische vermeidet bekanntlich die Reduplication des ρ prinzipiell, in den Mundarten ist auch die
des λ zuweilen umgangen. Sehr häufig hat der Wechsel beider Laute keinen andern Grund als den Dissimilationstrieb.
So im Latein bei dem Suffix *ális, áris*; das erstere darf
nicht stehen, wenn der Wortstamm bereits ein *l* enthält, also:
*stellaris, solaris, lunaris, palmaris, collaris, talaris, ocula-
ris, alaris, capillaris,* etc.; dagegen *hiemalis, annalis, bru-
malis, regalis, normalis, brachialis, digitalis,* etc. Folgt auf
das *l* ein *r*, dann steht natürlich wieder *alis: liberalis, late-
ralis, littoralis,* etc.; ebenso wenn das *l* durch einen vorangehenden Consonanten verhüllt ist: *fluvialis, pluvialis, glacia-
lis* (Ausnahmen: *plantaris, clusaris*). Vergl. auch *caeruleus*
von *caelum, Parilia* von *Pales,* und die Doppelform *rosalia,
rosaria.* Ganz ähnlich im Griechischen: ληθαργία, κεφαλαρ-
γία, neben ὠταλγία, στομαλγία, und die Doppelform γλωσ-
σαλγία, γλωσσαργία, wegen des hier verdeckten *l.* Auch jenes früher bei anderer Gelegenheit erwähnte λείριον (lilium)
gehört wohl nur hierher. — In anderen dergleichen Bildungen hat sich freilich der Dissimilationstrieb nicht geltend
gemacht; z. B. *luculentus, loquéla, scalpellum, filiola,* u. ähnl.

Nach kurzen Vokalen ist freilich der Mifsklang weniger fühlbar. Vergl. Pott, E. F. II, 96 ff. Corssen, 80.

4. Hieran dürften sich, nach der Stärke des Dissimilationstriebes, die **Fricativlaute** reihen. Fälle wie χαχα,
jaja; sasa, fafa; fafa, vava, sind im ganzen Sprachstamm
ziemlich beschränkt (am häufigsten noch im Slawischen).
Wirkliche Dissimilation läfst sich freilich in den uns hier zunächst beschäftigenden Sprachen schwer nachweisen, weil ein
grofser Theil dieser Laute denselben entweder gänzlich fehlt
oder doch erst spät und zweifelhaft sich entwickelt. Wir
erinnern jedoch an jene sanskr. Wurzeln *vad* (dicere), *vak*
(loqui), *vas* (habitare), *vap* (spargere), *vah* (trahere), *vas*
(velle), welche die Silbe *va* in der Reduplication zu *u* zu-
sammenziehen, also *uvdka* (locutus est) statt *vavdka*. Ganz
ebenso contrahirt *yag* (sacrificari) die Redupliactionssilbe *ya*
zu *i*, also *iyága* statt *yayága* *). Wir ziehen hierher auch
die Vertretung des *h* (welches uns im Sanskrit = χ gilt) in
der Reduplication durch *g*: *hd* (deserere), *gahd*. Nicht unmöglich wäre es ferner, dafs der Uebergang des *s* in *h* bei
den Griechen, des *s* in *r* bei den Römern zunächst durch
Fälle wie σί-στημι, ἵστημι; *seso*, *sero* veranlafst wurde.

5. **Die Nasale und Explosiven** zeigen nur geringen
Dissimilationstrieb. Einige Fälle dieser Art hat Pott zu-
sammengestellt; ein bestimmtes Prinzip läfst sich daraus nicht
herleiten.

III. Compensation.

§. 55.

Allgemeines.

1. Die Erscheinungen der Compensation lassen sich mit
einiger Uebersichtlichkeit nur aus dem Sanskrit kennen lernen; Alles, was die übrigen Sprachen in dieser Beziehung
bieten, ist trümmerhaft, wie denn überhaupt diese Lehre wohl

---

*) Die Homorganität des *u, i* mit *v, y* bewirkt, wenigsten vor den schweren Endungen, noch eine zweite dissimilirende Contraction. Beisp. *ákus* entstanden aus *uukus, uvakus, vavakus; igt* aus *iigt, iyagt, yayagt*.

die dunkelste und zweifelhafteste in der ganzen Grammatik sein dürfte.

2. Wir nehmen zwei Arten der Compensation an, die wir hier der Kürze halber als grade (proportionale) und ungrade (disproportionale) bezeichnen wollen. Vgl. indefs die Anm.

A. Die grade Compensation sucht ein bestimmtes Gewichtsverhältnifs der Silben zu einander (welches nicht grade immer Gleichgewicht zu sein braucht) aufrecht zu erhalten. Je mehr demnach eine Wurzel durch Affixe belastet wird, desto schwerer mufs sie selbst ihrerseits sich zu machen suchen; z. B. *ni* (ducere), *ndyaka* (dux). Das Prinzip dieser Compensation geht offenbar dahin, zu verhindern, dafs die Wurzelsilbe von dem mächtigen Affix allzusehr verdunkelt werde.

B. Die ungrade Compensation sucht ein bestimmtes Gewicht des Wortes zu erhalten. Je mehr demnach eine Wurzel durch Affixe belastet wird, desto mehr mufs sie sich selbst ihrerseits zu erleichtern suchen; z. B. Wurzel *as* (esse), Präs. 1 Sing. *as-mi*, aber 1 Plur. *s-mas*. Die Bedeutung der Wurzelsilbe scheint hier über alle Zweifel erhoben, man läfst also rein phonetische Motive in der Behandlung des Wortganzen walten, während vorhin gewissermafsen das intellectuelle Prinzip mit herein spielt.

3. Die grade Compensation findet sich zunächst in der ersten Verbalklasse, z. B. *bud*, Präs. *bôd-ámi*, Imperf *a-bôd-am*; in den meisten abgeleiteten Verben, z. B. Wurz. *ni* (ducere), *śru* (audire), Causat. *ndyayámi, śrávayámi*; Wurz. *srp* (serpere), *smi* (subridere), Desid. *sisarpis'ámi, sismayis'ámi*; in der Deklination, z. B. *kavi* (poeta), *súnu* (filius), Nom. Plur. *kavayas, súnavas*; ganz besonders häufig aber in der Nominalbildung, z. B. Wurz. *plu* (natare), *plava* (navis); *nrt* (saltare), *nartaka* (saltator); *snih* (diligere), *snéhan* (amicus); *śi* (dormire), *śayana* (lectus); *vr* (tegere), *varutra* (pallium); etc.

4. Die ungrade Compensation findet sich besonders in der Flexion der zweiten Hauptconjugation und hat auch im Griech. mehrfache Spuren hinterlassen. Es übt nämlich (nach Bopp) das Gewicht der Personalendungen auf die Wurzel oder die zwischen Wurzel und Endung tretenden Suffixe („Klassen-

charaktere") den Einfluſs, daſs vor leichten Endungen häufig
Erweiterungen stattfinden, die vor den gewichtvolleren
wieder zurückgenommen werden, oder daſs in manchen ano-
malen Verben der ganze Körper der Wurzel nur vor den
leichten Endungen stehen kann, vor den schwereren aber Ver-
stümmelungen eintreten. Vergl. von Wurzel *i* Formen wie
ĕ-mi (εἶ-μι), *ĕ-si* (εἶ-ς), *ĕ-ti* (εἶ-τι), mit *i-vás*(-), *i-tás* (ἴ-τον),
i-tás (ἴ-τον), *i-más* (ἴ-μες), *i-tá* (ἴ-τε), *y-ánti* (ἴασι aus ἴ-αντι);
oder unter verschiedener Haltung beider Sprachen: *ás-mi*
(ἐσ-μί), *ás-ti* (ἐσ-τί) mit *s-más* (ἐσ-μέν), *s-ánti* (εἰσί, ἐντί aus
σέντι); oder *dádá-mi* (δίδωμι) mit *dad-más* (δίδομεν).

5. Allgemeine Regeln freilich, unter welchen Bedingungen die eine oder die andere Compensation eintreten müsse,
lassen sich nicht geben. Häufig tritt gar keine Compensation
ein, obschon allem Anschein nach die Gründe dazu vorhanden
sind. Ebenso hat es mit der Leichtigkeit und Schwere
der Endungen eine eigene Bewandtniſs; ein festes Prinzip darüber fehlt so gut wie gänzlich. Was Bopp in dieser Hinsicht
lehrt, haben wir in den beiden folgenden Paragraphen zusam-
menzustellen versucht.

Anm. Bopp selbst, der eigentliche Urheber der ganzen Compensationslehre, dessen Standpunkt auch noch heut für die Meisten der maſsge-
bende ist, erwähnt in seinem „Gravitätsgesetz" blos eine Art der Compensation, die, welche wir als die ungrade bezeichnet haben. Wir ver-
mogen aber mit dieser allein nicht auszukommen und glaubten, wenn
überhaupt die Compensationstheorie aufrecht erhalten werden soll, durchaus zwei Arten derselben annehmen zu müssen. Andere,
welche ebenfalls das Ungenügende jenes Prinzips fühlten, haben daraus den
Schluſs gezogen: die ganze Theorie beruhe auf einem Irrthum und die
Erscheinungen, welche sie veranlaſsten, stammen aus viel näherer Quelle.
Davon später mehr; hier handelt es sich zunächst um eine Darstellung der
Compensationslehre selbst.

§. 56.
Guna und Wriddhi.
Bopp's Theorie.

1. Die gewöhnlichste Art der Compensation im Sanskrit
ist die durch Diphthongisirung des Vokals der zu steigernden
Silbe. Es giebt zwei Arten dieser Diphthongisirung, von den
indischen Grammatikern Guna (virtus) und Wriddhi (cre-
scentia) genannt, jene ungemein häufig, diese seltener. Ueber
Entstehung und Ursachen beider theilen sie nichts mit.

2. Was nun die **Art der Entstehung** betrifft, so hat
Bopp[*]) dieselbe in folgender Weise erklärt: Guna besteht in
der Vorschiebung eines *a*, Wriddhi in der eines *å* vor den
zu steigernden Vokal, welcher in der Regel ein *i* oder *u* ist.
a + i gilt aber im Sanskrit = *é*, *a + u = ó*, *å + i = ai*
(von Bopp *åi* bezeichnet), *å + u = au* (bei Bopp *åu* bez.).
Der Vokal *a*, welcher durch Guna eine gleiche Wirkung erfahren würde, wie durch Wriddhi, behält sich die ihm einzig
mögliche Steigerung für den Wriddhifall vor, und hat kein
Guna, desgleichen die Gunavokale *é* und *ó* selber. Wir erhalten somit folgende Reihen:

Grundvokal	*a*	*å*	*i*	*i*	*u*	*ù*	*r*	*r̃*	*é*	*åi*	*ó*	*åu*
Guna	—	—	*é*	*é*	*ó*	*ó*	*ar*	*ar*	—	—	—	—
Wriddhi	*å*	—	*åi*	*åi*	*åu*	*åu*	*år*	*år*	*åi*	—	*åu*	—

Vor **zwei** Consonanten unterbleibt die Steigerung **ganz**;
lange Vokale werden nur als Endbuchstaben von Wurzeln
gesteigert. Was die *r*-Laute betrifft, so beruht die gegebene
Beurtheilung derselben eigentlich auf einer irrigen Auffassung
der indischen Grammatiker; in Wahrheit erweisen sich *ar*
und *år* als die **ursprünglichen** Laute und *r* als deren
Schwächung; jene treten aber nur in den Fällen wieder ein,
wo andere Vokale gesteigert werden.

3. Hinsichtlich der **Ursache** dieser Diphthongisirung
stellt Bopp nun eben jenes bereits von uns angedeutete „Gravitätsgesetz" auf. Er sagt (Vokalismus, S. 157): „Die
Wirkung des Einflusses des Gewichts der Personalendungen auf die vorhergehende Silbe ist von doppelter Art, wovon wir die eine die regelmäfsige, die andere die anomale nennen wollen [**]). Erstere erweitert die Wurzel vor
leichten Endungen, die andere vermindert durch irgend eine
Zusammenziehung die volle Gestalt der Wurzel vor schweren Endungen. Beide Arten begegnen sich darin, dafs die
weitere Form der Wurzel — sei sie die ursprüngliche oder
erst durch Guna oder sonstige Vermehrung bewirkte — ihren eigentlichen Sitz vor leichteren Endungen hat, die engere

---

*) Und zwar zuerst in seiner „Kritik über Grimms Deutsche Grammatik"
(Berliner Jahrbücher, 1827, S. 254 ff.); sodann in seinem „Vokalismus" S. 6 ff.

**) Wir brauchen wohl nicht erst daran zu erinnern, dafs das was Bopp
hier zweierlei Wirkung nennt, regelmäfsige und anomale, von unserm Standpunkt nur eine und dieselbe Art der Compensation ist, nämlich die ungrade

aber, sie sei die ursprüngliche oder durch Verstümmelung
hervorgebrachte — vor schweren Endungen." Diese Auffassung bleibt in allen späteren Schriften Bopp's, namentlich auch
in der „Vergl. Gramm." unverändert *).

4. Hinsichtlich der Frage, welche Endungen leicht,
welche schwer seien, äußert sich Bopp in der Vrgl. Gram.
2. Ausg. S. 346 also: „Es fällt von selbst in die Augen, daß
im Durchschnitt die Dual- und Plural-Endungen mehr Körper oder Umfang haben, als die singularischen der transitiven
Activform, und daß im Medium schon der Singular zu den
schweren Endungen sich bekennt; denn μαι, σαι, ται sind
sichtlich lautreicher als μι, σ(ι), τι; so sind in den Secundär-
formen μην, σο, το schwerer als ν, σ, (τ). Man hat aber zu
berücksichtigen, daß manche ursprünglich schwere Endungen
im Laufe der Zeit sich verstümmelt, die von ihrem früheren
Zustande hervorgebrachte Wirkung aber zurückgelassen haben. Dies gilt hauptsächlich vom Sanskrit, wo z. B. das mediale abiŏri in seiner Endung viel schwächer ist als das tran-
sitive abiŏaram, so daß man nach dem vorliegenden Sprach-
zustande eher abiŏram gegen abiŏari erwarten sollte als umgekehrt. Die 2. Pluralperson des transitiven reduplicirten
Prät. hat wie 1 und 3 des Singulars die wahre Personbe-
zeichnung verloren, und nur den Zwischenvokal behalten.
Demungeachtet steht vidá (scitis) gegenüber dem singularischen véda (scio, scit). In der 2. Pers. Plur. der Primärfor-
men ist ta auch in seinem gegenwärtigen Zustande noch
schwerer als das singularische si, da a schwerer ist als i und
die sanskritischen Aspiraten fühlbare Verbindungen eines h
mit der vollen Tenuis oder Media sind. Im Griechischen
haben, wenn man etwa das Verhältniß von τε zu ϑα, z. B.
in ἴστε gegen οἶσϑα ausnimmt, alle Endungen, die ich zu den
schweren rechne, auch wirklich noch in ihrem erhaltenen Zustande mehr Gewicht als diejenigen, die nach meiner Theorie
den leichten anheimfallen. Man vergleiche:

---

*) Zu der Zeit als Bopp sein Gravitätsgesetz aufstellte, war die sanskri-
tische Accentuation noch unbekannt, in welcher der eigentliche Schlüssel dieser Erscheinungen zu suchen ist, wie §. 62 zeigen wird.

Leichte Endungen.			Schwere Endungen.		
primäre	mi	vas	mas	è	vahê	mahê
	si	tas	ta	sê	âtê	dvê
	ti	tas	nti	tê	âtê	ntê.
secun-däre	m	va	ma	a, i	vahi	mahi
	s	tam	ta	tas	âtâm	dvam
	t	tâm	n(t)	ta	âtâm	nta.
primäre	μι	—	μες	μαι	μεϑον	μεϑα
	σ(ι)	τον	τε	σαι	σϑον	σϑε
	τι	τον	ντι	ται	σϑον	νται.
secun-däre	ν	—	μες	μην	μεϑον	μεϑα
	ς	τον	τε	σο	σϑον	σϑε
	(τ)	την	ν(τ)	το	σϑην	ντο.

§. 57.
Gunaerscheinungen im Deutschen.
(Nach Bopp.)

1. Die germanischen Sprachen, insbesondere das Gothische, stehen in Bezug auf echte Gunaerscheinungen dem Sanskrit am nächsten. Namentlich stimmt die gothische in nere
Perfectbildung (die äußere, durch Reduplication erfolgende,
lassen wir hiebei ganz unbeachtet) mitunter in dieser Hinsicht
so auffallend mit der sanskritischen, daß die Zurückführung
des Vokalwechsels beider Sprachen auf ein und dasselbe Prinzip in der That unerläßlich wird. Man vergl. von Wurzel
ƀid, ƀug, goth. bit, bug, die Perfecta:

	Sanskrit.	Gothisch.		Sanskrit.	Gothisch.
S.	bi-ƀĕd-a	bait-'		bu-ƀŏǵ-a	baug-'
	bi-ƀĕd-i-ta	bais-t		bu-ƀŏǵ-i-ta	baug-t
	bi-ƀĕd-a	bait-'		bu-ƀŏǵ-a	baug-'
D.	bi-ƀid i-vá	bit-û		bu-ƀug-i-vá	bug-û
	bi-ƀid-á-tus	bit-u-ts		bu-ƀug-á-tus	bug-u-ts
	bi-ƀid-á-tus	*		bu-ƀuǵ-á-tus	*
P.	bi-ƀid-i-má	bit-u-m		bu-ƀuǵ-i-má	bug-u-m
	bi-ƀid-á	bit-u-t		bu-ƀuǵ-á	bug-u-t
	bi-ƀid-ús	bit-u-n		bu-ƀuǵ-ús	bug-u-n.

Alle Unterschiede dieser zwei Paradigmen nach den beiden Sprachen sind für das worauf es hier ankommt blos ac-

cidentell, beruhen auf Lautverschiebung und Synkope, während die Wurzel selbst ganz die nämliche Behandlung erfährt. Ueberall, wo im Sanskrit starke Endungen antreten, da wächst die Wurzel um eine Silbe und beide Vorgänge haben dieselbe Wirkung; der Wurzelvokal verliert seine Steigerung. Was diese Steigerung selbst betrifft, so erinnere man sich, daſs sanskr. *ê, ô* nichts weiter als *a + i, a + u* ist, welche Laute mithin im Gothischen eben nur in aufgelöster Form erscheinen. Die Gleichheit wird vollständig, wenn man unsere (später zu entwickelnde) Annahme billigt, daſs goth. *ai, au* die Aussprache *ê, ô* gehabt hat.

2. Auſser dieser, der sanskritischen völlig gleichen Gunirung besitzt das Gothische (Deutsche) aber auch noch eine andere; nämlich eine solche, in welcher das vortretende *a* zu *i* geschwächt ist, und welche im Präsens eintritt, wo das Sanskrit ja ebenfalls, aber mit seinem gewöhnlichen Guna, die Wurzel steigert. Auf diese Art treten dann die Präsensformen beider Sprachen einander etwas ferner als die des Perfectums. Beisp. goth. Wurzel *bit, bug*, Präs. *beita* (d. i. *bîta*, aus *biita*), *biuga*. Die entsprechenden sanskritischen Wurzeln gehen nach anderen Klassen; man vergl. dagegen *tvêsâmi* (splendeo), *bôdâmi* (scio), aus Wurzel *tvis′, bud′*. — Man kann die erste, durch *a* erfolgende, Gunirung des Gothischen die starke; die zweite, durch *i* erfolgende, die schwache nennen. Somit ergiebt sich:

Grundlaut.	Schwache Gunirung.	Starke Gunirung.
i	*ii = î*	*ai*
	(im Goth. *ei* geschrieben.)	
u	*iu*	*au*

3. Die gothischen Wurzeln mit *a* erleiden im Präsens meistens eine Schwächung ihres Vokals zu *i* (ganz vereinzelt zu *u*). Die Natur dieser Wurzeln ist oft verkannt worden, weil man sich von der Meinung nicht trennen konnte, das Präsens, als die unserm Gefühl nächstliegende Zeit, müſste auch den echten Wurzelvokal enthalten. Die Grundlosigkeit dieser Annahme wird durch die Vergleichung der fremden Sprachen überhaupt, insbesondere aber des Sanskrit, dargethan. Man sehe:

Präsens.		Präteritum.	
Sanskr	Goth.	Sanskr.	Goth.
gadámi	qiþa	gagáda	qaþ
vahámi	viga	uváha *)	vag
†) sakámi	saihva	†) sasáka	sahv
vasámi	visa	uvása *)	vas
nasámi	nisa	nandsa	nas
barámi	baira	babára	bar
gakámi *)	qima	gagáma	qam
namámi	nima	nandma	nam
sagámi *)	sigga	sasanga	sagq
†) kalpámi	hilpa	†) kakalpa	halp
†) vardámi	vairþa	†) vavarda	varþ

so dafs also die gothische Perfectform (1 Pers. Sing. Ind.) zugleich die Wurzelform darstellt. Die näheren Beweise dieser Annahme sehe man bei Bopp selbst: V. G. 2. Ausg. S. 484, Anm.

Eine Anzahl Verba mit Wurzelvokal *a* enthält sich jedoch dieser Schwächung (Grimms VII. Kl.); z. B. Wurzel *FAR*, Präsens *fara*. Es sind dies solche, die früher der sanskr. 4. Kl. angehört zu haben scheinen, also das Suffix *ya* trugen, welches bei vielen derselben auch im Gothischen, bei andern wenigstens im Hochdeutschen und den übrigen germanischen Sprachen noch zu Tage liegt.

4. Das Präteritum dieser Verba schliefst sich in Behandlung des Wurzelvokals, wenn mehrfache Consonanz auf denselben folgt, ganz denen mit *i* und *u* an, d. h. es erleidet im Dual, Plural und ganzen Conjunctiv eine Schwächung des im Sing. Ind. auftretenden Vokals. Beisp. *band*, Dual. *bundu*, Plur. *bundum*, Conj. *bundjau*; auch im Part. *bundans*. Folgt dagegen einfache Consonanz, dann tritt eine eigenthümliche Contraction der alten Reduplication mit der Wurzelsilbe ein, wie sie ebenfalls im Sanskrit schon zu finden. Man vergl.:

---

*) Unregelm. statt *vaváha, vavása, gamámi, sangámi*.

†) Nur in der Medialform (als Deponens) vorkommend.

Sanskr.	Goth.	Ahd.
sasáda oder *sasáda*	(*sai*)*sat*	*saʒ*
sasatta oder *sédita*	(*sai*)*sast*	*sdʒi*
sasáda	(*sai*)*sat*	*saʒ*
sédivá	*sétû*	
sédátus	*sétuts*	
sédátus		
sédimá	*sétûm*	*sdʒum*
sédá-'	*sétuþ*	*sdʒut*
sédús	*sétun*	*sdʒun.*

Diejenigen Verba jedoch, welche ihr wurzelhaftes *a* im Präsens behalten (*fara*), contrahiren in *ô**), also *fôr* (aus *faifar* oder *fafar*) und behalten diese Gestalt im ganzen Perfectum; also Dual *fôru*, Pl. *fôrum*, Conj. *fôrjau*.

5. Alle diese Veränderungen des Wurzelvokals ergeben nun folgende Reihen **), deren einzelne Laute nach ihrem Vorkommen in der deutschen Conjugation geordnet sind:

Wurzelvokal *A.*
- *i a u u*; z. B. Wurzel *BAND*: *binda* (vincio), *band* (vinxi), *bundum* (vinximus), *bundans* (vinctus). Gr. I.
- *i a é i*; Wurzel *GAB*: *giba* (do), *gab* (dedi), *gébum* (dedimus), *gibans* (datus). Gr. II.
- *i a é u*; Wurzel *STAL*: *stila* (furor), *stal*, *stélum*, *stulans*. Gr. II.
- *u a (ô?) u*; Wurzel *TRAD*: *truda* (calco), *trad*, *trôdum* (oder *trédum?*), *trudans*. Gr. II.
- *a ô ô a*; Wurzel *FAR*: *fara* (veho), *fôr*, *fôrum*, *farans*. Gr. III.

Wurzelvokal *I.*
- *ei ai i i*; Wurzel *BIT*: *beita* (mordeo), *bait*, *bitum*, *bitans*. Gr. IV.

Wurzelvokal *U.*
- *iu au u u*; Wurzel *BUG*: *biuga* (flecto), *baug*, *bugum*, *bugans*. Gr. V.

---

*) So die jetzige Auffassung Bopps (Vrgl. Gr. 2. Ausg. S. 478), früher erklärte er *fôr* aus skr. *kakára* durch blofsen Abfall der Reduplication. Er gab diese letztere Annahme deshalb auf, weil die Verlängerung des Wurzelvokals im Sanskrit nur in der 1. und 3. Sgl. waltet, während sie sich doch im Gothischen durch das ganze Tempus erstreckt.

**) Grimm fafst in Gr. I³. und Gesch. d. D. Spr. unsere Reihen 2, 3, 4, als e i n e, was wir zum Verständnifs des Späteren ausdrücklich hervorheben müssen

8

Das Ausführlichere muſs der Lehre vom Verbum aufbe-
halten bleiben, wie denn überhaupt, vom rein deutschen Standpunkt angesehen, diese Erscheinungen der Lautlehre, d. h. der
blos phonetischen Auffassung sich zu entziehen streben. Vrgl.
das Folgende.

§. 58.
J. Grimm's Lehre vom Ablaut.

1. Die Gesammtheit der so eben besprochenen, auf
Diphthongisirung, Verlängerung und Schwächung des Wür-
zelvokals beruhenden Erscheinungen sind von J. Grimm für
das Gebiet deutscher Sprache mit dem Namen „Ablautung" bezeichnet worden, und dieser Begriff wird von ihm
in der Gesch. d D. Spr. folgendermaſsen erklärt: „Unter
Ablaut*) verstehen wir einen von der Conjugation ausgehenden, die ganze Sprache durchdringenden regelmäſsigen Wechsel der Vokale" (S. 842). — „Ablaut ist dynamische Verwendung des Vokalgesetzes auf die Wurzel der ältesten Verba,
um die Unterschiede der Gegenwart und Vergangenheit in
sinnlicher Fülle hervorzuheben. Dadurch daſs er alle und
jede Vokalverhältnisse in sich schlieſst, ruht er auf dem in-
nersten Grund der Sprache; an ihm hängt Wohllaut und
zutrauliche Gewalt unserer Rede" (S. 846). Dazu D. G.
I³, 556: „Während alle früher betrachteten Vokalverände-
rungen (Umlaut, Brechung, etc.) auf der Oberfläche der
Sprache geschehen, führt uns der Ablaut in die innere Werk-
stätte derselben ein und lehrt den Blick auf tiefere Geheim-
nisse wenden. Der Ablaut durchdringt beinahe gleichförmig
alle deutschen Dialecte von der frühesten bis in die jüngste
Zeit; er ist uralt und geht weit über alle unsere historischen
Denkmäler hinaus; je höher wir aufsteigen können, desto rei-
cher entfaltet tritt er vor unsere Augen. Er stimmt genau
zu der Eigenheit aller Laute, der vokalischen wie consonantischen, und erschöpft sie; alle Wortbildungen sind von ihm
beherrscht und fügen sich seiner Regel, durch welche zugleich

---

*) Grimm scheidet die Begriffe Ablautung und Ablaut gewöhnlich nicht.
Streng genommen bezeichnet das erste Wort den abstracten Vorgang, das letztere den concreten, durch Ablautung entstandenen Laut selbst.

Anmuth und Wohllaut bedingt erscheinen, deren deutsche
Zunge mächtig ist. Wie dürfte er als ihre wesentlichste le-
bendigste Kraft verkannt werden!"

2. Dabei waltet nun freilich ein tiefgehender Gegensatz
zwischen Grimm's und der vorhin aufgestellten (Bopp'schen)
Auffassung; und zwar nach zwei Richtungen:

a) Bopp (ebenso Graff u. A.) beschränkt den Wurzelvokal auf keine bestimmte Stelle des Verbums; derselbe tritt
bald hier, bald da in reiner Gestalt auf, welche letztere stets
einen der drei Urvokale (*a*, *i*, *u*) aufweist; wonach sich dann
alle übrigen Gestalten desselben als Stärkung (Diphthongisirung, Verlängerung) oder Schwächung ergeben. Grimm dagegen betrachtet in allen Fällen den Vokal des Präsens als
Wurzelvokal, alle übrigen als dessen „Ablaute", welche
letzteren dann freilich nicht immer durch blofse Stärkung
und Schwächung, sondern oft nur vermittelst eines Sprun-
ges zu erreichen sind; z. B. *i* wird zu *a*, ein Uebergang wie
ihn sonst die Sprachgeschichte nirgends bietet. Doch hören
wir die Hauptstellen selbst! Es heifst:

„Davon gehe ich aus, dafs der Laut, d. h. das Präsens, wesentlich und älter als der Ablaut, d h. das Präteritum sei." — — —
„Das Präsens ist die festeste, ursprünglichste Gestalt der Wurzel,
gleichsam ihr Kern und ergiebt sich der Zerstörung und Verderbnifs
zuletzt." D. G. II, 79 (1826).

In Gr. I.³ (1840), S. 558 giebt Grimm zwar die Boppsche Auffassung in der Hauptsache vollständig zu:

„Aus mehr als einem Grunde leuchtet ein, dafs *a* in den drei
ersten Reihen, *i* und *u* in den beiden letzten den Wurzellaut gewähren. Für die dritte Reihe kann darüber nicht der mindeste Zweifel obwalten; bei den übrigen tritt jedoch der angenommene
charakteristische Vokal erst in den Präteriten zur Schau, etc.; das
Präsens zeigt dagegen in I und II *i*, in IV und V die Diphth. *ei* und *iu*.
Offenbar nun läfst sich in den beiden ersten Reihen *i* nicht als Ur-
grundvokal betrachten, weil dann überhaupt der Einflufs des edelsten
aller Vokale, des *a*, zu gering scheinen und blos auf die dritte Reihe
eingeschränkt würde; auch bestätigt die Vergleichung verwandter Sprachen die Herschaft des *a* in den Wurzeln erster und zweiter Klasse.
Noch viel weniger vermögen in vierter oder fünfter die Diphthonge *ei*
und *iu* als urwurzelhaft gesetzt zu werden, sondern nur die ihnen zum
Grund liegenden Kürzen *i* und *u*, was wiederum die fremden Sprachen bestätigen. Giebt aber in IV und V das Präteritum den ältesten
Vokal her, so wird es auch in I und II der Fall sein dürfen "

8 *

fährt aber dann doch fort:

„Mit diesem allerdings noch historisch feststehenden Ergebnifs ist aber nicht das eigenthümliche Gesetz und Bedürfnifs unserer Sprache zu verwechseln   Mag anerkannt bleiben, dafs in den Wörtern erster und zweiter Klasse ursprünglich *a*, in vierter *i*, in fünfter *u* als früheste Wurzel walte; die Besonderheit des deutschen Ablauts verlangt eine Modification. Unserm Gefühl ist es tief eingeprägt, dafs der Vokal des Präsens als erster Laut gesetzt werde, dann im Präteritum in einem zweiten und dritten Ablaute Hierauf beruht das System der deutschen Conjugation und es gelten dafür zwei, wie mich dünkt, unabweisbare Gründe; nicht nur die schwache Flexion lehrt, dafs von dem Präsens ausgegangen, zum Präteritum fortgeschritten werden müsse, sondern auch die reduplicirende Form leitet eben dahin Wenn das schwache Präteritum der Form des Präsens neue Bestandtheile zufügt, der Reduplication des Präteritums die einfache Gestalt des Präsens zum Grund liegt, so mufs auch der reine Ablaut des Präteritums als eintretende Aenderung des Präsensvokals angesehen bleiben. Es kummert uns also nicht, dafs einige verwandte Sprachen über die Gränze des Präteritums hinaus redupliciren, oder der Vokal, den wir als deutschen Ablaut zu betrachten haben, in ihnen Wurzellaut, der Laut unserer Wurzel hingegen Schwächung erscheint Wir würden uns innerhalb unserer Sprache verirren, wollten wir nicht ihre eigene Regel obenan stellen.“

Auch in der Gesch. d. D. Spr. bleibt diese Auffassung im Wesentlichen unverändert.

b) Bopp betrachtet diesen ganzen Vokalwechsel als einen rein phonetischen Vorgang, wie derselbe im Sanskrit auftritt, d. h. als blofse Compensation in Folge von Affixen, welche der Wurzel angefügt worden sind. Grimm dagegen sieht in seinem Ablaut einen Vorgang aus der intellectuellen Sphäre der Grammatik, d. h. er nimmt ihn als logisch bedeutsam.

„(Der Ablaut) hat zunächst und vor Allem die Kraft, Temporalunterschiede auszudrücken, da er Vergangenheit und Gegenwart sondert; er hat auch eine Trennung von Einzahl und Mehrzahl zu bewirken, zeichnet zuweilen gewisse Personen aus, und besitzt endlich wortbildende Eigenschaften der mannigfachsten Art “ (Vergl. D G I², 374).

3. Wir unserseits nun müssen in Bezug auf *a)* uns unbedingt auf Seite Bopp's stellen, dessen Auffassung gegenwärtig wohl keinem ernstlichen Zweifel mehr unterliegen kann; in Bezug auf *b)* dagegen möchten wir den Gegensatz beider Meister, wie wohl auch schon Andere gethan, dadurch vermitteln, dafs wir hier ganz den nämlichen Hergang annehmen, wie beim *Umlaut*, mit welchem, wie sich später (§. 62) erge-

ben wird, der Ablaut wohl auch sonst noch verwandter sein
dürfte, als man früher geahnt. Ursprünglich war der Vorgang ein rein phonetischer; später, als die Ursachen wegfielen, die Wirkungen aber blieben, da verstand man diese
letzteren nicht mehr und legte ihnen fremde Motive unter.
Mit Recht sagt Bopp, dafs der blofse Vokalwechsel im
indo-europäischen Sprachstamme organischer Weise durchaus nicht die Kraft besitze, die Vergangenheit auszudrük-
ken; aber dies hindert nicht, dafs er auf dem Boden germanischer Sprache diese Fähigkeit erlangt habe, und wir
möchten nicht einmal hinzufügen: mifsbräuchlich. Die grammatischen Mittel ändern sich mit den Zeiten und Idiomen,
und auch das ist eine organische Weiterbildung im höheren
Sinne, wenn unbenutzt liegende oder unbrauchbar gewordene
zu neuen Zwecken verwendet werden.

4. Wir möchten demgemäfs auch den Namen Ablaut,
welchen Bopp ganz vermeidet und von seinem Standpunkt
aus vermeiden mufs, von dem unsrigen keineswegs aufgeben,
und zwar werden wir denselben ganz in der Grimm'schen
Ausdehnung brauchen, wonach er eben alle Vokalveränd-
rungen dieser Gattung umfafst. Es ist zwar von Einigen
darauf hingewiesen worden, dafs die Ablautserscheinungen von
zweierlei Art sind: a) Lautsteigerung (Stärkung oder
Schwächung), b) Lautwechsel, wonach kurze Vokale unter
einander sich ablösen; und Manche wollten die Bezeichnung
„Ablaut“ nur für die letztere Art gelten lassen; die erstere
könnte man dann vielleicht „Zulaut“ (Curtius) nennen. Indefs läfst sich ja auch der Wechsel kurzer Vokale als Stärkung oder Schwächung auffassen (z. B. i eine Schwächung
von u, ě eine solche von ŏ) und namentlich auf dem Gebiete
deutscher Sprache, wo die Thatsachen beider Art so sehr
mit einander verwachsen sind, würde eine solche Trennung
sich ganz unnatürlich ausnehmen.

§. 59.
Gunaerscheinungen im Griechischen.

1. Der gunirende Vokal erscheint hier zu ε und o abgeschwächt, welche Laute ja auch sonst die gewöhnlichen
Stellvertreter des sanskritischen a sind, mithin entstehen die
Reihen ι, ει, οι; v, εv, οv; der letzte Laut indefs höchst selten; zuweilen verengt er sich zu ω, wie das εv seinerseits zu

ῡ. Demgemäfs beurtheile man Bildungen wie Wurzel *ΛΙΠ*,
ΙΔ, ΠΙΘ, ΦΥΓ, Präs. λείπω, εἴδω, πείθω, φεύγω, Perf. λέ-
λοιπα, οἶδα, πέποιθα, πέφευγα; dagegen der stets die reinste
Wurzelgestalt zeigende Aor. II: ἔλιπον, ἴδον, ἔπιθον, ἔφυγον.
Ferner Wortbildungen wie στείχω, στοῖχος, στίχος; τεῖχος,
τοῖχος, τέχνη; μείρομαι, μοῖρα, μέρος; χεύω, χοῦς, κέχυκα;
ῥεῦμα, ῥοῦς, ῥύσις; etc. In πλέω, πνέω, νέω, ῥέω, θέω, χέω
aus den Wurzeln πλυ, πνυ, νυ, ῥυ, θυ, χυ hatte ebenfalls Gunirung stattgefunden, das ευ aber wurde vor Vokalen zu εϝ
und endlich fiel das Digamma aus; so dafs also die Reihe
πλυ, πλευω, πλέϝω, πλέω, etc. waltet.

2. Dies sind aber auch die günstigsten und immer doch
nur sehr vereinzelten Fälle. An sie schliefsen sich die der
blofsen Verlängerung des Wurzelvokals im Präsens, wie λήθω,
τήκω, σήπω, τρίβω, θλίβω, πλήσσω, etc. neben ἔλαθον, ἐσά-
πην, ἐπλάγην, ἐτρίβην, ἐθλίβην, in Comp. auch ἐπλάγην;
oder im Perfectum, z. B. θάλλω, θάπω, βάλλω, κάμνω, Perf.
τέθηλα, τέθηπα, βέβληκα, κέκμηκα, u. ähnl.

3. Endlich die Fälle, wo kurze Vokale unter einander
wechseln. Am häufigsten geschieht dies zwischen ε (zuweilen ει), ο, α und manchmal sogar innerhalb der Flexion eines
und desselben Verbums, wo dann ε im Präsens, ο im Perfectum, α im Aorist auftritt; z. B. κλέπτω, κέκλοφα, ἐκλάπην;
δέρκω, δέδορκα, ἔδρακον (methat.); (δρέμω), δέδρομα, ἔδραμον;
πέρθω, πέπορθα, ἔπραθον (methat.); φθείρω, ἔφθορα, ἐφθά-
ρην; τρέπω, τέτροφα, ἐτράπην; κτείνω, ἔκτονα, ἔκτανον, etc.;
viel häufiger freilich mit Auslassung eines Gliedes und oft
auch nur unter Zuhilfenahme der Wortbildung. Beisp. γένω,
γέγονα; μένω, μέμονα; στέλλω, ἔσταλκα; νέμω, νόμος; φέρω,
φόρος; λέγω, λόγος; τρέχω, τρόχος; βρέχω, βροχή; δέχομαι,
δοχή; πέμπω, πομπή; μέλπω, μολπή; βάλλω, βολή; etc.

Anm. Im Lateinischen finden sich Spuren von wirklicher Gunirung, selbst mit geschwächtem Zulautsvokal, gar nicht; Verlängerungen des
Wurzelvocals nur sehr selten; z. B. in *dico, duco*, verglichen mit -*dicus,
indico, ducis, educo*; häufiger ist der Wechsel kurzer Vokale unter einander, z. B *fero, fors; cello, collis; tego, toga; pendo, pondus; memini, moneo; didici, doceo; nex, noceo* (Pott I, 267); *terra, torreo,
extorris; pars, portio; fidus, foedus; etc.* — Heyse rechnet auch
die überaus häufigen Fälle der Lautschwächung, wie *ago, abigo*, etc.
unter die Compensationserscheinungen; wir stimmen jedoch mit Dietrich
(Zur Geschichte des Accents im Lateinischen, Zeitschr. f. vergl Sprachf.

I, 543 ff), Corssen, u A uberein, dieselben als Folge des Accentwechsels zu betrachten, müssen sie demnach zur Gravitation (in unsorm Sinne) ziehen.

§. 60.
Weitere Untersuchungen über Guna und Ablaut.
(Jakobi. Holtzmann.)

1. Was wir bisher mitgetheilt haben, dürfte den wesentlichsten Kern der Compensationslehre und für weite Kreise noch immer den heutigen Stand der Frage enthalten. Hinsichtlich des Kampfes, welchen die beiden Meister historischer Sprachforschung auf diesem Felde in edelster, ihrer würdigster Weise gefochten, darf, wie sich auch wohl aus unserer Darstellung ergeben haben wird, eigentlich von Sieg und Niederlage überhaupt nicht die Rede sein, da der Standpunkt der Kämpfenden ein verschiedener war, ein spezieller und ein allgemeiner. Da indefs die Linguistik als solche den allgemeinsten verlangt, so hält sie sich natürlich an Bopp's Theorie; wir wenden uns daher zu dieser nochmals zurück.

2. Und so dürfen wir denn nicht verhehlen, dafs dieselbe inmitten glänzender Vorzüge doch wesentlich zwei Punkte hat, welche dem Zweifel Raum geben. Der erste betrifft jene mechanische Vorschiebung eines a, der zweite die zahlreichen Fälle, in denen das Bopp'sche Gravitäts-(Compensations-) Gesetz zur Erklärung der Thatsachen nicht ausreicht. Man wird sich erinnern, dafs wir unserseits diese letzterwähnten Widersprüche dadurch zu heben suchten, dafs wir eine doppelte Art der Compensation annahmen, wobei wir besonders das Prinzip der Nominalflexion und Wortbildung von dem der Verbalflexion trennen wollten. Innerhalb der Verbalflexion selbst liegen jedoch die conträren Fälle so dicht neben einander, dafs man hier kaum mehr geneigt sein dürfte, dieselben durch die Anwendung eines verschiedenen Prinzips zu erklären.

3. Von diesen zwei Punkten gehen denn auch die beiden Hauptangriffe aus, welche auf Bopp's Theorie gemacht worden sind. Der eine von Th. Jakobi („Der Ablaut", in den Beitr. z. D. G. Berl. 1843) hält sich mehr an den ersten; der andere, von A. Holtzmann (in einem Aufsatze der Heidelb. Jahrb. 1841, S. 775; später ausführlicher in einer eigenen Schrift: „Ueber den Ablaut." Karlsruhe 1844)

mehr an den zweiten. Jakobi selbst nennt seine Schrift einen „Versuch die Ansichten Grimm's und Bopp's zu vermitteln“; er nimmt statt jener mechanischen Zusammensetzung Bopps einen sprungweisen Uebergang (wie Grimm) des einen Lautes in den andern an; aber dieses Springen geschieht nicht geheimnißvoll, dynamisch, sondern nach gewissen Prinzipien der Lautqualität einerseits, des Lautgewichtes anderseits, und ist bedingt durch die Verhältnisse des Vokals der folgenden Silbe (Qualität, ableitend oder flexivisch, bleibend oder abfallend). In .diesem letzten Punkte entfernt sich Jakobi sowohl von Grimm als von Bopp und stellt ein eigenthümliches, zwar interessantes, aber in der Hauptsache irriges System auf. — Holtzmann endlich, das von seinen Vorgängern übersehene Verhältniß des Accents mit in Erwägung ziehend, läugnet die Compensationstheorie überhaupt und prinzipiell, indem er sämmtliche Gunaerscheinungen auf vokalische Assimilation zurückführt und den Ablaut somit lediglich als (erstarrten) Umlaut auffaßt.

Wir wollen versuchen, die Hauptstellen beider Schriften dem Leser vorzuführen; natürlich wird dies sehr fragmentarisch ausfallen und wir setzen dabei eine schon etwas geläufigere Kenntniß der sanskr. und goth. Conjugation voraus.

§. 61.
Jakobi's Theorie.

1. Bopp's Auffassung von der Vorschiebung eines *a* oder *á* reicht vollständig aus, um die Erscheinungen jener Diphthongisirung für alle Fälle des Sanskrit, mit einiger Modifikation selbst die anderer Sprachen, zu erklären. Damit ist jedoch durchaus nicht bewiesen, daß der Vorgang nun auch wirklich auf diese Weise stattgefunden hat. Gelb und Blau giebt freilich Grün; aber nicht jedes Grün ist darum wirklich aus beiden Farben auf mechanischem Wege erzeugt worden.

2. Daß nun jene mechanische Vorschiebung in der That höchst unwahrscheinlich sei, sucht Jakobi (p. 25) in folgender Art darzuthun: „Es ist gar nicht klar zu .machen, wie das Einschieben eines Lautes in eine geschlossene Silbe und das Verschmelzen desselben mit dem schon vorhandenen Vokale erfolgt sein soll. Ist der Vokal eingeschoben und dann

verschmolzen worden, so mufs ursprünglich eine gesonderte
Aussprache stattgefunden und diese die betroffene Silbe in
zwei Silben getheilt haben. Dann war aber die letzte
Silbe, z. B. das *id* von *va-id* aus Wurzel *vid* gar nicht verstärkt, sondern die vorletzte *); der ostensible Zweck der
Guniruug: die Silbe vor den Endungen zu verstärken, war
also nicht erreicht. Ist die Aussprache dagegen immer die
einer Verschmelzung gewesen, wurde z. B. aus *i* unmittelbar
ê und *ai*, so war auch überhaupt *a* und *â* gar nicht vorhanden.
Denn man kann ja nicht die Buchstaben im Munde wie in
einem Topfe mischen und dann vorbringen. Wer *ê* und *ai*
ausspricht, spricht eben weiter nichts, als *ê* und *ai*. Da steckt
nichts weiter drin noch dahinter. Spricht man also hier noch
von einer Mischung, so kann man dabei kein Factum meinen, sondern diesen Ausdruck mit seinen näheren Bestimmungen nur als Mafsbezeichnung für den Grad der Vokalverän-
derung brauchen, in welchem Sinne er freilich ganz unver-
fänglich ist, aber auch im Grunde nichts erklärt" **).

3. Was nun. Jakobi's eigene Erklärung betrifft, so
glauben wir in Bezug auf die allgemeine Auffassung des hier
in Rede stehenden Lautprozesses deren Hauptergebnifs ungefähr so fassen zu dürfen: „Die Entstehung eines Vokals an
der Stelle eines andern kann, wenn kein nachweislicher Zusatz von aufsen erfolgt, nur als eine Umwandelung dieses
letzteren betrachtet werden ***). Die sanskritischen Vokale bilden aber hinsichtlich ihrer Schwere vier Klassen:

---

*) Wir würden lieber sagen. „es wird eine neue Silbe geschaffen"; denn
es kann doch nicht verstärkt werden, was gar nicht vorhanden war. Der dann
folgende Schlufs Jakobi's bleibt auch so richtig.

**) Noch räthselhafter wird diese Vorschiebung, wenn man dieselbe auf dem
Boden germanischer Sprachen verfolgt. Hier soll in vielen Fällen skr. *ê*, *ô*, dadurch zu *i*, *iu* geworden sein, dafs in *ê* (*a* + *i*), *ô* (*a* + *u*) sich das *a* zu *i*
schwächte, wie ja auch sonst so oft. — Aber wenn skr. *ê*, *ô* wirkliche Diphthongen waren (d. h. nicht blos vom etymologischen, sondern auch vom phonetischen Standpunkte), dann kam in ihnen der Laut *a* ja gar nicht vor, wie
konnte er also geschwächt werden?

***) Jakobi fügt hinzu, dafs, so wie man sonst gewohnt ist, die Steigerung
als eine Zusammensetzung anzusehen, man sehr wohl auch umgekehrt die
(sanskritische) Zusammensetzung als eine Steigerung auffassen könne. Man
denkt sich den ersten der beiden Vokale abfallend und den zweiten alsdann zur
Compensation gesteigert; ein Prinzip, welches ja auch an anderen Stellen der
Grammatik Anwendung findet. Die Compensation selbst aber geschieht nach
folgenden zwei Grundsätzen.

1) Ist der abgefallene Vokal ein leichter oder Dehnvokal, so mufs der andre

	Leichte Vokale.	Gedehnte Vokale.	Gunavokale.	Wriddhivokael
I-Reihe.	i	î	ê	ai
A-Reihe.	(ṛ)	(ṝ)	(ar), a	(âr), â
U-Reihe.	u	û	ô	au

Alle Steigerungen nun beruhen auf einer im Organ und Geist des Sprechenden sicher empfundenen Unterscheidung einerseits dieser Grade der Schwere, anderseits der Qualität des Lautes, wie sie die einzelnen Lautreihen darstellen. Die gleiche Qualität von i, î, ê, ai beruht darauf, dafs bei ihnen sämmtlich die vordringende Luft im Mundkanal durch Annäherung der breiten Zunge an den Gaumen gehemmt wird. Mit zunehmender Steigerung wird das Hemmnifs mehr beseitigt; daraus entsteht Annäherung an die Reihe der *A*-Laute. Die gleiche Qualität von a und â beruht darauf, dafs die Durchgänge bei beiden Vokalen offen sind; ihr Unterschied nur darin, dafs der von der Luft und dem Ton bei â auszufüllende Raum gröfser ist, das Ausfüllen also mehr Zeit, mehr Luft und einen kräftigeren Ton verlangt. Die gleiche Qualität von u, û, ô, au beruht auf der allen diesen Vokalen gemeinsamen Hemmung nach vorn zu, an den Lippen, wenn man die Mundhöhle; an dem Gaumensegel und der Zungenwurzel, wenn man den Isthmus betrachtet; die Annäherung an die *A*-Reihe ist ganz wie bei den *I*-Lauten"

4. Verlangt nun der Wortbau einen Vokal, z. B. vom Gewicht des a, die Etymologie gebietet aber i, so tritt der Laut ein, welcher die Natur des i mit der Schwere des a vereinigt, nämlich ê, und so in den übrigen Fällen. — Das Prinzip aber, nach welchem jenes Verlangen geregelt wird, giebt Jakobi in folgender Weise an:

I. **Wurzel- oder Stammvokal a.**
Vor Ableitungs-a bleibt a.   z. B. *gadâmi* (inquam), *asâni*
(Imperat. 1. Pers. von
Wurzel *as*).

---

gedehnt werden, wenn er es nicht schon ist Demnach i + i, i + î, î + i, i + î = î; u + u, u + û, û + u, û + û = û.

2) Ist der abgefallene Vokal ein a oder â, so werden leichte und gedehnte Vokale gunirt, Gunavokale werden Wriddhi, Wriddhivokale bleiben unverändert. Demnach a + a, â + a, a + â, â + â = â; a + i, â + i, a + î, â + î = ê; a + u, a + û, â + u, â + û = ô; a + ê, â + ê, a + ai, â + ai = ai; a + ô, â + ô, a + au, â + au = au.

Vor Endungs-*a* fällt ab.   *biŏrvas* (ferimus), *smas* (sumus), *uśmas* (volumus, von Wurzel *vaś*).

Vor Ableitungs-*i* fällt ab.   *siya* (sim), *biŏriya* (feram).

Vor Endungs-*i* bleibt *a*.   *biŏarti* (fert), *asti* (est), *vaśmi* (volo).

II. Wurzel- oder Stammvokal i.

Vor Ableitungs-*a* wird *ě*.   *dvěśáni* (Imperat. 1. Pers. Sing. von Wurz. *dviś* odisse), *biŏěda-'* (momordi).

Vor Endungs-*a* bleibt *i*.   *dviśvas* (odimus), *dviśanti* (oderunt), *biŏıdatus* (momorderunt, Dual).

Vor Ableitungs-*i* bleibt *i*.   *dviśiya* (oderim), *biŏidima* (momordimus).

Vor Endungs-*i* wird *ě*.   *dvěśmi* (odi), *advěśam* (oderam).

III. Wurzel- oder Stammvokal u.

Vor Ableitungs-*a* wird *ŏ*.   *bŏďámi* (scio), *tutŏda-'* (tutudi).

Vor Endungs-*a* bleibt *u*.   *tutudatus* (tutudistis, D.), *kĭnuvas* (colligimus, D.).

Vor Ableitungs-*i* bleibt *u*.   *tutudima* (tutudimus).

Vor Endungs-*i* wird |*ŏ*.   *kĭnŏmi* (colligo).

Oder allgemeiner gefafst:

   a) Vor Ableitungsvokalen wird die Gleichheit des Gewichts erhalten, die Ungleichheit annähernd ausgeglichen;

   b) Vor Endvokalen wird die Ungleichheit des Gewichts erhalten, die Gleichheit aufgehoben.

Hinsichtlich der zahlreichen, dem Leser wohl sofort entgegentretenden Ausnahmsfälle müssen wir auf die Schrift Jakobi's selbst verweisen.

   5. Die gothische (deutsche) Sprache hat den 4 Lautstufen des Sanskrit nur 3 entgegenzustellen; es fehlen ihr nämlich die Wriddhivokale. Man erhält:

	Leichte Vokale.	Gedehnte Vokale.	Gunavokale.
I-Reihe.	*i*	*ei* (d. i. *i*)	*ai*
A-Reihe.	*i* (d. i. geschwächtes *a*)	*a*	*ě, ŏ*
U-Reihe.	*u*	*iu* (=*ŭ*)	*au*

Das Nähere, wie die hiebei waltenden Abweichungen von dem sanskritischen Standpunkt motivirt werden, sehe man bei Jakobi selbst (S. 45 ff.). Als Prinzip der vorzunehmenden Steigerungen stellt er folgende Regeln auf:

		z. B.
Wurzel-	vor *i* oder *u* wird *ê*.	*stêljau, stêlum.*
haftes *a*.	vor erhaltenem *a* wird *i*.	*stila.*
	vor abgefallenem *a* bleibt *a*.	*stal.*
	vor abgefallenem *i* wird *o*.	*fôr* *).

Wurzel-	vor *i* oder *u* bleibt *i*.	*stigjau, stigum.*
haftes *i*.	vor erhaltenem *a* wird *ei*.	*steiga.*
	vor abgefallenem *a* wird *ai*.	*staig.*

Wurzel-	vor *i* oder *u* bleibt *u*.	*gutjau, gutum.*
haftes *u*.	vor erhaltenem *a* wird *iu*.	*giuta.*
	vor abgefallenem *a* wird *au*.	*gaut.*

Es scheint jedoch, dafs der Unterschied in der Wirkung des erhaltenen *a* des Präsens und des abgefallenen des Prät. nicht ursprünglich ist, sondern, analog der 1. Kl. des Sanskr. ursprünglich in beiden Fällen der Gunavokal geheirscht hat. Hierdurch erhalten wir ein Recht, die Ablaute des Präteritums als ein besonderes älteres System bildend für sich zu betrachten, welches folgendermafsen lautet:

a	vor *a* bleibt *a*
	vor *i* oder *u* wird *ê*

i	vor *a* wird *ai*
	vor *i* oder *u* bleibt *i*

u	vor *a* wird *au*
	vor *i* oder *u* bleibt *u*

und sich auf die zwei Sätze reducirt: 1) Vokale von ähnlichem Gewicht lassen sich unverändert; 2) Vokale von abweichendem Gewicht bewirken eine eigene Art von Assimilation, die mit einer Verlängerung verbunden ist. Sie läfst sich bei *ai* und *au* auch als eine Erhebung des *i* und *u* auf die Gewichtsstufe des *a* erklären. Bei *ê* aber kann man nur

---

*) Weil nämlich die Verba der VII. Klasse Grimm's vermuthlich alle mit dem Suffix *ja* verbunden waren (Sanskr. IV. Kl.).

an eine lautliche Annäherung des *a*-Lautes an den *i*-Laut denken.

Und hier erinnert Jakobi selbst an die Aehnlichkeit dieser Erscheinungen mit Umlaut und Brechung; er öffnet gleichsam den Mund, um das letzte entscheidende Wort zu sprechen, aber — er spricht es nicht. Dies war A. Holtzmann's That.

§. 62.
Holtzmann's Theorie.

1. Den Ausgangspunkt derselben bildet die auch von uns bereits angedeutete Unsicherheit des Bopp'schen Gravitäts-(Compensations-)Gesetzes. „Welches sind denn die leichten und welches die schweren Endungen? Es scheint anfänglich, die Schwere der Endung bestehe in der Länge; z. B. *mi, si, ti* sind um einen Buchstaben kürzer als *vas, tas, tas*; daher sind jenes leichte Endungen, welche Guna erfordern, dieses aber schwere. Allein es ist sehr häufig, daß die Endung, welche Guna erfordert, viel länger ist, als die, welche kein Guna hervorbringt, so daß eine leichte Endung viel länger sein könnte, als eine schwere; z. B. *áni* in *biβaráni* wäre leicht, und *hi* in *biβṛhi* wäre schwer; *tu* in *tanótu* wäre leicht, aber *tanu*, was gar keine Flexionssilbe hat, hätte doch eine schwere; *am* in *advéśam* wäre leicht, *i* in *adviśi* wäre schwer; in *tutóda* wäre *a* leicht, aber in *tutuda* wäre ganz gleiches *a* schwer. Kurz man könnte nicht anders sagen, als: ob eine Silbe schwer oder leicht ist, kann man weder an der Länge, noch an den Consonanten oder Vokalen erkennen, sondern schwer sind diejenigen Flexionen, welche kein Guna hervorbringen, und leicht sind diejenigen, vor welchen Guna stattfindet. Das Gleichgewichtsgesetz besteht also in folgendem gewiß sehr richtigen Satze: Guna findet statt vor denjenigen Flexionen, vor welchen Guna stattfindet. Es ist zwar in dieser Kritik nicht bemerkt, daß Bopp in einigen Fällen, wo die sogenannte schwere Endung gar zu kurz ist, diese für verstümmelt hält und den Wurzelvokal aus einer ältern, längern Form der Endung erklärt. Aber wenn man auch zugiebt, daß im Imperativ *tanu* die Endung *di* und in der ?. Plur. Perf. *tutuda* die Endung *ta* abgefallen sei, so ist doch immer

noch nicht abzusehen, wie *d'i* und *ta* schwer sein sollen,
während z. B. *dvahái* und *ámahái* leicht wären, und es ist
nicht zu verstehen, wie eine Wage, auf der *dvahái* und *a*
gleiches Gewicht zeigen, nachher doch wieder empfindlicher
als eine Goldwage den Gewichtsunterschied der Vokale *i* und
u genau angeben soll. Und sogar, wenn es gelänge, für die
Schwere der Endungen ein deutliches bestimmtes Kennzei-
chen anzugeben, so wäre damit die Gunirung doch nur für
wenige Fälle der Conjugation erklärt. Für das Guna in der
Wortbildung aber und selbst für die meisten Fälle der Conjugation müfste doch wieder eine andere Erklärung gesucht
werden; denn in den meisten Fällen, z. B. in allen Wurzeln
der ersten Klasse, steht Guna nicht minder vor den sogenannten schweren als vor den sogenannten leichten Endungen, zum deutlichen Beweis, dafs es von dem sogenannten
Gewicht der Endungen ganz unabhängig ist."

2. Nachdem auf diese Weise Holtzmann das Kriterium
der Gravität als unwirksam dargestellt, geht er an die Aufsuchung
eines neuen und findet dies in der Qualität des Vokals
der folgenden Silbe. Alle Gunaerscheinungen des Sanskrit sind hienach ursprünglich nichts Anderes als vokalische
Assimilation, und zwar jene uns aus dem Deutschen so wohl
bekannte Umlautung (oder nach Grimm „Brechung") des *i*
und *u* in *e*, bezügl. *o*, unter dem Einflufs eines *a* der folgenden Silbe. Diese Assimilation tritt jedoch nur in hochtonigen Silben auf; in den tieftonigen oder tonlosen hat das
Prinzip der Lautschwächung dieselbe entweder gar nicht aufkommen lassen oder wieder zerstört; daher in Kl. 1 *bódati*,
aber in Kl. 6 *tudáti*, und in Kl. 2:

Activum.

dvéšmi*)	*dvišvás*	*dvišmás*
dvékši*)	*dvišťás*	*dvišťá*
dvéšťi*)	*dvišťás*	*dvišánti*.

---

*) Nach Holtzmann aus *dvéšami, dvéšasi, dvéšati* entstanden. Seine Gründe
dafür (die Stelle Pâṇini II, 4, 73; die mögliche Entstehung aller Conjugation aus
der Wurzel *as*; etc.) sehe man bei ihm selbst (S 11 ff).

Medium.

dvišé	dvišvdhe	dvišmáhe
dvikšé	dvišáte	dviddvé
dvišté	dvišáte	dvišáte.

oder im Imperativ:

Activum.

dvéšáṇi	dvéšáva	dvéšáma
dviddí	dvištám	dvištá
dvéštu	dvištám	dvišántu

Medium.

dvéšái	dvéšávahái	dvéšámahái
dvikšvá	dvišátám	dviddvám
dvištám	dvišátam	dvišátám.

Ein dazwischen befindliches *y* (*i*) hebt, ganz wie im Deutschen, die assimilirende Kraft des *a* auf, daher in der vierten Klasse: *šúkyámi*, *šúkyasi*, etc. und der Potentialis der zweiten Klasse: *dvišyám*, *dvišyás*, etc.

3. Auf das Gebiet des Deutschen übergehend, stellt Holtzmann zunächst die beiden Paradigmen des Perfectums neben einander:

sanskr.	goth.
babánḍa	band
babánḍiťa	banst
babánḍa	band
babanḍivá	bundu
babanḍátus	bunduts
babanḍátus	
babanḍimá	bundum
babanḍá	bunduþ
babandús	bundun

und schließt hieraus: das betonte *a* blieb erhalten, das unbetonte wurde geschwächt, ähnlich wie im Sanskr. selbst für *paparis*, *ĝaĝaris*, *tataris*, etc. ein *papuris*, *ĝaĝuris*, *taturis*, etc. eintritt. „Der Wechsel von *band* in *bund* muß auch sehr alt sein, noch von einer Zeit her als der Vokal der Endung nicht nur noch nicht abgefallen war, sondern auch den Ton noch bewahrte; aus *babandimá* muß *babundimá*, *bundimá* und daraus mit Verrückung des Accents *búnduma*, *bún-*

dum geworden sein. So können wir mit ziemlicher Sicherheit die zwischen dem Sanskrit und dem Gothischen fehlenden Mittelglieder herstellen*)“. Den Umstand anlangend, dafs die Schwächung in *u,* nicht in *i* erfolgte (wonach Bopp im Verlauf der unten citirten Stelle frägt), so beruht dieselbe auf dem Einflufs des folgenden Consonanten, indem Liquida den *u*-Laut auch in andern Fällen begünstigt.

4. Bei der 2 Pers. Sing. herrscht im Sanskrit Unsicherheit sowohl hinsichtlich der Endung (*ta* und *ita*), als des Accents; er kann auf allen vier Silben stehn. Holtzmann glaubt jedoch, dafs ursprünglich nur zwei Formen gegolten: *babándita* wie in den übrigen Personen des Singulars, und *babandfitá* wie im Plural. In der Regel wird, wenn der Accent auf der Stammsilbe ruht, die Endung *ta* gebraucht und dieser Analogie folgt das Gothische (und Nordische). Ruht der Accent auf ultima, so darf nur *ita* gebraucht werden, und dieser Analogie folgt das Hoch- und Niederdeutsche: *bundi,* mhd. *bunde.*

5. Dem Conjunctiv Präteriti (*bundjau,* etc.) entspricht keine Form der gewöhnlichen Sanskritgrammatik; allein die Veden scheinen einen Potentialis Perf. zu kennen: *sasṛgyám* (Westergaard), *vokêyam* (aus *vavakêyam* nach Holtzmann), dort nach der zweiten, hier nach der ersten Hauptconjugation. Danach wäre von *band* (Klasse 7) zu bilden *babandfyām,* etc. niemals mit dem Accent auf der Stammsilbe, also die gothische Schwächung in *u* ganz wie im Ind. zu erklären.

6. Was das **Präsens** der deutschen *a*-Wurzeln betrifft, so scheint es freilich, dafs hier sanskr. betontes *a* zu goth. *i* geworden, da dem goth. *qipa* allerdings sanskr. *gádāmi,* nicht *gadắmi* gegenüber steht. H. nimmt aber eine Zwischenperiode mit verschobenem Accent an, also folgende Entwickelung: *gádāmi, gadámi, gidámi,* woran sich dann das goth. *qipa* schliefst; dieses wieder mit betonter Wurzelsilbe.

. *) Bopp antwortet (V. G. 2. Ausg. II, S. 480, Anm.) hierauf: „Ich halte die Betonung der sanskritischen Formen wie *babandmá* für *babándima* für verhältnifsmäfsig jung, wie ich überhaupt den Einflufs, welchen im erhaltenen Zustand des Sanskrit das Gewicht der Personalendungen auf die Herabziehung des Accents hat (?), für ein verhältnifsmäfsig spätes, dem Sanskrit eigenthümliches Ereignifs ansehe, und daher z. B. die Paroxytonirung des griech. *ἵμεν* für älter halte als die Oxytonirung des skr. *imás*“

Daſs diese Annahme nicht aller thatsächlichen Stütze entbehre, belegt H. durch Formen wie griech. *ἐστί, ἐντί*, gegenüber dem sanskr. *ásti, sánti*, zwischen denen nothwendig ein
Mittelglied *asti, santi* gelegen haben müsse. In ähnlicher
Weise wird dann die leichte Gunirung der *i*- und *u*-Wur-
zeln erklärt.

7. Hinsichtlich Grimm's VII. Klasse (*fara*) lehrt Holtzmann, daſs diese Verba sämmtlich Causalia (sanskr. 10. Kl.)
enthalten, also *fara* (eigentlich *farja*, vergl. *skapja, hafja,
rapja*, etc) nicht = *kárámi*, sondern = *káráyámi*, so daſs
also goth. *a* unbetontem sanskr. *á* entspräche. Das Perfectum
dieser Verba wird im Sanskr. umschrieben, so auch häufig
im Deutschen; wo dies aber nicht geschehen, da entspricht
die deutsche Bildung dem Perfectum der einfachen sanskr.
Wurzel; also *fôr* = *kakára*, d. h. goth. *ô* = betontem
sanskr. *á*.

8. Hieraus ergiebt sich nun folgende Uebersicht:

Skr. bet. o. tonl. *u* = goth. *u*

- - - - *i* = - *i*
- betontes *a* = - *a*
- tonloses *a* = - *i* oder *u*
- betontes *á* = - *ô*
- tonloses *á* = - *a*
- betontes *e* = - *ai*
- tonloses *e* = - *ei*
- betontes *o* = - *au*
- tonloses *o* = - *iu*.

IV   Gravitation.

§. 63.

Allgemeines.

1. Der Accent ist, wie bereits früher angedeutet wurde,
ein sowohl von Qualität als Quantität des Lautes völlig ver-
schiedenes Element. So wie er selbst unabhängig vom Laute
ist, so übt er ursprünglich auch seinerseits keinen Einfluſs
auf diesen aus; im Sanskrit, Griechischen, Lateinischen ruht
der Accent häufig auf einer kurzen Silbe, und umgekehrt
sind die tonlosen Silben oft lang, sei's durch Position oder
langen Vokal. Dies ändert sich nun im Verlauf des Sprach-

lebens. Das geistigere Element des Tons erlangt durch
das zunehmende Streben nach Hervorhebung des wesentlichsten
Begriffs allmälig ein Uebergewicht über den Laut, und die
quantitativen, ja zum Theil selbst die qualitativen Eigenschaften des letzteren gelten jenem Zwecke gegenüber als unter-
geordnet; sie müssen nach ihrem Vermögen mit dazu beitra-
gen, jene bereits durch den Ton starke Hauptsilbe noch mehr
zu stärken, d. h. sie entsagen zu deren Gunsten den quantitativen Vorzügen und es entwickelt sich somit das Gesetz:
die hochtonige Silbe jedes Wortes ist lang, jede tonlose kurz.
Was die tieftonigen betrifft, so halten sie Anfangs die organische Länge noch eine Zeit lang fest, bald aber zeigen sie
das Bestreben, ihre Quantität ebenfalls genau nach dem Ton-
verhältnifs zu regeln, d. h. zwischen Länge und Kürze die
Mitte zu halten; ja manche von ihnen verstümmeln sich zu
blofsen Kürzen.

2. Jene eben erwähnte Hauptsilbe des Wortes ist aber
in solch später Sprachperiode, mit geringen Ausnahmen, die
Wurzelsilbe; nach ihr ziehen sich also mehr und mehr.
die auszeichnenden Momente der übrigen Silben; Accent und
Quantität gravitiren nach ihr als einem Centrum, und hiedurch glauben wir die von uns für den accentischen Lautwechsel der Kürze wegen gebrauchte Bezeichnung „Gravitation" rechtfertigen zu dürfen.

3. Die *Gravitationserscheinungen* sind demnach, wie sich
aus dem Gesagten bereits vermuthen läfst, wesentlich von
zweierlei Art: 1) Stärkung der Tonsilbe; 2) Schwächung
der tonlosen Silben. Sie lassen sich, abgesehen von den Sprachen secundärer Formation (z. B. den romanischen), auch an
den spätern Perioden des Indischen, Persischen, Griechischen,
Slawischen, Lateinischen nachweisen; ganz besonders aber
an den germanischen Sprachen, von denen wir die hier einschlagenden Verhältnisse des Hochdeutschen genauer darstellen müssen.

Anm. Die Sprachgeschichte ist hier, wie wohl auch sonst an vielen
Stellen, ein Abbild der politischen. Jedes mehrsilbige Wort stellt gleichsam ein Reich dar, und die ganze Erscheinung des accentischen Lautwechsels ist nichts als der nothwendige Prozefs der Centralisation

§. 64.
Stärkung der Wurzelsilbe.

1. Im Gothischen findet eine solche noch gar nicht statt; es steht völlig auf dem Standpunkt der antiken Sprachen. Die Fälle, wo auf kurzen Vokal der Wurzelsilbe einfache Consonanz folgt, sind unzählig und fast niemals tritt ein Schwanken zwischen dieser und der Gemination ein. Es muſs also die hierauf bezügliche Aussprache zwischen *niman* (sumere) und *svimman* (natare), zwischen *alans* (alitus) und *allans* (omnes), etc. eine durchaus und unverkennbar verschiedene gewesen sein.

2. Ganz das nämliche Verhältniſs waltet im Groſsen und Ganzen auch im Althochdeutschen, doch fängt jetzt bei den harten Fricativlauten die Schreibung bereits zu schwanken an. Man findet *lohhe* und *lohe* (foramine), *waʒar* und *waʒʒar*, *schifes* und *schiffes*, etc.; vergl. §. 31, 3, c. Ganz aufgehört, aber aus anderen Gründen als hier in Betracht kommen, hat die Verbindung eines kurzen Vokals mit *k* und *p*[*]); diese Laute sind hier stets entweder zu den Affrikaten *ch* (d. i. *khχ*, *kχ*) und *ph* (d. i. *phf*, *pf*) oder zu den Fricativen *χ* (geschrieben *h*, später ebenfalls *ch*) und *f* geworden. Beispiele sind an einem andern Orte gegeben. Dagegen bleibt *t* meist unangefochten, obschon Fälle wie *bittar* (amarus, goth. *baitrs*) oder *spottes* neben *spotes* denn doch bereits eine leise Vorahnung späterer Ereignisse abgeben können. Die Liquidae und Lenes stehen fest; ja selbst das *w* (aber nicht mehr das *j*?) dulden noch kurzen Vokal vor sich, obschon dies bereits mit Widerstreben. Vergl. Gr. Gr. I², 142 ff., I³, 118. Die Annahme Grimm's, daſs alle ahd. *û* bereits unorganische Dehnungen (nämlich doch durch accentischen Lautwechsel?) eines früheren *u* seien, müssen wir hienach ablehnen.

3. Mittelhochdeutsch ist die einfache Consonanz nach kurzem Vokal schon bedeutend beschränkt. Wir scheiden der bessern Uebersicht wegen die einzelnen Gruppen:

a) Harte Fricativae. *ʒ* und *f* finden sich nur noch

---

[*]) d. h. dem organischen *k* und *p*. Wo diese nur dialectisch für *g* und *b* stehen, ist es ein Anderes; da findet man häufig *takes* (diei), *lopes* (laudis), etc.

9 *

sehr selten; es heifst fast immer *wazzer, schiffe*, etc. Dafs
der Guttural unter ihnen, das *ch*, eine Ausnahme macht und
immer einfach steht, hat lediglich einen graphischen
Grund; man scheute die monströse Schreibung *chch*, wie
man ja auch das *sch* und später das *sz* niemals verdoppelte.
Was das *s* betrifft, so findet es sich freilich oft genug nach
kurzem Vokal einfach: *lesen, wesen, besen*, etc., aber dieser
Zischlaut ist hier sicherlich nicht die Fortis, sondern die Lenis, mit andern Worten: nicht unser *s*, sondern unser *f*, gehört also gar nicht hierher. Gemination der Fortis bieten:
wassen (acrem), *hessen, messinc, esse, missen, wisse, gewissen, rosses, kusses*, die auf *nisse*, etc.

    b) Harte Explosivae. *k* und *p* kommen hier so we-
nig wie im Althochdeutschen vor; statt des ersteren steht
jetzt, je nach den Umständen, *ch* (aber im Sinne von *χ*) oder
kk (geschrieben *ck*); statt des letzteren *f* oder *pf*, sehr selten
das erst später aus dem Niederdeutschen eindringende *pp*. —
Aber auch die Dentalis fängt nunmehr an zu schwanken.
Am festesten haftet die einfache hinter *a*: *blat, blates; sat,
sates; glat, glates; schate* (umbra), *state* (opportunitas),
vater, etc.; ganz verschwunden ist sie dagegen hinter *e*: es
heifst *bette* (ahd. *betti, beti*; goth. *badi), wette, lette* (argilla),
erretten, zetten (dissipare); nur *bleter, veter, weter* finden sich
vereinzelt stumpfreimend. Nach *i* findet sich Anfangs noch
site (mos), *trites* (gradus), *snites* (segminis, masc.), *snite* (buccella, fem.), *schrites* (passus), *rite* (febris), *bite* (rogo), namentlich auch in den Präteritis *biten, liten, miten, striten,
sniten*, etc.; später greift selbst hier überall die Gemination
ein, und in *bitter, zitter* (tremor), *smitte* (officina fabri), *rit-
ter* (nachdem *ritaere* erloschen war) herrscht sie selbst in der
besten Zeit. Nach *o* haben *tt* die Wörter *spot, spottes;
rotte* (lyra), *rotte* (agmen), wiewohl nicht durchgehend,
einfaches *t* dagegen herrscht noch in *got, gotes; tote, bote*,
in den Präteritis *geboten, gesoten*, etc. Nach *u* scheint noch
durchweg einfache Consonanz zu gelten: *buten, suten*; aber
nach *ü* findet sich *hütte, mutte* (modius), *schutten, zerrutten*
(turbare). Vgl. Gr. Gr. I, 417 ff.

    c) Liquidae. Sie halten sich im Ganzen noch; doch
zeigt sich bereits bei *m* ein sehr bemerkbares Schwanken,
je weiter in der Zeit, desto stärker. Zwar heifst es noch

stets *hamer, kamer, drumen* (frangere), sämmtlich stumpfreimend; aber man findet schon *himel* und *himmel, ime* und *imme*
(ei), *sumer* und *summer*, etc.

d) Weiche Explosivae. Diese, so wie der kurze
Vokal vor ihnen, bleiben mittelhochdeutsch durchaus un-
versehrt; *sägen, dĕgen; lăden, rĕden; hăben, ĕben;* so dafs
also z. B. *wägen* (currus) von *wăgen* (audere) sofort zu unterscheiden ist.

c) Weiche Fricativae. Es kommt hier hauptsächlich nur die Dentalis (*ſ*) in Betracht, die freilich durch die
Schrift von den Fortis nicht unterschieden wird. Dafs aber
häse, lĕsen, wĕsen, etc. wirklich hieher gehören, also eigentlich
hăſe, lĕſen, wĕſen geschrieben werden müſsten, mag der völlige Mangel der Gemination bei ihnen (abgesehen von allen
andern Gründen) darthun. Das *j* findet sich nach kurzem
Vokal nicht mehr, das *w* ist im Erlöschen (Gr. Gr. I, 402);
man beachte indeſs *lĕwe* (leo).

4. Neuhochdeutsch ist die Herrschaft des Accents
völlig entschieden und somit das alte Quantitätsverhältnifs in
jeder Beziehung aufgelöst. Der neuhochdeutsche Accent verlangt unbedingt eine lange Silbe, um darauf zu ruhen, und
dieser Forderung wird auf zweierlei Art genügt: 1) durch
Schärfung der Silbe, d. h. Gemination des Consonanten,
worin schon das Mittelhochdeutsche vorangegangen war; nur
dafs jetzt sämmtliche *t* dieser Regel folgen; 2) durch
Dehnung der Silbe, d. h. Verlängerung des Vokals, ein
im Mittelhochdeutschen noch unerhörtes Verfahren. Die erstere Methode tritt im Allgemeinen bei den harten, die letztere bei den weichen Lauten ein; die Liquidae schwanken
zwischen beiden. Wir ordnen auch hier nach den einzelnen
Lautgruppen.

a) Fortes. Schärfung der Silbe. Beisp. *hacke* (d. i.
hakke), fitte, rappe; lachen (d. i. *laχ-χen), essen* (altes *ʒʒ*)
und *kussen* (altes *ss*), *hoffen*. Ausnahmen: *trăt, trĕten, brăch,
sprăch, ăs, măs, trăf*, etc.; wobei vermuthlich die Analogie
von *lăg, lăs, găb, lĕgen*, etc. überwog. In *vâter, gevatter*
erscheinen beide Arten neben einander an einem und demselben Stamme; bei *bôte, gebôt* hat vielleicht das Particip
gebôten eingewirkt. — Was den Laut *ſ* (geschrieben *sch*)
betrifft, so erweist er sich hiebei ebenfalls durchaus als For-

tis, d. h. die vorangehende Silbe wird geschärft, nicht gedehnt; in der ganzen hochdeutschen Sprache giebt es keinen
Fall, wo *sch* unmittelbar hinter langem Vokal stünde. Fragt
man aber weiter: warum wird die Schärfung nicht wie sonst
durch Gemination bezeichnet, also *wasch-schen, lösch-schen,*
etc., so antworten wir: die Gemination unterblieb aus demselben Grunde wie beim *ch*, weil das Ungehörige der Bezeichnung sich hier in auffallender Weise fühlbar machte; in
Wahrheit aber sprechen wir allerdings *waś-śen, löś-śen,* und
bei einer naturgemäßeren Orthographie würde auch kein
Mensch Bedenken tragen, demgemäß zu schreiben. Vergl.
§. 24. 5, *b.*

b) **Lenes.** Dehnung der Silbe, weil die Gemination
der Lenis dem hochdeutschen Organ widerstrebt; vergl.
§. 24. 5, *a.* und *c.* Beisp. *ſágen, dégen; láden, réden; háben,*
ében; inlautendes *j* giebt's nicht mehr; *háſe, léſen; löwe* (statt
léwe), máwe. Auch der im Deutschen eigentlich nur als
Fremdling und sehr selten auftretende Laut *ſ'* (poln. *ź*) folgt
dieser Analogie und steht nur nach langer Silbe; so in Schlesien *Láſe* (stagnum), *káſeln* (in glacie protrudi), *húſ'rig* (nimium properans), etc.

c) **Liquidae.** Meistens Dehnung. Beisp. *málen* (molere, mhd. *máln,* also noch streng geschieden von *málen,* pin-
gere), *stélen* (mhd. *stéln), víl* (geschr. *viel,* mhd. *víl), hólen*
(mhd. *hóln); wár* (erat, mhd. *wár), mér* (geschr. *meer,* mhd.
mér), ír (geschr. *ihr,* mhd. *ĭr); dénen* (tendere, mhd. *dénen),*
ſénen (languescere, mhd. *ſénen), bíne* (apis, mhd. *bĭn),* etc.
Bei *m* ist Schärfung gewöhnlicher: *hammer* (mhd. *hämer),*
ſemmel (aus dem lat. *similago), himmel* (mhd. *hĭmel), kommen*
(mhd. *kömen, kömn);* selbst mit Verkürzung der organischen
Länge in *jammer,* mhd. *jámer.* In *némen, nimm, genommen*
(mhd. *némen)* sind beide Arten neben einander. — Wie steht
es mit dem Laute *v* (Bopp's *ŏ*)? Daß man nicht *briv-gen*
sagt, ist gewiß; die graphische Verbindung soll eben nur den
Laut *v* ausdrücken; aber spricht man *bri-ven (briv-en)* oder
briv-ven? Wir glauben das letztere, da das neuhochdeutsche
Organ überhaupt die Fähigkeit verloren hat, in betonten Silben einfache Consonanz nach kurzem Vokal hören zu lassen,
und somit, wäre das *v* hier einfach, es gewiß ebenfalls *bri-*

ven (*briv-en*) heifsen würde, so gut wie *bi-ne*, *ri-men* (lorum).

Anm. Im Auslaut einiger kleiner Wörter von häufigem Gebrauch wird der Consonant, obschon kurzer Vokal vorangeht, nicht geminirt geschrieben Beisp. *an* (*am*), *in* (*im*), *von* (*vom*), *bin*, *hin*, *man*, *um*, *mit*, *ab*, *ob*, die Präfixe *un*, *ver*, *er*, *zer*, das Suffix *in* (schwankend), die Nomina *lob*, *grob*, *wol* (öfter *wol*), *glas*, *gras*, *tag*, etc., welche alle wenigstens landschaftlich kurz gesprochen werden; in anderen Gegenden spricht man freilich *àn*, *gròb*, *glàs*, etc. Aber auch im ersteren Falle ist die Sache lediglich orthographisch und keineswegs eine Ausnahme des Gravitationsgesetzes, mit anderen Worten: alle jene Beispiele werden ganz so gesprochen, als schriebe man *binn* (wie ja bekanntlich vor hundert Jahren, z. B. auch von Goethe noch geschah *), *mann* (wie denn das unpersönliche Wörtchen mit dem Nomen vir ursprünglich ganz identisch ist; die Scheidung erfolgte aus logischen, nicht aus phonetischen Grunden), *lobb* (oder vielmehr *lopp*), *grass*, etc

Vor mehrfacher Consonanz, gleichviel ob geminirter oder verschiedener, bleibt in der Regel die Kürze bewahrt In einigen Fällen zeigt sich jedoch auch hier Dehnung; so namentlich vor *rd*, *rt*, als: *àrt*, *bàrt*, *fàrt*, *zàrt*, *èrde*, *pfèrd*, *wèrt*, etc ; auch in *màgd*, *jàgd*, *krebs*, *nàchst*, *nèbst*, *schwèrt*, etc. Vermuthlich wirkt in den meisten Fällen dieser Art die frühere Zweisilbigkeit fort, z B ahd. *pferit*, *magad*, *krebiz* — Das in Folge der Flexion hinzutretende *t* oder *st* thut der Dehnung keinen Eintrag; z. B *fàgst*, *lèbst*, etc.

§. 65.
Schwächung der nicht wurzelhaften Silben.

1. Im Gothischen läfst sich eine solche mit Sicherheit ebenso wenig nachweisen, wie Stärkung der Wurzelsilbe; doch könnte man allerdings Nebenformen wie *filêgri*, *filigri*; *spillê*, *spilli*; *krôtôda*, *krotuda*; *vidôvô*, *viduvô*; *ainôhô*, *ainaha*; *ainammahun*, *ainummêhun*; *gabeigs*, *gabigs* (vergl. Gr. Gramm. I, 114, Anm.) in diesem Sinne deuten.

2. Althochdeutsch vervielfachen sich dergleichen Nebenformen so, dafs bereits ein merkliches Schwanken der Vokale entsteht. So können die Präfixe *ga*, *za*, *ar*, *far*, *zar*, *ant* nach Belieben in *gi*, *zi*, *ir*, *fir*, *zir*, *int* übergehen. Man findet *durah*, *duruh*, *durih* (per); *abant*, *abunt* (vespera); *silabar*, *silubar*; *trahan*, *trahin* (lacrima); *ubar*, *ubir* (super);

---

*) Vergl. die Facsimile bei Stoeber, Kästner, etc.

donar, *donir* (tonitru); *untar*, *untir* (inter); *anadaht*, *anidaht* (attentio); *tobazunga*, *tobizunga* (deliramentum); *mahaltag*, *mahiltage* (dies judicii); *sambaʒtag*, *sambiʒtag* (dies Sat.); *tougano*, *tougino* (clam); *tempal*, *tempil*; *dunchal*, *dunchil*; *missatuon*, *missituon*; *truganon*, *truginon*; die Ableitung *ári*, *ari*, etc. Sehr häufig wirkt auch Assimilation mit, wie z. B. in *bittiri* (amaritudo) von *bittar*, wo der Uebergang des *a* in sich durch beiderlei Gründe rechtfertigen läfst.

3. Mittelhochdeutsch und Neuhochdeutsch unterscheiden wir:

a) Die tonlosen Silben. Hier endet jenes unsichere Schwanken der Vokale mit einer gleichmäfsigen Verflachung und Auflösung derselben in *e*, selten noch *i*. Häufig schreitet die Abschwächung bis zur völligen Ausstofsung oder Abwerfung des Vokals, so dafs das Wort um eine Silbe kürzer wird; z. B. *ginada*, *genade*, *gnade*; *gilid*, mhd. *gelit*, nhd. *glid*; *durah*, *durih*, mhd. *durh*; *welih*, *solih*, mhd. *welh*, *solh*; *herzono*, mhd. *herzen*. Die Flexionslehre bietet eine Unmasse von Beispielen.

b) Die tieftonigen Silben, welche durch den Ton getragen werden, schützen den alten Laut länger und zum Theil bis heute. So in den Suffixen: *bar*, *ei*, *haft*, *heit* (*keit*), *in*, *lein*, *niss*, *sal*, *sam*, *schaft*, *tüm*, *ung*, etc. und den Präfixen: *un*, *ur*, *mis*, *erz*, etc., welche in einigen Fällen sogar bis zum Hochton gehoben werden. Bisweilen schwankt das Mittelhochdeutsche zwischen Tiefton und Tonlosigkeit, und in Folge dessen auch zwischen den Vokalen *a*, *o*, *u* einerseits, *e* und *i* anderseits. Ueberreste dieses Schwankens im Neuhochdeutschen sind die Wörter *heiland*, *weiland*, welche ursprünglich nichts Anderes sind als die Partizipien *heilend* (*der Heilende*), *weilend* (*da er weilte*, d. i. *lebte*) aber nur in einer bestimmten Bedeutung den alten Tiefton und damit den vollen Vokal gerettet haben. Ebenso das Präfix *ant* in *antlitz*, *antworten*, dessen sonstige Entartung in *ent* hier wegen des Hochtons unterblieben ist. — Den Gegensatz hiezu bieten solche Fälle, wo in Composition der Ton des Bestimmungswortes das doch ebenfalls wurzelhafte Grundwort, welches hier ursprünglich ebenfalls tieftonig war, bis zur Tonlosigkeit schwächt, ihm den vollen Vokal raubt und dadurch das Ansehen einer blofsen Endung giebt, z. B. *junker* aus *junkherre, jungfer* aus *juncfrouwe*; *drittel, viertel,* etc. aus *dritteil, vierteil* u. a. m.

§. 66.
Lautschwächung im Lateinischen.

Von den Gravitationserscheinungen der verwandten Sprachen führen wir nur die in der lateinischen Composition eintretende Lautschwächung an, welche sowohl durch ihre grofse Verbreitung als durch ihre leichte Nachweisbarkeit an lauter bekannten Formen vorzüglich geeignet ist, die Thatsache des hier in Frage kommenden Lautprozesses anschaulich zu machen. Als allgemeine Regel darf nämlich angenommen werden, dafs in den Compositis der zweite Bestandtheil den Hochton verlor, also nicht blos in Formen wie *cóncipit, próhibet, Júpiter,* sondern auch in solchen wie *défendi, ínermis, dilúvium, cóncutio,* etc. Vergl. Dietrich (Zeitschr. f. vergl. Sprachf. I, 543 ff.); Corssen, I, 313 ff. Die Schwächung selbst ist theils blofse Gewichtserleichterung, theils wirkliche Kürzung.

1. *a* wird in offener Silbe gewöhnlich zu *i.* Beisp. *facio, efficio; placeo, displiceo; taceo, conticeo; jacio, objicio; facilis, difficilis; ago, exigo; fateor, confiteor; statuo, constituo; pater, Jupiter; datus, conditus; cado, recido; cano, recino;* selbst vor Labialen und *l,* wenigstens in der spätern Zeit, *capio, accipio; sapio, insipio; rapio, surripio; caput, sinciput; habeo, prohibeo; amicus, inimicus; nam, enim; salio, desilio;* manchmal siegt jedoch in diesem Falle die Verwandtschaft zu *u: occupo, contubernium (taberna), diluvium (lavo);* in der ältern Zeit auch *mancupium, surrupio, desulio,* etc.; aber das *i* der folgenden Silbe wirkte assimilirende Auch die Composita von *quatio* zeigen den *u*-Laut: *concutio,* etc., wohl wegen der progressiven Assimilationskraft des im *q* enthaltenen labialen *v.* Vor *r* tritt *e* ein: *pario, reperio.* Ganz unverändert bleibt *a* in *comparo, compatior, subtraho, permaneo,* etc.

2. *a* wird in geschlossener Silbe meist zu *e.* Beisp. *damno, condemno; annus, perennis; scando, ascendo; pars, expers; barba, imberbis; spargo, conspergo; castus, incestus; capio, particeps; carpo, decerpo; sacro, consecro; facio, ef-*

fectum; *jacio*, *objectum*, etc. Ausnahmen bilden: *tango*, *con-
tingo*; *pango*, *compingo*; *frango*, *infringo*. Vor *l* tritt stets
u ein: *calco*, *inculco*; *salsus*, *insulsus*; *salto*, *exsulto*; ausgenommen: *fallo*, *refello*. Unverändert bleibt *a* in den Supinis
von *ago*, als *abactum*, *peractum*, etc.

3. *e* wird oft zu *i*. Beisp. *lego*, *diligo*; *emo*, *per-
imo*; *teneo*, *obtineo*; *rego*, *corrigo*; *sedeo*, *insideo*. Vor *r*
jedoch bleibt *e*: *dissero*, *obtero*, *infero*, *congero*; desgleichen
in geschlossener Silbe: *dilectum*, *peremtum*, *obtentum*, *cor-
rectum*, *insessum*. Das *i* ist zwar in allen jenen Fällen zugleich der urpsrünglichere Vokal, keinesweges tritt er
aber als solcher, durch „Rückbrechung" ein, sondern lediglich als der leichtere Laut.

4. Die langen Vokale setzen der Schwächung mehr
Widerstand entgegen; doch findet sich *hálo*, *anhélo*; *téla*,
subtilis; *lénis*, *delinire*; oder mit hinzutretender Kürzung:
gnótus, *agnitus*, *cognitus*; *júro*, *dejero*, *pejero*.

5. Aehnlich verhalten sich die Diphthonge:
quaero, *inquiro*; *aestimo*, *existimo*; *aequus*, *iniquus*; *caedo*,
concido; *laedo*, *collido*; *faux*, *suffoco*; *plaudo*, *explodo*; *causa*,
accuso; *claudo*, *includo*; etc. Ausnahmen: *haereo* und dessen
Composita.

Anm. Abgesehen von den, namentlich in der späteren Sprache
häufigen Fällen, wo die Schwächung des Vokals vermuthlich nur aus etymologischen Gründen unterblieb, scheint dieselbe prinzipiell dann vermieden worden zu sein, wenn die Composition unecht, d. h. eine bloße
Zusammenstellung zweier auch getrennt noch verständlicher Wörter war,
so besonders nach der Präposition *per* und gewöhnlich auch nach *post*,
ante, *circum*, weil diese Partikeln sämmtlich mit dem Verbum nicht zur
vollen Begriffseinheit verschmelzen Beispiele: *aequus*, *pernequus* (dagegen *iniquus*), *facilis*, *perfacilis* (aber *difficilis*); ebenso *posthabere*, *ante-
habere*, *circumagere*, *satisfacere*, *tepefacere*, etc. Ferner hält öfters auch
das Streben nach Deutlichkeit die Schwächung zurück, so zum Beispiel
blieb *contactum*, *depangere*, *expandere*, wegen *contectum*, *depingere*, *ex-
pendere*; etc. Vergl. Pott, I, 66. Corssen, I, 319 ff

V. Figuration.

§. 67.
Ueberblick.

Die Wort-Figuren, um die es sich hier allein handelt, betreffen nur die bedeutungslose (wenn auch nicht grundlose) Umgestaltung einzelner Wörter durch Abfall, Zutritt, Umstellung gewisser Laute. Des Genaueren unterscheidet man:

A. **Wegwerfung (Apothesis).**

    a) anlautend (*Aphäresis*). Beisp. lat. *sum* aus *esum* (griech. ἐσμί, sanskr. *asmi*). (1.)

    b) auslautend (*Apokope*). Beisp. ἐγώ aus ἐγών (sanskr. *aham*). (2.)

    c) inlautend (*Synkope im weiteren Sinne*). Es kann ihr unterliegen:

        α) Vokal vor Vokal (*Elision*). Beisp. *nullus* aus *ne ullus*. (3.)

        β) Vokal vor Consonant (*Synkope im engern Sinne*). Beisp. πατρός von πατήρ. (4.)

        γ) Consonant oder ganze Silbe (*Ekthlipsis*). Beisp. γένους aus γένεσος. (5).

B. **Hinzufügung (Prosthesis).**

    a) anlautend (*Prothesis*). Beisp. ὄνομα aus sanskr. *nâman*. (6.)

    b) auslautend (*Epithesis*). Beisp. das ν ephelkysticum. (7).

    c) inlautend (*Epenthesis*). Beisp. *Aesculapius* aus Ἀσκλήπιος. (8.)

C. **Umstellung (Metathesis).** Beisp. ἔδρακον von δέρκω. (9).

Anm. 1 Ganz verschieden von den hier besprochenen *Wort-Figuren* sind die *Satz-Figuren*, welche in der eigenthümlichen Stellung oder Verbindung, Anwendung oder Weglassung der Worte im Satze bestehen (z. B. Anastrophe, Inversion, Polysyndeton, Asyndeton, Ellipse, etc.) und die *Rede-Figuren*, d. i. die bildlichen Ausdrücke welche zur Belebung der Darstellung dienen (z. B Metapher, Metonymie, Synekdoche, Enallage, etc.). Die Betrachtung der Satz-Figuren gehört in die Syntax, die der Rede-Figuren gar nicht mehr in die Grammatik, sondern in die Rhetorik.

2 Heyse (System d Sprachw. S. 320) will den Ausdruck „Figur" überhaupt nur von den hierher gehörigen Erscheinungen einer und der-

selben Sprache angewendet, also auf unsere grammatische Sphäre beschränkt wissen. Wir unsererseits glaubten wenigstens den abstracten Begriff „Figuration" im weitesten Sinne nehmen zu dürfen; für die einzelnen concreten Fälle wird ja doch ohnehin statt der allgemeinen Bezeichnung „Figur" lieber die genauere: Apokope, Synkope, etc. angewendet werden.

§. 68.
Allgemeine Verhältnisse.

Von den hier aufgestellten Figuren finden sich die des Mangels (die apothetischen) am häufigsten, die des Ueberflusses (die prosthetischen) am seltensten.

1. *Wegwerfung von Lauten* ist im Allgemeinen nicht aus einem (bewufsten oder unbewufsten) Streben nach Wohllaut zu erklären, welcher dadurch ebenso oft leidet als gewinnt. Es hat vielmehr diese Erscheinung ihren wesentlichen Grund in der unaufhaltbaren Richtung der Sprache nach immer gröfserer Vergeistigung. „Jedes Abwerfen und Ausstofsen einzelner oder mehrerer Buchstaben und die dadurch verursachte Zusammendrängung der übrig bleibenden benimmt der Anschaulichkeit der Wurzeln und Endungen, mindert folglich das sinnliche Leben der Sprache" (Grimm I, 25), befördert aber dafür die Herrschaft des geistigen Elements. Darum steht auch diese Wegwerfung in engster Beziehung mit den Erscheinungen der Gravitation; die Laute der tonlos gewordenen Silben fallen am liebsten ab.

2. *Zufügung von Lauten* findet sich nach Grimm (ibid.) überhaupt nur scheinbar, „darum weil man der Sprache nichts zu geben vermag, sondern blos zu nehmen. Ausbildungen der Wurzel sind Entfaltungen ihrer Keime, und entsprossener Bildung läfst sich wiederum so wenig einschieben als der Wurzel selbst." Was man etwa als Ausnahme hierzu anführen könne, erweise sich schliefslich doch als blofser Lautwechsel und stehe „nirgends müfsig, dem Wohllaut zu Gefallen". — Wir stimmen im Allgemeinen dem bei; werden indefs später zu zeigen suchen, dafs doch in manchen Fällen, namentlich in Folge des Dissimilationstriebes, auch rein euphonische Zusätze und zwar besonders Einschaltungen wirklich stattgefunden haben.

3. Die *Umstellung von Lauten* ist seltener als die Wegwerfung, häufiger als die Zufügung, die Epenthese ausgenom-

men. Sie beruht meistens auf der Vorliebe oder Abneigung eines Idioms für gewisse Lautverbindungen, zum Theil aber auch auf dem allgemeinen Prinzip der Assimilation oder Dissimilation.

Anm. Die Grenzen dieser Hauptgruppen werden nur insofern unsicher, als vom Standpunkt der dialektischen Sphäre Manches als Prosthesis erscheint, was vom historischen als Apothesis gelten mufs. So z. B. erscheint das oberdeutsche *umb* dem nhd. *um* gegenüber als Epithesis; dem ahd *umbi* gegenüber, also vom historischen Standpunkt aus, erweist es sich als Apokope. — Es folgt nun eine kleine Beispielsammlung zu den einzelnen Figuren. Vgl. auch Pott, E. F. II, 112—350. Schneider, Lat Gramm. I. Heyse, D. G. p 350 ff

§. 69.
1. Aphäresis.

1. *Vokalische.* Hierher gehört die zuweilen (aus metrischen Gründen) stattfindende Weglassung des Augments im Sanskrit und Griechischen. Die Unterdrückung des *e* der Präposition *ex* im Ital., z. B. *epistola, pistola; epitaphium, pitaffio; episcopus, vescovo; expensa, spesa; expedire, spedire; expavescere,* franz. *épouvanter,* ital. *spaventare; explicare, spiegare;* etc. aber auch *arena, rena; eruca, ruca; aranea, ragno; aerugo, ruggine;* etc. Aehnlich zuweilen im Englischen: *extraneus,* franz. *étranger,* engl. *stranger; auscultare, écouter, skout.* Im Deutschen läfst sich wohl *reis, spargel,* auf *oryza, asparagus* zurückführen; *bei,* ahd. *bî,* auf griech. *ἐπί,* sanskr. *api; neben* ist entstanden aus ahd. *in eban;* dazu manche Kürzungen der Volkssprache wie *'nen, 'sist.*

2. *Consonantische.* Der Wegfall des Digamma im Griechischen, welches bei Homer noch ganz entschieden folgende Wörter besitzen: ἄγνυμι, ἅλις, ἁλίσκομαι, ἄναξ, ἀνάσσω, ἀνδάνω, ἀραιός, ἄστυ, ἔαρ, ἔθνος, εἴκοσι, εἴκω, εἴλω, ἕκητι, ἑκυρός, ἑκών, ἔλπομαι, der Pronominalstamm ἕ, ἔοικα, ἔπος, ἔργον, ἔργω, ἐῤῥω, ἐρύω, ἐσθής, εἷμα, ἔτης, ἡδύς, ἴσος, οἶκος, οἶνος; obschon der Laut *v* (*w*) nicht für alle in den verwandten Sprachen nachweisbar ist. Der Abfall von Gutturalen im Lateinischen, besonders des *g* vor Liquida. Beispiele: *lactis* (γάλακτος), *natus* (*gnatus*), *notus* (*gnotus*), *navus* (*gnavus*), *narrare* (*gnarus*), *nitor* (*gnitus,* Fest. p. 96), *nixus* (*gnixus*), *ravus* (neben *gravis, gravastellus,* hochd. *grawer, grau*), aber auch *lamentum* (*clamare*), *radere* (hochd. *kratzen*): die Beispiele lassen sich bedeutend vermehren, wenn

man die litth.-slawische Familie mit zur Vergleichung ziehen will; in der späteren Periode beginnt bereits der Abfall des *h*, welcher dann im Italienischen und phonetisch auch im Französischen vollständig wird. Seltener ist der Abfall einer Dentalis, z. B. *bellum (duellum), bis* (sanskr. *dvis), viginti (dviginti), Jovis* (sanskr. *dyos*), etc. Auf dem Felde germanischer Sprachen bietet ein grofsartiges Beispiel von Aphäresis der im Hochdeutschen seit dem IX.ª Jahrh. erfolgende Abfall des *h* vor Consonanten (*l, r, n, w*). Beisp. *hlahan* (ridere), *hlaufan* (currere), *hleitar* (scala), *hlósén* (auscultare), *hlót* (propago), *hlút* (sonorus), *hlútar* (purus), *hrad* (rota), *hraban* (corvus), *hrahho* (guttur), *hréo* (cadaver), *hrein* (limpidus), *hruom* (gloria), *hnaph* (crater), *hnaccho* (collum), *hnigan* (incumbere), *hniosan* (sternutare), *hnuʒ* (nux), *hwas* (acutus), *hwer* (quis), *hwedar* (uter), *hweiʒi* (triticum), *hwenjan* (quatere); *hwerban* (redire), *hwíla* (hora), *hwiʒ* (albus), etc. Sehr häufig ist der Abfall von Zischlauten, z. B. sanskr. ved. *stúra*, goth. *stiur*, hochd. *stier*, aber gr. ταῦρος, lat. *taurus*, altn. *thior*, schwed. *tjor*, dän. *tyr*. goth. *snaiv*; hochd. *snéo, sné, schné*; litth. *snegas*; altslaw. *sněgŭ*, sanskr. Wurzel *snu* (stillare) oder *snih* (humidum esse); aber griech. νίφα (Acc.), lat. *nix, nivis*. Vergl. Kuhn: „Ueber das alte *s*." Zeitschr. — Im Nordischen wird *v* vor *u* und dessen Umlauten (*y, o*) abgeworfen; z. B. goth. *vaurd, vaurms, vulfs*; altn. *ordh, ormr, úlfr*; goth. *viljan (velle)*, altn. *vella*, Plur. Prät. *ullo*, Conj. *ylli*. Aus dem Englischen gehört hierher das Verstummen des anlautenden *k* vor *n (knight)* und des *w* vor *r (write)*.

3. *Syllabische*. In den ältern Sprachen nur selten; z. B. τράπεζα (aus τετράπεζα, quadrupes), dagegen sehr häufig in den romanischen, besonders im Italienischen, z. B. *obscurus, scuro; extractus, stratto; absentia, senza,* franz. *sans; hibernus, verno; halare,* franz. *haleine,* ital. *lena; historia, storia; hirundo, rondine; hospitale, spedale; horologium,* span. *relox* (phon. *reloχ*); ἡμικρανία, franz. *migraine*; ἐξάμιτος, mhd. *samit, sammet.* Auf dem Gebiet des Hochdeutschen gehört hierher besonders der allmälige Wegfall der Vorsilbe *ge*, welche in der früheren Sprache alle Verbalformen beliebig begleiten konnte, z. B. mhd. *ich genenne, gespriche,* neuhochd. nur *ich nenne, spreche*; mit Ausnahme des Part. Prät. (*genannt, gesprochen*) und einiger wenigen Verba, wo sie nunmehr fixirt ist, z. B. *geniese, gedenke, gefalle,* etc. Vergl.

dazu die Nebenformen *Gebrauch, Brauch*; *Gesang, Sang*; *ge-
lind, lind*; die letzteren eigentlich niederdeutsch (vergl. *wisse,
nog, Smack*, statt des hochd. *gewifs, genug, Geschmack*). In
der Volkssprache häufig, z. B. *'rein (herein), 'raus (heraus),
'mal (einmal), 'was (etwas)*, u. ähnl Dazu die Contractionen
im (in dem), am, vom, zum, beim, unterm, uberm, hinterm, und
das weibliche *zur*; auch im Acc. *aus, ins, ums, fürs, aufs,
durchs*; ja selbst zwischen Artikel und Hauptwort: *'smorgens,
'sabends, 'snachts*. Will man dergleichen Formen als Wort-
einheiten betrachten, so würde freilich dieser Ausfall Ekthlipsis heifsen müssen.

§. 70.
2. **Apokope.**

1. *Vokalische*. Im Griechischen historisch, namentlich
in der Wortbildung, nicht leicht nachzuweisen (vergl. indefs
ὑπέρ, sanskr. *upari*) und auch in der Flexion nur selten, z. B.
τίϑης, δίδως, ἴστης (sanskr. *dadâsi, tiśfasi*), grammatisch blos
vor Vokalen, als τοῦτ' ἐστίν, u. dergl. was wir jedoch, da so
verbundene Wörter gewissermafsen nur eines vorstellen, lieber als Elision betrachten. Im Latein historisch sehr häufig,
zunächst in der Wortbildung, z. B. *ab* (sanskr *apa*, griech.
ἀπό), *sub* (sanskr. *upa*, griech. ὑπό), *per* (sanskr. *pari*, griech.
περί), *et* (sanskr. *ati*, ultra, griechisch ἔτι), *aut* (sanskritisch
uta, mit unorganischer Verlängerung, etwa wie in *aurora*,
sanskr. *uśâsâ*), *ut* (aus *uti*); *dic, duc, fac, fer* und wahrscheinlich ebenso zu beurtheilen die Partikel *vel* (aus *veli*); *sin, quin*
(aus *si nê, qui nê*), *seu, neu* (aus *sive, neve*); sodann in der
Flexion vergl. *das, stas* mit den oben angegebenen sanskritischen Formen; *feris, ferit* (sanskr. *barasi, barati*); aus den
romanischen Sprachen vgl. die ital. Verkürzung mehrsilbiger
Wörter, vor deren Endvokal eine Liquida steht; z. B. *amar,*
veder, val, buon, uom; und die franz. stummen Vokale im Auslaut.
Im Deutschen gehört hierher aus historischer Sphäre vor Allem
das gothische Auslautgesetz III und IV (S. 58), welches seinen Einflufs durch die ganze hochdeutsche Periode erstreckt.
In dieser letztern selbst erzeugt die nunmehr auftretende
Gravitation eine Fülle von Apokopen, besonders begünstigt
durch die dem Mittelhochdeutschen speziell angehörende Eigenthümlichkeit, jedes stumme *e* nach Liquida, namentlich
l und *r*, abzuwerfen. Wir kommen auf diese Erscheinung

bei der Synkope zurück, mit welcher sie eng zusammenhängt, und wo wir auch auf die hierin etwas abweichenden Verhältnisse des Neuhochdeutschen eingehen werden. — Unabhängig von dieser Hauptregel ist der Abfall des aus früherem *w* entstandenen ahd. *o* im Mittelhochdeutschen, z. B. *séo* (lacus, goth. *saivs*), *snéo* (nix, goth. *snaivs*), *chléo* (trifolium), mhd. *sé, sné, klé,* etc.

2. *Consonantische.* Wir erwähnten schon früher (§. 32, 5), dafs im Sanskrit jede auslautende Doppelconsonanz durch Apokope des letzten Factors vermieden wird; ausgenommen wenn der vorletzte ein *r* ist. Das Griechische und Lateinische sind hierin weniger streng, bieten indefs doch analoge Erscheinungen in Menge; theils mit, theils ohne anderweitigen Ersatz der verlorenen Consonanten. Beisp. πᾶν (πάντ), λέων (λέοντ), χαρίεν (χαρίεντ), auch mit Abwerfung beider Consonanten: γάλα (γάλακτ, während das lat. *lac* den einen behält), ἄνα (Vok. von ἄναξ), *cord* (skr. *hṛd*, aus *hard*), *jecur* skr *yakṛt*, aus *yakart*); das Nominativzeichen *s* fällt wenigstens nach Liquida gern ab: ϑήρ, αἰϑήρ, λιμήν, *vigil, exsul, imber, ren, lien, splen* (Ausn. *hiems*). Aber selbst einfache Muta wird im Griechischen nicht geduldet Beisp. τό (lat. *is - tud*, skr. *tad*), ἄλλο (lat. *aliud*, sanskr. *anyad*), desgleichen αὐτό, τοῦτο, ἐκεῖνο, wo überall *d* abgefallen (die Formen ταὐτόν, etc. beruhen auf falscher Analogie; die Bildungen mit dem Suffix μα (ματ), als αἷμα, σῶμα, ὄνομα; ebenso μέλι (μέλιτ, goth. *milip*), etc. Apokope des *n* in ἐγώ, ego (sanskr. *aham*) und im Nominativ der lateinischen Stämme auf *ón*, als *sermó, edó, bibó, erró, homó, origó, hirundó, -tudó,* etc., die dann im Genitiv theils wirklich *ónis*, theils mit Schwächung *inis* bieten (*hominis*, alt *hemónis, homónis*). Noch enger der Flexionslehre gehört der allgemeine Abfall des Ablativzeichens *d* im Lateinischen, des Personalsuffixes τ in der griechischen 3. Singul. und Plural. der historischen Tempora, z. B. ἔφερε(τ), ἔφερον(τ), φέροι(τ). Als wirkliche grammatische Figuren könnten vielleicht Fälle gelten wie νύ neben νύν; πρόσϑε, ὄπισϑε, πάροιϑε für πρόσϑεν etc.; οὕτω für οὕτως; im Latein wohl nichts dergleichen. Auf dem Gebiet des Deutschen fällt hierher das gothische Auslautgesetz I und II; im Hochdeutschen tritt dazu noch der Abfall des Nominativzeichens *s,* vergl. ahd. *tag, balg, maht* (goth. *dags, balgs,*

mahts), in der neuhochdeutschen Periode der des *t* in der 3. Plur. Präs. z. B. *lêfen*, *hoeren* (mhd. noch *lesent*, *hoerent*), und manches andere, mehr Vereinzelte.

3. *Syllabische.* Das interessanteste Beispiel einer solchen bietet wohl der im Lateinischen und Deutschen fast vollständige, im Griechischen wenigstens überwiegende Abfall des Suffixes *mi* in der 1. Pers. Präsentis, z. B. sanskr. *õardmi*, griech. φέρω, lat. *fero*, goth. *baira*; im Perfectum ist das Personalsuffix schon im Sanskrit abgefallen: *tutõda* (lat. *tutudi*) statt *tutõdami*. Aus dem Latein gehört hierher der Nom. Sing. auf *er* der 2. Dekl., welcher die Endung *us* verloren, z. B. *puer*, *vir* (statt *virus*, sanskr *viras*), *os* (aus *osse*, mit Assimilation von sanskr. *asti*), *non* (aus *noenum*, *ne oenum*, d. i. *ne unum*); dazu die zahlreichen Fälle aus den romanischen Sprachen, besonders dem Französischen: *nom* (*nomen*), *hiver* (*hibernum*), *jõur* (*diurnus*), *peu* (*paucus*), *feu* (*focus*), *trou* (mittellat. traugum), *ami*, *fourmi*, *sangsue* (*sanguisuga*), etc. Aus dem Deutschen gehört hierher historisch der Abfall der im Gothischen noch vorhandenen Flexion der *U*-Stämme, z. B. *sunus*, *handus*, ahd. *sun*, *hand*; grammatisch die Weglassung der Neutralendung bei den Adjectiven, z. B. goth. *blindata* und *blind*; ähnlich wie heut noch: *schönes Wetter* und *schön Wetter*. Ueber den Wegfall der Flexion überhaupt vergl. Gr. IV, 460 ff.

§. 71.
3. Elision.

In einfachen Wörtern nicht leicht vorkommend, da hier zwei zusammentreffende Vokale entweder einen Diphthongen bilden oder einen euphonischen Consonanten einschieben; wohl aber in solchen, welche aus zwei Bestandtheilen zusammengefügt sind, wie im Lateinischen *nullus* (*ne ullus*), *nunquam* (*ne unquam*), *istic* (*iste hic*), *ante* (*ante ea*), oder im Gothischen *pammuh* (*pamma uh*) *nibai* (*ni ibai*), im Hochdeutschen *binnen* (*bi innan*), *bangt* (*bi ango*), *nein* (*ni ein*, *ne ein*), *nie* (*ni io*), *gönnen* (*gi-unnan*, *gi-onnan*), etc. Aber auch hier findet sich die Elision nur historisch, nicht aber als willkürliche grammatische Figur, d. h. in Wörtern, wo die Sprache diesen innerlichen Hiatus einmal duldet, z. B. *beendigen*, *beobachten*, *gealtert*, etc.; im Mittelhochdeutschen freilich auch *g'enden* statt *geenden*. Sehr häufig dagegen ist die Elision als grammatische Figur zwischen zwei in der Rede zusammentretenden Wörtern, wenn der Auslaut des ersten und der Anlaut des zweiten Vokale sind. So schon im Griechischen bei allen Präpositionen, welche sich auf α, ι, o endigen (ausgenommen ἕνεχα, περί, πρό), bei zahlreichen Partikeln und Adverbien, selbst Pronominal- und Verbalformen; nicht im Lateinischen, wo dafür eine eigenthümliche Verschleifung (Synaloephe) eintritt; wohl aber im Gothischen z. B. *pat-ut* (*pata ist*), *kar-ist* (*kara ist*), *nist* (*ni ist*); und ganz besonders im Neuhochdeutschen, wo das lästige auslautende *e*, dessen Ton ohnehin verhallt, in der gesprochenen Rede fast durchweg und häufig auch in der Schrift unterdrückt wird. Es findet also hier eigentlich eine vokalische Apokope statt, die jedoch durch einen nachfolgenden Vokal veranlaßt ist und bei der so bewirkten Zusammenziehung beider Wörter ganz den Eindruck wie die Auswerfung eines Inlauts macht. Substantiv und Verb geben diese Elision in allen Formen zu, als *Sonn' und Mond, Aug' und Ohr, hab' ich, hatt' er, sag' an,* etc.; das Adjectiv jedoch läßt sich seines einverleibenden End-*e* nicht berauben, also *der kule Abend*, nicht *der kul' Abend*.

§. 72.
4. Synkope.
(Im engern Sinne.)

In der lateinischen Deklination und Wortbildung fällt *e* zwischen Muta c. Semivoc. (*l*, *r*) größtentheils aus; die vokalische Natur dieser letztern begehrt unmittelbaren Anschluß an den vorangehenden Consonanten und erzwingt gewissermaßen eine Elision. Nach mehrfacher Consonanz wird der Ausfall schwankend: *intra, infra, extra, dextra,* aber *interior,* etc. (vergl. sanskr. *rágnas, dávnas, námnas,* aber *yagoanas, átmanas*). Nach Vokal, Liquida oder *s* unterbleibt die Synkope gänzlich: *pueri, celeres, teneri, anteres.* Aber auch andere Vokale, besonders *i*, *u* fallen nicht selten aus: *periclum, saeclum, hercle, figlinus, fibla, tegmen, valde, calde, lamna, balneum.* — Im Griechischen hat die Synkope einen bei Weitem kleineren Spielraum. Beisp. πατρός, πτήσομαι, ἐπτόμην, ἦλθον, πέπταμαι, etc. — Dagegen findet sie auf dem

Gebiet deutscher Sprache ein reiches Feld. Wir sondern die Erscheinungen derselben nach den beiden Hauptsphären. *A. Historische Synkope.* Zunächst möchten wir hierher ziehen jene gothischen Formen *bruhta* (aus *brukida*), *bauhta* (*bugjida*), *pahta* (*pagkida*, mit Ekthlipse des Lautes *v*), *namna* (*namóna*), etc., weil wir nicht glauben, daſs die volleren Formen daneben noch üblich oder überhaupt im Volksbewuſstsein auch nur vorhanden waren. Dagegen dürften Fälle wie *kaupasta* (*kaupatida*) oder gar *bimaminda* (*bibamida*) schon der grammatischen Sphäre angehören. Schwierig ist die Beurtheilung jener Fälle wie goth. *fugls, akrs, népla*, etc. gegenüber dem ahd. *fógal, ahhar, náddala,* etc. Nach Grimm sind diese letzteren Formen die organischen, d. h. das Suffix *ala, ara* anzunehmen und mithin die gothischen synkopirt. Uns scheint es indeſs doch eher, daſs die gothischen Formen die ursprünglichere Gestalt bieten (Suffix *la, ra*; vergl. griech. ἀγρός sanksr. *agra*) und im Althochdeutschen nur die hier so gewöhnliche Epenthesis eingetreten ist, die aber diesmal wegen des unbeliebten Auslauts, *gl, dl, kr* auch der spätern Sprache verblieb. Für die hochdeutsche Periode ist sonst in Folge des accentischen Lautwechsels Synkope ungemein häufig. Beisp. ahd. *halid,* mhd. *helt,* nhd. *held;* ahd. *stahal,* mhd. *stahel,* nhd. *stál;* abd. *durah,* mhd. *durh,* nhd. *durch;* ahd. *silubar,* mhd. nhd. *filber;* goth. *hvéleiks, svaleiks,* ahd. *huelih, solih,* mhd. *welh, solh,* nhd. *welch, folch;* goth. *viduvó,* abd. *wituwa,* mhd. *witewe,* nhd. *witwe;* ahd. *farawa,* mhd. *varwe,* nhd. *farbe;* abd. *ginada,* mhd. *genade,* nhd. *gnáde;* ahd. *gilid,* mhd. *gelit,* nhd. *glid;* ahd. *gilih,* mhd. *gelih,* nhd. *gleich;* goth. *galaubjan,* ahd. *gilauban,* mhd. *gelouben,* nhd. *glauben;* ahd. *wehsalón,* mhd. *wehselen,* nhd. *wechseln;* etc. Das dunkle Gefühl dieser Synkope äuſsert sich noch in manchen neuhochdeutschen Wörtern dadurch, daſs der ursprünglich kurze Wurzelvokal vor zwei Consonanten, zwischen denen dieselbe stattgefunden hat, gedehnt wird; z. B. *krébs* (ahd. *ohrebiʒ,* mhd. *krebeʒ*), *mágd* (ahd. *magad,* mhd. *maget*), etc.

B. Grammatische Synkope. Mit voller Sicherheit weder im Gothischen noch Althochdeutschen nachweisbar, obschon die mündliche Rede sich dergleichen Freiheiten wahrscheinlich bereits erlaubt hat (vergl. oben). Dagegen tritt die Synkope als wirkliche grammatische Figur sehr verbrei-

tet im Mittelhochdeutschen auf, wo das nunmehr wu-
chernde *e* eine solche Erleichterung allerdings sehr wünschenswerth machte. Als Hauptregel gilt hier, dafs jedes *e* oder *i*
einer stummen Silbe nach *l* und *r* nothwendig ausfällt, daher
maln (molere), *heln* (celare), *steln* (furari), *farn* (vehere), *bern*
(ferre), *nern* (alere), etc. Vergl. Gr. I, 273. Weniger entschieden zeigt sich diese Synkope nach andern Consonanten,
am häufigsten ist sie vor *s* und *t*, die nähern Einzelheiten
werden besser in der Flexionslehre an den geeigneten Stellen
erwähnt; hier nur so viel, dafs bestimmte allgemeine Gesetze,
wann überall die mittelhochdeutsche Synkope (oder Apokope)
eintreten müsse, sich überhaupt nicht geben lassen. Das
rhythmische Verhältnifs der Silben einerseits und die Natur
der Laute andrerseits haben zwar darauf Einflufs, aber selten
einen entscheidenden, und dem Belieben des Schreibenden
bleibt ein weiter Spielraum. — Ganz ähnlich verhält es sich
im Neuhochdeutschen, nur dafs es hier keine stummen
Silben im Sinne des Mittelhochdeutschen mehr giebt, also
zunächst die oben erwähnte Hauptregel wegfällt, und auch die
übrigen, welche Grimm für das Mittelhochdeutsche aufstellt,
hier sehr wankend werden; will man sie mit Gewalt anwenden, so ergeben sich eine solche Menge Ausnahmen, dafs man
in ein Labyrinth geräth. Die Sprache befolgt sichtlich andere Prinzipe; sie strebt, wenigstens in mündlicher Rede,
nach gröfster Kürze, so weit es nur irgend Deutlichkeit und
Wohlklang zulassen. Daher wird in der Regel der Binde-
vokal *e* der Verbalflexionen *et, est, ete* unterdrückt; denn er
ist für die Bedeutung überflüssig und der folgende Dental
schliefst sich leicht an; also *freut, freust, freute* (hier nach
Vokal ganz besonders gern), aber auch *lebt, regt, weckt*, etc.
Die Schreibung ist, wie im Neuhochdeutschen stets, auch
hier pedantisch und scheut sich mitunter vor dergleichen Formen oder glaubt einen Apostroph setzen zu müssen. Die
Endung *en* wird seltener gekürzt, weil das *n* sich schwer an-
schliefst; man spricht zwar *freun* (so zu schreiben gilt
schon als gewagt, man will mindestens *freu'n*), aber *stélen,
nären, lesen, reden, geben*, etc. und zwar, wie wir glauben,
nicht darum weil die Wurzelsilbe jetzt lang, mithin die
Endung blos tonlos (nicht stumm) ist, denn sonst dürfte man
auch nicht *stilest, stilet*, etc. in *stilst, stilt* verwandeln, son-

dern wegen der im Auslaut für das neuhochdeutsche Organ unangenehmen Verbindung *ln, fn, dn, bn,* etc. Das *rn* ist zwar sonst statthaft (*korn, dorn, fern,* etc.), aber nach langem Vokal scheint es doch mehr Schwierigkeit zu bieten und unterbleibt ebenfalls. Aus ähnlichem Grunde wird auch vor *s, t* das *e* erhalten; wenn der Stamm des Verbums auf *d* oder *t* auslautet; also *redet; betet,* etc.

Am schärfsten tritt der Gegensatz zwischen mittelhochdeutscher und neuhochdeutscher Synkope (Apokope) in der Nominalflexion hervor, wie folgende Zusammenstellung zeigen wird, in welcher die mittelhochdeutschen Formen streng nach Grimm's Regel behandelt wurden.

1. *Starke Masculina.* Mittelhochdeutsch. Volle Form: *âl* (anguilla), Gen. *âles,* Nom. Plur. *âle; gêr* (jaculum), *gêres, gêre; stein, steines, steine; nebel, nebeles, nebele; eber, eberes, ebere; segen, segenes, segene; kradem* (strepitus), *krademes, krademe.* Synkopirte Form: *stil, stils, stil; har* (linum), *hars, har; man, mans, man; engel, engels, engel; acker, ackers, acker; meiden* (equus castratus), *meidens, meiden; âtem, âtems, âtem.* — Neuhochdeutsch gehen alle einsilbigen Wörter wie *âl,* also *stil, stiles, stile;* alle mehrsilbigen wie *engel,* also *nebel, nébels, nébel; eber, ebers, eber,* etc. und zwar nach Grimm's Auffassung deshalb, weil wegen der nunmehr langen Wurzelsilbe die zweite Silbe blos tonlos, die dritte aber stumm ist, mithin abfallen muſs.

2. *Starke Feminina.* Mittelhochdeutsch. Volle Form: *quâle,* Dat. Plur. *quâlen; mîle, mîlen; êre, êren; mûre, mûren; gabele, gabelen; lebere, leberen.* Synkopirte Form: *zal, zaln; kel, keln; schar, scharn; scher, schern; nâdel, nâdeln; âder, âdern.* Im Neuhochdeutschen müſste nun nach Grimm's Regel bei den einfachen Wörtern durchweg das *e* geblieben sein, also *quâle, meile, ére, maure, zâle, kêle, schâre, schêre;* wir sehen aber, daſs *quâl, mau(e)r, zâl, schâr* (und eine groſse Zahl anderer) sich denn doch dieser Regel entziehen. Die Ableitungen haben sämmtlich das *e* verloren: *gâbel, lêber,* etc. und dies stimmt wieder mit Grimm's Regel.

3. *Starke Neutra.* Mitelhochdeutsch. Volle Form: *teil,* Gen. *teiles,* Dat. Plur. *teilen; jâr, jâres, jâren; swîn, swînes, swînen; adel* (genus), *adeles, adelen; leder, lederes, lederen.* Synkopirte Form: *zil, zils, ziln; ber* (bacca), *bers, bern; lâ-*

mel (culter), *ldmels, ldmeln*; *laster, lasters, lastern*; *zeichen, zeichens, zeichenen* oder *zeichen* (beides für das phonetisch unstatthafte *zeichen'n*). Im Neuhochdeutschen ganz wie beim Masculinum.

4. *Schwache Masculina.* Mittelhochdeutsch. Volle Form: *buole*, Gen. Sing *buolen*; *tóre, tóren*; *máne, mánen*; *dúme* (pollex), *dúmen*; *nabele* (umbilicus), *nabelen*; *kevere* (carabus), *keveren*; *beseme, besemen*. Synkopirte Form: *kol* (carbo), *koln*; *ar* (aquila), *arn*; *swan, swanen* (statt des phonetisch unmöglichen *swan'n*); *nam* (nomen), *namen* (statt des phonetisch schwierigen *nam'n*). Im Neuhochdeutschen sollten nach Grimm's Regel alle einfachen das *e* behalten (*búle*); viele werfen es indefs ab (*tór, daum* neben *daumen*); die mehrsilbigen thun es alle, dies wieder streng nach Grimm's Regel.

5. *Schwache Feminina.* Mittelhochdeutsch. Volle Form: *biule*, Nom. Plur. *biulen*; *siure, siuren*; *videle, videlen*; *natere, nateren*. Synkopirte Form: *mül, muln*; *bir* (pirum), *birn*; *geisel, geiseln*; *schulter, schultern*. Neuhochdeutsch mit den starken wie überhaupt so auch hier zusammenfliefsend.

6. *Adjectiva.* Mittelhochdeutsch. Volle Form: *vúler* (putris), Gen *vúles*, Dat. *vúlem*, Nom. Plur. *vúle*; *súrer, súres, súrem, súre*; *edeler, edeles, edelem, edele*; *magerer, mageres, magerem, magere*; *ebener, ebenes, ebenem, ebene*. Synkopirte Form: *holr* (cavus), *hols, holme, hol*; *bar* (für *bar'r*), *bars, barme, bar*; *lamr* (claudus), *lams, lamme, lam*; *michelr* (magnus), *michels, michelme, michel*; *heiter, heiters, heiterme, heiter*; *eigenr, eigens, eigenme, eigen*. Neuhochdeutsch befolgen die einsilbigen Grimm's Regel; die mehrsilbigen aber, welche doch nunmehr sämmtlich die Flexion abwerfen müfsten, da diese ja stumm geworden, behalten sie unter allen Umständen im Nom Plur.; also *édele, mágere, heitere, eigene*, und wenn sie überhaupt synkopiren, so ist es das *e* der zweiten (doch blos tonlosen) Silbe, also *édle, mágre, heitre, eigne*. Bei den übrigen Casus herrscht grofse Freiheit; es heifst z. B. im Dativ *heiterem, heiterm, heitrem*; etc.

Anm. Die Synkope des nhd. *e* (gleichviel ob dasselbe nach Grimm's Regel stumm oder blos tonlos ist) erfolgt demnach bei den Substantiven in dieser Weise:

I. im Genitiv Sing.

1) stets; bei den mehrsilbigen Bildungen auf *l, r, n, m* und den Comp auf *lein* und *chen*. Beisp *Engels, Ebers, Wagens, Atems, Knäbleins, Mädchens*

2) gewöhnlich; in den Ableitungen auf *at, end, icht, ig, ling, rich, sal,* und den Comp auf *tum* und *land* Beisp. *Monats, Abends, Dickichts, Königs, Jünglings, Estrichs, Drangsals, Reichtums, Vaterlands.*

3) niemals; bei den auf Zischlaut (*s, x, sch*) ausgehenden Beisp. *Halses, Rosses, Trotzes, Hirsches*

4) beliebig; bei allen übrigen, einerseits vom Tempo und Rhythmus der Rede, andrerseits vom Wohlklang abhängig, daher am häufigsten nach Liquida (*Mals, Jars, Wans,* etc), seltener nach Muta (eher *Tages, Rades, Lobes* als *Tags, Rads, Lobs*), am seltensten nach Doppelconsonanz (*Waldes, Bartes, Mondes,* etc).

II. Im Dativ Sing

1) stets; bei den unter I, 1) angegebenen Es kann nur heifsen *dem Engel, Eber, Wagen, Atem, Knäblein, Mädchen;*

2) gewöhnlich; bei den unter I, 2) angegebenen;

• 3) beliebig; bei allen übrigen, und zwar nimmt wie es scheint die Synkope im Laufe der Zeit immer gröfsere Dimensionen an.

III. Im Plural.

1) stets; bei den unter I, 1) angegebenen;

2) niemals, bei allen übrigen; auch bei sämmtlichen Adjectiven.

Im Allgemeinen scheint also, wie man sieht, die neuhochdeutsche Sprache die Zweisilbigkeit und das einfache Verhältnifs einer hochtonigen zu einer tonlosen (oder tieftonigen) Silbe möglichst aufrecht erhalten zu wollen. Bei den Adjectiven schützt sie vor Allem das einverleibende Element, die Endung giebt vorkommenden Falls lieber die unwesentlichere Ableitungs- oder Bildungssilbe preis.

§. 73.

5. Ekthlipsis.

Die Fähigkeit der Consonanten zum Ausfall ist verschieden. In Bezug auf die qualitativen Reihen scheinen uns denn doch die Gutturalen am meisten dazu geneigt*), etwas weniger die Dentalen, am wenigsten die Labialen; in den quantitativen Reihen fallen am häufigsten die weichen Fricativae (*g, f, w*) und das *h* aus. Die Ekthlipsis selbst kann stattfinden a) zwischen Vokalen, welche dann häufig mit einan-

---

*) Pott (II, 271) stimmt für die Dentalen an erster Stelle; unsere Meinung gründet sich auf den so überaus häufigen Wegfall des *h, j, g* in den germanischen Sprachen, gegen welchen selbst der des *d* durchaus nicht aufkommt. Vergleiche Grimm: „Ueber Diphthonge nach weggefallenen Consonanten (Abhandl. der Berl. Akademie, 1845).

der verschmelzen, *b*) zwischen Vokal und Consonant, *c*) zwischen Consonanten.

1. *Zwischen Vokalen.*

Im Griechischen und Lateinischen werden davon besonders die weichen Fricativae betroffen. Beisp. das Comparativsuffix *ιων*, *ior* (sanskr. *iyans*); *Deus* (sanskr. *dyaus*, Them. *dyô*, coelum), *νηός* (sanskr. *nâvas*), *ἐννέα* (sanskr. *navan*); das *σ* (welches hier durchaus als *ʃ*, nicht als *s* anzusehen) wenigstens regelmäſsig in der Flexion: *γένος*, *γένεσος*, *γένεος*; *τύπτεσαι*, *τύπτεαι*; etc.; sodann *mihi*, *mí*; *nihil*, *nil*; *bijuga*, *biga*; *aes* (sanskr. *ayas*), die Formen *perii*, *audierunt*, *amârunt*, *nôlo*, *sub dio*, etc. Im Deutschen bemerke man das wenigstens im Inlaut gleichfalls stattfindende allmälige Verschwinden des *j* und *w*; z B. goth. *fijand*, ahd. *fiant*, mhd. *vient*, nhd. *feind*; goth. *spivum*, ahd. *spiwen*, mhd. nhd. *spien* (spuerunt); sodann den nach kurzem Wurzelvokal so häufigen Ausfall der Explos. len. (*g*, *d*, *b*), deren Geminaten (*gg*, *dd*, *bb*) und Nasalirungen (*vg*, *nd*, *mb*); Beispiele aus der etymologischen Sphäre bietet die vorhin in der Note erwähnte höchst interessante Abhandlung Grimm's; wir heben einige der deutlichsten Fälle aus: goth. *mavi* (puella), Gen. *maujôs* aus *magvi*, Fem. mob. von *magus* (puer), Them. *magu*, Wurzel *mag*. Goth. *pius* (famulus), Fem. *pivi*, Gen. *piujôs*, wahrscheinlich aus *pigus*, *pigvi*, ahd. *degan*, angels. *þegen*, *þegn*, verwandt mit griech. *τέκ-νον*. Goth. *naus* (mortuus), Gen. *navis* führt auf lat. *nec-are*, griech. *νέκ-υς*, send. *naśu*, scheint also aus *nagus* entstanden, wozu das litth. *nahwe* (mors) stimmt. Goth. *faus*, Plur. *favai* ist logisch und etymologisch das lat *paucus*, die Gutturalis findet sich noch im ahd. *foh*, alts. *fah*; vergl. hierbei das lat. *paucus*, *focus*, *locus* mit franz. *peu*, *feu*, *lieu.* Dem goth. *glaggvus* (sollers), altn. *gloggr* (aus *glaggur*) entspricht das ahd. *glau* oder *klou*, flectirt *glawer*, *klawer*; dem goth. *triggvs* (fidelis) ein ahd. *triuwi*. So deutet das ahd *touwi* (ros), altn. *dogg*, Gen. *daggar*, auf ein goth. *daggvus*, und da dem ahd. *bliuwan* (verberare), ein goth. *bliggvan* gegenübersteht, so darf man annehmen, daſs auch den analogen Verben: *briuwan* (coquere), *hriuwan* (poenitere), *chiuwan* (manducare) gothische Formen auf *iggv* oder *aggv* entsprochen haben werden. In der hochdeutschen Periode selbst vergl man *Reginhart*, *Meginhart*, *Eginhart* (noch früher *Ragin-*, etc.)

mit dem spätern *Reinhart, Meinhart, Einhart*; *gitragidi, ge-*
tregede, getreide; *eyidehsa, egedehse, eidechse*; *egefe, eife* (timor); das uralte *meiste* (aus *megeste*), *bichte* (aus *bigiht*), etc.
Im Mittelhochdeutschen gewinnt die Erscheinung bereits das
Ansehen einer wirklichen grammatischen Figur; man bildet
beliebig *pfliget, pflit*; *liget, lit*; *treget, treit*; *geleget, geleit*;
legete, leite; *gegen, gein*; später auch bei vorangehendem *a*:
klaget, kleit; *faget, feit*; *maget, meit*; *tagedinc, teidinc*. Viel
seltener zeigte die Dentalis und Labialis diese Erscheinung:
quidet, kit; vereinzelt *redet, reit*; *redete, reite*; *b* wird lediglich in *git* (dat) ausgestofsen; auch die etymologische Sphäre
bietet mit Sicherheit nur Weniges: goth. *fidur*, ahd. *fiur*.

2. *Zwischen Vokal und Consonant.*

Im Griechischen werden δ, τ, ϑ, ν vor σ ohne Ersatz ausgestofsen, mithin auch ν von folgendem ζ verschlun-
gen. Beisp. $\dot{\alpha}\nu\dot{\upsilon}\tau\omega$, $\ddot{\alpha}\nu\nu\sigma\iota\varsigma$; $\ddot{\eta}\delta o\mu\alpha\iota$, $\ddot{\eta}\sigma o\mu\alpha\iota$; $\varkappa\dot{o}\rho\upsilon\varsigma$, $\varkappa\dot{o}\rho\upsilon\vartheta o\varsigma$,
$\varkappa\dot{o}\rho\upsilon\sigma\iota$; $\delta\alpha\dot{\iota}\mu\omega\nu$, $\delta\alpha\dot{\iota}\mu o\nu o\varsigma$, $\delta\alpha\dot{\iota}\mu o\sigma\iota$; $\zeta\upsilon\gamma\dot{o}\nu$, $\sigma\dot{\upsilon}\zeta\upsilon\gamma o\varsigma$ (bei ν freilich viele Ausnahmen). Die Lautverbindungen $\nu\tau$, $\nu\vartheta$, $\nu\delta$
fallen vor nachfolgendem σ ebenfalls weg, hinterlassen aber
Ersatzdehnung: $\pi\ddot{\alpha}\sigma\iota$ ($\pi\dot{\alpha}\nu\tau\sigma\iota$), $\tau\iota\vartheta\epsilon\dot{\iota}\varsigma$ ($\tau\iota\vartheta\dot{\epsilon}\nu\tau\varsigma$), $\gamma\dot{\epsilon}\rho o\upsilon\sigma\iota$ ($\gamma\dot{\epsilon}$-
$\rho o\nu\tau\sigma\iota$), $\pi\epsilon\dot{\iota}\sigma o\mu\alpha\iota$ ($\pi\dot{\epsilon}\nu\vartheta\sigma o\mu\alpha\iota$), $\sigma\pi\epsilon\dot{\iota}\sigma\omega$ ($\sigma\pi\dot{\epsilon}\nu\delta\sigma\omega$), etc. In
mehr etymologische Sphäre fällt die Verkürzung des $\dot{\alpha}\pi\dot{o}$,
$\dot{\alpha}\nu\dot{\alpha}$ zu blofsem α; jenes besonders vor Labialen, dieses am
deutlichsten vor σ cum muta. Vergl. Pott II, 127. 152. Im
Latein fällt *d, t* zwischen einem Vokal und *s* aus, wenn es
sich dem letzteren nicht etwa assimilirt; wenigstens erfolgt
auch Ersatzdehnung des Vokals: Beisp. *misi, risi, rôsi, arsi,*
câsum, caesum, plausum, lis (für *lits*), *lapis* (*lapids*), *eques*
(*equits*), etc., aber auch vor *v*, als *suavis* (sanskr. *svâdus,*
griech. $\dot{\eta}\delta\dot{\upsilon}\varsigma$), *fovea* (*fodere*), *pollere* (*pot-valere*). Umgekehrt
ist *s* oder *v* vor Dentalen ausgefallen in *judex* (*jus*), *idem*
(*is*), *aeneus* (*aes*), *viden'* (*videsne*), *vin'* (*visne*), *bos* (für *bovs*),
motus (*movtus*), *jutum* (*juvtum*). Ausfall von Gutturalen findet sich besonders vor Liquida, als *agmen, examen*; *jugum,*
jumentum; *fruges, frumentum*; *luces, lumen*; *ruminare* (vergl.
$\dot{\epsilon}\rho\epsilon\dot{\upsilon}\gamma\epsilon\omega$, *ructare*); *hodie* (*hoc die*); *scandere, scala*; etc. Ausfall ganzer Silben: *praebeo* (*praehibeo*), *prendo* (*prehendo*),
veneficus (*venenum*), *sacerdo(t)s* (*sacer devotus*); in den roma-
schen Sprachen, besonders im Französischen, gewaltige Ver-
heerung der organischen Formen erzeugend: *fragilis, frêle*;

*gracilis, grêle; lacrima, larme; impedicare, empêcher; Matrona,
Marne; artemisia, armoise; petroselinum, persil; scaturigo,
source; latrocinium, larcin; desiderium, désir; benedicere, bé-
nir; maturus, mure; securus, sure;* ganz besonders beim *s*, als
*episcopus, evêque; apostolus, apôtre; quadragesima, carême;
baptisma, baptême; χρίσμα, chrême; ἐλεημοσύνη, aumône; pres-
byter, prêtre; balsamum, baume;* am seltensten bei Labialen:
super, sur; etc. Aus dem Deutschen vergl. man *sva*, hochd.
sô; goth. *saivala,* ahd. *sêula, seola, sêla;* goth. *skulan,* ahd.
scolan, mhd. *soln,* nhd. *sollen;* hochd. *als*, engl. *as;* goth.
andbahts (minister), ahd. *ambaht,* mhd. *ambet,* nhd. *ambt,
ampt,* jetzt *amt;* ahd. *weralt* (d. i. virorum aevum*),* geschwächt
werolt, mhd. *werlt,* nhd. *welt;* ahd. *Adalberaht,* nhd. *Adal-
bert, Adelbert, Albrecht, Albert;* ahd. *Uodalric,* mhd. *Uolrich,*
nhd. *Ulrich;* die Verschmelzung mancher Präpositionen mit
dem Artikel: *am (an dem), im, vom, beim, zur, durchs,* etc.;
die verstümmelten mittelhochdeutschen Präsensformen: *schadet, schat; gesmidet, gesmit; gewidet, gewit; bitet, bit; gekleidet, gekleit, ermordet, ermort; geschendet, geschant;* merkwürdiger Weise ohne Ersatzlänge (nicht *schât, gesmît*), da doch
ähnliche Ekthlipsen des Gutturals und Labials Verlängerung nach sich ziehen. Dem entspricht dann eine Behandlung des Präteritums wie *miltete, miltte, milte* (miserabatur);
lustete, lustte, luste, (cupiebat*);* und ähnliche, wo überall offenbar die mittlere (Ableitungs-), nicht die letzte (Flexions-)
Silbe ausgefallen ist. Man sieht wohl, die mittelhochdeutschen Schriftsteller erlaubten sich in solchen Fällen die Be-
quemlichkeit der mündlichen Rede in ihre Diction zu ver-
pflanzen. Vom allgemeinen Standpunkt läfst sich dagegen
auch nichts einwenden; wäre man auf diesem (volksthümlichen) Wege weitergegangen, so würde die deutsche Sprache
eine durchaus straffe, praktische Haltung, ähnlich wie die
englische, gewonnen haben Die Folgezeit wandte sich jedoch aufs Entschiedenste zu dem entgegengesetzten (etymolo-
gisch-gelehrten) Prinzip, von dem aus dann jene Formen
als nachlässig, ja barbarisch erscheinen.

3. *Zwischen Consonanten.*

Im Latein nicht selten; Ausfall von Gutturalen: *indul-
geo, indulsi, indultum; mulgeo, mulsi* (aber *mulctum*); *parco,
parsi, parsum; sarcio, sarsi, sarsum; torqueo, torsi, tortum;*

quinque, quindecim, quintus (neben *Quinctius, Quinctilis*); *multo, artus, fartus,* neben *mulcto, arctus, farctus; fulgeo, fulmen; quercus, quernus; arceo, arma.* Ausfall von Dentalen: häufig vor dem Nominativzeichen *s*, als *frons* (statt *fronds*), *concors* (*concords*), *fons* (*fonts*), *gens* (*gents*), *ars* (*arts*), *puls* (*pults*), *nox* (*nocts*), *anceps* (von *caput*), *corculus* (von *cord*-), so auch im Griechischen: ἕλμινς, Τίρυνς, τιϑένς (τιϑείς), Gen. ἕλμινϑος, etc ; dazu die Verbalformen *ardeo, arsi* (*ardsi*); *sentio, sensi* (*sentsi*). Ausfall von Labialen: *sarpere* (Fest. p. 252), *sarmentum, fervere, fermentum.* Ausfall ganzer Silben: *surgo* (*surrigo*), *vendo* (*venumdo*), *accesti* (*accessisti*). Im Deutschen vergl. Formen wie *unſerſeits, anderſeits,* neben dem etymologisch richtigeren *unſererſeits* (*unſrerſeits*), etc.

§. 74.

6. Prothesis.

1. *Vokalische.* Historisch sehr häufig im Griechischen, z. B. ὄφρυ (sanskr. *бrú*), ὀδούς (sanskr. *dantas*), ὄνομα (sanskr. *nâman*), ἐννέ(ſ)α (sanskr. *navan*), etc., obschon der Vorschlag wohl öfters nichts als die Verstümmelung einer Präposition (ἀπο, ἀνά, ἐν) sein dürfte, wie dies ja in manchen Fällen ganz ersichtlich ist, z. B. ἀμέργειν für ἀμ-μέργειν, aus ἀπ-μέργειν; ἐγείρω für ἐγ-γείρω, aus ἐκ-γείρω, u. ähnl. Rein phonetisch erscheint die vokalische Prothesis hauptsächlich vor anlautender Doppelconsonanz, um diese zu brechen, da nunmehr der erste Factor derselben mit dem Vorschlag eine neue Silbe bildet; so äolisch ἄσφι (statt σφί), ἀστήρ (latein. *astrum* entlehnt; vergleiche mit *stella*), ἐχϑές (neben χϑές, sanskr. *hyas*); ganz ebenso im Arabischen, Persischen, Ossetischen und den romanischen Sprachen, besonders im Französischen vor *s* cum cons., obschon das *s* dann meist dennoch unterdrückt wurde. Beisp. *scala, echelle; scribere, écrire; scola, école; stagnum, étang; stannum, étain; status, état; Stephanus, Etienne* (altfranz. *Stevenes*); *stringere, étreindre; strictus, étroit; spatium, espace; species, espèce; spiritus, esprit; sponsa, épouse; smaragdus,* ital. *smeraldo,* franz. *émeraude;* auch in den aus dem Deutschen entlehnten Wörtern, wie *schaum* (ahd. *scûm*), *écume; stoff, étoffe; sporn, épéron; schmelz* (mhd. *smelz*), ital. *smalto,* franz. *émail;* etc. — Im Deutschen kein Beispiel.

2. *Consonantische.* Am liebsten, wo nicht ausschliefslich, finden sich als Prothesis die schwachen Consonanten
ein; zunächst also der Spiritus asper, wenn man nämlich diesen überhaupt noch mitrechnen will. So im franz. *haut (altus*, nicht vom deutschen *hoch*), *huit (octo)*, *huis (ostium)*,
huitre (ostrea), *huile (oleum)*, *hièble (ebulus)*, wo er jedoch
überall bereits völlig verstummt ist. Auch das Griechische
kennt diese Erscheinung: ἵππος (sanskr. *asvas*), ὑπό (sanskr.
upa), ὑπέρ (sanskr. *upari*); ebenso pers. *hest* (sanskr. *astau*,
octo). Prothetisches *j* ist häufig im Persischen und Slawischen; z. B. pers. *jek* (sanskr. *éka*, unus), slaw. *jeden* (unus)
von sanskr. *ddi* (primus); im Slawischen und Litthauischen
auch *w*, z. B. russ. *wocemj* (octo). Das *s* scheint wenigstens
in den germanischen Sprachen manchmal als bedeutungsloser
Vorschlag zu stehen, wie im ahd. *smeltan*, angels. *meltan*, von
denen diese letztere Form nicht aus der ersteren verstümmelt
ist, sondern als ursprünglichere durch das goth. *milds* (mollis,
sanskr. *mrdu*) erwiesen wird; ähnlich ahd. *spreitan* neben *brei-
tian, breiten*; oder ist in beiden Fällen das *s* nur eine Verstümmelung von *uȝ* (ex), wie wir eine ganz analoge Erscheinung
im Griechischen kennen gelernt? *Barmherzig* (ahd. *armherzig)*
von *erbarmen* (ahd. *arbarmén*, goth. *arman, gaarman*) enthält
ein verstümmeltes *bi* (Graff, I, 423), ebenso *bange (bi ango)*.
Ueber dialektische Prothesis des *n* vergl. Frommann's D.
M. V. p. 451.

3. *Syllabische.* Als solche könnte das Präfix *ge* gelten, welches im Althochdeutschen und etwas seltener im
Mittelhochdeutschen vor die Verbalformen zu treten pflegt,
ohne deren Bedeutung irgendwie ersichtlich zu ändern. Beispiele aus dem Mittelhochdeutschen: *gebluejen, gebueȝen, ge-
denken, g'enden, gegern, gegrueȝen, geheften, gehoenen, gehoe-
ren, gehugen* (recordari), *gekéren, gelegen, gelenden* (navem
adpellere), *geleisten, gelusten, genern* (servare), *geniuwen, ge-
recken, geringen* (adlevare), *gerueren, gesenden, gesetzen, ge-
sprengen, gestellen, gestiuren, gesueȝen, gesweigen, getiuren,
getuon, getroesten, getrueben, gevellen, gevuegen, gewenden, ge-
wern, gewurken*, etc., neben welchen sämmtlich auch das einfache Verbum in demselben Sinne gebraucht wird, während
bei manchen andern, wie *genenden* (audere), *gelouben* (credere)
das Simplex entweder höchst selten ist, oder andere Bedeu-

tung hat. Im Neuhochdeutschen ist dann dieses Präfix mit
einigen wenigen völlig verwachsen, bei den übrigen nur im
Part. Prät. geblieben, und hier ebenfalls fest. — Aber auch
in der alten Sprache hat dasselbe ursprünglich wohl einen leisen Nebenbegriff dem Verbalstamm zuertheilt, und zwar allem Vermuthen nach den der gemeinsamen Handlung;
ähnlich wie dieses Präfix ja auch beim Nomen verwendet wird.

§. 75.

7. Epithesis (Paragoge).

1. *Vokalische.* Historisch gehört hierher jener Fall
des gothischen Auslautgesetzes, wonach ein sonst wegzufal-
lender Consonant sich durch einen beigefügten Vokal schützen kann, z. B. *þata, þana, bairaina*; griech. τό(δ), τόν,
φέροιεν; lat. *isTUD, isTUM, ferant*; sanskr. *tad, tam, ba-
reyus* (unorganisch statt *bareyan*). Ferner jene Zufügung eines *a* oder *ô* an die sanskritischen *i*-Themas im Griechischen
und Gothischen, z. B. ήδ(Γ)εῖα, sanskr. *svâdvî*; die Femini-
nalendung τρία, sanskr. *tri*; und ganz ebenso zu beurtheilen
die gothischen *FRIJONDJO* (amica), *ÞIUJO* (ancilla), *MAUJA*
(puella, statt *MAGVI*); sämmtlich Mobilia, nämlich von *FRI-
JOND* (amicus), *ÞIU* (famulus), *MAGU* (puer) vermittelst *i*
abgeleitet und dann durch *á* (goth. *ô*) in eine geläufigere De-
klinationsform übergeführt. Der Auslaut in italienischen Wörtern wie *colore, odore, siano, amano, mogliere*, etc. Nur vom
Standpunkt des Dialekts gehören hierher Formen wie das *gerne*
der Volkssprache, das *dahero* des komischen Pathos u. ähnl.
neben dem schriftmäßigen *gern, daher*; historisch sind jene
freilich die ursprünglicheren.

2. *Consonantische.* Am häufigsten werden Dentale angefügt, wie denn ja auch das *v* ephelcysticum selber diesem
Organ angehört, und jenes *n*, durch welches in zahllosen Fällen vokalische Stämme im Deutschen erweitert werden (schwache Dekl.). Beisp. von *d*: *jemand* (ahd. *io-man*, mhd. *ie-man*,
d. i. irgend ein Mann), *niemand* (ahd. *nioman*, mhd. *nie-man*, d. i.
kein Mann); *irgend* (ahd. *huergin*, mhd. *irgen, iergen*); *wir sind*
(mhd. *sin*; nach falscher Analogie der 3. Pers. gebildet), *dutzend*
(aus *douzaine*); *mond* hängt wohl mit dem ahd. *máno*, mhd.
máne gar nicht zusammen, sondern ist eher eine Contraction aus

monat; vergl. dagegen *hund* mit griech. χύν, sanskr. *śun*. Im Französischen *Allemand*, *Normand* (Composita von *Mann*) Beisp. von *t*: Historisch gehört hierher die bereits im Mittelhochdeutschen erfolgte Umgestaltung der 2. Person Sing. als *trinkest* (Ind. und Conj. Präs.; ahd. *trinchis*, *trinches*); *trunkest*, nhd. *trankest* (Conj. Prät.; ahd. *trunchis*); im Neuhochdeutschen auch *trankest* (Ind. Prät.; ahd. *trunchi*, mhd. *trunke*); ferner die Nominalformen: *obst* (ahd. *obaʒ*, mhd. *obeʒ*); *saft* (ahd. mhd. *saf*); *hufte* (aus dem mhd. Plur. *huffe*, Sing. *huf*; ahd *huf*, *huph*; goth. *hups*); *-schaft* (seit dem 10. Jahrhundert, früher *scaf*, alts. *scepi*, engl. *ship*, *skip*, *scape*). Dazu eine Menge mundartlicher Formen, wie sie auch in den mhd. Denkmälern häufig vorkommen; z. B. *vdfant* (phasianus), *underwilent* (interdum), *einzent* (singulatim), *unzint* (usque), *endriuwent* (profecto), *nehtint* (nocte praecedente), *hiurent* (hoc anno) *vernent* (anno praeterito) *zwischent* (inter), *nebent* (juxta), etc.; vergl. Gr. III, 217; doch überwiegen die reinen Formen bei Weitem. So erweitert auch unsere Volkssprache manche auf *r* ausgehenden Partikel auf *st* oder *scht*, als *aberst* (plattd. *awerst*), *nurst*, *ockerst* (tantum; das ahd. *ekkorôdo*, *ekordo*, *echert?*), *anderst*; etc.; die in derselben Art entstandenen *einst* (aliquando, mhd. *eines*), *mittelst* (mhd. *mittels*) sind völlig eingebürgert. — Aus dem Engl. vergl. Bildungen wie *tyrant* (tyrannus), *ancient* (ancien), *peasant* (paysan), *feasant* (fasianus). Die niederdeutschen Formen *Lebend*, *Trinkend*, statt *Leben*, *Trinken*, scheinen das zum Substantiv erhobene Partizip (*lebend*, *trinkend*) zu sein; vergl. engl. *drinking*. — Sehr selten ist die Anfügung eines nicht dentalen Lautes, z. B. *Bistumb*, mundartl. statt *Bistum*, mhd. -*tuom*. In *falb* neben *fal* ist das *b* wurzelhaft, die Erhärtung eines *v* (*w*); vergl. ahd. *falo* (aus *falaw*), G. *falawes*; mhd. *val*, G. *valwes*; lat. *flavus*, ital. *falbo*, franz. *fauve*.

3. *Syllabische*. Historisch wohl kaum nachzuweisen; dialectisch gehören hierher Formen wie *dorten, hierinnen*, etc. statt *dort*, *hier*; grammatisch die verlängerten lateinischen Infinitive auf *er*, die griechischen Nebenformen auf ϑω bei vielen Verben wie διώχω, διωχάϑω; είχω, είχάϑω; φϑίνω, φϑινύϑω; etc., deren Bedeutung wenigstens nicht mehr ersichtlich; ist die im Althochdeutschen auftretende unorganische Pluralendung *ir*, als *hûs, hûsir* (neben *hûs*).

§. 76.

8. Epenthesis.

1. *Vokalische.* Vor Allem möchten wir die im ganzen Sprachstamm eine so große Rolle spielenden Bindevokale hierher ziehen; z. B. das *a* der sanskritischen I. Hauptconjugation, viele Auslaute der vokalischen Nominalstämme, namentlich in den späteren Sprachen, wie im Lateinischen das den organischen *n*-Stämmen zugefügte *i*, etc. Nun zu Beispielen anderer Art: griech. πίνυτος, παλάθη von Wurzeln πνυ, πλαθ; πελέθρον neben πλέθρον; βάραγχος, βράγχος; ἀστραπή, στεροπή; στλεγγίδ, στελεγγίδ; γλάγος, γάλακτ; κήρυξ, κραυγή, sanskr. *kruś*; etc.; im Lateinischen *sum*, *sumus* aus sanskr. *asmi*, *smas*; häufig beim Uebergang aus dem Griechischen: μνᾶ, *mina*; Ἀσκλήπιυς, *Aesculapius*; Ἀλκμήνη, *Alcumena*; Ἡρακλῆς, *Hercules*; auch in den roman. Sprachen: lat. *crabron*, ital. *calabrone*; hochd. *spüle*, franz. *sepoule*; niederd. *knip*, angels. *cnif*, franz. *canif*. Im Althochdeutschen wird bei den Stämmen, welche auf doppelte Consonanz auslauten, gern ein Vokal, gewöhnlich der der Wurzel, eingeschoben, besonders zwischen Semivoc. cum Gutt. s. Lab. Beisp. *alah* (templum, goth. *alh*), *miluh* (von *melkan*, *melchan*; lat. *mulgeo*, griech. ἀμέλγω, sanskr. *mṛǵ*, *marǵ*), *halam* (nord. *hâlmr*), *werah* (opus; vergl. goth. *vaurkjan*, griech. Ϝέργον), *birihha* (betula, nordisch *biork*, sanskr. *bûrǵa*), *aram* (goth. *arms* aus *armas*, latein. *armus*) *wurum* (goth. *vaurms*, lat. *vermis*), *terawid* (statt *trawid*, minitatur), *gerindela* (st. *grindela*, obices), *chereftic* (st. *chreftic*), *chenebil* (chnebil), *chinito* (chnete), *ziwei* (zwei), *zewivel* (zwivel), etc. vereinzelt bis ins Mittelhochdeutsche hinein. Dieselbe Erscheinung findet sich im Russischen, z. B. *zoloto* (aurum, poln. *złoto*), *moloko* (lac, poln. *mleko*), *boroda* (barba, poln. *broda*), *bereza* (betula, poln. *brzoza*), *koloda* (truncus, poln. *kłoda*), etc. Aehnlich im Oskischen (Kirchhoff, Zeitschr. 1851, 1. S. 36), Pâli, Zend, Persischen, Magyarischen.

2. *Consonantische.*

a) Zwischen Vokalen. Vereinzelte Fälle von Aufhebung des Hiatus durch Epenthese finden sich im Latein nicht selten, besonders vermittelst *d*; z. B. *redarguo, redigo, prodest, prodigo, seditio.* Das Sanskrit wandelt die Vokale *i, u* vor unähnlichen Vokalen zwar im Allgemeinen in *j, v* um; würde jedoch auf diese Weise eine unbequeme Consonantenverbindung entstehen, so verdoppeln sich gleichsam jene Vokale und bilden *ij, uv*; wo dann *j, v* als Epenthese erscheinen und „*Annective*" genannt werden. Ganz derselbe Fall findet zuweilen auch im Goth. statt: *fijapva* statt *fiapva, sijum* statt *sium.* Im Althochdeutschen schieben die vokalisch auslautenden Wurzeln zwischen sich und die Flexion einen der leichten Consonanten *h, j, w*, und zwar wie es scheint beliebig den einen oder andern, selbst in einer und derselben Wurzel. Beisp. *sdan, sdhan, sdjan, sdwan* (serere) von Wurzel *sd; muoan, muohan, muojan* (fatigare) von Wurzel *mô, muo; bluoan, bluohan, bluojan* (florere) von Wurzel *blô, bluo*; etc. Vergl Gr. I, 885. Mittelhochdeutsch werden dann diese Consonanten schärfer gesondert, so daſs jede Wurzel sich für einen bestimmten entscheidet. — Hierher gehört auch die Eigenthümlichkeit des Althochdeutschen, lange Vokale in zwei Kürzen mit eingeschobenem *h* zu zerlegen. Beisp. *mâl, mahal; prâstun, prahastun;* Gr. I³, 91; später auch mit abermaliger Verlängerung des vorderen Vokals; vergl. ahd. *êwa, êa*; mhd. *êwe, êe, ê*; nhd. *êhe*; abd. *wêwa*, mhd. *wê*, nhd. *wêhe.* — Eine beachtenswerthe Einschiebung von *n* in der Flexion vokalischer Stämme bietet das Sanskrit; z. B. *nadînâm* (fluvium), *vadúnâm* (mulierum) aus *nadî, vadû + âm.* Im Deutschen wird nun diese nasale Epenthesis massenhaft auch vor den consonantischen Suffixen verwendet, und auf ihr beruht wohl der gröſste Theil der von Grimm als schwache Deklination bezeichneten Bildungen, besonders der Femininalstämme; z B. goth. Them. *viduvô,* G. *viduvô-n-s,* G. Plur. *viduvo-n-ô*; während das lateinische *vidua,* sanskr. *vidavâ* diese Einschiebung nicht kennt. Bopp, V. G. I², 290. Anders Grimm; wovon später.

b) Zwischen Liquidis. In der Regel Nasal cum semivoc., wo dann die Epenthese durch eine dem Nasal homorgane Explosiva, gewöhnlich die Lenis, geschieht. Beisp. ἀνδρός (ἀνήρ), σινδρός (σίναρος), γαμβρός (Wurzel γαμ), ϑύμβρα (ϑύμος), μεσημβρία (ἡμέρα). Sehr häufig in den romanischen Sprachen; so im Französischen: *gendre* (*gener;* während *genus* zu *genre* und dieses englisch zu *gender* wird), *tendre* (*tener*), *cendre* (*ciner*), *moindre* (*minor*), *Ven-*

dredi (Veneris dies), *tiendrait (tenir)*, *viendrait (venir)*; *chambre (camera)*, *Cambrai (Camaracum)*, *trembler (tremere)*, *com-
bler (cumulare)*, *nombre (numerus)*, *humble (humilis)*; ital. *gam-
bero (cammarus)*; engl. *remember (re-memorare)*, *timber (goth.
timrjan, δέμειν)*, *yelamber (goldammer)*, *grumble (grommeler)*,
Cumberland (d. i. *Land der Kymren*); span. *sembrar (semi-
nare)*, *hombre (homin)*, *hombro (humerus)*, *enjambre (examen)*,
alambre (aeramentum, aeramen, franz. *airain*), wo überall zunächst das *n* durch Lautverschiebung zu *r* geworden und dann
die Epenthese eingetreten ist. Vergl. auch franz. *moudre*
(molere), *absoudre* (absolvere), *poudre* (pulver-), *coudre* (co-
rylus), *vaudrait* (valoir), *voudrait* (vouloir), *faudrait* (falloir),
wo die Epenthese auch nach Auflösung des *l* geblieben ist.
Im Deutschen vergl. *Fändrich* (neben *Fänrich*), *Quendel* (cu-
nila, althd. *quenila*), *Baldrian* (Valeriana, oder hängt das
Wort mit *Baldur* zusammen?), *minder* (goth. *minniza*, ahd.
minniro, mhd. *minnere, minre*), die Volkssprache bildet *schönder, reinder, aendlich* (similis), *Mändel, Beindel, Fändel*, schwei-
zerisch *Mandli, Beindli, Fändli* (Diminutiva von *Mann, Bein,
Fäne*), auch wohl *Lambel (Lamm)*. Im Holländischen ist die
Epenthese schriftmäfsig: *schönder* (pulcrior), *kleinder* (minor),
hoenderen (gallinae), *bénderen* (ossa), *Hendrick* (Henricus),
Leendert (Leonardus); auch nach *l*: *helder* (clarior), *dälder*
(thalerus), etc. Im Hochd. wird mehrfach *t* eingeschoben:
*namentlich, eigentlich, gelegentlich, wesentlich, freventlich, öf-
fentlich, wöchentlich*, etc. (nicht zu verwechseln mit Partici-
pialbildungen, wie *wissentlich, hoffentlich, flehentlich*); ebenso
vor *w*: *meinetwegen*, etc. und *h*: *meinethalben*, etc. Die Fortis
ist hier überall nicht blos graphisch, sondern auch lautlich
vorhanden; sie scheint zu den benachbarten Lauten freilich
weniger zu passen als *d*, aber die Vorliebe des hochd. Organs für harten Auslaut war stärker als die Assimilationskraft.

c) Zwischen Nasal und Fricativa fortis; die Einschaltung geschieht durch die dem Nasal homorgane Explosiva
fortis. In der Regel ist jedoch auch die Fricativa selbst von
demselben Organ. Beisp. nhd. *kampf, dampf, schimpf, sumpf,*
etc. (Bopp, V. G. I², 115.) Diese Epenthese waltet viel weiter als die Schreibung ihr gefolgt ist. So z. B. spricht in
Deutschland schwerlich Jemand die Wörter *Gans, Hans* wirk-

lich so wie sie geschrieben werden, sondern *Gants, Hants*.
Wer dies bezweifelt, der frage sich, ob dieselben denn auch
nur um ein Haar anders klingen als *gans* (d. i. *gants*), *Tanz*,
Franz, etc. In *vollends*, *nirgends* (st. *vollens*, *nirgens*) ist
scheinbar die Lenis als Annectiv gebraucht; man spricht
aber, wenigstens in Mittel- und Oberdeutschland, auch hier
vollents, *nirgents*. Die Verbindung *νχ* kommt neuhochdeutsch
nicht vor; sie ist aber für die Theorie nur um desto lehrrei-
cher. Man bilde nämlich ein beliebiges Wort dieser Art,
etwa *ανχα*, spreche es einige Mal schnell hinter einander aus
und sei versichert, dafs, wenn man nicht ängstlich und streng
syllabirend verfuhr, man zuletzt gewifs nicht mehr *ανχα*, sondern *ανkχα* gesagt hat. — Zwischen heterorganen Verbindungen dieser Art ist dergleichen Epenthese seltener; Beispiele: *sumpsi, hiemps*.

d) Zwischen Nasal und Explosiva fortis. Sind
dieselben heterorgan, ein Fall, der sonst zwar gewöhnlich
durch Lautwechsel erledigt wird, zuweilen aber doch auch
Epenthese veranlafst, so erfolgt diese letztere durch die dem
Nasal homorgane Muta, und zwar Fortis oder Lenis, je nach
der Natur des zweiten Factors. Beispiele: *sumptus*, *emptus*,
promptus; franz. *dompter* (domitare), engl. *tempt* (tentare); dagegen *λάμβδα*. Im Deutschen sind *ankunft, vernunft* auf dasselbe Gesetz zurückzuführen; denn sie stammen von *kommen*,
nêmen, und hiefsen ursprünglich *kumpt, numpt*, wurden dann
durch Lautverschiebung zu *kumpht, numpht*, oder *kumft, numft*
(wie auch heut noch viele sprechen), bis dann endlich das im
Deutschen mehr und mehr dental werdende *f* das *m* selbst zur
Dentalis machte. — Von einer Trennung homorganer Laute
dieser Art wüfste ich nur *gunst, kunst, brunst, gespinst, ge-
winst*; und hier scheint die Gemination *nn* (*gönnen, können*, etc.)
einen Lautwechsel des zweiten Factors erlitten zu haben, so dafs
also in Wahrheit gar keine Epenthese vorliegt. Vgl. indefs die
lat. *manstutor* (manu, tueor), *monstrum* (st. *monitrum*, von *monere*).

e) Zwischen Consonanten anderer Art findet
sich Epenthese seltener und besonders weniger konsequent.
So wird im Lateinischen *ab*, *ob* von einem folgenden *r*, *q*, *t*
durch *s* getrennt: *absque, obscondo, obstergo*. Ob das in
der deutschen Composition auftretende, von Vielen verwor-
fene *s*, z. B. *Handlungsweise, Freundschaftsbund*, etc., wirk-

liche Epenthesis oder nicht vielmehr ein mifsbräuchlich angewandtes Genitivzeichen ist (vergl. *Nachts*), steht dahin. Sprachgeschichtlich von höchster Wichtigkeit ist endlich jene Einschaltung eines Nasals in vielen Wurzeln und Stämmen des Sanskrit sowohl als der späteren Sprachen, über dessen Natur bis jetzt die Meinungen allzu verschieden sind, als dafs wir ihn schon ohne Weiteres hier aufführen könnten.

3. *Syllabische.* Sollte jene Nasalirung mit Recht als rein lautliche (nicht begrifflich bedeutsame) Epenthesis gefafst werden dürfen, so böte sie zugleich vielfache Beispiele von syllabischer Einschiebung, als *yu-na-ǵmi*, etc. Wurz. *yuǵ.* Im Deutschen ist der einzige mir bekannte Fall von syllabischer Epenthese jenes in der althochdeutschen Deklination zuerst sich zeigende *ir*, mhd. nhd. *er*, welches zwischen Stamm und Endung tritt, ohne dafs sich irgend eine Veranlassung dafür geben liefse, wie denn Anfangs in den meisten Fällen die einfache neben der erweiterten Form besteht. Beisp. *hûs*, Plur. *hûsir, hûsiro*, etc. neben *hûs, hûso.* In der älteren Sprache findet sich diese Einschiebung nur bei Neutris; nhd. auch bei einigen Masculinis.

§. 77.

9. Metathesis.

1. Die häufigste Art derselben. ist die Umstellung eines Consonanten (gewöhnlich *l, r*) mit einem nebenstehenden Vokale, also nach der Form *AL — LA* oder natürlich auch umgekehrt. Beisp. *καρδία, κραδία; κάρτερος, κράτερος; θάρσος, θράσος; πέρθω, ἔπραθον; δάρθω, ἔδραθον; δέρκω, ἔδρακον; γλυκύς, dulcis* (mit Lautverschiebung); *κρίνω, cerno; ἕρπω, repo* (neben *serpo*); *πλεύμων, pulmo; Περσεφόνη, Proserpina; Trasimenus, Tarsimenus; sterno, stravi; ferveo, fretum; pro,* span. *por,* franz. *pour,* aber auch schon lat. *porrigo; temperare,* franz. *tremper; vervex,* ital. *berbice,* franz. *brebis;* etc. Im Deutschen eine bemerkenswerthe dialectische Erscheinung, indem das Niederdeutsche, besonders das Angelsächsische, statt des hochdeutschen und organischen *LA* die Form *AL* setzt. Beisp. *Brunnen* (*Bronnen*) niederd. *Born* und dies als poetische Nebenform auch ins Hochdeutsche gedrungen; *brennen,* niederd. *bernen,* daher *Bernstein;* ahd. *hros,* mhd. eigentlich *ros,* aber durch

11 *

niederd. Einfluſs auch häufig *ors*, angels. *hors*, engl. *horse*;
althochd. *brestan*, niederd. *bersten*, und diese Form auch im
Hochdeutschen herrschend geworden für den Begriff rumpi,
die eigentlich hochdeutsche nur noch im Sinne von deficere
zuweilen vorkommend; hochd. *gras*, angels. *gars*; goth. ahd
rinnan, angels. *irnan*; goth. *brunjô* (lorica), ahd. *brunna*, altn.
brynja, mhd. *brünne*, angels. *byrne*; goth *fruma*, angels. *forma*;
ahd. *hrust* (ornatus bellicus), angels. *hyrst*. Das Englische ist
hin und wieder auf diesem Wege noch weiter fortgeschritten,
z. B. angels. *brid* (pullus), engl. *bird* (avis, ganz verschieden
von *brood*, angels. *brôd*); goth. *þridja*, angels. noch *thridda*,
aber engl. *third*; ebenso mit französischen Wörtern, als *gre-
nier*, engl. *garner*. — Umgekehrt begünstigt das Slawische die
Verbindung *LA* noch mehr als selbst das Hochdeutsche; vergl.
gold, zlato; *halm, slama*; *kalt, chlad*; *milch, mleko*; *volk, pluk*;
bart, brada; *furt, brod*; *birke, breza*.

2. Vertauschungen zweier neben einander stehender Consonanten, also nach der Formel *LB — BL*. Beisp. βάτραχος,
βόρταχος; κεγχρινη, κερχίνη; σκύϑραξ, σκύρϑαξ, κόχλος, κόλ-
χος; die dorisch-äolische Umwandlung des ξ, ζ, ψ in σκ, σδ,
σπ (vgl. §. 28); daher auch zuweilen bei Vergleichung mit dem
Lateinischen: ψύω, spuo; ιξός, viscum. Andere Fälle: νεῦρον,
nervum; παῦρος, *parvus*; ὄχλος, *vulgus*; *misceo, mixtum*; *obli-
visci*, span. *olvidar*; *gener*, span. *yerno*; *vespa*, ahd. *wefsa*,
mhd. *wefse*, nhd. wieder *wespe*.

3. Vertauschung zweier von einander durch ein Mittelglied getrennter Consonanten, also nach der Formel *LAB —
BAL*, wobei übrigens *A* sowohl aus einem einzigen Laute als
aus mehreren bestehen kann, und im letzteren Falle häufig
der Eine unter den wechselnden Lauten nicht genau die Stelle
seines Vorgängers einnimmt. Beisp. σκέπω, σκέπτω, σκοπέω,
lat. *speco, specto, spicio*; *Vogesus, Vosegus*, franz. *Vosges*,
deutsch *Wasgau*; ital. *padule, fradicio*, neben dem organischen
palude, fracido; lat. *parabola* (franz. *parole*), span. *palabra*;
periculum, span. *peligro*; *miraculum*, span. *milagro*; *mutilus*,
ital. *moltone* (*montone*), franz. *mouton*; *scintilla*, altfranzösisch
estencella (*étincelle*); *acetum*, ahd. *eʒic*; *auripigmentum*, in
Deutschland *operment*; ital. *cavol fiore*, in Deutschland *kar-
fiol, karwiol*; hochd. *topf*, in der Volkssprache *topp*, niederdeutsch *pott*.

4. Der vorige Fall mit einseitiger Ueberspringung, oder was dasselbe sagt: Versetzung eines Lautes um mehrere andere zurück oder vorwärts, also nach der Formel *BLAB* — *BABL*. Beisp. βάτραχος, βράταχος; δρίφυς syrakusisch statt δίφρος; ital. *interprete, interpetre*; *crocodilus, cocodrillo*; *petroselinum, pretosello*; *petrinus, pretelle*; im Griechischen πνύξ von πύκνος, zunächst statt des zu erwartenden πύκων oder πύκην, diesmal mit Festhaltung des Nominativzeichens, also für das phonetisch unmögliche πύκνς.

5. Eine eigenthümliche Erscheinung bietet die Metathese der Aspiration im Sanskrit und Griechischen. Die einfachste Art derselben ist die regressive, aus dem Griechischen allgemein bekannte, wonach die Wurzeln τρεφ, τρυφ, τυφ, ταφ, τρεχ, das Subst. τριχ und das Adjectiv ταχύ die Aspiration, wenn sie nach allgemeinen Lautgesetzen untergehen sollte, dadurch retten, daſs sie dieselbe in den Anlaut transponiren. Im Sanskrit hat die analoge Erscheinung weiteren Spielraum; hier überträgt jeder tönende Endaspirate, wenn er die Aspiration (wie gewöhnlich) verliert, diese auf den Anlaut, falls dieser ein nicht aspirirter Tönender ist; z. B. *bud́* (*-sciens*) wird *but* oder (vor Tönenden) *bud*. Ebenso verwandeln die mit *d* anlautenden und mit *h* schließenden Wörter *h* in *k* und *d* in *d́*; z. B. *duh* (*-mulgens*) wird zu *d́uk*. — Das Sanskrit hat aber auch progressive Metathese dieser Art, worüber B. §§. 102, 103 zu vergleichen.

VI. Contraction.

§. 78.

Allgemeines.

Man versteht unter Contraction die Zusammenziehung mehrerer vokalischer Laute in Einen zur Vermeidung des Hiatus. Ueber die Bezeichnung der einzelnen dabei vorkommenden Fälle herrscht groſse Unsicherheit; vielleicht lieſse sich das Verhältniſs am klarsten und einfachsten in folgender Art ordnen:

A. *Vollkommene Contraction.* Sie erfolgt mit Nothwendigkeit nach bestimmten grammatischen Regeln, wird auch durch die Schrift bezeichnet und besteht in der Verschmel-

zung zweier oder mehr Vokale zu einem einzigen langen:
a) innerhalb eines Wortes (Synaeresis); b) zwischen verschiedenen Wörtern (Krasis).

· B. *Unvollkommene Contraction.* Sie erfolgt mehr als temporäre Freiheit der rhythmischen Sprache, wird durch die Schrift nicht bezeichnet und besteht in einer blofsen Verschleifung zweier Vokale, dergestalt, dafs der eine zu Gunsten des anderen zu einem verhallenden Schwebelaute geschwächt wird: a) innerhalb eines Wortes (Synizesis); b) zwischen verschiedenen Wörtern (Synaloephe).

Anm Strenggenommen mufs der durch Contraction entstandene Laut die Eigenschaften der in ihm ruhenden Laute wiederspiegeln, also ein Mischlaut derselben sein, wie z B. die deutschen Diphthongen *ai, eu* in Bezug auf *a, i* und *a, u* es thun. Die Praxis betrachtet aber auch Zusammenziehungen wie *oou = ou, εη = η* als Contraction; obschon, rein lautlich genommen, die Elision ein näheres Recht auf sie hätte.

§. 79.

1. Vollkommene Zusammenziehung.

(Synaeresis. Krasis.)

1. Im Sanskrit erfolgt die Zusammenziehung nach einfacher und consequenter Weise, besonders zwischen verschiedenen Wörtern; während im Inlaut auch häufig Elision oder Epenthese angewendet wird. Die beiden Hauptregeln sind bereits bei einer andern Veranlassung angegeben worden. Vergl. §. 61, Note ***). Beispiele aus dem vedischen Sanskrit siehe im Wörterbuche von Böthlingk u. Roth unter *iti*.

2. Im Griechischen ist umgekehrt die Synaeresis wirksamer als die Krasis; aber auch hier folgen beide demselben Gesetz: ζηλόομεν, ζηλοῦμεν; τὸ ὄνομα, τοὔνομα. Die „Contractionsregeln“ selbst, für die griech. Flexion von entschiedenstem Einflufs, dürfen hier als bekannt vorausgesetzt werden, und wir erinnern nur daran, dafs zwischen ähnlichen Vokalen im Allgemeinen das sanskritische Verfahren fortdauert, dafs nämlich beide in die entsprechende Länge zerfliefsen; nur die neuentstandenen Kürzen ε und o schliefsen sich davon aus, indem εε zu ει, oo zu ου wird. Diphthonge verschlingen einen vorhergehenden, ihrem ersten Bestandtheil gleichen Vokal: πλόου, πλοῦ; οἰκέει, οἰκεῖ; ganz wie im Sanskrit. Unähnliche Vokale bilden Mischlaute, wobei der dunklere Vokal den helleren überwindet; ausgenommen εα,

welches zu η wird. In der Verschmelzung von εαι und ηαι zu η möchten wir dagegen keine Ausnahme sehen, sondern nur eine Folge davon, dafs αι die Aussprache ä hatte. — Eine wirkliche Beeinträchtigung der allgemeinen Contractionsregel ist dagegen, wenn im Nom. Plur. όα, έαι nicht ώ, ῇ, sondern ᾱ, αῑ bildet; z. B. ἁπλᾷ, λεονταῖ; oder in der Krasis attisch ἁνήρ statt ion. dor. ὡνήρ; κῖσος statt καὶ ἲσος steht; in solchen Fällen hat das begriffliche Moment über das lautliche gesiegt, es wurde der Laut des wichtigeren Factors (Flexion, Hauptwort) geschützt. Mitunter übten verwandte grammatische Formen Anziehung auf die zu contrahirende, z. B. im Acc. Plur. der 3. Deklination, welcher dem Nominativ gleich sein mufs; ἱππέας = ἱππεῖς. So auch ἱππότου aus ἱππότεω (ἱππόταο), durch den Einfluſs des Genitivs der 2. Deklination. (Heyse).

3. Im Lateinischen fehlt die Krasis gänzlich (sie wird durch Synaloephe ersetzt) und auch die Synaeresis hat eine bei Weitem geringere Ausdehnung als im Griechischen. Aehnliche Vokale bilden die entsprechende Länge, ganz wie im Sanskrit, z. B. delêrunt aus deleverunt, deleerunt; Tulli, ingeni, tibicen (tibiicen), alius (alĭius oder alĭus), gratis (gratiis), currúm (curruum), cópia (cŏŏpia); oft mit Ekthlipse verbunden nêmo (nĕhĕmo), vêmens (vĕhĕmens), nîl (nĭhĭl), mi (mĭhĭ), etc. Auch die in der Schrift nicht bezeichnete Contraction deest, deeram (zu lesen dêst, dêram), etc. bei Dichtern, z. B. Deest jam terra fugae (Virg. Aen. X, 378); Trojaeve opulentia deerit (Aen. VII, 262) gehört hierher, nicht zur Synizesis, und würde am besten in der contrahirten Form geschrieben. Unähnliche Vokale bilden niemals Diphthonge, da die lateinische Sprache diese nicht liebt, sondern gewöhnlich verschlingt der dunklere Vokal den helleren, z. B. amárim (aus amaverim, amäërim), amássem (amavissem, amaissem), málo (mavolo, maolo), etc. Vergl. Schneider I, 120 ff. Corssen II, 162 ff.

4. Im Deutschen wird der Hiatus in der Regel nicht durch Contraction, sondern entweder durch Elision und Epenthese beseitigt, oder auch völlig geduldet, z. B. goth. gaaistan, gaïbnjan, biabrjan, anaaukan, etc.; andaugjó für andaaugjó ist Elision, nicht wirkliche Contraction. Selbst die von G. und L. als Contraction aufgestellte Umwandlung des goth.

ji nach langer Silbe in *i* (goth. *ei*), verdient diesen Namen nicht mit vollem Recht, da z. B. eine Form wie *sôkiip* doch schwerlich existirt hat, sondern es ist vielmehr in *sôkip* das *j* ausgestofsen und zum Ersatz dafür das *i* verlängert worden. Jenes *frêt* (aus *fraat*) wäre allerdings ein überaus interessantes Beispiel von Contraction, und Jakobi vertheidigt diese Lesart; Grimm und die Altenburger wollen darin nur einen Schreibfehler statt *frat* sehen. Wir verstehen diese letztere Form nicht ganz; sie setzt ein Verbum *fritan* voraus, wozu freilich das ahd. *freʒan* stimmt, welches jedoch im Gothischen nicht belegbar ist; vielmehr findet sich nur *fraitan*, so dafs also *frêt* ein Schreibfehler für *fraat* sein müfste, welcher doch etwas unwahrscheinlich ist. In den späteren Sprachen bietet das Mittelhochdeutsche allerdings Formen wie *gêret (geêret)*; aber dafs dies nicht Contraction, sondern Elision ist, beweisen die Formen mit kurzem Wurzelvokal, z. B. *genden (geenden)*, wofür niemals *gênden* gilt. Nur in Folge von Ekthlipsis ergiebt sich mehrfache Contraction, besonders in den etymologischen Fällen, wo gern zwei unähnliche Vokale ohne Weiteres zu dem entsprechenden Diphthongen zusammentreten. Vergl. §. 73, 1. In der Flexion ist Behutsamkeit nöthig. Fälle wie *gibet, gît; liget, lît; pfliget, pflît* mögen als Contraction gelten, aber andere, wie *schadet, schat* (nicht *schât*), etc., zeigen doch allzuklar, dafs man hiebei den Vokalen nur äufserst wenig Recht zugestand und man wird dadurch selbst gegen die ersteren Formen mifstrauisch und möchte darin lieber Ersatzdehnung als wirkliche Contraction sehen. So ist auch in den zahlreichen *age, ege* = *ei* dieser letztere Diphthong schwerlich aus *ae, ee* hervorgegangen, sondern das *g* erweichte sich erst zu *j* und dann dieses zu *i*; also *eget, ejet, eiet, eit*. Krasis kommt im Deutschen niemals vor, sondern der Hiatus wird hier entweder ruhig geduldet, oder (namentlich in der Poesie) durch Elision beseitigt.

Anm. Das Gegentheil der Synaeresis ist die Diaeresis, d. h. die Auflösung eines langen Vokals oder eines Diphthongen in seine Bestandtheile, z. B. παῖς, *terraï*. Im Deutschen gänzlich unbekannt.

§. 80.

2. Unvollkommene Zusammenziehug.

(Synizesis. Synaloephe.)

1. Im Griechischen verlangt der Rhythmus häufig eine
Zusammenziehung getrennt geschriebener Vokale, so dafs also
z. B. *θεός* einsilbig; *στήθεα, ἡμέας, γνώσεαι, γενύων* zweisilbig; *Πηληιάδεω* fünfsilbig wird. Wie dies phonetisch zu machen, darüber sehen wir uns in der griechischen Grammatik
vergeblich nach rechtem Aufschlufs um; nur Pott (E. F.
II, 299) giebt wenigstens einen klar-verständlichen Rath, nämlich: den einen Vokal consonantisch, als *j* oder *w*, zu sprechen: *Peleïadjo, genwún*, wie man es ja auch im Deutschen
mache:

> „— dieses Reich, defs mächtiger Drang
> Bald Afrika und Asien von Cyrene
> Bald zu den Küsten Syriens hin bezwang,
> Auch einwärts dehnt es sich weit über Syene
> Den ungeheuren Lauf des Nils entlang.
>
> (Gries.)

wo der Rhythmus nur dadurch zu halten sei, dafs man *Asjen,
Syrjens, Sjene* spreche. — Fassen wir Pott's Regel richtig auf,
so müfsten nach ihr alle hellen Vokale zu *j*, alle dunkeln zu *w*
werden (wie aber beim *a?*), also oben *thjos, hémjas,* etc. Wir
wiederholen: dies ist wenigstens klar und wir unserseits sehen
keinen anderen Ausweg. Alles was wir dabei etwa zu erinnern
hätten, beschränkt sich darauf, dafs man die Laute *j* und *w* in
diesem Falle nicht in ihrer derbsten Gestalt nehmen mufs, sondern der Qualität nach als Schwebelaute zwischen den Vokalen *i, u* einerseits, den eigentlichen Consonanten *j, w* anderseits; der Betonung nach als kaum hörbar: es sind eben
„irrationale" Laute, um Corssen's treffenden Ausdruck zu
brauchen. Wir scheuen uns auch keinen Augenblick, dies Verfahren auf den Uebergang verschiedener Wörter anzuwenden, also für *μὴ οὔ, ἐπεὶ οὔ, μὴ ἄλλοι* in solchen Verschlei-
fungsfällen die Aussprache *mjû, epjû, mjalloi* zu verlangen.
Wer weifs etwas Besseres? Dafs die gewöhnliche Praxis, den
einen Laut zu elidiren, also *θός, Πηληιάδω, mû, epû* zu
sprechen, nicht zu billigen ist, wird ja allgemein zugegeben.
Heyse's Forderung aber (S. 324), einen diphthongischen Laut
hier eintreten zu lassen, verstehen wir nicht. Welcher Diph-

thong soll z. B. in *Θεός* gelten? doch nicht der durch die gewöhnliche Contractionsregel verlangte (*θούς*)? aber welcher
andere dann? Und wie in Fällen wie *γενύων*, wo die Contractionsregel gar nicht ausreicht und die phonetische Theorie
einen Diphthongen für unmöglich erklärt?

2. Im Lateinischen sind dergleichen Fälle noch viel
häufiger: *aureā, alveo, deorsum, suos, deinde, Orphei, dear-
tuatus* (Plaut.), *eorundem* (Enn.), und besonders zwischen verschiedenen Wörtern, wobei die Endung *um* natürlich ganz als
Vokal behandelt wird, da *m* hier überhaupt stumm war (Corssen, I, 111). Unter den Dichtern der klassischen Zeit hat
Ovid die Synaloephe am seltensten, viel häufiger schon Horaz,
noch mehr Virgil, ganz besonders aber Lucrez, bei welchem
Verse wie

Quodsi in eo spatio atque anteacta aetate fuere (I, 234)

ganz gewöhnlich sind. Uebrigens ist dies keinesweges blos
rhythmische Freiheit; auch die Umgangssprache machte von
dieser Verschleifung den weitesten Gebrauch. Cicero (Orat.
44) erklärt es für eine so ausgebildete Eigenthümlichkeit der
lateinischen Sprache, den auslautenden Vokal im Zusammenhange der Rede zu verschleifen, daſs Niemand so bäurisch
sei, dies zu unterlassen; ähnlich äuſsert sich Quintilian; spätere Grammatiker verwirren die Sache, da sie dem Standpunkt ihrer Zeit gemäſs hier schon völlige Elision annehmen.
— Wir können über dieses Thema nur auf Corssen's treffliche Abhandlung II, 170—200 hinweisen, und begnügen uns
hier anzuführen, daſs auch dieser Forscher im Wesentlichen
ganz zu dem nämlichen Resultat kommt wie Pott, und dies
durch die Vergleichung mit den romanischen Sprachen aufs
schlagendste herausstellt. Das italienische *vigna, oglio, ruggio, tengo* konnte nur dadurch aus *vinea, oleum, rubeus, teneo* entstehen, daſs diese letzteren lange Zeit hindurch *vinja,
olju', rubju', tenjo* gesprochen wurden.

3. Im Deutschen ist solche Verschleifung selten
(die oben mitgetheilte Probe dürfte den meisten Lesern schon
als hart und ungelenk erscheinen); der reichliche Gebrauch
der Elision entschädigt dafür hinlänglich. Was die von ihm
selbst so genannten Synalöphen Otfried's betrifft, welche in
den Handschriften durch einen doppelten Punkt angedeutet

werden, z. B. *sprachą ouh*, *scribų ih*, etc.; so sind dies keine
Synalöphen in unserm Sinne, sondern einfache Elision; man
soll lesen *sprách' ouh*, *scrib' ih* oder *scríbih*, etc. Vergl.
Gr. I, 31 ff.

Zweiter Abschnitt.
Von den einzelnen deutschen Lauten im Besondern

Erstes Kapitel.
Von den gothischen Vokalen.

§. 81.
Gothisches a.

1. Graphisch scheint dasselbe ein etwas aufgelöstes
α, vielleicht unter dem Einfluſs der goth. Rune *ans* (Kirchhoff, Zacher) oder *asks* (Munch), angels. und nord. *ós*, entstanden *).

2. Vorkommen. Ueberaus häufig, an jeder Stelle des
Worts und in jeder möglichen Verbindung. Beisp.

anlautend: *alan* (alere), *ara* (aquila), *ana* (ad), *amsa* (humerus), *agan* (timere), *ak* (ac), *aqizi* (ascia),
aha (animus), *ahva* (aqua), *ajukdups* (aevum),
adam (Adamus), *atta* (pater), *appan* (autem),
asans (aestas), *azgó* (cinis), *aba* (maritus),
apaustaulus (apostolus), *af* (ab), *avi* (ovis);

---

*) Die Wiener Handschrift, welche diese gothischen Runen enthält, giebt
fast immer völlig entstellte Namen; z. B. in diesem Falle *aza* oder *asc*
Vgl. darüber Gab. u. Loeb S. 18; Waitz. Ueber Leben und Lehre des Ulfilas
S. 52; W. Grimm: Wien. Jahrb. f. Litt. B. 43, S. 19; J. Grimm: ibid. S. 41;
Maſsmann. Goth. Sprachdenkm. S. XLVIII, S. 771. — Haupt's Zeitschr. 1, 296;
Münchener gel. Anz. 1841. No. 30 Ganz besonders aber Munch: Berichte
der Berl. Akad. 1848, S. 39 ff.; Kirchhoff: das goth. Runenalphabet, Berl.
1851, 2. Aufl. 1854. Dazu den Nachtrag von Müllenhoff und Lilienkron·
Zur Runenlehre, Halle 1852; J. Zacher: Das goth. Alphabet Vulfila's und das
Runenalphabet 1855; endlich die Zusammenstellung bei Weingärtner Die
Aussprache des Gothischen, 1858.

inlautend: *malan* (molere), *farau* (vehi), *manna* (vir), *namó* (nomen), *dags* (dies), *sakan* (litigari), *plaqus* (mitis), *makis* (vis), *sahvum* (vidimus), *vajaméreins* (maledictio), *badi* (lectus), *hatis* (odium), *lapón* (invitare), *fastan* (tenere), *razda* (sermo), *haban* (habere), *skapjan* (creare), *haffan* (tollere), *skavjan* (intueri);

auslautend: *vaila* (bene), *skura* (imber), *ina* (eum), *imma* (ei), *liga* (jaceo), *vaka* (vigilo), *sigqa* (cado), *slaha* (ferio), *ahva* (aqua), *alja* (nisi), *bida* (precatio), *inveita* (intueor), *qipa* (ajo), *lisa* (lego), *batiza* (melior), *giba* (donum), *vairpa* (jacio), *hlifa* (furor), *speiva* (spuo).

3. Sein Laut muſs dem des griech. *a* gleich gewesen sein, welchem es in Fremdwörtern regelmäſsig entspricht; z. B. *abba* (ἀββᾶ), *adam* (Ἀδάμ), *andraias* (Ἀνδρέας), etc. Auch giebt die Wiener Handschrift in ihrer Interlinearübersetzung goth. *a* stets durch lat. (ahd.) *a*, z. B. *afar* = *auar*, *jah* = *jach*, etc.

4. Seine Quantität muſs durchaus als kurz gelten. Allerdings giebt Ulfilas auf diese Weise sowohl kurzes als langes *α*; aber wohl nur darum, weil die Quantitätsverhältnisse der griechischen Sprache im 4. Jahrh. schon in der vollsten Verwirrung lagen, da dieselbe auf dem Uebergange von der antik quantitirenden in die modern accentuirende Periode begriffen war: eine Thatsache, welche auch bei allen übrigen Vokalen nie aus dem Auge verloren werden darf. Sonst sprechen nämlich alle grammatischen Verhältnisse dafür, daſs goth. *a* stets kurz war. Ueberall da, wo seine Länge eintreten soll, steht *ó*, ähnlich wie noch heute im Plattdeutschen; oder *é*, ähnlich wie im Ionischen und dem heutigen Englisch (vergl. *tale, name*). Ja das erstere geschieht sogar in dem Fremdworte *rumóneis* (Romani), welches der Uebersetzer nicht selbst zu bilden brauchte, sondern aus der Volkssprache entnehmen konnte.

5. Etymologisch entspricht das goth. *a* dem des Sanskrit, und zwar in weiter Ausdehnung, da nur die Schwächung in *i* etwas häufiger, die in *u* dagegen selten und die in *e* und *o* noch gar nicht vorhanden ist. Da, wo es ursprüng-

lich in Endsilben mehrsilbiger Wörter stand, ist es ganz unterdrückt worden, mithin *vulfs* (lupus, für sanskr. *vṛkas*),
auhsins (bovis, für sanskr. *ukšṇas*), *auhsans* (boves, für sanskr.
uksǎnas), etc. Wo sich also *a* in der Endsilbe gothischer Wörter findet, da darf man gewiſs sein, daſs diese es nicht ursprünglich ist. Beisp. *liuhap* (lux, aus *LIUHAþAM*), *magaps*
(puella, aus *MAGAþIS*), oder mit Schwächung: *vulfis* (lupi,
sanskr. *vṛkasya*); *bairis* (feris, sanskr. *ḃarasi*); *bairiþ* (fert,
fertis; sanskr. *ḃarati, ḃarata*), etc. Vergl. das Westphal'sche
Auslautgesetz in §. 32, 5. *d.*

Im Althochdeutschen hat sich das goth. *a* entweder
behauptet, oder zu *u* (*o*) geschwächt; endlich sehr häufig einem *i* der folgenden Silbe zu Liebe in *e* verwandelt.

§. 82.
Gothisches i.

1. **Graphisch** ist es das griech. *I*; stimmt aber auch
mit der Rune, welche in der W. H. den Namen *iiz* (eiz) führt,
dem nord. und angels. *is.* Hinter Vokalen, von denen es
syllabisch getrennt sein soll, giebt ihm Ulfilas zwei Puukte,
z. B. *gaibnjan* (aequare), *sauil* (sol), *saiiþ* (serit). Dasselbe
geschieht aber auch im Anlaut, wo dazu kein phonetischer
Grund ersichtlich ist; vermuthlich nur in Nachahmung mancher späteren griech. Handschriften. Beisp. *ibai* (num), *igg-
qis* (vobis), *iêsus.*

2. **Vorkommen.** Es findet sich an allen Stellen des
Wortes und in allen Verbindungen, ausgenommen *h* (mit Ein-
schluſs von *hv*) und *r*, vor denen es in der Regel durch *ai*
ersetzt wird. Beisp.

anlautend: *iakob, iudas, iêsus, iôhannes, in* (in), *im* (sum),
ik (ego), *ija* (eam), *idreiga* (poenitentia), *itan*
(edere), *iþ* (autem), *is* (is), *izei* (quorum), *ibai*
(num), *iftuma* (posterus);

inlautend: *silba* (ipse), *hiri* (δεῦρο), *vinja* (pascuum), *qiman* (venire), *ligan* (jacere), *mikils* (magnus),
riqis (caligo), *frijôn* (amare), *bida* (precatio),
sitan (sedere), *qiþan* (dicere), *vis* (tranquillitas
maris), *pizê* (horum), *giba* (donum), *skip* (navis), *sifan* (gaudere), *hnivans* (inclinatus);

auslautend: *aurali* (sudarium), *hari* (exercitum), *fani* (lutum), *némi* (sumeret), *aigi* (habeat, Joh. 6, 40), *meki* (ensis), *aurahi* (sepulcrum), *séhvi* (videret), *vadi* (pignus), *nati* (rete), *avéþi* (grex ovium), *usvissi* (vanitas), *aqizi* (ascia), *arbi* (hereditas), *hrópi* (clamor), *hivi* (color, engl. *hew*).

Ueber die Verbindung *ji* siehe unter *j*. — Nach andern Vokalen, mit denen es nicht in Eine Silbe verschmilzt, findet sich *i* nur selten in einfachen gothischen Wörtern, und zwar nur nach *ai* und *au*.

3. Es steht in Fremdwörtern:

a) für griech. *ι*. Dies der gewöhnlichste Fall. Beisp. *iaeirus* (Ἰάειρος), *iairaimias* (Ἱερεμίας), *krispus* (Κρίσπος);

b) für griech. *η*; z. B. *aunisimus* (Ὀνήσιμος), *biþania* (Βηθανία), etc.

Ausnahmsweise auch für *υ*, z. B. *didimus* (Δίδυμος); für *ε*, z. B. *makidonja* (Μακεδονία), für *ει*, z. B. *antiaukia* (Ἀντιοχεία); endlich sogar einmal für *χ*, in *iareim* (Χαρίμ).

4. Sein Laut kann demnach nur der unsers *i* gewesen sein, wogegen keineswegs die Verwendung für *η* spricht, da dieses in den ersten Jahrh. nach Chr. bereits fast allgemein so wie heute, nämlich als *i* gesprochen wurde, wie selbst die eifrigsten Gegner des Jotacismus zugeben. Auch die W. H. hat das goth. *i* nur in *geuua* (statt *giba*) nach althochdeutscher Weise gebrochen und in *enguss* (statt *Iggus*) verderbt, sonst ist es durchgehend erhalten; z. B. *uuinne, sugil, hbeda*.

5. Seine Quantität wird von Grimm und überhaupt den Meisten als durchweg kurz angenommen (seine Länge ist *ei*); die Altenburger glauben indefs doch, dafs in einigen Fällen Länge gegolten habe, besonders da, wo es vor *h* oder *r* steht und doch nicht die Brechung in *ai* erleidet; z. B. *nih* (aus *ni-uh*), *hiri* (δεῦρο), *birusjós* (statt *bérusjós*).

6. Etymologisch entspricht es dem sanskr. *i*. Einbufse hat es erlitten:

a) durch gänzliche Unterdrückung. Wo nämlich in der Urperiode unseres Sprachstammes *i* in der Endsilbe mehrsilbiger Wörter stand, da wurde es unterdrückt, und wenn sich gleichwohl in Endsilben gothischer Wörter häufig ein *i* findet, so darf man gewifs sein, dafs diese nicht ursprünglich

am Ende standen, sondern hinter ihnen die wahre Endsilbe
abgefallen ist. Beispiele siehe beim *a*. Ein schliefsendes *i* in
mehrsilbigen gothischen Wörtern erweist sich stets als eine
Verstümmelung von *j* mit nachfolgendem Vokal, so dafs das
j nach Unterdrückung dieses Vokals sich selber vokalisiren
mufste, z. B. *hari* (exercitum) eine Verstümmelung aus *HAR-
JAM*, vom sanskr. (nicht belegb.) *karyam*, altpers. *kâra*. Erhalten ist schliefsendes *i* in *bi* (apud), ahd. mit Verlängerung: *bî*,
sanskr. *aßi*; offenbar nur darum, weil diese letztere Form, abweichend von allen übrigen Präpositionen, Oxytonon ist.

b) durch die Brechung in *ai*, welche um so merkwürdiger ist, als sie nicht auf vokalischer, sondern consonanti-
scher Assimilation beruht und in den nächstverwandten Sprachen nichts Analoges hat; ja diese stellen ausdrücklich die ursprünglichen Vokale wieder her, wenn nicht etwa (wie häufig
geschieht) die Brechung durch eine neu hinzukommende Ursache hervorgerufen wird. Beisp. goth. *saihva* (video), ahd.
sihu; goth. *baira*, ahd. *biru*.

§. 83.

Gothisches u.

1. Graphisch scheint es die angels. und nord. Rune
ûr, welche die W. H. *uras* nennt und die nur *urus* gelautet
haben kann; die Gestalt ähnelt ungefähr dem lat. *n*.

2 Vorkommen. Es findet sich etwas seltener als *i*,
übrigens an allen Stellen des Wortes und in allen Verbindungen, am seltensten vor *h* und *r*, wo dafür in der Regel
au eintritt. Beisp.

anlautend: *ulbandus* (camelus), *ur-* (ex), *uns* (nos), *ugkis*
(nos duo), *uhteigs* (otiosus), *ut* (ἔξω), *us* (ex),
ubils (malus), *uf* (in);

inlautend: *sulja* (solea), *skura* (imber), *munan* (meminisse),
numans (captus), *fugls* (avis), *kukjan* (osculari),
suqôn (condire), *huhrus* (fames), *ludja* (facies),
hlutrs (purus), *gup* (idolum), *hus* (domus), *huzd*
(thesaurus), *stubjus* (pulvis), *hups* (femur), *luftus* (aer);

auslautend: *gairu* (flagellum), *inu* (sine), *faihu* (pecu), *siju* (sumus, Dual), *handu* (manum), *aggvu* (angustum), etc.

3. In Fremdwörtern vertritt es:

a) griech. *ov*: *fanuêl* (*Φανουήλ*), *iairusalêm* ('*Ιερουσαλήμ*), *iêsus* ('*Ιησοῦς*), *iudas* ('*Ιούδας*), etc.;

b) griech. *o*: *puntius* (*Πόντιος*), *diabulus* (*διάβολος*), *paitrus* (*Πέτρος*), *pavlus* (*Παῦλος*), etc.

4. Gab. u. Loeb. schliefsen hieraus, dafs der Laut des goth. *u* sich einigermafsen dem *o* genähert habe, Weingärtner glaubt eher annehmen zu müssen, dafs das griech. *o* sehr *u*-ähnlich gelautet; vergl. a. a. O. p. 29. Die W. H. giebt den Laut in ahd. Brechung durch *o*, z. B. *lokan* (*lukan*), *otan* (*uppan*).

5. Besonders fraglich aber ist seine Quantität; Grimm läfst in seinen früheren Schriften (D. G. 1. u. 2. Ausgabe) neben *u* auch *û* gelten, in den spätern nicht mehr, sondern vertheidigt die drei „Urkürzen"; ebenso Weingärtner; die Altenburger jedoch glauben die manchmal vorhandene Länge des *u* folgern zu dürfen:

a) aus seiner häufigen Verwechselung mit *ô*, z. B. *krôtuda*, *krôtóda*; *viduvô*, *vidôvô*, etc.;

b) aus dem Mangel der Brechung in einigen Wörtern, als: *juhiza*, *puhta*, *huhrus*, *-uh*, *nuh*, etc.;

c) aus dem Parallelismus mit *iu* in einigen Verbalformen, als: *hrukan*, *lukan*, statt *hriukan*, *liukan*;

d) aus der Vergleichung anderer Sprachen.

Dieser Meinung schliefst sich auch Bopp an. V. G. §. 76.

6. Etymologisch entspricht es im Allgemeinen dem sanskr. *u*, *û*; z. B. *sunus* (filius), sanskr. *sûnus*, von *su*, auch *sû* (parere). Es wäre vorschnell, aus der Länge des sanskritischen Vokals die des gothischen zu schliefsen; das sanskr. *suta* (natus) hat kurzes *u*; das *û* in *sûnu* könnte also erst auf indischem Boden gewachsen sein. Das Send bietet in der That *hunu*, und ebenso ist das ahd. *sun* entschieden kurz. — Im Gegensatz zu *a* und *i* bleibt goth. *u* auch in den ursprünglichen Endsilben erhalten.

§. 84.
Gothisches e.

1. **Graphisch** ist es das griech. ε; die ihm entsprechende Rune würde mit der Form von *M* zusammenfallen. In der W. H. heifst sie *eys (evz)*, was nach M. *aihs*, nach Z. *aihvus*, nach Müllenhoff *eivs*, nach Massmann *aiks* zu lesen ist.

2. Sein **Vorkommen** ist beschränkt;

anlautend: findet es sich in echt gothischen Wörtern gar nicht;

inlautend: *mel* (tempus), *jer* (annus), *mena* (luna), *qemun* (venerunt), *vegs* (unda), *meki* (ensis), *gafehs* (aptus), *nehva* (vicinus), *gredus* (fames), *letan* (sinere), *nepla* (acus), *mes* (mensa), *gebun* (dederunt), *vepna* (arma), *lev* (occasio);

auslautend: *simle* (semper), *svare* (frustra), *ne* (non); namentlich oft im Gen. Plur. als *fiske* (piscium), *vaurde* (verborum), etc.

3. Es steht in **Fremdwörtern:**

a) für griech. η. Dies fast immer. Beisp. *iesus* (Ἰησοῦς), *israel* (Ἰσραήλ), *iosef* (Ἰωσήφ), *kreta* (Κρήτη), etc.

b) nur ausnahmsweise für griech. ι, z. B. *naen* (Ναΐν); griech. ε, z. B. *tertius* (Τέρτιος); griech. αι, lat. *e*, nur in *kreks* (Γραικός, Graecus).

4. Es **wechselt** ferner in echt gothischen Wörtern mit *i* und *ei*, und zwar so, dafs es bald diese vertritt, z. B. *ubels* statt *ubils*, *spevan* statt *speiwan*, bald von ihnen vertreten wird, z. B. *birusjos* statt *berusjos*, *greitan* statt *gretan*.

5. Hierauf gestützt glauben wir den **Laut** des goth. *e* als ein dem *i* sich näherndes *e* feststellen zu dürfen; dies wäre aber unser *é* (*See, Weh*). Die W. H. giebt dafür das im Ahd. dafür eintretende *á*, z. B. *chuatun* statt *qéþun*, *gaar* statt *jér*.

6. Die **Quantität** dieses Lautes war stets lang, wie im Sanskrit. Grimm schliefst dies *a)* aus der Quantität des ihm entsprechenden η, *b)* aus dem Schwanken in *ei*, *c)* aus dem Parallelismus mit *á* in andern Sprachen, *d)* aus dem Parallelismus mit *é* im Lateinischen. — In manchen Fällen erweist es sich als grammatische Verlängerung des *a*, worin Bopp

12

eine (nur mit dem Friesischen getheilte) Eigenthümlichkeit der gothischen Sprache erblickt, wodurch dieselbe gleichsam im jonischen Gewande erscheint.

7. Etymologisch entspricht goth. *é* dem sanskr. *á*. Die wichtigsten Stellen der Grammatik, wo dieses *e* erscheint, sind: 1) die mehrsilbigen Formen des Prät. von Grimm's 10. und 11. Conj., wo z. B. das goth. *némun*, altfries. *némon* (ceperunt) dem ahd. *námun* gegenübersteht; 2) Grimm's 4. und 6. Conj., wo goth. *slépa* (dormio), *léta* (sino), *réda* (cogito), altfries. *slépe*, *léte*, *réde* dem ahd. *sláfu*, *láʒu*, *rátu* entsprechen; 3) die Gen. Plur. der Masculina und Neutra, sowie der Femininstämme auf *i* und *u*, während das Althochdeutsche in allen Geschlechtern die Endung *ô* dem sanskr. *ám* und griech. *ων* gegenüberstellt; z. B. *auhsné* (für *auhsané*), ahd. *ohsônó*, sanskr. *ukšnám* (für *ukšaṇâm*); 4) in einigen vereinzelten Wörtern, z. B. *jér* (annus), ahd. *jâr*, send. *ydré*, wahrscheinlich von Wurzel *yá* (ire).

§. 85.

Gothisches o.

1. Sein Zeichen ist nach G. u. L. ein griech. *Ω*, nach Andern (M. K. Z. W.) die durch den Uncialcharakter umgeformte Edelrune, deren Name uns die W. H. als *utal* überliefert hat und der in *opal* zu verbessern ist.

2. Sein Vorkommen ist etwas häufiger als das des *e*. Beisp.

anlautend: nur *ogan* (metuere) mit seinen Ableitungen;

inlautend: *holon* (arcessere), *hors* (adulter), *fon* (ignis), *doms* (judicium), *fidurdogs* (quatuor dierum), *sokjan* (quaerere), *skohs* (calceus), *stojan* (judicare), *flodus* (fluctus), *fotus* (pes), *frops* (prudens), *los* (domicilium?), *frodoza* (prudentior), *gahobains* (abstinentia), *hropjan* (vocare), *gadof* (convēnit);

auslautend: *lailo* (objurgavit), *sunno* (sol), *augo* (oculus), *brunjo* (lorica), *hairto*(cor), etc.

3. Vokale scheint es hinter sich nicht zu dulden, vielmehr geht es, wenn ein solcher darauf folgen sollte, in *au* über, z. B. *staua* von *stojan*; oder es wird in Fremdwörtern ein *h* eingeschoben, z. B. *iohannes* (*Ἰωάννης*). Aber auch

dann tritt *au* dafür ein, wenn durch zwei andere Consonanten, namentlich *ht*, eine Schärfung erfolgt, welche seiner natürlichen Dehnung widerstreitet, z. B. *nauhta* für *nohta* (von *noh*).

4. Es steht in Fremdwörtern:

a) für griech. ω: *ainok* (Ἐνώχ), *Iod* (Ἀώτ), *mammona* (μαμμωνάς), *zelotes* (ζηλώτης), etc.

b) für griech. ο: *makidonja* (Μακεδονία), *antiokja* (Ἀντιοχεία);

c) für griech. ου: wohl nur irrthümlich in *iodas*, *Iokas*; zumal da daneben sich auch die richtigern *iudas*, etc. finden.

In echt gothischen Wörtern wechselt es häufig mit *u* und *au*; auf goth. Münzen findet sich *Gundemar* und *Gondemar*, *Rodericus* und *Rudericus*.

5. Seine **Aussprache** scheint demnach ein dem *u* zugewandtes *o*, also wohl unser *ó* (*Moor*, *Sohn*) gewesen zu sein. Die W. H. setzt dafür nach ahd. Art *uo* oder *u*, z. B. *thuo* statt *þo*, *utal* statt *opal*.

6. Seine **Quantität** ist stets lang, wie es denn auch der gewöhnliche Vertreter des langen *a* ist und im Verkürzungsfalle wieder in dasselbe zurückkehrt.

7. **Etymologisch** entspricht es, wie sich hiernach erwarten läſst, dem sanskr. *â*. Am Ende mehrsilbiger Wörter kürzt es sich zu *a*, und wo gleichwohl *ó* ein mehrsilbiges Wort schlieſst, da ist ein ursprünglich nachstehender Consonant weggefallen; z. B. im Gen. Plur. der Fem. auf *a*, z. B. *airþó* (terrarum), wo *ó* die sanskr. Endung *âm*, griech. ων vertritt. In Formen wie *hvaþró* (unde), *paþró* (inde), alten Ablativen, ist ein *t*-Laut abgefallen. Umgekehrt wird im Verlängerungsfalle goth. *a* zu *ó*; daher -*dógs* in dem Comp. *fidurdógs* (quatuor dierum) von *dags*. Es entsteht demnach *ó* auch durch das Zusammenstoſsen zweier *a*, oder auch eines *ó(â)* mit *a*; z. B. im Nom. Plur. *dagós* (dies, pl.) aus *daga-as*, *hairdós* (greges) aus *hairdó-as*. — Im Althochdeutschen ist das goth. *ó* entweder *ó* geblieben, oder es hat sich, nach Verschiedenheit der Quellen, zu *uo*, *ua*, *oa* gespalten, wofür im Mittelhochdeutschen blos *uo*, im Neuhochdeutschen *ú* steht; z. B. sanskr. *bhrâtar*; lat. *frâter*; goth. *bróþar*; ahd. *bruodar*, *bruadar*, *broadar*; mhd. *bruoder*, nhd. *brúder*. — In

den Endungen kommt ahd. auch *á* und *ú* (letzteres wohl nur vor *n*) für goth. *ó* vor.

§. 86.

Gothisches ai.

1. **Graphisch** ist dieser Laut, wie der Augenschein lehrt, eine Zusammenstellung von *a* und *i*; ob er deshalb auch **phonetisch** eine solche, d. h. ein Diphthong war, bleibe einstweilen unentschieden.

2. **Vorkommen.** Sehr häufig an allen Stellen des Worts:

anlautend: *aiaik* (fatus est), *aiauk* (auxit), *airþa* (terra), *ains* (unus), *aigan* (ἔχειν), *aikan* (augere), *aih-tróu* (mendicare), *aipei* (mater), *aistan* (aestimare), *ais* (aes), *aibr* (donum), *aivs* (aevum);

inlautend: *vaian* (flare), *vaila* (bene), *bairan* (ferre), *vai-nei* (utinam), *haims* (vicus), *staig* (ascendebat), *laikan* (salire), *slaihts* (rectus), *saijiþ* (serit), *skaidan* (sejungere), *haitan* (appellare), *galaiþ* (ivit), *laisjan* (docere), *maiza* (magis), *hlaiba* (pani), *vaips* (corona), *hlaif* (panem), *saivs* (lacus);

auslautend: *allai* (omnes), *jai* (immo), *anstai* (gratiae), *qi-þai* (dicat), *sai* (ecce), *gibai* (dono), *vai* (vae), etc.

3. **In Fremdwörtern** vertritt es:

a) griech. *ε*, z. B. *aibair* (Ἐβέρ), *aikklesjó* (ἐκκλησία) *gainnésaraiþ* (Γεννησαρέτ), *baiailzebul* (Βεελζεβούλ), *iairai-mias* (Ἱερεμίας), *paiaufeilus* (Θεόφιλος), etc.

b) griech. *αι*, z. B. *zakkaius* (Ζαχχαῖος), *iudaius* (Ἰου-δαῖος), *kaisar* (Καῖσαρ), *idumaia* (Ἰδουμαία), etc. Oft beide Laute neben einander, als *zaibaidaius* (Ζεβεδαῖος), *hairaisis* (αἵρεσις).

4. Ein **Wechsel** zwischen *ai* und *e* zeigt sich in *té-hund* von *taihun*. Vor *h* und *r* vertritt *ai* die Stelle von *i*, z. B. *bairan* statt *biran*, *slaihts* für *slihts*.

5. Seine **Quantität** ist sowohl lang als kurz, was schon daraus hervorgeht, daſs es sowohl für kurzes *ε* als langes *αι* gebraucht wird; aber auch das Verhältniſs einzelner Formen spricht dafür. Die Fälle jedoch, wann Länge, wann

Kürze eintritt, sind schwer zu bestimmen. Nur das aus *i* gebrochene *ai* darf stets als kurz gelten, weil es eben einen kurzen Vokal vertritt.

6. Sein Laut ist demnach wohl der unsers jetzigen *a* (*e*) gewesen, theils des kurzen (*Hande, Henne*), theils des langen (*Schwaene, Haehne*). Der Umstand, dafs es für das griech. *ai* steht, gilt uns eben nur als ein Beweis mehr dafür (falls es dessen noch bedürfte), dafs dieser Laut bei den Griechen zur Zeit des Ulfilas, ebenso wie bei den heutigen, = *a* gewesen ist, etwas was von gothischer Seite auch noch dadurch eine interessante Bestätigung findet, dafs Ulfilas das Wort *Γραικός* geradezu durch *krêks* giebt, diese Form nicht selbst bildend (er würde *graiks* geschrieben haben), sondern der Volkssprache entnehmend. — Auch giebt die W. H. dafür stets *e*, z. B. *libeda* (d. i. *libaida*), dabei ausdrücklich hinzufügend: „diptongon ai pro e longa.“

7. Etymologisch entspricht goth. *ai* häufig dem skr. *ê*, nämlich in den gunirten Präteritis der *i*-Wurzeln, z. B. *bait* (momordi), sanskr. *bi-bêda*, Wurzel *bid*. In den Fällen, wo goth. *ai* die Brechung aus *i* ist, entspricht entweder dieses letztere wirklich, z. B. *vair* (*vir*), sanskr. *viras*; *gataihan* (narrare), sanskr. *diś, dik*, lat. *dico*, griech. *δείχω*; oder jenes goth. *i* ist nur eine Schwächung aus *a*; z. B. *saihs* (sex), sanskr. *śaś*; *taihun* (decem), sanskr. *daśan*; *baira* (fero), sanskr. *bardmi*.

Anm. J. Grimm trennt, namentlich mit Rücksicht auf die übrigen deutschen Sprachen, also aus etymologischen Gründen, das gothische *ai* in zwei verschiedene Laute, die er auch durch die Schrift bezeichnet: *ái* und *aí* Das erstere, das gewöhnliche *ai*, sei stets lang und voll betont (also im Wesentlichen unser heutiges *ai*); das zweite, die Brechung des *i*, stets kurz und unserm heutigen *e* ähnlich Vergl. Gr I³. S. 51—53). Die Zusammenstellung der Gründe und Gegengründe bei G. u. L. S. 31. Wir unsrerseits neigen uns mehr auf Seite der letzteren und unterlassen daher auch die diakritische Unterscheidung.

§. 87.

Gothisches au.

1. Ueber seine Schreibung gilt das bei *ai* Gesagte, welchem es überhaupt völlig parallel geht. Es findet sich:

anlautend: *aurtja* (hortulanus), *augô* (oculus), *aukan* (au-

gere), *auhsa* (bos), *audags* (beatus), *aups* (de-
sertus), *ausó* (oris), *auftó* (saepe);

inlautend: *bauan* (habitare), *sauil* (sol), *sauls* (columna),
faura (pro), *gaunón* (lugere), *gaumjan* (animadvertere), *baugjan* (everrere), *galauk* (clausit),
sauhts (morbus), *frauja* (dominus), *rauds* (ruber), *flautan* (superbire), *daupus* (mors), *raus*
(arundo), *haubip* (caput), *raupjan* (evellere),
hauf (ploravit);

auslautend: *sunau* (filio), *jau* (num), *dau* (mortuus est),
ahtau (octo), etc.

2. In Fremdwörtern vertritt es regelmäfsig das griech.
o, z. B. *bauaus* (Βυόζ), *barpaulaumaius* (Βαρθολομαῖος), *dia-
kaunus* (διάχονυς), *pauntius* (Πόντιος), *saudauma* (Σόδομα),
apaustaulus (ἀπόστολος).

3. Es wechselt häufig mit *u*, sowohl in Eigennamen
als Flexionsendungen, z. B. *apaustaulus, apaustaulaus*; *sunaus,
sunus*. Vor *h* und *r* vertritt es die Stelle von *u*.

4. Seine Qualität ist vermuthlich sowohl lang als
kurz gewesen, obschon sich dieselbe in jedem einzelnen Falle
nicht bestimmen läfst. Nur das aus *u* gebrochene darf stets
als kurz gelten.

5. Sein Laut scheint der des offenen *o*, sowohl des langen
als des kurzen, gewesen zu sein. Auch die W. H. setzt dafür
stets *o*, z. B. *chorma* (statt *kausma*), *uuortun* (statt *vaurpun*).

6. Etymologisch entspricht das goth. *au* häufig dem
sanskr. *ó*, wie sich am besten aus den Gunafällen ersehen läfst,
z. B. *baug* (flexi), sanskr. *bu-bóģa*, Wurzel *buģ*. Da, wo
goth. *au* die Brechung des *u* ist, steht auch im Sanskrit dieser letztere Laut, z. B. *dauhtar* (filia), sanskr. *duhitar*; *faur*
(ante), sanskr. *puras*.

Anm- Auch hier trennt J. Grimm den Laut in *áu* und *aí*, wovon
nur der letztere (durch Brechung entstandene) wie *o*, der erstere ähnlich
wie unser neuhochd. *au* geklungen habe Gründe und Gegengründe sind
dieselben wie bei *ai*. Wenn indefs die Altenburger die letztern hier noch
dadurch verstärkt glauben, dafs Ulfilas griech. *αυ* niemals durch *au*, son-
ern entweder durch *av*, z. B *pavlus* (Παῦλος); oder, wo dies Härte erzeugt, durch *a* giebt, z. B *agustus* (Αὔγουστος), so möchten wir dem nicht
beistimmen, sondern sehen in dieser Schreibung eher die Folge davon, dafs
griech *au* damals schon nach neugriechischer Art, als *aw* gesprochen wurde
Oder sollten die Griechen das *au* in lateinischen Wörtern anders gesprochen haben, als in echt griechischen?

§. 88.

Gothisches ei.

1. Ueber seine Schreibung gilt das bei *ai* und *au*
Gesagte, mit welchen es auch ziemlich von gleichem Umfange ist, nur steht es selten im Anlaut. Beisp.

anlautend: nur *ei* (ut), *eis* (ii), *eisarn* (ferrum);

inlautend: *reiran* (tremere), *skeinan* (videri), *skeima* (ful-
gor), *steigan* (scandere), *reiks* (rex), *peihan*
(evenire), *leihvan* (mutuum dare), *beidan* (exspectare), *smeitan* (illinere), *sneipan* (secare),
veis (nos), *dreiban* (pellere), *veipan* (coronare),
tveifls (dubitatio), *speivan* (spuere);

auslautend: *nei* (nonne), *managei* (multitudo), *patei* (quod),
aipei (mater), *gabei* (divitiae); häufig beim Imperativ, als *lagei*, *sôkei*, etc.

2. In Fremdwörtern vertritt es:

a) griech. ει, z. B. *iaeirus* (Ἰάειρος), *samareites* (Σαμα-
ρείτης), *helei* (Ἡλεί);

b) griech. ι, gleichviel ob dies lang oder kurz, accentuirt
oder unaccentuirt war, z. B *baineiamin* (Βενιαμίν), *aisaikeia*
(Ἐζεκία), *seimon* (Σίμων), *teitus* (Τίτος), *galeilaia* (Γαλι-
λαία), etc.

3. Es wechselt häufig mit *é*, z. B. *létan*, *leitan*; *gré-
tan*, *greitan*; *fahéps*, *faheips*; *pizé*, *pizei*; etc. zuweilen auch
mit *i*.

4. Seine Quantität ist stets lang und es ist etymologisch als die Länge des *i* zu betrachten, wie es auch häufig
aus *ii* und *ji* hervorgeht. Aus dem letzteren indefs nur dann,
wenn eine lange Wurzel- oder mehrere Silben überhaupt vorangehen, z. B. *sôkeis* aus *sôkjis*, *mikileip* aus *mi-
kiljip*. Geht dagegen eine kurze Wurzelsilbe voran, so
bleibt *ji*, offenbar, damit das consonantische *j* der vorangehenden Silbe zur Stütze diene. Beisp. *harjis*, *nerjis*.

5. Sein Laut nun ist (wie sich aus dem Vorhergehenden auch erwarten läfst) höchst wahrscheinlich == *j*, wie denn
Munch [*]) in seiner goth. Grammatik es bereits durch dieses

---

[*]) P. A. Munch. *Det gotiske Sprogs Formlaere.* S. 7. Fordobblingen af *i*
er *i*, hvilket hos Ulfila betegnes ved *ei*; enten efter Graekernes velbekjendte
Exempel, eller fordi Lyden virkelig nog̈t mere naermede sig *A*-Klassen.

Zeichen ausdrückt; ebenso Bopp in der V. G. I, 96. Siehe auch
Ebel: Zeitschr. f. vergl. Sprachf. IV, S. 285. ·und Zacher
a. a. O. S. 48. Dafs es neben griech. ι auch ει vertritt, kommt
daher, weil dieses letztere zur Zeit des Ulfilas bereits nach
neugriechischer Art, als i, gesprochen wurde; ein Umstand,
wodurch Ulfilas bewogen wurde, nun auch in echt gothischen Wörtern i durch ei zu geben. Der stellenweise Gebrauch für η, z. B. auneisifaurus ('Ονησίφορος) u. a. hat bei
richtiger Auffassung des letzteren Zeichens nichts Auffallendes, sondern bietet noch einen Beweis mehr für den Laut i.

6. Etymologisch entspricht goth. ei dem sanskr. i,
namentlich am Ende weiblicher Participial- und Comparativ-
stämme, welche jedoch dem sanskr. i noch ein n beigefügt
haben, wie auch sehr häufig das sanskr. weibliche â (goth. ô)
einen solchen Zusatz erhalten hat. Beisp.: Them. BAIRAN-
DEIN, Nom. -dei, für sanskr. barantî (die tragende); Them.
JUHIZEIN, Nom. zei, sanskr. yavîyasi (die jüngere). Wo
goth. ei einem sanskr. ê (= ai) begegnet, da ist, um mit Bopp
zu sprechen, entweder der schwächere Gunavokal i mit dem
Wurzelvokal i, oder mit dem schliefsenden i eines Wortstam-
mes in Eins zusammengeflossen, also i = i + i; oder es ist
in vereinzelt stehenden Wörtern von dem ursprünglichen
Diphthongen ai das erste Element unterdrückt, und zum Ersatz das letzte verlängert worden.

§. 89.

Gothisches iu.

1. Von beschränktem Gebrauch, da es nur in gothischen Stammsilben, aber weder in Ableitungssilben noch in
der Umschreibung fremder Wörter vorkommt. Beisp.:

anlautend: *iumjô* (plebs), *iup* (super), *iusiza* (commodior),
etc.;

inlautend: *jiuleis* (Julius), *riurs* (caducus), *niun* (novem),
hliuma (auditus), *driugan* (militari), *siuks* (aegrotus), *liuhap* (lumen), *niujis* (novus), *biudan*
(offerre), *giutan* (fundere), *hliup* (auditus), *kiu-*
san (eligere), *diuza* (ferae), *þiubs* (fur), *diups*
(profundus), *hiufan* (plorare);

auslautend: *triu* (arbor), *kniu* (genu), *þiu* (eo).

2. Grammatisch ist iu die Länge von u, wie sich

besonders aus Vergleichung der Ablautreihen ergiebt; es verhält sich zu ihm ganz so wie *ei* zu *i*; z. B. Wurzel *bit, bug*, Präs. *beita, biuga*.

3. Es scheint ein dem Gothischen eigenthümlicher Laut gewesen zu sein, über den sich, da er in Fremdwörtern nicht nicht gebraucht wird, schwer urtheilen läfst. Dafs er nicht = *u* war, wozu die nächste Vermuthung neigt, geht daraus hervor, dafs er niemals für griech. *v* steht (welches Ulfilas vielmehr durch das ungothische *y* giebt), und dafs die lateinischen Schriftsteller ihn durch *eo* umschreiben, z. B. *piudareiks = Theodoricus*. Nach diesem Auskunftsmittel zu urtheilen, wäre es also ein wirklicher Doppellaut gewesen, in welchem man beide Elemente unterscheiden konnte, ähnlich wie ja auch im heutigen Englisch das lange *u* oft als *ju* auftritt. Die W. H. giebt *iu* durch *y* wieder, z. B. *thyth* statt *piup*.

4. Vom etymologischen Standpunkte aus erweist sich *iu* häufig (im Präsens der *u*-Wurzeln) als eine blofse Schwächung des sanskr. *au*, indem, nach Bopp, hier *a* seiner gewöhnlichen Entartung in *i* unterliegt.

Zweites Kapitel.
Von den gothischen Consonanten.

§. 90.
Gothisches l.

1. Sein Zeichen ist entweder unmittelbar das griech. *λ* (G. u. L) oder die in der späteren griechischen Schrift übliche Umkehrung der Rune *lagus* (M. K. Z.), für welche die W. H. verderbt *laaz* (angels. *lagu*) bietet.

2. Es entspricht in Eigennamen und Fremdwörtern überall dem griech. *λ*, mit welchem es daher völlig gleichen Laut gehabt haben mufs.

3. Sein Vorkommen ist überaus häufig, an allen Stellen des Wortes und in den mannigfachsten Vokalverbindungen. Beisp.

anlautend: *laggs* (longus), *ligan* (jacîre), *lustus* (voluptas),
unlêds (pauper), *lôfa* (manus), *laisjan* (docere),
laus (expers), *leik* (corpus), *liugan* (mentiri);

inlautend: *halja* (tartarus), *skilja* (lanius), *fula* (pullus),
sels (beatus), *hôlôn* (arcessere), *hails* (salus),
sauls (columna), *hveila* (mora), *jiuleis* (Julius);

auslautend: *skal* (debeo), *til* (aptum), *dail* (partem), etc.

4. *Consonantische Verbindungen.*

a) liquide:

ll. *alls* (omnis), *hallus* (rupes), *fill* (pellis), *vulla* (lana),
fulls (plenus);

lm. *malma* (pulvis), *hilms* (galea);

b) gutturale:

lg. *balgs* (cutis), *galga* (crux), *dulgs* (dies festus), *tulgus* (firmus);

lk. *halks* (pauper), *kalkjô* (meretrix), *skalks* (servus);

lh. *alh* (templum), *milhma* (nubes), *filhan* (commendare),
fulhsni (obscuritas);

lj. *halja* (tartarus), *skalja* (patera), *viljan* (velle), *huljan* (obtegere).

c) dentale:

ld. *alds* (aevum), *kalds* (gelidus), *gild* (pecunia), *skulds*
(culposus); mit tertiärem r: *saldra* (jocus), *framaldrs* (vetus), *spaiskuldrs* ($\pi\tau\acute{v}\sigma\mu\alpha$);

lt. *halts* (claudus), *salt* (sal), *sviltan* (mori);

lp. *alpan* (senescere), *falpan* (plicare), *gilpa* (falx),
hulps (gratiosus), *gulp* (aurum);

ls. *hals* (collum); mit tertiärem *t*: *gilstr* (tributum);
mit tertiärem *k*: *malsks* (imprudens), aufserdem
häufig in Folge des Nominativzeichens *s*, als *sêls,
ubils,* etc.

d) labiale:

lb. *halbs* (dimidius), *kalbô* (vacca), *silba* (ipse), *ulbandus* (camelus);

lp. *hilpan* (juvare);

lf. *vulfs* (lupus), *hvilftri* (sepulcrum);

lv. *balvs* (malus), *malvjan* (conterere), *vilvan* (rapere).

5. Etymologisch entspricht das goth. *l* im Allgemeinen
dem der urverwandten Sprachen. Beisp. *laggs*; lat. *longus.
lisa*; litth. *lesti,* lett. *laszit,* lat. *lego,* griech. λέγω. *lustus;*

lat. *lascivus*, griech λιλαίομαι, sanskr. Wurzel *laś* (cupio).
laigôn; lat. *lingere*, griech. λείχειν, sanskr. W. *lih*. *laun*;
lat. *lûcrum*, griech. ἀπολαύω. *laus*; *lausja*; lat. *luo, sol-vo*,
griech. λύω, sanskr. W. *lû* (seco). *lein*; lat. *linum*, griech.
λίνον. *liubs*; lat. *libet, lubet*, griech. λίπτομαι; sanskr. W.
luô (cupio). *alis*; lat. *alius*, griech. ἄλλος. *aleina*; lat.
ulna, griech. ὠλένη. *alêv*; lat. *oleum*, griech. ἔλαιον.
valvjan; lat. *volvo*, griech. ἐλύω. *sêls*; lat. *salvus*, οἶλε,
ὀλοός.

§. 91.
Gothisches r.

1. Sein Zeichen ist entweder unmittelbar das des
griechisch-lat. *R* (G. u. L.), oder eine Vermittelung zwischen
diesem und der durch die Uncialschrift geöffneten Rune *raida*
(M. K. Z.), welche der Wiener Codex *reda* schreibt (angels.
rád, nord. *reid*).

2. Es entspricht in Eigennamen und Fremdwörtern durchaus dem griechisch-lat. *r*, für die es ohne Ausnahme gesetzt
wird, so dafs sein Laut nicht zweifelhaft sein kann. Es zeigt
jedoch an einer Stelle der Grammatik auch noch sehr deutlich seine vokalische Natur, dabei sich genau an das Sanskrit
anschliefsend. Vergl. später die Flexion von *brôþar*, *fadar*,
dauhtar, *svistar*.

3. Sein Vorkommen und seine Vokalverbindungen
sind ebenso häufig als das des *l*. Beisp.:

anlautend: *rapjó* (ratio), *rimis* (quies), *rums* (spatium), *rê-
dan* (consiliari), *rôdjan* (loqui), *raidjan* (con-
stituere), *rauds* (ruber), *reisan* (surgere), *riurs*
(caducus).

inlautend: *faran* (vehi), *hiri* (ὄευρο), *skura* (imber), *svê-
ran* (colere), *hôrinôn* (adulterare), *vairiló* (la-
bium), *dauró* (porta), *reiró* (trepidatio), *riurei*
(pernicies).

auslautend: *bar* (tulit), *vair* (vir), *daur* (ostium), *stiur* (taurus), etc.

4. *Consonantische Verbindungen.*

a) liquide.

rr. *fairra* (πόρρω), *qairrus* (mitis), *staurran* (repu-
gnare).

rn.   *barn* (infans), *tarnjan* (celare), *eisarn* (ferrum), *stairnó* (stella), *haurn* (cornu), *kaurn* (granum), *þaurnus* (spina).

rm.   *arms* (pauper), *barm* (sinus), *varms* (calidus), *tarm-jan* (erumpere).

b) gutturale.

  rg.   *vargs* (maleficus), *bairgan* (celare), *baurgs* (arx), *saurga* (cura), *maurgins* (temp. matut.)

  rk.   *arka* (cista), *marka* (finis), *airknis* (sanctus), *þairkó* (foramen), *aurkeis* (urceus), *vaurkjan* (operare).

  rh.   *gatarhjan* (notare), *bairhts* (splendens), *fravaurhts* (peccatum), *faurhts* (timor), *þairh* (per). Hiezu noch *arhvazna* (sagitta) und *fairhvus* (mundus).

c) dentale.

  rd.   *hardus* (durus), *vardja* (vigil), *hairda* (grex), *baurd* (asser), *vaurd* (verbum), *haurds* (porta).

  rt.   *svarts* (niger), *hairtó* (cor), *aurtja* (agricola), *vaurts* (radix).

  rþ.   *varþ* (fiebat), *vairþs* (dignus) *vairþan* (fieri), *airþa* (terra), *gabaurþs* (generatio).

  rs.   *vairs* (pejor), *daursan* (audere), *þaursus* (aridus), *vaurstv* (opus).

  rz.   *marzjan* (σκανδαλίζειν), *airzis* (vagus), *fairzna* (calx).

d) labiale.

  rb.   *arbi* (hereditas), *þarba* (penuria), *hvarbón* (ambulare), *arbaiþs* (labor), *hvairban* (ambulare), *svairban* (tergere), *þaurban* (egere).

  rp.   *snarpjan* (rodere), *vairpan* (jacere), *þaurp* (vicus).

  rf.   *þarf* (egeo), *þaurfts* (χρεία).

  rv.   *arvjó* (frustra), *sparva* (passer), *sarva* (arma).

5. Etymologisch dem *r* der urverwandten entsprechend. Vergl. *raihts*, lat. *rectus, regere*; griech. ὀρέγω; sanskr. *rǵ* (ire; firmm, validum esse). *rauds*, lat. *rutilus, ru-fus, ruber*; griech. ἐρυθρός, ῥόδος; sanskr. *rohita* (ruber), *rudira* (sanguis). *reiks*, lat. *rex. rinnan*, sanskr. *raṇ* (ire). *arms*; lat. *armus, arma, artus*; griech. Wurz. ἀρ (Curtius, S. 304); sanskr. Wurz. *ar* (nancisci), *irmas* (brachium). *arjan*; lat. *arare*; griech. ἀρόω. *vaurd*; lat. *verbum*; griech.

Wurz. *ſερ, ερ; ερέω, ρῆμα;* vielleicht sanskr. Wurz. *brú* (loqui). *dauhtar;* griechisch *ϑυγάτηρ;* sanskr. *duhitar.*

§. 92.
Gothisches n.

1. Sein Zeichen ist das des griechisch-lateinischen *N.* Die Gestalt der Rune *naups* (M. K. Z.), angels. *nead,* nord. *naud,* liegt zu weit ab, als dafs dieselbe hier irgend in Betracht gezogen werden könnte.

2. Lautlich mufs es durchaus dem griech. *ν* entsprochen haben, welches in Fremdwörtern überall von ihm vertreten wird. Dafs es so häufig und scheinbar ganz willkürlich an vokalisch auslautende Fremdwörter angehängt wird (*nerin, mailkin, faraon, magdalan,* etc.) erklärt Weingärtner durch die im Neugriechischen sich in den Nominativ eindrängenden Accusativformen.

3. Sein Vorkommen ist überaus häufig, doch vielleicht nicht ganz mehr in dem Grade wie das der Halbvokale (*l, r*). Beispiele der Vokalverbindungen:

anlautend: *naqaps* (nudus), *niba* (nisi), *nuta* (piscator), *néhva* (propinquus), *nôta* (puppis), *naiteins* (maledictio), *naups* (miseria), *neiþ* (invidia), *niun* (novem).

inlautend: *vans* (vanus), *ina* (eum), *runa* (consilium), *ména* (luna), *sainjan* (cunctari), *haunjan* (humiliare), *meinan* (meum), *silbasiuneis* (*αὐτόπτης*).

auslautend: *man* (vir), *in* (in), *hun* (-cun), *vén* (spem), *fôn* (ignis), *gamain* (communis), *laun* (merces), *mein* (meum), *siun* (*εἶδος*).

4. *Consonantische Verbindungen.*

a) liquide.

Nur die Gemination *manna* (vir), *annô* (stipendium), *kannjan* (noscere), *inna* (intus), *brinnan* (ardere), *brunna* (fons), etc.

b) gutturale.

Nur in Compositis, als *ingaggan* (ingredi), *inkuns* (popularis), etc.

c) dentale.

nd. *and* (usque), *land* (regio), *bindan* (nectere), *vindan* (idem), *blinds* (coecus), *hunds* (canis), *undar* (infra).

nt. *sinteins* (ἐπιούσιος), *kintus* (obolus), *vintrus* (hiems), *unté* (nam).

nþ. *anþar* (alius), *nanþjan* (cogere), *gamainþs* (ecclesia), *vinþjan* (λιχμᾶν), *hinþan* (capere, venari), *munþs* (os), *kunþs* (notus).

ns. *ans* (trabs), *hansa* (cohors), *plinsjan* (saltare), *þinsan* (tumere), *mins* (minus), *urruns* (oriens), *uns* (nos); mit tertiärem *t*: *ansts* (gratia), *brunsts* (incendium), *bansts* (horreum).

nz. *minznan* (minui).

d) labiale.

nf. *hanfs* (cannabis).

nv. *manvus* (promptus).

5. Etymologisch dem *n* der urverwandten entsprechend. Vergl. *nahts*, lat. *nox*, griech. νύξ, sanskr. *naktam* (noctu). *namó*, lat. *nomen*, griech. ὄνομα, sanskr. *náman.* *niujis*, lat. *novus*, griech. νέ(ϝ)ός, sanskr. *navas.* *niun* (aus *niv'n*), lat. *novem*, griech. ἐννέ(ϝ)α, sanskr. *navan.* *nima* (sumo), lat. *numerus*, griech. νέμ, sanskr. Wurz. *nam?* Vergl. Grimm, G. d. D. S. p. 29. Pott I, 261. Benfey II, 134. *uz-ana* (exspiro), *ansts* (favor); lat. *animus*; griech. ἄνεμος; sanskr. Wurz. *an* (spiro). *in*, *inna*; lat. *in, inter*; griech. ἐν, ἐνί; sanskr. *antar.* *sineigs*, *sinista*; lat. *senex*; griech. ἔνος; sanskr. *sanas.* *ga-munan*, *muns*; lat. *maneo, moneo*; griech. μαν, μεν mit zahlreichen Bildungen; skr. *man* (puto, cogito). *ains*; lat. *unus*; griech. οἶνος.

§. 68.

Gothisches m.

1. Sein Zeichen ist entweder unmittelbar das griechisch-lat. *M* oder eine Vermittelung zwischen diesem und der Rune, die in der W. H. (verbessert) *manna*, angels. *man*, nord. verschoben *lögr* st. *madr* heißt.

2. Der Laut muſs durchaus dem des griechisch-lat. *m* entsprochen haben, für welches es in Fremdwörtern ausschließlich eintritt.

3. Sein Vorkommen ist etwas seltener als das des *n*. Wie dieses, und wohl aus demselben Grunde, wird es zu-

weilen paragogisch angefügt, z. B. *mariam* (*Μαρία*), etc.
Beisp. der Vokalverbindungen:

anlautend: *manags* (multus), *mikils* (magnus), *mulda* (pulvis), *mêgs* (cognatus), *môta* (portorium), *mais* (magis), *maudjan* (admonere), *meins* (meus).

inlautend: *namô* (nomen), *himins* (coelum), *rums* (spatium), *andanêms* (gratus), *stôma* (ὑπόστασις), *haims* (vicus), *gaumjan* (animadvertere), *skeima* (lux), *iumjô* (ὄχλος).

auslautend: *qam* (venit), *im* (sum), *sum* (aliquem), *qinôm* (mulieribus), *manageim* (copiis), etc.

4. *Consonantische Verbindungen.*

a) liquide.
ml. *simlê* (semper).
mr. *timrjan* (fabricare).
mn. *namnjan* (nominare).
mm. *vamm* (macula), *svamms* (spongia), *stamms* (truncus), *dammjan* (damnare), *hlamm* (παγίς), *pamma* (ei), *anparamma* (alteri), *imma* (ei), *himma* (huic).

b) gutturale. —

c) dentale.
mt. *audanumts* (receptio).
mp. *gaqumps* (conventus).
ms. *amsa* (humerus), *svumsl* (natatorium), *gramsts* (assula), *pramstei* (locusta).

d) labiale.
mb. *lamb* (agnus), *vamba* (venter), *dumbs* (mutus), *kumbjan* (-cumbere).
mp. *trimpan* (calcare).
mf. *fimf* (quinque).

5. Etymologisch dem *m* der urverwandten entsprechend. Beispiele: *mala*; lat. *molo*, griech. *μύλη. milip*; lat. *mel*; griech. *μέλι. milds*; griech. *μείλιχος*; sanskr. Wurz. *mṛd* (faveo). *midjis*; lat. *medius*; griech. *μέσος*, sanskr. *madyas. mins*; lat. *minus*; griech. *μινύω*, sanskr. Wurz. *mi* (deleo). *mêna*; lat. *mensis*, griech. *μήνη*, sanskr. *mâsas* (mensis). *mêrjan* (nuntiare); lat. *memor*, griech. *μέρμερα, μάρτυρ*, skr. Wurz. *smar* (memini). *mêki* (ensis); lat. *mactare*, griech. *μάχομαι*, sanskr. *maka* (sacrificium). *môdar*, nicht belegbar, aber durch *fadar* und das ahd. *muotar* sehr wahrschein-

lich; lat. *máter*, griech. μήτηρ, sanskr. *mátar*. *mail*; lat. *macula, malus*, griech. μέλας, sanskr. *mala* (sordes). *maurþr*; (caedes); lat. *morior*, griech. μαραίνω, βροτός (statt μροτός, metat. f. μορτός), sanskr. *mar* (morior). *amsa*; lat. *umerus*, griech. ὦμος (sanskr. *ansas*). *sama*; lat. *similis*, griech. ἅμα, sanskr. *sama*. *rimis* (quies); griech. ἠρέμα, sanskr. Wurzel *ram* (delector).

§. 94.
Gothisches g.

1. Sein Zeichen ist das des griechischen *Γ*, dem es, nach seiner Verwendung in Eigennamen und Fremdwörtern zu schliefsen, auch lautlich entsprochen haben mufs.

2. Es geht im Auslaut oft; vor *t*, wie es scheint, regelmäfsig in *h* (d. h. unsern Laut χ) über, z. B. *veigan, vaih; magan, mahta; bugjan, bauhta; briggan, brahta; gaggan, gahts;* wechselt auch zuweilen mit diesem, wie in *aigands, aihands; aigum, aihum* (sämmtlich von *aigan,* ἔχειν).

3. Vor andern Gutturalen bezeichnet es, nach griechischer Orthographie, den Laut des Gutturalnasals (unser *ν*, Bopp's *ñ*); z. B. *briggan* (afferre), *drigkan* (bibere), *sigqan* (cadere). Es scheint jedoch, dafs man in Folge der am häufigsten begegnenden Verbindung *gg* sich gewöhnte, diese Zusammenstellung für das Zeichen des Lautes *ñ* selber zu nehmen; daher findet sich die *k*- und *q*-Verbindung desselben auch häufig durch *ggk, ggq* ausgedrückt, also *driggkan, siggqan.* — In Ableitungen fällt dieser Laut gewöhnlich aus; z. B. *briggan, brahta; pagkjan, pahta.*

4. **Vokalische Verbindungen.**

anlautend: *gabeigs* (dives), *giban* (donare), *guma* (homo), *gébum* (dedimus), *góds* (bonus), *gaitei* (capra), *gaunón* (plorare), *geiran* (cupere), *giutan* (fundere).

inlautend: *magan* (posse), *ligan* (jacère), *bugjan* (emere), *mégs* (cognatus), *ógan* (timere), *laigón* (lambere), *augó* (oculus), *steigan* (scandere), *liugan* (mentiri).

auslautend: *mag* (possum), *vig* (viam), *vég* (undam), *óg* (timeo), *daig* (massam), *steig* (scande), etc.

5. *Consonantische Verbindungen.*

a) liquide.

gl. *glaggvus* (versutus), *glitmunjan* (fulgere), *aglus* (molestus), *tagl* (crinis), *nagljan* (clavo affigere), *sigljan* (obsignare), *sviglôn* (αὐλεῖν), *fugls* (avis), *tuggl* (astrum).

gr. *graban* (fodere), *gramjan* (iratum reddere), *gras* (gramen), *grêdus* (fames), *grêtan* (plorare), *greipan* (arripere), *tagr* (lacrima), *fagrs* (pulcher).

gn. Nicht anlautend. *rign* (pluvia), *svêgnjan* (jubilare), *liugn* (mendacium).

gm. Nicht anlautend; überhaupt nur in *bagms* (arbor).

b) gutturale.

gg und gk kommen vor, aber nur graphisch für den Laut *vg* (auch blofses *v*) und *vk*.

c) dentale.

Nur gd in *gahugds* (animus) und *gs* in Folge des Nominativzeichens, als *dags* (dies), *vigs* (via), etc.

d) labiale.

Nur gv, in *bidagva* (mendicus).

6. Etymologisch entspricht das gothische g meist dem sanskritischen h (auch wohl ĝ); also dem lateinischen h (im Inlaut auch g), griechischen χ; altslawischen [*] g, з, ж; litth. g, ż. Beisp. *viga*, *vagja*, *vêgs*, *vigs*; lat. *veho*, griech. ὀχέομαι, ὄχος; slaw. *vezą* (veho), *vozŭ* (currus); litth. *vezu* (conduco), sanskr. Wurz. *vah*. *steiga*; lat. *vestigium*, griech. στείχω, slaw. *stĭza* (semita), litth. *staigus* (velox), *staiginis* (proclivis); sanskr. Wurz. *stiĝ* (unbelegt). Vergl. übrigens hier und bei den meisten folgenden Lauten §. 41, 3.

§. 95.
Gothisches k.

1. Sein Zeichen ist das des griechisch-lateinischen *K*; eine Aehnlichkeit mit der angels. Rune *cên*, nord. *kaun* scheint mir nicht vorhanden.

---

[*] Dies Wort soll nichts anderes ausdrücken, als diejenige slawische Mundart, in welcher die ältesten gröfseren Denkmäler erhalten sind; ob dieselbe altslovenisch oder altbulgarisch war, bleibe dahingestellt; für die slawische Muttersprache darf sie ebenso wenig gelten, als das Gothische für die germanische.

2. In Fremdwörtern entspricht es dem griech. *x*, dessen Laut es unzweifelhaft gehabt hat. Allerdings steht es aufserdem auch oft für griech. *χ*, z. B. *drakma, malkus, akaja, taitrarkus*, etc.; doch darf dieser Umstand nicht gegen jene Aussprache zeugen. Vielmehr ist diese zweite Vertretung als ein Nothbehelf anzusehen, der dadurch erleichtert wurde, dafs das griech. *χ* einen sehr harten Ton gehabt haben mufs, wie es denn im Griechischen selbst häufig mit *x* oder dieses mit ihm wechselt. Dafs trotz dessen das gothische Ohr den Unterschied fühlte und diese Vertretung nicht ganz billigte, ergiebt sich daraus, dafs manchmal statt *k* lieber geradezu der fremde Buchstabe selbst (in der Form des *x*) gesetzt wurde, als *pasxa, zaxarias, axaja, zaxxaius* (neben *paska, sakarias*, etc.), *xristus* (dieses immer so, wohl wegen der Kreuzgestalt und des allgemein üblichen Monogramm's).

3. Vor *t* geht es regelmäfsig in *h* über; z. B. *brukjan — bruhta, þugkjan — tuhta, sakan — sahts*; entsprechend dem Uebergang des *t* in *s* und des *p* in *f* an derselben Stelle.

4. Sein Vorkommen ist seltener als das des *g*. Beispiele der Vokalverbindungen:

anlautend: *kalds* (calidus), *kintus* (obolus), *kunnan* (posse), *kêlikn* (turris), *aljakóns* (ἀλλογενής), *kaupón* (emere), *keinan* (germinare), *kiusan* (eligere).

inlautend: *akran* (fructus), *rikan* (colligere), *lukan* (claudere), *laikan* (salire), *aukan* (augere), *peika* (φοίνιξ), *siukei* (morbus).

auslautend: *ak* (autem), *mik* (me), *þuk* (te), *taitók* (tetigit), *laik* (sali), *auk* (nam), *reik* (regem), *siuk* (debilem).

5. *Consonantische Verbindungen.*

a) liquide.

kl. *klahs* (natus), *klismo* (κύμβαλον), *sikls* (marsupium), *stikls* (calix).

kr. *kriustan* (frendere), *krótón* (κροτεῖν), *akrs* (ager), *akran* (fructus), *vókrs* (usura).

kn. *kniu* (genu), *knóda* (genus), *taikns* (signum), *svikns* (innocens), *uslukns* (patens).

b) gutturale.

Nur die Gemination in *aikklésjô* (ecclesia), *sakkus* (saccus), *smakka* (ficus); sämmtlich Fremdw.

c) dentale.

Nur *ks* in *anaks* (subito).

d) labiale.

Nur *kv,* wenn anders der Buchstabe *q* wirklich diese Verbindung bezeichnet.

6. Etymologisch entspricht das goth. *k* dem sanskr. *ĝ, ǧ,* also latein. *g,* griech. *γ;* altslaw. *g, z, ǯ;* litth. *g, ǯ.* Beisp. *kuni, qinô, qêns;* lat. *genus;* griech. *γένος;* slaw. *žena* (uxor); litth. *gemu* (nascor), *gimtis* (genus); sanskr. W. *ĝan* (gigno). Selten und zweifelhaft entspricht sanskr. *k, ḱ, ḱ,* vergl. Graff, I. Vorr. p. x.

§. 96.
Gothisches h.

Sein Zeichen ist das des lateinischen *h.* „Die Wahl desselben, sagt Weingärtner, bleibt bei der grofsen Aehnlichkeit der Hägl-Rune, für welche die W. H. *haal,* d. h. *hagal*(M.) oder *hagls* (Z.) bietet, mit dem griech. lat. Majuskel *H* vor der Hand noch ein Räthsel". Wir möchten daraus schliefsen, dafs Ulfilas um die runischen Zeichen sich überhaupt wenig gekümmert hat, sondern zunächst das griechische und nächst diesem das lateinische Alphabet anwendete. Die Majuskel vermied er, weil sie im Griechischen bereits für den Laut *η* diente.

2. Es steht in Fremdwörtern gewöhnlich für den Spiritus asper, z. B. *haibraius* (Ἑβραῖος), *hêrodês* (Ἡρώδης), *hymainaius* (Ὑμεναῖος), etc. Dafs es bei einer grofsen Anzahl Wörter, wo wir ihn erwarten, fehlt, z. B. *osanna, airmogaineis, iairaupolis,* etc. und umgekehrt in andern überflüssig steht, z B. *helias* (Ἡλίας), rührt, nach Weingärtner, aus der vollständigen Verwirrung der griechischen Aspiration im vierten Jahrhundert her, wie denn dieselbe in jener Zeit noch gar nicht bezeichnet wurde. Auch ist zu beachten, dafs unsere Handschriften italienischen Ursprungs sind, so dafs bei der grofsen Abneigung der lateinischen Sprache gegen die Aspiration noch leicht manches *h* nachträglich abhanden gekommen

sein kann; ein Fall, der selbst bei den Namen der westgothi-
schen Münzen sich ereignet hat (*Ermengild* statt *Hermen-
gild*).

3. Es entsteht aus *g* und *k*, wenn diese vor *t* zu stehen
kämen (vergl. bei diesen), ganz wie bei den Dentalen *d, t, þ*
in *s*; und bei den Labialen *b, p* in *f* übergehen. Zuweilen
wird es vor einem andern Consonanten oder am Ende des Wortes weggelassen, z. B. *liuteiþ, hiuma, drausnos* statt *liuhteiþ,
hiuhma, drauhsnos.*

4. Die Art seines Vorkommens bedarf, als wesentlich
für die Beurtheilung der Aussprache, einer möglichst genauen
Aufzeichnung. Es findet sich das goth. *h* (abgesehen von dem
durch ein eigenes Zeichen ausgedrückten *hv*):

A. *anlautend.*

a) Vor Vokalen.

> *haban* (habere), *himins* (coelum), *huljan* (te-
> gere), *hér* (hîc), *hôlôn* (arcessere), *haitan* (ap-
> pellare), *haubiþ* (caput), *heitô* (aestus), *hiufan*
> (plorare).

b) Vor Consonanten.

> *hl.* *hlahjan* (ridere), *hlaþan* (onerare), *hlas* (hila-
> ris), *hlija* (tugurium), *hlifan* (furari), *hlutrs*
> (purus), *hlêþra* (casa), *hlôhjan* (laetificare),
> *hlaifs* (panis), *hlains* (collis), *hlauts* (sors),
> *hlaupan* (currere), *hleibjan* (parcere), *hleiduma*
> (laevus), *hleiþra* (casa), *hliuþ* (silentium), *hliuma*
> (auditus).

> *hr.* *hramjan* (cruci affigere), *hrisjan* (concutere),
> *hrugga* (virgo), *hruk* (cantus galli), *hruskan*
> (disquirere), *hrôt* (tectum), *hrôþ* (victoria), *hrôþ-
> jan* (vocare), *hrains* (purus), *hraiv* (cadaver).

> *hn.* *hnasqus* (tener), *hnuto* (flagellum), *hnaivs* (hu-
> milis), *hnaupnan* (frangi), *hneivan* (inclinari),
> *hniupan* (frangere).

B. *inlauteud.*

a) Zwischen Vokalen.

> *fahan* (capere), *taihun* (decem), *fauhô* (vul-
> pes), *hoha* (aratrum), *þreihan* (premere), *liuhaþ*
> (lux), etc.

b) **Zwischen Vokal und Consonant.**

hl. *pvahl* (lavacrum).

hr. *svaihra* (socer), *huhrus* (fames).

hn. *rahnjan* (ratiocinari), *praihns* (turba), *auhns* (fornax).

ht. *mahts* (potestas), *pahta* (cogitavi), *brahta* (attuli), *slaihts* (aequus), *slauhts* (occisio), *sauhts* (morbus), *puhta* (opinabar), *liuhtjan* (fulgere), *uhteigs* (otiosus).

hs. *ahs* (spica), *saihs* (sex), *maihstus* (stercus), *auhsus* (bos), *drauhsna* (mica), *garéhsns* (consilium), *peihs* (tempus), *veihs* (vicus), *niuhseins* (visitatio), *rôhsns* (vestibulum), *skôhsl* (daemon), *preihsl* (angustia).

c) **Zwischen Consonant und Vokal.**

Nur in Comp. (*athahan, ushahan*); gehört zu *A a.*

d) **Zwischen Consonanten.**

alhs (templum), *milhma* (nubes), *fulhsni* (tenebrae). *gatarhjan* (signare), *pvairhs* (iratus), *bairhts* (clarus), *faurhts* (timor), *fravaurhts* (peccatum), *usvaurhts* (justus).

C. auslautend.

a) **Nach Vokalen.**

jah (ac), *frah* (interrogavit), *gataih* (nuntiavit), *tauh* (duxit), *-uh* (-que), *skôh* (calceus), *pauh* (tamen), *nauh* (adhuc), *hauh* (excelsus), etc.

b) **Nach Consonanten.**

alh (templum), *pairh* (per).

5. Wie war nun der Laut dieses Zeichens?

Grimm spricht sich darüber nicht aus, scheint aber überall darin den wirklichen Spiritus asper, unser nhd. *h* zu sehen. Für das letztere erklärt sich auch Weingärtner.

Benary und Raumer halten ihn für die Fricativa fortis, also das χ unsers Alphabets.

G. u. L. auch Bopp, geben ihm eine doppelte Aussprache: vor Vokalen sei er Spiritus asper, vor Consonanten = χ. Der Umstand, daſs Ulfilas griech. χ nicht durch *h*, sondern durch ein eigenes Zeichen (*x*) giebt, rühre daher, daſs das griech. χ einen sehr harten Laut gehabt. Vergl. §. 95, 2.

Wir unsrerseits schliefsen uns, was das praktische Lesen betrifft, zwar an diese letztere Auffassung an: sprechen also *haban*, *fahan*, etc., aber *aχma*, *milχma*, etc.; theoretisch jedoch halten wir für das Wahrscheinlichste, dafs das goth. *h* weder Spiritus asper noch *χ* war, sondern der Mittellaut zwischen beiden, jenes slawische *h* (z B poln. *hrabia*), ein in Sprachen von einer gewissen sinnlichen Frische häufiger, für abgeschliffene dagegen schwieriger Laut.

Möglich indefs, dafs die Altenburger auch theoretisch Recht haben. Gegen die Annahme eines wirklichen *χ* in allen Fällen scheint denn doch der häufige Wegfall zu sprechen. Dafs das goth. *h* überall Spiritus asper gewesen, möchten wir gänzlich ablehnen; es streitet dagegen zunächst der Umstand, dafs ein solcher vor oder gar zwischen Consonanten unmöglich gehört werden kann und Ulfilas gewifs nicht ein müfsiges Zeichen so beharrlich gesetzt haben würde, selbst da, wo nicht der mindeste etymologische Grund ihn dazu nöthigte. Aufserdem aber macht auch die Vergleichung der urverwandten Sprachen diese Annahme höchst unwahrscheinlich, da hier dem goth. *h* die stärkste Gutturale (*k*) entspricht, und eine Verflüchtigung in so früher Zeit gegen alle Analogie wäre.

6. **Etymologisch** entspricht das goth. *h* in der Regel dem sanskr. *ś*, *k* (*ḱ*, *ḱ*), *h*; lat. *c* (*k*), *q*; griech. *χ*; altslaw. *k*, *č*, *c*, *s*; litth. *k*, *sz*. z. B. *hund*, sanskr. *śata*; *haubiþ*, sanskr. *kakuð*; *hairtô*, sanskr. *hṛd*.

§. 97.
Gothisches j.

1. Sein **Zeichen** ist das des lat. *G*, also durchaus verschieden von dem des Vokals *i*. Es steht nur im Anfang der Silbe und nur vor Vokalen. Beisp.

anlautend: *jabai* (si), *juggs* (juvenilis), *jêr* (annus), *jains* (ille), *jau* (οὖν), *jiuka* (rixa).

inlautend: *vajaméreins* (contumelia), *fijands* (inimicus), *stôjan* (judicare), *saijiþ* (serit), *taujan* (facere), *niujis* (novus), etc.

2. Es entsteht aus *i*, wenn auf dieses in einer Ableitungssilbe ein Vokal folgen würde, z. B. *laisarjôs* statt *laisarios*, *sunjus* statt *sunius*, *piujôs* statt *piviôs*. — Auch wird es

zur Vermeidung des Hiatus gern eingeschoben, wo auf ein wurzelhaftes *i* ein anderer Vokal folgt, z. B. *sijai* statt *siai*.

3. In Fremdwörtern vertritt es die Stelle des griech. *ι*,
lat. *i*, sowohl zwischen zwei Vokalen als nach einem Consonanten und im Anlaute; z. B. *akaja* (Ἀχαία), *marja* (Μαρία), *laiktjó* (lectio), *kavstjo* (cautio), *judas* (Ἰούδας), *justus* (Ἰοῦστος).
Seine Aussprache ist daher wohl der unsers heutigen *j* gleich
gewesen.

4. Etymologisch entspricht goth. *j* dem der urverwandten; vergl. *juk*, lat. *jugum, jungere*; litth. *jungti*; sanskr.
Wurzel *yu, yuǵ. juggs*, lat. *juvenis*, litth. *jauna*, sanskr.
yuvan.

§. 98.
Gothisches q.

1. Sein Zeichen ist wohl nur ein verzogenes lat. *q*.
Zacher vermuthet jedoch darin die uns verloren gegangene
Rune *cveord*.

2. In Fremdwörtern kommt es in dem einzigen *qartus* (griech. Κούαρτος, lat. *Quartus*) vor, also für lat. *qu*.
Da nun dieses letztere in *akvila* durch *kv* gegeben wird, so
scheint der Laut jenes Zeichens dieser Verbindung gleich oder
doch ähnlich gewesen zu sein. Man übertrage es also entweder gradezu durch *kv*, oder schreibe nach gothischer Weise
ein einfaches *q*; die lateinische Schreibung *qu* oder *qv* scheint
uns weniger zu billigen.

3. Es findet sich:

anlautend: *qainón* (plorare), *qêns* (γυνή), *qiþan* (dicere),
        qums (adventus), etc.

inlautend: *plaqus* (flaccus), *vraiqó* (curvum), *suqón* (condire).

auslautend: *sagq* oder *saggq* (cecïdit), *bistugq* (offensionem).

Von consonantischen Verbindungen ist nur *suqns* (stomachus) nachweisbar.

4. Etymologisch sind seine Verhältnisse die nämlichen
wie beim *k*. Beisp. *qius* (vivus), sanskr. *ǵiv* (vivere); *qêns*
(uxor), griech. γυνή, sanskr. *ǵani*. Die deutschen Mundarten haben statt goth. *q* gewöhnlich die Zeichen *qu, qv, cv*; z. B.
goth. *qairnus* (mola), ahd. *quirn*, alts. altfr. engl. *quern*, dän.
quaern, schwed. *qvarn*, nhd. *quarren*. Weicht einer von beiden
Lauten, so ist es meist *k*, z. B. *qainón*, ahd. *weinón*, engl.
whine; seltener *v*, z. B. *qairrus*, altn. *kyrr*, nhd. *kirr*.

§. 99.

Der Buchstabe ☉.

1. Der Laut dieses Zeichens ist zweifelhaft, da dasselbe in Fremdwörtern nicht vorkommt. Etymologisch entspricht ihm in den nächstverwandten Sprachen die Lautverbindung *hv*, auch in den urverwandten liegt ihm stets ein Guttural zu Grunde, und dazu stimmt, daſs im Goth. selbst die Vokale *i* und *u* vor ihm, ganz wie vor *h*, zu *ai, au* werden; wir schreiben also, mit Grimm, *hv*. — Dem Gothen galt es jedoch als einfacher Laut, weil er ein einfaches Zeichen dafür gebraucht, nicht aber für andere Verbindungen des *h* mit Consonanten, wie *hl, hr, hn*. Auch kommt *hv* in zusammengesetzten Wörtern vor, ohne daſs es in ☉ verschmilzt; z. B. *ubuhvopida, pairhvakands*. G. u. L. geben es durch *w*[*]).

2. Was das Zeichen ☉ selbst betrifft, so ist es wohl nichts anders als das griechische *Θ*. Ulfilas hat auch an einer andern Stelle, wo ihm die analogen Buchstaben des lat. griech. Alph. nicht ausreichten, das Zeichen eines ganz fern liegenden Lautes entlehnt. Kirchhoff und Zacher nehmen es für eine bis auf den Namen uns verloren gegangene Rune; die W. H. nennt sie *uuaer*, worin man *hvair* (M K. Z.) zu erkennen glaubt.

3. Es findet sich:

anlautend: *hvas* (quis), *hvilftri* (sepulcrum), *hvéh* (tantummodo), *hvôpan* (vocare), *hvaiteis* (triticum), *hveila* (mora), etc.

inlautend: *néhva* (propinquus), *saihvan* (videre), *leihvan* (mutuum dare), etc.

auslautend: *néhv*, die Präterita *sahv, laihv*, und die Imperative *saihv, leihv*.

Vor Consonanten steht es niemals, und auch nach denselben ist es nur in *arhvazna* (sagitta) und *fairhvus* (mundus) nachweisbar

---

[*]) Vilmar in seinen „Anfangsgründen der deutschen Grammatik" nennt dies einen starken Fehler, weil somit „eine Spirantenverbindung (*hv*) durch eine Spirantenverdoppelung (*w*, aus *vv* entstanden) ausgedrückt wird". — In diesem Urtheil ist zunächst der etymologische und graphische Standpunkt mit einander vermischt und auſserdem die Unabhängigkeit beider vom phonetischen übersehen. Möglicher, ja wahrscheinlicher Weise hatte das gothische ☉ den Laut des heutigen englischen *w*; warum sollte es nicht auch dessen Zeichen tragen dürfen?

4. Die etymologischen Verhältnisse sind bereits oben angegeben; hier einige Beispiele: *hvas*, lat. *quis*, sanskr. *kas*, griech. dial. κός. *hveits* (albus), *hvaiteis* (triticum); litth. *kwetys*, sanskr. *svéta*. *hvairnei*, latein. *cranium*, griech. κρανίον.

§. 100.
Gothisches d.

1. Sein Zeichen ist ein rückwärts gelehntes lat. *d*; es steht in Eigennamen und Fremdwörtern für griech. δ; z. B. *didimus* (Δίδυμος), *daveid* (Δαυίδ); nur ganz vereinzelt für ϑ.

2. Am Ende des Wortes und vor *s* wechselt es häufig mit *p*; z. B. *faheds, faheps* (gaudium); *mitads, mitaps* (mensura); *sads, saps* (satur); *stads, staps* (firmus); *bad, bap* (rogavi); *baud, baup* (obtuli), etc.

3. Loebe erklärt diesen Wechsel dadurch, dafs *p* die Aussprache des englischen weichen *th* (unsers δ) gehabt habe und dadurch dem *d* näher gerückt sei. Möglich wäre freilich auch, dafs das goth. *d* selber jene lispelnde Aussprache besessen, da dies bekanntlich die des neugriech. δ ist, welche gewifs auch hier wie in andern Fällen schon im vierten Jahrhundert gegolten hat. In gleicher Art sprechen auch die Dänen ihr *d*.

4. Vokalische Verbindungen:

anlautend: *dags* (dies), *digrei* (multitudo), *dulps* (festum), *déds* (factum), *doms* (judicium), *dails* (pars), *daupus* (mors), *deigan* (depsere), *diups* (profundus).

inlautend: *badi* (lectus), *bida* (precatio), *gudja* (sacerdos), *rédan* (consiliari), *flodus* (fluctus), *paida* (pallium), *daudjan* (necare), *beidan* (exspectare), *liudan* (crescere).

auslautend: häufig im Neutrum der Adjectiva, als: *sad* (satur), *god* (bonum), *braid* (latum), etc. und im Präteritum 1. Sing., als: *bad* (rogavi), *baid* (exspectavi), etc.

5. *Consonantische Verbindungen.*

a) liquide.

Nur *dr*: anlaut. *dragan* (portare), *drigkan* (bibere), *drobjan* (concutere), *dreiban* (pellere), *driugan* (militare); in- und auslaut. *nadrs* (vipera), *idreiga* (poe-

nitentia), *fadrein* (parentes), *mundrei* (scopus), *fôdr*
(vagina).

b) gutturale.

Nur *dj* und selbst dies nur mit phonetisch über-
flüssiger Gemination (*ddj*): *vaddjus* (vallum), *dadd-
jan* (lactare), *tvaddjé* (duorum), *iddja* (ivi).

c) dentale.

Die Gemination *dd* vor *j* ist eben erwähnt. *ds*
soll nach Grimm der Laut des goth. *z* sein, womit wir nicht übereinstimmen

d) labiale.

Nur *dv* in *dvals* (stultus).

6. Etymologisch entspricht goth. *d* dem sanskr. *d, d,*
also griech. *ϑ*, lat. *d* (*f*), slaw.-litth. *d.* Beisp. *daur*, sanskr.
dvâram, griech. *ϑύρα,* lat. *fores,* slaw. *dveri̯, dvorŭ*; litth. *du-
rys. déds,* sanskr. Wurzel! *dd* (pono), griech. *τίϑημι,* slaw.
di̯ją (facio), *delo* (opus); litth. *demi, dedu* (pono). Im Inlaut
entspricht es zuweilen nach Art des Althochdeutschen urver-
wandtem *t,* z. B. *and, andanahti, andavaurd*; griech. *ἀντί,*
lat. *ante,* litth. *ant,* sanskr. *anti.*

§. 101.
Gothisches t.

1. Sein Zeichen ist das lat.-griech. *T* und steht in
Eigennamen und Fremdwörtern für das griech. *τ,* so dafs sein
Laut nicht zweifelhaft sein kann. Beisp. *teimaius* (*Τιμαῖος*),
galatia (*Γαλατία*), *mattapias* (*Ματταϑίας*), *taleipa* (*ταλιϑά*).

2. Es vertritt sowohl *d* als *þ,* wenn diesen Lauten
eine *fortis* vorangeht, z. B. *mahta, paurfta, môsta,* statt *mahda*
etc.; *aihts, gifts, usdrusts* neben *gabaurþs, gaqumþs* etc. Vor
den Dentalen *d, t, þ* geht es seinerseits in *s* über, z. B. *môsta*
statt *môtda,* wo zuerst *t* wegen *d* in *s,* dann aber *d* wegen *s*
in *t* verwandelt wird.

3. Vokalische Verbindungen.

anlautend: *tagr* (lacrima), *timrja* (faber), *tuggô* (lingua),
taikns (signum), *taujan* (facere), *teihan* (mon-
strare), *tiuhan* (trahere).

inlautend: *lata* (piger), *mitôn* (consiliari), *lutôn* (fallere),
grêtan (plorare), *gaigrôtun* (ploraverunt), *haitan*

(appellare), *sprautô* (frustra), *beitan* (mordere), *giutan* (fundere).

auslautend: *at* (edit), *vit* (vide), *vait* (vidit), *hlaut* (sortem), etc.

4. *Consonantische Verbindungen.*

a) liquide.

tl. sitls (sedes).

tr. trauan (confidere), *triggvs* (fidelis), *trimpan* (tremere), *trudan* (calcare), *triu* (arbor); ausl. *baitrs* (amarus), *snutrs* (prudens), *hlutrs* (purus).

b) gutturale. —

c) dentale.

Die Gemination *tt* in *atta* (pater), *skatts* (thesaurus); die Verbindung *ts* in *vaurts* (radix).

d) labiale.

Nur *tv* in *gatvô* (platea), *usfratvjan* (sapientem reddere).

5. Etymologisch entspricht goth. *t* in der Regel dem *d* der urverwandten Sprachen. Beisp. *sutis*, sanskr. *svddus*, Wurz. *svad* (gusto), griech. ἡδύς, ἥδομαι, ἀνδάνω, Wurz. ἀδ (d. i. σϝαδ); lat. *sudvis* (aus *svddvis*), litth. *saldus*, slaw. *sladŭkŭ. ita*, sanskr. Wurz. *ad*, lat. *edo*, griech. ἔδω, litth. *edmi*, slaw. *jami* (inf. *jasti*). — Vor *r* bieten auch die übrigen Sprachen oft *t*, z. B. *trudan*, lit. *triti*, altpreufs. *trapt*; ebenso hinter *h, s, f*; vergl. §. 41, 2, *d*

§. 102.

Gothisches þ.

1. Das Zeichen dieses Lautes ist nach Annahme von G. und L. das griech. ψ, welches Ulfilas sonst nicht brauchte, da er Doppelconsonanten getrennt schreibt; Zacher dagegen glaubt auch hierin eine Rune erkannt zu haben. — Unser obiges Zeichen ist übrigens nicht das von Ulfilas gebrauchte, sondern (nach Grimm's u. A. Vorgang) das der Rune *thorn*.

2. In Fremdwörtern steht dieses Zeichen regelmäfsig für griech. ϑ, dessen Laut es also gehabt haben mufs, d. h. es war das harte (nach den Altenburgern das weiche) englische *th*. Beisp. *paddaius, paiaufeilus* etc. Selten steht es für τ, öfter verdoppelt für τϑ: *mappaius* (Ματϑαῖος).

3. Es entsteht aus *d*, wenn dieses in den Auslaut oder

vor *s* zu stehen käme; kehrt aber, wenn diese Umstände aufhören, sofort wieder in *d* zurück; z. B. Thema *LIUHADA*, *FADI*; Nom. *liuhaþ, faþs*; Gen. *liuhadis, fadis.* Vor den dentalen Explosivlauten (*d, t, þ*) geht es in *s* über; z. B. *baudt, haihaitt, qaþt*, werden zu *baust, haihaist, qast.*

4. Vokalische Verbindungen.

anlautend: *þata* (id), *þizê* (eorum), *þugkjan* (opinari), *þêvis* (servus), *þô* (eam), *þairsan* (siccare), *þaursus* (aridus), *þeihan* (crescere), *þiuda* (populus).

inlautend: *hvaþar* (uter), *qiþan* (dicere), *bruþs* (sponsa), *hêþjô* (cubiculum), *brôþar* (frater), *aiþei* (mater), *dauþus* (mors), *seiþu* (serus), *þiuþeigs* (benignus).

auslautend: *qaþ* (dixit), *iþ* (autem), *guþ* (deum), *blôþ* (sanguis), etc.

5. *Consonantische Verbindungen.*

a) liquide.

þl. *þlaqus* (flaccus), *þlahsjan* (terrere), *þlaihan* (blandiri), *þliuhan* (fugere); ausl. *maþljan* (loqui), *nêþla* (acus).

þr. *þras* (praeceps), *þrafstjan* (solari), *þreihan* (urgere), *þreis* (tres), *þriutan* (pigere), *þriskan* (conterere), *þrôþjan* (exercere); ausl. *hleiþra* (casa), *qiþrs* (von *giþus*, stomachus), *viþrus* (agnus), *viþra* (contra), *þaþrô* (eo), *smairþr* (adeps), *hairþra* (intestinum), *maurþr* (caedes).

þn. *ataþni* (annus), *haiþnô* (pagana).

þm. *maiþms* (donum).

b) gutturale. —

c) dentale.

Nur die Gemination, als *aþþan* (autem), *aiþþau* (sive).

d) labiale.

Nur *þv*: *frijaþva* (amicitia), *fijaþva* (inimicitia), *saliþvôs* (hospitium).

6. Etymologisch entspricht goth. *þ* dem sanskr. *t* oder *t*, also dem *t* der übrigen urverwandten; z. B. *þanja*, lat. *tendo*, griech. τείνω, litth. *tempju*, slaw. *tiniku* (tenuis), skr. Wurz. *tan* (extendo). *miþ*, griech. μετά, sanskr. ved. *mitas* (invicem), *mitu* (simul).

§. 103.
Gothisches s.

1. Sein Zeichen ist nach G. u. L. das lat. S, nach Weing. eine Vermittelung der goth. Rune *sójil* (K. Z.), angels. *sigel*, altn. *sól* mit der im 4. Jahrh. üblichen Gestalt des griech. σ.

2. In Fremdwörtern steht es regelmäfsig für griech. σ, ς, dessen Laut es also gehabt haben mufs; es frägt sich nur, wie derselbe gewesen, oder, um den Zweifel bestimmter anzugeben: wurde das griech.-goth. *s* als Fortis oder Lenis gesprochen; war es unser *s* oder *f?* Wir kommen auf diese Frage beim *z* zurück; hier nur einstweilen so viel, dafs wenn man einmal, wie wir thun, das goth.-griech. *z* als *f* auffafst, alsdann für den hier in Rede stehenden Buchstaben eben nur *s* übrig bleibt, wie wir es denn auch bezeichnen werden.

3. Zwischen zwei Vokalen, oder Liquida und Vokal geht das goth. *s* in *z* (d. i. *f*) über, z. B. *us-anan*, prät. *uzón*, besonders vor den suffixen *u, uh, ei*; z. B. *uzu, uzuh, pizei*, etc.; auch in der Flexion, als *hatis — hatiza, ans — anzis.* Oefters entsteht es aus *d, t, þ*, wenn diese vor einem andern Dental zu stehn kämen.

4. **Vokalische Verbindungen.**

anlautend: *sama* (idem), *sibun* (septem), *sunus* (filius), *séls* (beatus), *só* (ea), *saivala* (anima), *sauil* (sol), *seins* (suus), *siuks* (aegrotus).

inlautend: *vasjan* (vestire), *visan* (esse), *pusundi* (mille), *mésa* (tabula), *laiseins* (doctrina), *hausjón* (audire), *reisan* (surgere), *driusan* (cadere).

auslautend: *hlas* (laetus), *vis* (tranquillitas maris), *hus* (domus), *svés* (proprius), *lós* (sors, vita), *urrais* (surrexit), *raus* (arundo), *veis* (nos).

5. *Consonantische Verbindungen.*

a) liquide.

sl. *slahan* (percutere), *slavan* (tacere), *slindan* (devorare), *slépan* (dormire), *slaihts* (λεῖος), *slauhts* (σφαγή), *sleiþa* (poena), *sliupan* (repere); **a u s l.** *skóhsl* (daemon), *þreihsl* (angustia), *hunsl* (sacrificium), *svumsl* (natatorium).

sn. *snaga* (pallium), *snivan* (abire), *snutrs* (prudens),
snôrjô (laqueolus), *snaivs* (nix), *snau* (abiit), *sneipan* (secare), *sniumjan* (festinare); ausl. *anabusns*
(negotium), *usbeisns* (exspectatio), *garêhsns* (consilium), *rôhsns* (vestibulum), etc.

sm. *smakka* (ficus), *smals* (tenuis), *smarna* (stercus),
smiþa (faber), *smairþr* (adeps), *smeitan* (linere);
ausl. *klismô* (titinnus).

b) gutturale

sg. *intrusgjan* (inserere).

sk. *skaban* (radere), *skapjan* (nocere), *skalks* (servus),
skaman (pudere), *skildus* (scutum), *skilliggs* (num-
mus), *skilja* (lanius), *skip* (navis), *skulan* (debere),
skura (imber), *skêvjan* (ingredi), *skôhs* (calceus),
skaidan (disjungere), *skauns* (pulcher), *skauts* (sinus), *skeinan* (apparere), *skiuban* (protudere); ausl.
fisks (piscis), *þriskan* (conterere), *atisks* (seges),
die Adjectiva auf *isks*. Tertiärverbindungen: *skr.*
skreitan (ingredi); *skv.* *hnasqus* (tener), *vrisqan*
(fructum edere).

c) dentale.

st. *stabs* (baculus), *stilan* (furari), *stubjus* (pulvis),
stêlum (furati sumus), *stôls* (sella), *stains* (lapis),
stautan (tundere), *steigan* (scandere), *stiur* (taurus);
ausl. *asts* (ramus), *fastan* (jejunare), *rasta* (quies),
vasti (vestis). Tertiärverbindungen: *str.*
straujan (sternere), *striks* (linea), *gistra* (heri),
avistr (ovilium), etc. *stv.* *vaursto* (opus).

ss. *hvass* (acer), *ungatass* (irregularis), *usstass* (resur-
rectio), *gaviss* (conjunctio), *gaqiss* (consensio),
missô (inter se), *missa-* (male-), *vissa* (scivi),
knussjan (procumbere), die Endung *-assus*, etc.

d) labiale.

sp. *sparva* (passer), *spinnan* (nere), *spêds* (serus), *spaiv*
(spui), *spaurds* (stadium), *speivan* (spuere). Tertiärverbindungen: *spr.* *sprautô* (celeriter).

sv. *sva* (sic), *svaran* (jurare), *svarts* (niger), *svibls*
(sulfur), *sviltan* (mori), *svumsl* (natatorium), *svês*
(proprius), *svaíhra* (socer), *sveiban* (desinere), *svein*
(sus); in- und ausl. nur *taihsvô* (dextera).

6. Etymologisch entspricht das goth. *s* in der Regel dem der urverwandten; z. B. *siuja*, lat. *suo*, gr. κασσύω, slaw. *šivq*, litth. *suvu*, skr. Wurz. *siv*. *vasti*, lat. *vestis*, gr. ἐσθής, skr. Wurz. *vas* (vestire). *sa*, *sô*; griech. ὁ, ἡ; sanskr. *sa*, *sâ*. *sita*, lat. *sedeo*, griech. ἕζομαι, slaw. *sędą*, litth. *sedmi*, sanskr. Wurz. *sad*.

§. 104
Gothisches z.

1. Sein Zeichen ist nach G. u. L. das lat. *Z.*, nach W. eine Vermittelung zwischen ihm und der Rune, welche die W. H. *ezec* nennt, was nach Munch *aihs*, angels. *eóh* bedeutet.

2. Es entsteht häufig aus *s* (vgl. bei diesem), wechselt mit ihm auch; z. B. *saizlêp — saislêp, môses — môsêz*, etc. und vertritt wie dieses die Dentalen *d*, *t*, *þ*, besonders vor *n*, z. B. *vleizns* (aus *vleitan*).

3. In Fremdwörtern steht es für griech. ζ, als *zaibaidaius* (Ζεβεδαῖος), *baiailzaibul* (Βεελζεβούλ), etc. Da nun ζ den damaligen Griechen bereits so wie den jetzigen nichts anderes als mildes S (unser *f*) war*), so dürfen wir nicht anstehen, auch dem gothischen *z* diesen — völlig einfachen — Laut zuzusprechen. Damit stimmt denn auch .vortrefflich jener Ueberganz des *s* in *z* zwischen Vokalen, der häufige Wechsel beider Laute und endlich auch der Umstand, dafs *z* sich ausschliefslich vor milden Consonanten (Lenes und Liquidae) findet. Gegen die Annahme eines Doppellautes, etwa *df*, streiten nicht nur die meisten letztgenannten Erscheinungen und die Schreibung der griechischen Namen, sondern auch die Verdoppelung desselben in *lazzarus*.

4. Es findet sich anlautend in keinem echt gothischen Worte und auslautend wohl nur mifsbräuchlich für *s*, z. B. *riqiz*, *aiz* für das ebenfalls vorkommende *riqis*, *ais*; häufig dagegen inlautend, und zwar:

a) wurzelhaft; *hazjan* (celebrare), *aqizi* (ascia), *azêts* (facilis), *vizôn* (existere), etc.

b) in der Flexion; namentlich im Gen. der Adj. u. Pron., als *godaizôs* (bonae), *godaizê* (bonorum), in der 2. Sing. Pass. als *haitaza* (nominaris), und beim Comparativ: *batiza, minniza*, etc.

---

*) Vgl. Schleicher, Mullach, etc.

5. *Consonantische Verbindungen.*

a. liquide.

    zl. *svartizla* (atramentum).

    zn. *arhvazna* (sagitta), *razn* (domus), *vizn* (victus), *andavleizns* (facies), *fairzna* (calx).

b. gutturale.

    Nur *zg*: *azgô* (cinis).

c. dentale.

    Nur *zd*: *gazds* (flagellum), *razda* (lingua), *mizdô* (merces), *huzd* (thesaurus).

d. labiale.

    Nur *zv*: *izvis* (vobis), *ubizva* (atrium).

6. Etymologisch entspricht gothisch *z* gröfstentheils dem *s* der urverwandten, wenn dasselbe zwischen Vokalen steht, also vermuthlich weiche Aussprache hatte. Vgl. später in der Flexionslehre die Gen. Plur., die Comparative, die 2. Pers. Med.

§. 105.

Gothisches b.

1. Sein Zeichen ist nach G. u. L. das des griech.-lat. *B*; nach W. eine Vermittelung zwischen diesem und der durch die Uncialschrift oben geöffneten Rune, welche die W. H. *bercha* nennt, d. h. *bairika* (M. Z.), *bairka* (K.); angels. *beorc*, nord. *biarkan*.

.2. In Fremdwörtern steht es regelmäfsig für gr. *β*, z. B. *barbarus* (βάρβαρος); aufserdem aber auch für *ov*, wenn dieses lat. v vertritt, z. B. *silbanus* (Σιλουανός, Silvanus), *naubaimbair* (November). Der Laut des goth. *b* mufs also sehr weich und dem lat. *v* ähnlich gewesen sein, da es für dieses gebraucht wird; wahrscheinlich indefs gebührt ihm eine doppelte Aussprache, wie dem dänischen *b*, von dem es heifst: „es lautet im Anfange eines Worts wie das deutsche *b*, weicher aber in der Mitte, und fast wie *v* zwischen zwei Vokalen und am Ende der Silbe" [*]). Aehnlich das neugriech. *β*, dessen Aussprache allen Merkmalen zufolge schon im 4. Jahrh. galt [**]).

---

[*]) Tobiesen, Dän. Sprachl. S. 19.
[**]) Mullach, S. 111. Matthiä S. 17.

3. Am Ende der Wörter und vor *t* geht *b* gewöhnlich
in *f* über, so wie umgekehrt dieses *f* durch nachfolgenden
Vokal wieder in *b* verwandelt wird, z. B. *HLAIBA*, Nom.
hlaifs, Gen. *hlaibis*; *sveiban*, Praet. *svaif*, Plur. *svibun*; etc.
Oft wechseln beide Zeichen: *tvalib — tvalif, -ubni — -ufni.*
   4. Vokalische Verbindungen:
anlautend: *balgs* (cutis), *bida* (precatio), *bugjan* (emere),
         berusjôs (parentes), *bôka* (liber), *bai* (ambo),
         bauan (habitare), *beidan* (exspectare), *biudan*
         (offerre).
inlautend: *haban* (habere), *giban* (dare), *dubô* (columba),
         gêbun (dederunt), *drôbjan* (turbare), *gahlaiba*
         (collega), *raubôn* (spoliare), *hleibjan* (juvare),
         piubi (furtum).
anslautend: *gab* (dedit), *gib* (da), etc.
   5. *Consonantische Verbindungen:*
a) liquide.
   bl.   *blandan* (commiscere), *blaupjan* (abolere), *bleips*
         (mitis), *blêsan* (flare), *bliggvan* (percutere), *blinds*
         (coecus), *blôp* (sanguis), etc.; in- und ausl. *gi-*
         bla (fastigium), *svibls* (sulfur).
   br.   *braids* (latus), *brahv* (supercilium), *briggan* (af-
         ferre), *brikan* (frangere), *brinnan* (urere), etc.; in-
         und ausl. *abrs* (vehemens), *aibr* (donum), *silubr*
         (argentum).
   bn.   *bnauan* (conterere); in- und ausl. *ibns* (planus),
         stibna (vox), *-ubni.*
b) gutturale. —
c) dentale. —
d) labiale.
      Nur die Gemination, und auch diese nur in Fremd-
      wörtern. (*abba, rabbi*).
   6. Etymologisch entspricht goth. *b* in der Regel dem
sanskr. *ß*, also griech. φ, lat. *f*; Beispiele siehe §. 41, 3; zuweilen aber auch dem *b* der urverwandten, als *biudan*, skr.
budᵇ; und selbst dem *p*; z. B. *sibun*, lat. *septem*, griech. ἑπτά,
sanskr. *saptan.*

§. 106.

Gothisches p.

1. Sein Zeichen ist das des griech. *Π*. Der Name der entsprechenden gothischen Rune lautet in der W. H. *pertra*, was nach M und K. *pairtha*, nach Z. *pairthr* bedeutet.

2. In Fremdwörtern steht es regelmäſsig für griech. *π*; ausnahmsweise für *φ* in *paurpura* (πορφύρα).

3. Vor *t* geht es zuweilen in *f* über, z. B. *gaskafts* (creatio, von *skapan*), *varft*. (2. Sing. Prät. von *vairpan*), etc.

4. Es findet sich nur selten, anlautend vielleicht in keinem echt gothischen Worte. Beisp. der Vokalverbindungen:

anlautend: *paida* (tunica), *peika* (φοίνιξ), *puggs* (marsupium), *pund* (libra), etc.

inlautend: *skapan* (creare), *nipnan* (moerere), *supôn* (sapere), *slêpan* (dormire), *hvôpan* (gloriari), *kaupôn* (negotiari), *veipan* (coronare), *diups* (profundus).

auslautend: *raip* (lorum), *skip* (navis), *hup* (coxa), *saislêp* (dormivit), etc.

5. *Consonantische Verbindungen.*

Nur liquide:

pl. *plapja* (platea), *plats* (lacinia), *plinsjan* (saltare).

pr. *praggan* (premere).

pn. *vêpna* (arma), *nipnan* (dolere).

6. Etymologisch entspricht goth. *p* in den wenigen Fällen, welche überhaupt eine Vergleichung zulassen, dem *p* der urverwandten; z. B. *slêpan*, sanskr. *svap*, *sup*; latein. *sopor*, *sopire*; griech. ὕπνος; litth. *sapnas*, *sapnoti*; slaw. *supati*.

§. 107.

Gothisches f.

1. Sein Zeichen scheint das des lat. *f*. Der Name der entsprechenden goth. Rune ist in der W. H. *fe*, d. i. *faihu* (M. K. Z.), angels. *feoh*, nord. *fê*.

2. In Fremdwörtern steht es für griech. *φ*, z. B. *famuel* (φανουήλ). Sein Laut ist wohl der des lateinischen *f* gewesen. Daſs Ulfilas gleichwohl griech. *φ* damit ausdrückte, geschah, weil ihm der Unterschied zwischen diesem und dem

lat. *f* nicht erheblich genug scheinen mochte, um ein neues Zeichen dafür einzuführen.

3. Seine **Entstehung** aus *b* und *p* ist bereits erwähnt; zuweilen **wechselt** es auch mit *b*, als *tvalif — tvalib.* Der Meinung Grimm's, daß das aus *b* entstandene *f*, z. B. in *gaf, piuf*, eine weichere Aussprache gehabt als das andere, möchten wir nicht beistimmen. Man müßte alsdann annehmen, daß auch dem Griechen sein χ in ἐπλήχθην, ἐδιώχθην, oder sein φ in ἐτρίφθην, ἐῤῥίφθην verschieden geklungen, weil diesen Lauten das eine Mal γ, β; das andre Mal κ, π zu Grunde lag. Grimm selbst stellt diese Meinung Anfangs (I, 56. 57) nur zweifelnd und fragend auf; aber es beginnt hiermit jene uns gefährlich scheinende Theorie des *bh*, und er beruft sich später darauf, um den Laut des ahd. *v* festzustellen; weshalb wir bereits hier gegen jene Scheidung Einspruch thun möchten.

4. **Vokalische Verbindungen.**

anlautend: *fana* (pannus), *fidvor* (quatuor), *fulls* (plenus), *fêra* (regio), *fôdjan* (nutrire), *fairhvus* (mundus), *faura* (pro), *feian* (inimicum esse).

inlautend: *afar* (post), *sifan* (gaudere), *ufar* (super), *lôfa* (alapa), *hiufan* (gemere), etc.

auslautend: *af* (ab), *gif* (da), *uf* (super), etc.

5. *Consonantische Verbindungen.*

a) **liquide.**

fl. *flautan* (superbire), *flêkan* (plangere), *flôdus* (fluctus) ausl. *tveifls* (dubium).

fr. *frapjan* (cogitare), *fraihnan* (interrogare), *fraisan* (experiri), *fraiv* (semen), *fram* (ab), *frauja* (dominus).

fn. *hafnan* (superbire), *lifnan* (superesse), *-ufni.*

b) **gutturale. —**

c) **dentale.**

ft. *hafts* (instructus), *gaskafts* (creatio), *hliftus* (fur), *fragifts* (donum), *iftuma* (sequens), *gagrêfts* (consilium), *skufts* (capillus), etc.

fs. *haifts* (rixa), *prafstjan* (solari).

d) **labiale. —**

6. **Etymologisch** entspricht goth. *f* in der Regel dem

14 *

p der urverwandten; Beispiele siehe §. 41, 3; nur selten und zweifelhaft den Aspiraten, als *faurhts* (timor), lat. *formido*; *fôna* (ignis), sanskr. *ôdnu* (lumen).

§. 108.
Gothisches v.

'1. Sein Zeichen ist das des griech. Y; die entsprechende Rune in der W. H. heifst *uuinne*, d. i. *vinja* (Z. M.) oder *vinna* (K.), angels. *vén* (vyn).

2. Es entsteht aus u zwischen zwei Vokalen; z. B. *MAVJA*, mit synkopirter Endung *mavi*; *taujan*, *straujan*, Prät. *tavida*, *stravida*; umgekehrt geht es in *u* über, wenn der darauf folgende Vokal wegfällt, z. B. *snivan*, Prät. *snau.*

3. Sein Laut scheint der des deutschen *w*, engl.-franz. *v* gewesen zu sein; vom lat. *v* mufs es sich gänzlich unterschieden haben, da dieses durch goth. *b* ausgedrückt wird; auch umgekehrt die Römer goth. *v* niemals durch das ihrige, sondern durch *vv* oder verschlungen *w* geben; z. B. *Wittisa*, *Wittiges.* Hiemit stimmt denn auch sehr wohl die Verwendung des gothischen Buchstaben für griech. *v* nach Vokalen, wo ja dieses im 4. Jahrh. bereits wie w gesprochen wurde; *αv, εv* also nicht (wie die sog. Erasmische Aussprache will) = *au, eu,* sondern = *aw, ew.* Beisp *pavlos* (*Παῦλος*), *esav* ('*Ησαῦ*), *daveid* (*Δαυίδ*), *paraskaive* (*παρασκευή*), *aivlaugia* (*εὐλογία*), *aivnike* (*Εὐνίκη*), *aivxaristia* (*εὐχαριστία*), *aivaggeljô* (*εὐαγγέλιον*); vgl. auch *kavstjo* (lat. *cautio*); zuweilen wird es verdoppelt, als *laivveis* (*Λευίς*).

4. **Vokalische Verbindungen.**

anlautend: *valjan* (eligere), *vindan* (nectere), *vulþus* (gloria), *vêrs* (spes), *vôkrs* (usura), *vaila* (bene), *vaurkjan* (operari), *vein* (vinum), etc.

inlautend: *slavan* (tacere), *snivan* (properare), *viduvô* (vidua), '*lêvjan* (prodere), *hlaivasna* (sepulcrum), *hneivan* (inclinari), etc.

auslautend: *aiv* (aevum), *lêv* (occasio), etc.

5. *Consonantische Verbindungen.*
Nur liquide.

vl. *vleitan* (conspicere).

vr. *vratôn* (ingredi), *vriþus* (grex), *vrikan* (ulcisci), *vrisqan* (fructum edere), *vrits* (linea), *vröhjan* (accusare).

6. Etymologisch entspricht goth. *v* dem der urverwandten (also griech. Digamma). Beisp. *vair*, lat. *vir*, sanskr. *viras*; *avis* (nur in *avistr*, ovile belegbar), lat. *ovis*, litth. und sanskr. *avis*, slaw. *ovica*. *vaia, vinds*; lat. *ventus*, litth. *vejas*, slaw. *veją*, sanskr. Wurz. *vd*. *aivs*, lat. *aevum*, griech. αἰ*Γ*ών. *vein*, lat. *vinum*, griech. *Γοῖνον*, sanskr. *véna* (corroborans, jucundus; Name des Somasaftes).

Drittes Kapitel.
Von den hochdeutschen Vokalen.

§. 109.
Hochdeutsches a

1. Das althochdeutsche *a* entspricht im Allgemeinen dem gothischen. Die Einbuſse, welche es durch den sich entwickelnden Umlaut *e*, durch die Schwächung in *o* und die Dehnung in *d* erleidet, ist nicht eben bedeutend. Beisp. *scal* (debeo, goth. *skal*), *char* (vas, goth. *kas*), *bran* (arsi, goth. *brann*), *nam* (cepi, gothisch desgl.), *wagan* (currus), *ahar* (spica), *adal* (nobilitas), *fatar* (pater), *haʒ* (odium), *glas* (vitrum), *haso* (lepus), *snabal* (rostrum), *aphul* (pomum), *scafan* (creatus), *avar, avur* (iterum), *allas* (omne), *narro* (stultus), *wanna* (vannus), *amma* (nutrix), *achar* (d. i. *akχar*, ager), *matta* (mappa, selten), *haʒʒes* (aber auch *haʒes*, odii), *huasso* (acriter), *lappa* (lacinia, selten), *halm* (calamus), *galgo* (patibulum), *scalch* (servus), *wald* (silva), *alt* (vetus), *salz* (sal), *hals* (collum), *chalb* (vitulus), *half* (adjuvi), *arn* (messis), *warm* (calidus), *arg* (pravus), *starch* (fortis), *ward* (factus sum), *bart* (barba), *ars* (culus), *starb* (mort. sum), *warf* (jeci), *angil* (angelus), *sang* (cantus), *danch* (gratia), etc. *).

2. Mittelhochdeutsch wird jene Einbuſse in den wurzelhaften Silben nur wenig stärker, sehr bedeutend aber

---

*) Eine reichhaltigere, überaus sorgfältig angelegte Sammlung findet man bei Gr. I³, 78; der wir (mit geringen Abweichungen der Anordnung und Schreibung) auch die obigen Beispiele entnehmen. Die Aufstellung geschah nach den dem Vokal folgenden Consonanten, und zwar: 1) einfache, 2) geminirte, 3) gemischte.

in den Endungen; hier auch zum Theil durch Abfall. Beisp.
zal (numerus, ahd. *zala*), *scar* (turba, ahd. *scara*), *han* (gallus, ahd. *hano*), *scam* (pudor, ahd. *scama*), *wagen, aher* (eher),
*adel, vater, haʒ, glas, hase, snabel, apfel, scaffen, aver,
alleʒ, narre, wanne, amme, acker* (d. i. *acker*), *blattes* (ahd.
blates), *haʒʒes, wasse, knappe, halm, galge, schalc, waldes,
alten, saz, hals, half, arn* (bereits selten, dafür *arnet*), *warm,
arges, starc, bartes, ars, starben, warf, sanges, dankes,* etc.

3. **Neuhochdeutsch** findet sich kurzes *a* (nach §.
64, 4) nur vor Doppelconsonanz, welche bei einigen kleinen
oft gebrauchten Wörtern nicht bezeichnet wird: *an, ab,
was, hat, glas, gras,* welche landschaftlich mitunter ebenfalls gedehnt werden. Zuweilen wird selbst durch Position
geschütztes *a* gedehnt: *árt, bárt, zárt, schwárte,* oder auch
mit Bezeichnung der Länge: *fahrt, bejahrt, wahrt.* In einigen Fällen ist *a* an die Stelle eines früheren dunkeln Vokals
getreten; z. B. *eidam* (mhd. *eidem,* ahd. *eidum*), *heimat* (mhd.
ahd. *heimuot*), *monat* (mhd. *mánet,* ahd. *mánôt*), *nachbar* (mhd.
nachgebúr, ahd. *náhgibúró*).

Anm. Auf mundartliche Unterschiede in der Aussprache der einzelnen Laute einzugehen, müssen wir, so lockend es erscheint, in diesen
Blättern verzichten Wer sich von dem Umfange einer solchen, auch nur
annähernd ins Allgemeine gehenden, Zusammenstellung ein Bild machen will,
der vergleiche, was z B. Schmeller, (Mundarten Baierns, S. 31 ff.) oder
Weinhold (Ueber Deutsche Dialektforschung, S. 21 ff.) von den Verzweigungen des organischen Vokallaute auch nur im Bereich eines einzigen Dialektes berichten. Allerdings aber würde eine vergleichende Lautlehre
der deutschen Mundarten, die sowohl vom historischen als vom phonetischen Standpunkte aus geführt wäre, eine der erfreulichsten Erscheinungen nicht bloß auf dem Felde deutscher Sprachkunde, sondern auf dem der
Linguistik überhaupt sein. Der vorauszusetzende Einwand, daß dazu noch
nicht Zeit sei, indem nicht genug Vorarbeiten (Detailforschungen) gesammelt, ist nur insofern gegründet, als man dabei das höchste Ziel jener
Aufgabe im Auge hat; auch verliert derselbe bei dem jetzt herrschenden,
durch ein treffliches Organ *) unterstützten Eifer für dergleichen Sammlungen mehr und mehr an Begründung Die wahre Schwierigkeit scheint
uns wo anders zu liegen, nämlich in dem Umstande, daß eine solche Arbeit überhaupt nur zum kleinsten Theil auf Sammlungen und Bücher,
zum größten und wesentlichsten aber auf Natur und Leben sich stützen
müßte.

---

*) Frommann: Deutsche Mundarten; eine Vierteljahrsschrift. — Leider
ist deren Fortbestehen, wie wir vernehmen, in Frage gestellt.

§. 110.
Hochdeutsches e.

1. Das hochdeutsche *e* hat einen dreifachen Ursprung:
1) aus *a*, durch Umlautung (§. 45); 2) aus *i*, durch Brechung
(§. 46); 3) aus jedem beliebigen Vokal, durch Schwächung
(§. 65).

A. Das *e* des Umlauts. Im Althochdeutschen noch
unsicher und zögernd auftretend. Beispiele aus dem Mhd. *wel*
(eligo, ahd. *waliu*), *zer* (consumo), *den* (tendo), *zem* (domo),
lege (pono), *bechen* (rivis), *rede* (sermo), *bleter* (folia), *esel*
(asinus), *stebe* (baculi), *orevel* (audax, ahd. *fravali*), *geselle*
(socius), *sperre* (claudo), *renne* (cursito), *swemme* (diluo),
strecke (extendo), *kette* (catena), *bezzer* (melior), *schepfe* (hau-
rio), *leffel* (cochlear), *belge* (folles), *selde* (habitaculum), *elter*
(senior), *welze* (voluto), *helse* (colles), *elbe* (genii), *zwelve* (duodecim), etc. Zuweilen wird dieser Laut auch durch *ä* bezeichnet: *schämlich, tagelich, vrävel*, etc.; keinesweges aber
etwa consequent für bestimmte Wörter, sondern ganz dieselben haben auch und zwar viel häufiger *e*: *schemlich, tege-
lich*, etc. — Das Neuhochdeutsche nun nimmt zunächst die
gewöhnliche Dehnung oder Schärfung vor; aufserdem aber
regelt es den Gebrauch von *e* und *ä* so, dafs letzteres überall
da gesetzt wird, wo man die Ableitung von einer Stammform
mit *a* noch deutlich fühlt und der reine Vokal daneben in
Gang bleibt, also *Hand, Hände; falle, fällst*; etc. Dagegen
Erbe, Ende, weil die älteren Formen *arbi, andi* vergessen waren; *Heu*, weil die Ableitung von *hauen* nicht einleuchtend genug sein mochte; *Henne*, weil man den kurzen Vokal dieses
Wortes mit dem langen in *Hän* (mhd. *hän*) nicht zu vereinen
wufste. Hätte dagegen *hän* denselben Weg eingeschlagen,
wie das ihm ganz analoge *män*, d. h. nicht Dehnung, sondern Schärfung erfahren, so würde man ebenso wie *Mann,
Männin, männlich*, auch *Hann, Hänne* geschrieben haben.
Manchmal schwankt die Schreibart; z. B. von *Arm, Ärmel*
wird die letztere Bildung in der Bedeutung *brachiolum* stets
mit *ä*, in der von *manica* aber auch oft mit *e* geschrieben,
vermuthlich um diese Verschiedenheit dem Auge anschaulich
zu machen. Ganz ebenso bei *Eltern* (parentes) und *altern*
(seniores).

B. Das *e* der Brechung. Schon im Althochdeutschen

mit grofser Sicherheit auftretend; wir geben indefs auch hier nur mhd. Beispiele: *vel* (cutis, goth. *fill*), *ber* (ursus), *len* (acclino), *schem* (pudet me), *segen* (benedictio), *blech* (bractea), *sehe* (video), *leder* (corium), *weter* (tempestas), *lese* (legat), *eber* (aper), *kevere* (scarabaeus), *snelles* (celeris), *verre* (procul), nicht vor *n*, *m* cum Cons. *lecke* (lingo), *sezzel* (sella), *esse* (fumarium), *treffe* (feriat), *helm* (galea), *belge* (irascatur), *melke* (mulgeat), *swelch* (gulo), etc. Vereinzelt findet sich auch für dieses *e* die Schreibung *à*; vgl. Gr. I³, 131. Im Neuhochdeutschen erfolgt wieder die gewöhnliche Dehnung oder Schärfung z. B. *stéle*, *schnell*; aufserdem drängt sich auch hier manchmal das Zeichen *ä* ein, z. B. *Bär*, *dämmern*. Schweizerische Schriftsteller der früheren Zeit schreiben häufig auch *äber*, *läben*, *läsen*, *wäsen*, etc.

C. Das *e* der Schwächung. Beispiele desselben bietet die Flexionslehre in Menge; vgl. dort die Tabellen. Seine Aussprache mag wohl sehr frühe schon die einer irrationalen Kürze gewesen sein, deren Qualität sich daher kaum bestimmen läfst; es ist ein Laut, der zwischen *e* und *ö* liegt.

2. Wie steht es aber um die Aussprache der beiden ersten *e*? — Da die bessern mhd. Dichter dieselben im Reime nur selten verbinden, also z. B. *legen* (ponere) nicht auf *degen* (vir fortis), *mer* (mare) nicht auf *sper* (hasta) reimen, so ist anzunehmen, dafs der Laut beider doch merklich verschieden gewesen sein mufs. Dies wird um so glaublicher, als selbst heute noch an den alten Sitzen der mhd. Sprache, in Würtemberg, im badischen Oberlande und in der Schweiz beide *e* aufs deutlichste unterschieden werden. Das aus *a* entstandene hat den Laut unsere *é*, das aus *i* entstandene den unsers *è* *); gleichviel übrigens, ob die nhd. Orthographie in dem betreffenden Falle *e* oder *ä* setzt. Man spricht also in jenen Gegenden: *étzen*, *bécher*, *bécken*, *bétte*, *bésser*, *écke*, *élle*, *érbe*, *féls*, *fést*, *glétte*, *héld*, *hérbst*, *hétzen*, *kélte*, *kérze*, *lécken*, *néren*, etc.; dagegen *bèllen*, *bèrg*, *bètteln*, *brèchen*, *brètt*, *fèld*, *fèll*, *fèrn*, *gèld*, *gèrn*, *gèstern*, *hèll*, *lèrnen*, *mèssen*,

---

*) Man könnte es natürlicher finden, dafs umgekehrt das aus *a* entstandene *e* auch den dem *a* näheren Laut *è*, das aus : entstandene den Laut *é* erhalten hätte; aber die Gewalt des assimilirenden Vokals war der Natur des ursprünglichen so sehr überlegen, dafs sie sich selbst innerhalb der Grenzen des neuen Lautes Anerkennung erzwang.

nèffe, etc.; nur, wenn dem *e,* gleichviel welchem von beiden, eine Nasalis folgt, verschwimmt der Unterschied, und der vokal in *strenge, senden, hemde* (altes *a*) klingt ganz ebenso wie der in *schenkel, spenden, bremse* (altes *i*). Dagegen folgen die unorganischen Längen völlig der Hauptregel; man spricht *bére* (bacca), *édel, fégen, gégen, gléser, gréser, hében;* aber *bèr* (ursus), *bèsen, bèten, dègen, lèben, lèsen,* etc. Vgl. Philipp Wackernagel, Edelsteine, etc. S. XX ff.*).

Die Sprache der Gebildeten zeigt diese Unterschiede nur noch wenig, in Mittel- und besonders in Norddeutschland unsers Wissens gar nicht. Wir verstehen es daher nicht, wenn J. Grimm I³, 138, 220 angiebt: „*legen* (ponere), *regen* (pluvia) klingt anders als *gelegen* (positus), *regen* (movere); aber die heutigen Dichter sind harthörig oder nachgiebig genug, um beide Vokale dennoch im Reime zu verbinden". Wir unsrerseits vermochten z. B. in Obersachsen und Thüringen in den genannten Fällen nur *è* zu hören (*lègen, gelègen, ich rège mich, der Règen*), im Hannöverschen und Braunschweigschen nur *é* (*légen, gelégen, ich rége mich, der Régen,* etc.). In Schlesien bestehen beide Sprechweisen dicht neben einander, aber nicht nach der Etymologie, sondern nach der geselligen Sphäre gesondert; das niedere Volk nämlich spricht in allen offenen (gedehnten) Silben *è,* die Gebildeten meist *é,* ausgenommen wo die Orthographie *a* oder *äh* bietet, also *Bar, nahren.* Dienstboten, die den Ton der Herrschaft oder des städtischen Lebens nachahmen wollen, fangen ihre „Sprachreinigung" gewöhnlich an diesem Punkte an (*„wir sind gewésen,* nicht mehr *gewèsen"*); Norddeutsche fallen sofort wegen ihres „vornehmen" Tons auf, hauptsächlich auf Grund jenes Unterschieds. Im Bromberschen und weiter hinauf nach Preußen spricht man selbst da, wo die Schrift ihr *a* (*äh*) setzt, meistens *é: der Bér, néren.* — Die kurzen (geschärften) Silben hörte ich überall weder mit *é* noch *è,* sondern mit dem Mittellaute zwischen beiden, dem indifferenten *e.*

Anm. J. Grimm hat jene beiden Laute auch durch die Schrift getrennt; er bezeichnet den Umlaut durch *e,* die Brechung durch *ë.*

---

*) Wir ordnen dieser Autorität unsere eigenen (nicht an den günstigsten Orten und besonders nicht lange genug angestellten) Betrachtungen willig unter, und bemerken also nur nebenbei, daß jener Unterschied uns besonders in den offenen (gedehnten) Silben fühlbar wurde, dagegen in den geschärften (kurzen), auch wenn dem Vokal keine Nasalis folgte, oft gänzlich verborgen blieb.

Auch wir werden, wo es sich um eine bestimmte Angabe des Ursprungs handelt, diese Bezeichnung beibehalten; als stehende glaubten wir sie entbehren zu können, und zwar:

1) weil sämmtliche alt- und mittelhochdeutsche Handschriften und demgemäfs auch die Ausgaben überall nur einfaches *e* bieten.

2) weil mit demselben oder doch annäherndem Rechte auch andere Laute verschiedenen Ursprungs eine verschiedene Schreibung in Anspruch nehmen könnten, namentlich das so sehr analoge *o*. Der Umstand, dafs dieses letztere im Deutschen nicht als Umlaut nachweisbar ist, fällt dabei nicht so schwer ins Gewicht; genug, einige *o* stammen aus *a*, andere aus *u*, und aller Wahrscheinlichkeit nach hatten sie ursprünglich auch verschiedene Aussprache.

3) weil, wenn man einmal streng theoretisch bezeichnen wollte, der Umlaut des *a* eigentlich stets durch *ä* gegeben werden müfste, damit zunächst der Parallelismus mit *ö* und *ü*, sodann aber auch der Unterschied zwischen ihm und dem dritten *e* (dem durch Schwächung entstandenen) hervorträte.

4) weil in der nhd. Sprache (abgesehen von jenen dialektischen Eigenthümlichkeiten) der verschiedene Ursprung beider *e* völlig vergessen ist, und auf ihre Aussprache nicht den mindesten Einflufs mehr hat

5) weil selbst in der altern Sprache in vielen Fällen die Art des Ursprungs unsicher bleibt*).

§. 111.
Hochdeutsches i.

1. Das althochdeutsche *i* kann vor allen Consonanten, also abweichend vom gothischen auch vor *h* und *r* stehen, vgl. §. 47, 3; dagegen erleidet es die in §§. 44, 46 erwähnte Brechung in *e*. Die Nominalformen, welche wurzelhaftes *i* bieten, deuten dadurch an, dafs ihr altes Thema nicht der *A*-, sondern der *I*- oder *U*-Form angehörte; z. B. *list*

---

*) Grimm selbst bedauert es (D. G. III, Vorrede, S. 7) „die zwar theoretisch begründete, aber der tonlosen Vokale wegen schwer auszuführende Unterscheidung zwischen *e* und *e* noch beibehalten zu haben", und im IV. Bande ist dieselbe auch wirklich unterblieben. Dagegen im D. W (III, S. 1) spricht er sich allerdings folgendermafsen aus: „Man trägt Scheu, die nothwendige Verschiedenheit des *e* und *ê* in den Ausgaben ahd. und mhd. Denkmäler zu bezeichnen; blieben nicht einzelne Fälle noch ungesichert, ich würde auf Unterscheidung dringen, wenigstens der Grammatik wird sie unentbehrlich. Es scheint bequem, mag auch bei den ersten Drucken geboten sein, je älter eine Handschrift ist, sie genau wiederzugeben, die schärfere Lautbestimmung verleiht etwas Buntes, dann aber müfste auch dem meistens mangelnden Circumflex der Länge entsagt werden, in gothischem Text enträth man seiner leicht, nur dafs ein der Sprachvergleichung wünschenswerthes Ebenmafs der Beziehungen damit verloren geht." Hier wird dann auf die beiden Arten des alten *z* hingewiesen und angedeutet, dafs, wer überall nur *e* setzt, auch überall nur *z* brauchen dürfe. Wir bemerken dazu, dafs die Unterscheidung des *z* und *ʒ* uns darum wünschenswerther erscheint als die des *e* und *ê*, weil jene von der Sprachgeschichte festgehalten und erweitert wird (im Nhd. *z* und *sz*), diese aber nicht.

(dolus), *wiht* (res), *mist* (stercus), goth. Themas *LISTI, VAIHTI, MAIHSTU.* Holtzmann („Ueber den Umlaut", S. 6) weist darauf hin, dafs das epenthetische *a* des Althochdeutschen keine brechende Kraft habe, daher *durah* (goth. *þairh*)*, widar* (aries, goth *viprus*, also statt *widru*), daher auch in Fällen wie *berag, stehhal, fogal* die Brechung nicht durch das geschriebene, sondern durch das unsichtbare *a* des alten Themas bewirkt werde Manche einzelne Fälle entziehen sich indefs doch der Regel, z. B. *fisc,* goth. Them. *FISKA; wisa* (pratum, ein Wort von dunkler Herkunft), u a. Auffallend ist besonders die mangelnde Brechung im Part. Prät. von Grimms VIII. Conjugation (*scinu, scèin, scinum, scinan*); wir glauben jedoch, dafs Holtzmann's Erklärung vollständig befriedigt, welcher den Grund dieser Erscheinung darin sucht, dafs der *i*-Laut hier ausschliefslich im Part. Prät hätte gestört werden müssen, während er seiner Länge wegen an allen übrigen Stellen, welche sonst der Brechung ausgesetzt sind, fest haftete (*gebames, gebat, gebant;* aber *scinames,* etc.) und dadurch das Particip gezwungen wurde, ebenfalls den organischen Laut festzuhalten. — Jetzt einige Beispiele: *stilu* (furor), *ira* (ejus), *inan* (eum), *imu* (ei), *ligu* (jacio), *sihu* (video), *fridu* (pax), *snita* (buccella), *lisu* (lego), *willo* (voluntas), *wirru* (impedio), *biginnu* (incipio), *suimmu* (nato), *stricchu* (laqueo), *bittar* (amarus), *wizze* (sciat), *missu* (careo), *sciffes* (navis), *wildi* (ferus), *giltu* (rependo), *smilzu* (liquefio), *hirni* (cerebrum), *stirbu* (morior), *bringu* (affero), etc.

2. **Mittelhochdeutsch** mit Ausnahme der Endungen in denselben Grenzen: *stil, ir, in, ime, lige, sihe, vride, snite* (*snitte*), *lise, wille, wirre, beginne, swimme, stricke, bitter, wizze, misse, schiffes, wilde, gilte, smilze, hirne, stirbe, bringe,* etc.; am häufigsten im Sing. Präs. starker Verba, die *i* und *e* vertauschen; in Nominibus 2. und 3. Dekl.; endlich in Ableitungen, deren Vokal ursprünglich *i* oder *u* war. — In den späteren Handschriften des 13. und besonders in denen des 14. Jahrh steht sehr häufig *i* für tonloses oder stummes *e,* z. B. *manic* statt *manec* (ahd. *manag,* goth. *manags*); die Ausgaben haben dafür meist den organischen Laut wieder hergestellt.

3. **Neuhochdeutsch** die gewöhnliche Einbufse durch Dehnung (*lige, fride,* etc.), aufserdem durch erweiterte Bre-

chung (*schmelze, gelte, sterbe,* etc.). Beispiele von Kürze vor
einfachem Consonant: *in, bin, hin, mit.* Unorganisch in *wich-
sen,* statt *wechsen* oder *wächsen* (von *wachs,* mhd. *wehsen,*
ahd. *wâhsian*). Der mittelhochdeutsche Wechsel zwischen *i*
und *e* dauert in vielen Fällen noch fort: *werden, wird; berg,
gebirge; erde, irden; schwester, geschwister.*

§. 112.
Hochdeutsches o.

1. Das althochdeutsche *o* hat einen doppelten Ursprung:

A. Aus *u,* durch Brechung. Beisp. *giholan* (cela-
tus), *fora* (ante), *honac* (mel), *ginoman* (captus), *fogal* (avis),
noh (adhuc), *gibotan* (mandatus), *gigozan* (fusus), *hosa* (ti-
biale), *lob* (laus), *hof* (aula), *hoves* (aulae), *wolla* (lana), *dor-
rém* (aresco), nicht vor *n, m* cum Cons. *stocches* (baculi),
spottes (ludibrii), *gigozzan* (fusus), *hrosses* (equi), *offan* (aper-
tus), *folgém* (sequor), *folch* (populus), etc.

B. Aus *a* durch Schwächung. Als eine solche nämlich müssen die — nicht zahlreichen — Fälle betrachtet werden, in denen ahd. *o* statt organischem *a* eintritt; z. B. *mohta*
(goth. *mahta*), *sol* (goth. *skal*), *oh* (goth. *ak*), *joh* (goth. *jah*),
und besonders in den Endungen der schwachen Deklination:
hano, blindo, Acc. *hanon, blindon.*

2. Mittelhochdeutsch erfolgt Einbuſse durch den
Umlaut *ö.* Beisp. der verbliebenen: *geholn, vor(e), honec,
genomen, vogel, noh, geboten, hose, lobes, hof, hoves, wolle,
dorre, stockes, spottes, gegozzen, hrosses, offen, holn* (arcessere), *volge* (sequor), *volc* (populus), *golde* (auro), *ver-
golten* (repensus), *holz* (lignum), *kolbe* (fustis), *wolf* (lupus),
wolves (lupi), etc. Von den Beispielen der Schwächung
mohte, sol. Unorganisches *o* (statt *ë*) findet sich in *wol*
(goth. *vaila*), *kone* (goth. *qinó,* ahd. *quena*), *woche* (goth.
vikô), *komen* (goth. *qiman,* ahd. *queman*); worin übrigens das
Althochdeutsche bereits zum Theil vorangegangen: *wela, wola;
wehha, wohha;* es ist eine Wirkung der vorangehenden Labialis (*w* oder *kw*).

3. Neuhochdeutsch geht ein groſser Theil dieser *o*
durch Dehnung verloren; ein kleiner Ersatz dafür kommt dadurch, daſs jetzt auch für *n* und *m* cum Cons. die Brechung

eintritt: *gewonnen, geschwommen* (mhd. *gewunnen, geswummen*).

§. 113.
Hochdeutsches ö.

1. Der erst im Mittelhochdeutschen auftretende Umlaut des *o*, dessen Gebiet indefs ziemlich beschränkt ist, da in dem Fall welcher Umlaut erzeugt, nämlich bei folgendem *i*, jene Brechung in *o* gar nicht eintritt, also die ursprüngliche *u*-Form bleibt und diese ihrerseits nunmehr (in *ü*) umlautet. Beisp. *holz, hülzin; gold, guldin; wolle, wüllin; dorn, durnin; bock, bückin.* Es findet sich daher mhd. *ö* hauptsächlich in den Stellen, wo das Gebiet des Umlauts erweitert wurde, d. h. in solchen Umlautsformen, welche althochdeutsch noch gar nicht existirten und wo mithin die Sprache unbehindert an die *o*-Formen selbst sich wenden konnte. Die einzelnen Fälle sind:

a) im Plural der *I*-Dekl. theils solcher, welche schon im Althochdeutschen dieser angehörten, als *korb, körbe* (ahd. *chorbî*), theils solcher, die aus der *A*-Dekl. in diese übertreten, als *bock, böcke* (ahd. *boccâ*).

b) bei den durch das paragogische *ir* gebildeten Pluralformen, *hol, höler; loch, löcher; dorf, dörfer; ort, örter.* Das Althochdeutsche hat hier beiderlei Formen: *hulir* und *holir; luhhir* und *lohhir.*

c) bei den Diminutivis, als *wörtelin, löchelin, löckelin, röckelin, böckelin, knöpfelin, tropfelin, zöpfelin,* etc.; auch in den abgekürzten Formen *löckel* etc.; nur *vogelin* (st. *vogellin*), *tochterlin* werden dem *vögelin, töchterlin* vorgezogen. Das Althochdeutsche schwankt hier ebenfalls zwischen *u* und *o*, also *lucchili, locchili.*

d) in den meisten dreisilbigen Zusammensetzungen, deren zweiter Theil ein *i* enthält; z. B. *götelich* (divinus), *löbelich* (laudabilis), ahd. *gotalih, lobalih.* Daher auch in den Eigennamen *Götelint, Götefrit, Örtwin,* neben denen indefs die *o*-Formen, zum Theil sogar häufiger, vorkommen.

e) im Conjunctiv einiger schwacher Präterita, als *dorfte, dörfte; mohte, möhte; tohte, töhte; torste, törste* (dies nur selten); dagegen bleiben *solde* und *wolde* unverändert.

f) in dem Fremdwort *öle,* ahd. *oli, olei* (oleum). Das

Adjectiv *hövesch, höfsch* ist zwar von *hof* abgeleitet, aber erst in mittelhochdeutscher Zeit, um das romanische *curtois* nachzubilden, daher ihm kein ahd. *huvisc* (wie von *tol tulisc*) entspricht. Doch haben einige Dichter *hubesch*, welches dann im Neuhochdeutschen neben *höfisch* mit anderer Bedeutung existirt.

2. N e u h o c h d e u t s c h greift *ö*, etwas weiter um sich, indem, wenn das Stammwort *o* hat, jetzt alle umlautenden Ableitungen nur *ö*, nicht *ü* erhalten; also *holz, hölzern; dorn, dörnern; golden, wollen* enthalten sich mit dem epenthetischen *r* zugleich des Umlauts. Dagegen ist jetzt *vögelein, töchterlein* durchgedrungen. In vielen Fällen steht nunmehr das *ö* auch unorganisch für *e*, den Umlaut von *a; als hölle* (mhd. *helle*, ahd. *halia*), *schöpfen* (mhd. *schepfen*, ahd. *scephan, scaphian*), *schöpfer* (mhd. *schepfaere*, ahd. *scaphâri*); *schöffe* (mhd. *schepfe, scafino*, aus mittellat. *scabinus*); *löffel* (mhd. *leffel*, ahd. *lefil*, wohl aus *laffa*, palma), *ergötzen* (mhd. *ergetzen*, ahd. *argazian*), *zwölf* (mhd. *swelef*, ahd. *zualif*), *dörren* (mhd. *derren*, ahd. *darrian*). Im 16. Jahrh. reichte dieses unorganische *o* noch viel weiter, man schrieb häufig *mönsch* (homo), *mör* (mare) [*]), *wörd* (insula), *öpfel* (poma). Das jetzige *mönch* ist erst im Neuhochdeutschen entstanden (mhd. *münch*, ahd. *munih*), vielleicht unter Einwirkung von *monachus*; *München* (Monachium) dagegen erhält sich. — In offenen Silben tritt natürlich die Dehnung in *oe* ein, welches indefs nhd. gewöhnlich auch nur durch *ö* bezeichnet wird.

§. 114.

Hochdeutsches u.

1. Das ahd. *i* kann vor allen Consonanten, also abweichend vom Gothischen auch vor *h* und *r* stehen; dagegen erleidet es die Brechung in *o*. Wo diese fehlt, ohne dafs *m* oder *n* cum Cons. folgt, da darf in der darauf folgenden Silbe ein weggefallenes *i* oder *u* gemuthmafst werden, z. B. *lust* (voluptas, goth. *lustus*); *sumar* deutet auf ein früheres *sumrus*, was auch durch die Parallele mit dem goth. *vintrus* wahrscheinlich wird; das epenthetische *a* bewirkt keine Brechung. Alle diese und noch einige andere hier ebenfalls anwendbare Bestimmungen sind

---

[*]) *Mörsburg* ist bis heut geblieben.

bereits beim *i* angegeben worden. Beisp. *sculum* (debemus), *turi* (porta), *sunu* (filius), *fruma* (utilitas), *hugu* (animus), *fluhum* (effugimns), *butum* (mandavimus), *hnuʒ* (nux), *chus* (osculum), *chlubum* (fidimus), *trufum* (stillavimus), *fullan* (implere), *durri* (torridus), *brunno* (fons), *brummum* (rugivimus), *drucche* (pressurâ), *tutta* (mamma), *hnuʒʒes* (nucis), *chusses* (osculi), *truffum* (stillavimus), *hulda* (salus), *wurm* (vermis), *durh* (per), *hund* (canis), etc.

2. Mhd. verliert das *u* einen Theil seines Gebiets an den Umlaut *ü*. Beisp. *sun, vrum, vluge* (volatu), *vluhen, buten, nuʒ, kus, kluben, bullen* (latravimus), *snurre* (strideo), *brunne, brummen, drucke, tutte, nuʒʒes, kusses, schuppe* (squama, ahd. *scuopa* und überhaupt selten), *rupfe* (vellico), *truffen, hulde* (favor, welcher Begriff ahd. durch *huldi* gegeben wird, wofür sich kein mhd. *hülde* findet), *wurm, durch, hundes*, etc.

3. Nhd. gehen noch einige *u* durch Brechung verloren, bei Weitem mehr natürlich durch Dehnung.

§. 115.
Hochdeutsches ü.

1. Der erst im Mhd. auftretende Umlaut des *u*; an Gebiet diesem letztern Vokal überlegen, da der Endungen mit ursprünglichem *i* eine gröfsere Zahl als der mit *u* ist, die Endungen mit *a* hingegen das *u* der Wurzel in *o* wandeln; weshalb denn auch der Umlaut *e* dem *a* weniger Abbruch thut als *ü* dem *u*. Die Ueberlegenheit des *ü* wäre noch merkbarer, wenn es nicht vor gewissen Consonantenverbindungen (*ld, lt, ng, nk*) unterbliebe: *schuldic* (culposus), *schulten* (incrementus, ahd. *scultin*), *sungen* (caneremus, ahd. *sungin*), *sunken* (laberemur, ahd. *sunchin*); auch häufig vor *nn, nd: brunne* (arderet, ahd. *brunni*), *gunde* (faveret, ahd. *gundi*). Beisp. *mül* (mola, ahd. *muli*), *tur* (porta, ahd *turi*), *munech* (monachus, ahd. *munih*), *vrüm* (perficio, ahd. *frumiu*), *trüge* (falleret, ahd. *trugi*), *bühel* (colliculus, ahd. *buhil*), *rüde* (molossus, ahd. *rudi*, häufiger *rûdo*), *bütel* (praeco, ahd. *butil*), *usele* (favilla, ahd. *usila*, angels. *ysle*, nord. *usli*), *uber* (super, ahd. *ubir*, häufiger *ubar*), *hülle* (tego, ahd. *huliu*), *dürre* (torridus, ahd. *durri*), *brunne* (lorica, ahd. *brunia*), *klumme* (scanderet, ahd. *chlummi*), *stücke* (frustum, ahd. *stucchi*), *küchen* (culina, ahd. *chuhhina*), *hütte* (tugurium, ahd. *hutti*, häufiger *hutta*), *slüʒʒel* (clavis, ahd. *sluʒil, sluʒʒil*), *kusse* (osculor, ahd. *chussiu*), *lützel* (parvus, ahd,

lusil), *üppic* (vanus, ahd. *uppic*), *süffe* (sorberet, ahd. *sufi*), *erbulge* (irasceretur, ahd. *arbulgi*), *mulke* (mulgeret, ahd. *mulchi*), *bevülke* (commendaret, ahd. *bifulhi*), *hülzin* (ligneus, ahd. *hulzin*), *tülbe* (foderet, ahd. *tulbi*), *wulpe* (lupa, ahd. *wulpin*), etc.

2. Nhd. ist das Gebiet des *ü* eingeschränkter, vor Allem durch die Dehnung der offenen Silben, dann aber auch durch das nun weitergreifende *ö*: *kölzern, dörnern*; Ueberreste des alten Verhältnisses sind die Formen: *vör, für*; *tör, tür*; *fölen, füllen*; *loch, lücke*; sämmtlich (mit Ausnahme des dritten) in der Bedeutung verschieden und dadurch allein erhalten. In einigen Wörtern schwankt *u* und *i*: *hilfe, hülfe*; *gebirge, geburge*; *wirken, würken*; *giltig, gültig*; *sprichwort, spruchwort*. Etymologisch oder wenigstens sprachhistorisch scheint *gebirge* (ahd. *gibirgi*) richtiger, *hilfe* empfiehlt sich durch das goth. *hilpa*; ahd. heifst es *hilfa, helfa, hulfa*; *würken* entspricht dem goth. *vaurkjan*, ahd. wechseln ebenfalls *wurchan, wirchan*; *giltig* und *sprichwort* heifsen mhd. freilich *geltic, sprichwort*, beide noch selten; daneben existirt aber ein *gülte*, ahd. *gulti* (debitum) und *spruch* (loquela), *spruchlin*, so dafs vom logischen Standpunkt die Schreibung mit *u* vorzuziehen wäre. In Wahrheit beruht jenes Schwanken weder auf einem Widerstreit des etymologischen und logischen Prinzips, noch auf verschiedenen etymologischen Thatsachen, sondern einerseits auf einer (irrigen) etymologischen Analogie, andrerseits auf einem phonetischen Gesetz. Formen wie *helfe, hilfst, hilft*; *wirke, wirkst, wirkt*; *spreche, sprichst, spricht*; *gelte, giltst, gilt*; *berge, birgst, birgt* haben den Glauben erweckt, jene Substantiva stünden in unmittelbarem Zusammenhange mit ihnen; dafs diese Verba im Verlauf ihrer Conjugation auch den *u*-Laut (und diesen viel häufiger und kräftiger) entwickelt haben, ist den Meisten unbekannt; daher die Vertheidigung der *i*-Formen. Nun aber üben die Liquidae, besonders *l, r* cum Cons., eine starke Assimilation auf vorangehende helle Vokale und machen diese zu dunkeln (*u, ü*), vergl. §. 47, 1); dies geschah auch hier, es sprechen daher Alle (selbst die Vertheidiger des *i*, wenn sie sich nicht Zwang anthun) jene Wörter mit *ü* und Viele schreiben sie auch so *).

*) Die Jugend hat ein gewisses natürliches, durchaus gesundes Gefühl, phonetisch zu schreiben, weshalb die unaufhörliche Correctur des *Hülfe* in *Hilfe*, etc. von Seiten mancher Lehrer diesen nicht geringe Mühe macht.

§. 116.
Hochdeutsches á.

1. Das ahd. *á* entspricht dem goth. *é*, als *mál* (tempus, goth. *mél*), *jár* (annus, goth. *jér*), *máno* (luna, goth. *ména*), *ná-mum* (cepimus, goth. *némum*), *mág* (cognatus, goth. *mégs*), *láhhi* (medicus, goth. *lékeis*), *sáhum* (vidimus, goth. *séhvum*), *bláju* (spiro, goth. ?), *nádala* (acus, goth. *népla*), *tát* (facinus, goth. *déds*), *ázum* (edimus, goth. *étum*), *lásum* (legimus, goth. *lésum*), *ábant* (vespera, goth. ?), *sláfu* (dormio, goth. *slépa*), *grávo* (comes), *bráwa* (supercilium, goth. *brahv*, vereinzelter Fall eines andern Verhältnisses). Oft ist *á* aus noch nachweis-barer Zusammenziehung entstanden, wie *Wisard* aus *Wisaraha*, *Fuldá* aus *Fuldaha*, wie es sich denn auch umgekehrt zuwei-len in *aha* wieder auflöst, z. B. *mahal* statt des obigen *mál*; wofern hier nicht etwa wurzelhafte Verschiedenheit vorliegt, wie die etwas veränderte Bedeutung (concio, foedus) wahr-scheinlich macht.

2. Mhd. die obigen Beispiele fast sämmtlich mit gerin-ger Aenderung zu übertragen. Das Gebiet erweitert sich etwas durch häufige Contractionen: *hán* (haben), *tálanc* (tagelanc), *gesán* (gesagen), *getrán* (getragen), *slá* (slage, slahe), etc. Jetzt in Folge von Apokope auch öfters im Auslaut: *blá* (ahd. *bláo*, *blaw*), *grá* (ahd. *gráo*), *klá* (ahd. *chláwa*), etc. Sehr viele *a* er-geben auch die Fremdwörter, als *pfáwe* (pavo), *klár* (clarus), *grál* (catinus, vermuthlich aus dem Keltischen), *plán* (franz. *plaine*), besonders auſserhalb der Wurzel, in zweiter und drit-ter Silbe auslautend, oder vor einfachem Consonant; z. B. *Asiá*, *Meckáá*, *Parzivál*, *Adám*, etc.

3. Nhd. sind hier, wie bei allen übrigen Vokalen, die organischen Längen mit den durch Dehnung entstandenen völ-lig zusammengefallen. Das organische *á* in *málen* klingt durch-aus wie das unorganische in *zálen* (mhd. *zäln*, numeris). Einige mhd. *á* sind in *ó* übergegangen: *óne* (mhd. *áne*), *mónd* (mhd. *máne*), *mónat* (mhd. *mánet*), *wóge* (mhd. *wác*). Die Schrei-bung des nhd. *á* ist *a*, *aa*, *ah*; wobei es keinen Unterschied macht, ob die Länge organisch oder durch Dehnung entstan-den ist. Beisp.

A. *Ohne Längenbezeichnung.*

a) für älteres *a*. *schal*, *schmal*, *gebar*, *dar*, *gar*, *spa-ren*, *war*, etc.

b) für älteres *d. qual, pfal, schale, waren* (fuimus), *kamen, kram, same, span,* etc.

B. *Mit Gemination.*

   a) für älteres *a. faal, aar, baare, waare.*

   b) für älteres *d. aal, haar, staar, faat, aas,* und einige
Fremdwörter (*paar, staat,* etc.)

C. *Mit dem Längezeichen h.*

                 Nur vor Liquiden. Wenn der dem *a*
vorangehende oder folgende Consonant
ein *t* ist, so wird das Dehnungszeichen
diesem, nicht dem *a* zugefügt; vergl.
§. 21, 3.

   a) für älteres *a. fahl, kahl, mahle* (molo), *stahl* (furatus
est), *wahl, zahl, fahre,* etc. — *thal.*

   b) für älteres *d. mahl, mahle* (pingo), *stahl* (chalybs),
stahlen (furati sumus), *strahl, bahre,
gefahr, jahr,* etc. — *that, rath.*

§. 117.

Hochdeutsches ae.

1. Der erst im Mhd. auftretende Umlaut des *d.* Beisp.
saelic (beatus, ahd. *sâlic*), *baere* (tulisti, ahd. *bâri*), *waene*
(puto, ahd. *waniu, wânu*), *kaeme* (venisti, ahd. *quâmi*), *waege*
(utilis, ahd. *wâgi*), *spraeche* (locutus es, ahd. *sprâhhi*), *zaehe*
(tenax, ahd. *zâhi*), *blaeje* (spiro, ahd. *blâju*), *genaedec* (gratió-
sus, ahd. *ganadig, ginadig*), *spaete* (serus, ahd. *spâti*), *aeze*
(edisti, ahd. *âჳi*), *laeze* (legisti, ahd. *lâsi*), *gaebe* (dedisti, ahd.
gâbi), *traefe* (feriisti, ahd. *trâfi*), *graevinne* (comitissa, ahd.
grâvinna), *gemaelde* (pictura, ahd. *gimâlidi*), *gebaerde* (gestus,
ahd. *gibârida*), *braehte* (attulisti, ahd. *brâhti*), etc.

2. Nhd. hören eine Menge dieser Umlaute dadurch auf,
daſs die 2. Pers. Sing. Prät. nunmehr den reinen Wurzellaut
zeigt (*kamst, sprachst, fahest,* etc.). Die noch bestehenden
sind theils die Fortsetzung des mhd. *ae,* theils Dehnung des
früheren *ä.* Was die Bezeichnung des langen Lauts betrifft, gleichviel natürlich, ob derselbe organisch oder unorganisch, so schreibt ihn Grimm im Nhd. ebenfalls nur *ä;* für
gewöhnlich reicht dies auch hin, weil die Bezeichnung der
Quantität hier im Allgemeinen überhaupt unnöthig ist; wo sie
indefs einmal wünschenswerth erscheint, da wäre es doch ge-

rathen, die mhd. Schreibung ae beizubehalten, indem das freilich consequentere *ā* unbequem und häfslich ist. Die gewöhnliche Schreibung wendet auch hier öfters *h* an. Beisp.

A. *ae (meist ebenfalls à, wie die Kürze, geschrieben).*
a) für mhd. *ae. saee (sae), spaet, kaefe,* etc.
b) für mhd. *e. quaele (quale), graeme, naegel, schaedel, staebe.*
c) für mhd. *è. baer (bàr), gebaeren, schaeme, erwaege, kaefer.*

B. *äh; nur vor Liquidis.*
a) für mhd. *ae. nahme, wähne.*
b) für mhd. *e. wählen, zahlen, fährt, nähren, lähmen, zahmen, zahne.*
c) für mhd. *ë. gähren, währen, gewähren*

§. 118.
Hochdeutsches ê.

1. Das a h d. *ê* entspricht dem gothischen *ai*, aber nur im Auslaut oder vor *w, h, r.* Beisp. *sê* (ecce, goth *sai*), *wê* (vae, goth. *vai*), *spê* (spuit, goth. *spaiv*) *sêwes* (maris, goth. *saivis*), *hrêwes* (cadageris, goth. *hraivis*), *snêwes* (nivis, goth. *snaivis*), *hlêwes* (tumuli, goth. *hlaivis*), *êwa* (lex), *wêwo* (dolor), *dêh* (profeci, goth. *þaih*), *êht* (opes, goth. *aihts*), *êr* (aes, goth. *ais*), *êr* (prius, goth. *air*), *gêr* (jaculum, goth. *gairu*), *sêr* (dolor, goth. *sair*), aber auch *mêr* (magis, goth. *mais*), *lêran* (docere, goth. *laisjan*), wo das *r* erst im Ahd. entstanden. Vor andern Lauten als den eben genannten in der Wurzel nur dann, wenn einer von jenen dreien ausgefallen ist, z. B. *sêo* (aus *sêw*, goth. *saivs*, mare), *sêla* (aus *sêola, sêula*, goth. *saivala*, anima); auffallend ist *bêdê* (ambo, goth. *bajôþs*), wie es scheint aus *bêodê.* In der Flexion finden sich allerdings auch andere Laute dahinter, z. B. *blindêm* (goth. *blindaim*, coecis).

2. Mhd. in denselben Grenzen, nur in Folge des apokopirten *w* (*o*) jetzt häufiger im Auslaut. Beisp. *ê* (lex), *klê* (trifolium), *lê* (tumulus), *rê* (funus), *rê* (caprea), *sê* (lacus), *snê* (nix), *wê* (malum); eine andere Apokope ist *mê* (magis). Von der spätern Sprache abweichende Verhältnisse bieten *gedêch* (profeci), *lêch* (mutuo dedi), *rêch* (caprea), *vêch* (varius), *zêch* (accusavi), *gênt* (eunt, ahd. noch meist *gânt*), *stênt* (stant, althochdeutsch meist ebenso), etc. Durch Zusammenziehung

15 *

ergiebt sich in einigen Fällen *é* aus *ë*, namentlich in *geschê* für *geschehe* (eveniat), *swêre* für *swehere* (socero), *êst, dêst* für *ez ist, daz ist*; *dêr* für *da ér*. Man beachte aber, dafs der Umlaut *e* durch den Ausfall einer folgenden Lenis nicht zu *é* wird, da wo sich doch *a* in *á*, *i* in *í* wandeln; dem *badete, báte*; *kidet, kít* entspricht kein *redete, rête* (loquebatur), sondern es heifst *redete, rette* (für *redte*) oder zuweilen *reite*. — In den Handschriften mengen sich einzelne Wörter, welche die Bezeichnung *e, ë, é* gehörig sondert: *bere* (pulso), *bëre* (feram), *bére* (nassa); *ber* (bacca), *ber* (ursus), *bér* (verres); *mer* (mare), *mër* (misceo), *mér* (magis), *her* (exercitus), *hër* (huc), *hér* (clarus). Wie verschieden sind diese Formen, wenn man sie ins Gothische überträgt! Gr. I³, 174.

3. Nhd. wieder völliger Zusammenflufs des organischen *é* mit dem unorganischen, durch Dehnung entstandenen; aufserdem steht nhd. *é* auch häufig für mhd. *ae*. Die Schreibung ist in allen Fällen *e, eh, ee*. Beisp.

A. Ohne Bezeichnung der Länge.

a) für mhd. *e.*   *lege* (pono), *edel* (nobilis), *hebe* (tollo).

b) für mhd. *ë.*   *degen* (gladius), *leder* (corium), *gebe* (dono).

c) für mhd. *ae.*   *schwer* (gravis), *selig* (beatus).

B. Mit dem Langezeichen h.

a) für mhd. *e.*   *dehne* (tendo), *sehne* (desidero), *wehre* (defendo), *zehre* (consumo).

b) für mhd. *ë.*   *hehle* (celo), *kehle* (gula), *mehl* (farina), *stehle* (furor), *nehme* (capio), *entbehre* (careo).

c) für mhd. *ae.*   *fehlen* (errare), *genehm* (acceptus).

d) für mhd. *é.*   *ehe* (conjugium), *weh* (dolor), *ehre* (honor), *mehr* (magis), *kehren* (verrere), *lehren* (docere), *sehr* (vehementer).

C. Mit Gemination.

a) für mhd. *e.*   *beere, heer* (in *herberge, herzog* dauert die alte Kürze noch fort), *meer, beet* (erst seit dem 17. Jahrh. von *bett*, mhd. *bette*, ahd. *betti*, goth. *badi*, getrennt.)

b) für mhd. *é.*   *klee, fee, schnee, seele.*

c) für mhd. *ae.*   *leer, scheere*; für das letztere wird bereits zuweilen *schere* geschrieben.

§. 119.
Hochdeutsches i.

1. **Ahd.** *i* entspricht dem goth. *ei.* Beisp. *dri* (tres,
goth. *þreis*), *huila* (tempus, goth. *hveila*), *win* (vinum, goth.
vein), *stigu* (scando, goth. *steiga*), *rihhi* (dives, goth. *reiks*),
lih (corpus, goth. *leik*), *snidu* (seco, goth. *sneiþa*), *bitu* (ex-
specto, goth. *beida*), *biʒu* (mordeo, goth. *beita*), *isarn* (ferrum,
goth. *eisarn*), *tribu* (pello, goth. *dreiba*), *grifu* (rapio, goth.
greipa), *ʒuival* (dubium, goth. *tveifls*). Auch dieser Vokal ist
indefs, wie *â*, häufig durch Contraction entstanden, namentlich des *ij*, z. B. *fria* (libera, goth. *frija*), *frie* (liberi, goth.
frijai), *friunt* (amicus, goth. *frijônds*), *fiant* (hostis, goth.
fijands), *biht* (confessio, aus *bigiht*, von *jehan*, dicere), *fila*
(lima, aus *fihila*), *bil* (securis, aus *bihal*, *bihil*, *bigil*). Eine
Verlängerung des kurzen Lautes fand statt in *bi*, apud, goth.
bi, während die untrennbare Partikel ebenfalls kurz bleibt.
Zuweilen in Fremdwörtern, gleichviel ob diese im Original
langen oder kurzen Vokal zeigen; z. B. *pina* (poena), *phil*
(pilum), *pfifa* (pipa), *mila* (ital. *miglia*), *fira* (feria), *lira* (lyra),
spisa (ital. *spesa*); unsicher ist der Flufsname *Rin*, lat. *Rhê-
nus*, griech. *'Ρῆνος*; dessen Ursprung weder in *rinnan* (fluere),
noch *hrinan* (tangere), sondern im Keltischen liegt, von woher Römer und Deutsche den Vokal ihrem Idiom anpafsten
(goth. vermuthlich *reins*).

2. **Mittelhochdeutsch** ziemlich von demselben Umfang. Beisp. *wi*, *wihe* (milvus), *zwi* (ramus), *bie* (apis),
hie, *hiwe* (domesticus, civis), *krie* (clamor), *snie* (ningo), *bil*
(ictus, tempus quo fera in ictu est); *giler*, *gilaere* (mendicus), *gir* (vultur), *vire* (feriae), *swin* (sus), *lim* (gluten), *schime*
(splendor), *vige* (ficus), *wic*, *-ges* (bellum), *wich* (sacer), *wich*
(vicus), *mide* (vito), *bite* (mora), *wiʒ* (albus), *wiʒe* (im-
puto), *vliʒe* (studeo), *is* (glacies), *gisel* (obses), *ribe* (tero),
kip, *-pes* (rixa), *ilte* (festinavi), *hinte* (hac nocte), etc. Manche
mhd. *i* entwickeln sich aus Zusammenziehung, nach unter-
drücktem *g, d, b*, z. B. *lit* (liget), *kit* (quidet), *git* (gibet).
Umgekehrt tritt in Zusammensetzungen mit *-lich* und *-rich*
Verkürzung des *i* dieser Grundwörter ein, z. B. *wueterich*,
Heimrich (später mit homogener Assimilation *Heinrich*).

3. **Neuhochdeutsch** giebt es keine organischen *i*

mehr, sie sind (seit dem 14.—15. Jahrh.) alle zu *ei* geworden; vgl. §. 123, 3, b). Die unorganischen *i*, meist *ie* geschrieben, entstehen:

    a) aus früherem *i*, durch Dehnung. *mir, dir, wir;* hier mit einfachem *i* geschrieben *ir, in, im;* hier mit dem Längezeichen *h* geschrieben *spil* (ludus), *gir* (cupiditas), *fride* (pax); hier mit *ie* geschrieben.

    b) aus früherem *ie*, durch (lautliche) Contraction, obschon die Schreibung dieselbe blieb. *dine* (servio), *zir* (ornatus), *bir* (cerevisia), *lid* (carmen), *gise* (fundo), etc.

§. 120.

Hochdeutsches ô.

    1. Das ahd. ô verhält sich im Wesentlichen zu goth. *au*, wie ahd. *ê* zu goth. *ai*, entspringt also aus Verengung des *ou*, gerade wie *ê* aus *ei*, nur dafs *ô* noch etwas weiteren Umfang hat als *ê*. Es steht nicht allein vor *h, r*, sondern auch vor *l, n* und den übrigen Dentalen; dagegen vor den Gutturalen und Labialen, selbst *w* nicht ausgenommen, behauptet sich *ou*; im Auslaut finden sich beide Fälle, doch scheint sich hier alsdann *ô* gekürzt zu haben. Beisp. *ahtô* (oder *ahto*, octo, goth. *ahtau*), *eddô* (oder *eddo*, sive, goth.. *aippau*), *hôh* (altus, goth. *hauhs*), *flôh* (fugi, goth. *þlauh*), *zôh* (duxi, goth. *tauh*), *lôhazan* (micare, goth. *lauhatjan*); *fôh, fôher* (paucus, goth. *faus*, statt *fauhs?*), *rôr* (arundo, goth. *raus*), *ôra* (auris, goth. *ausô*), *hôran* (audire, goth. *hausjan*), *lôn* (praemium, goth. *laun*), *scôn* (pulcher, goth. *skauns*), *hôni* (humilis, goth. *hauns*), *tôd* (mors, goth. *dauþs*), *ôdi* (desertus, goth. *auþs*), *rôt* (ruber, goth. *rauds*), etc. Diejenigen Denkmäler, welche einen noch mehr alterthümlichen, dem Gothischen näheren Vokalismus zeigen, und namentlich die Laute *au, ô* festhalten, setzen statt des hier besprochenen *ô* ein *ao*, also *haoh* (altus), *scaoni* (pulcer), etc. In den Flexionen entspricht das ahd. *ô* durchgehends dem gothischen, selbst in den Denkmälern, welche sonst dafür *uo* setzen, z. B. im Comparativ, in den schwachen Präteriten auf *ôta*, etc.

    2. Mhd. Beispiele: *dô* (tum), *drô* (minae), *hô* (alte), *lô* (lucus), *rô* (crudus), *sô* (sic), *strô* (stramen), *vlô* (pulex), *vrô* (laetus), *môr* (aethiops), *lôch* (lucus), *vlôch* (pulex), *lôhe* (flamma), *tôde* (morte), *bôt* (obtuli), *blôʒ* (nudus), *kôse* (adulor), *hônte* (humiliavi), *stôrte* (turbavi), *trôst* (solatium), etc.

Auch in vielen Fremdwörtern: *kôr* (chorus), *krône* (corona), *Platô, Didô,* etc. Den Unterschied zwischen *o* und *ô* heben folgende Wörter hervor: *tor* (porta), *tôr* (stultus); *loch* (foramen), *lôch* (lucus); *ode* (aut), *ôde* (insipide); *tote* (patrinus), *tôte* (mortuus); *losen* (auscultare), *lôsen* (liberum); *rost* (aerugo), *rôst* (craticula); *koste* (gusto), *kôste* (blanditus sum).

3. Neuhochdeutsch von bedeutend weiterem Umfang, da nun alle Dehnungen des *o* hier einmünden, also *hôl, tôr, sôn, bôgen,* etc.; die Schreibung ist *o, oo, oh.* Unorganisch für *â* steht es in *argwôn* (von *wân*), *ône* (mhd. *âne*), *môn* (mhd. *mâge*), vielleicht auch *mônd* (mhd. *mâne*).

§. 121.
Hochdeutsches oe.

1. Der erst im Mittelhochdeutschen auftretende Umlaut des *ô.* Beisp. *vroelich* (laetus, ahd. *frôlih*), *hoere* (audio, ahd. *hôriu, hôru*), *gehoerde* (auditus, ahd. *gahôrida*), *hoene* (humilis, ahd. *hôni*), *loene* (mercedes, ahd. *lôni*), *schoene* (pulcer, ahd. *scôni*), *roemisch* (romanus, ahd. *rômisc*), *hoehe* (altitudo, ahd. *hôhi*), *bloede* (debilis, ahd. *blôdi*), *broede* (fragilis, ahd. *brôdi*), *snoede* (vilis, ahd. *snôdi*), *noete* (necessitatis, ahd. *nôti*), *roete* (rubor, ahd. *rôti*), *toete* (occido, ahd. *tôtiu, tôtu*), *bloeze* (nudo, ahd. *blôziu, blôzu*), *groeze* (magnitudo, ahd. *grôzi*), *loese* (solvo, ahd. *lôsiu, lôsu*), *boese* (malus, ahd. *bôsi*), *troeste* (solor, ahd. *trôstiu, trôstu*), etc. Mangel des Umlauts in Wörtern wie *nôtec, nôtic* erklärt sich aus dem organischen ahd. *nôtac.*

2. Neuhochdeutsch setzen wir auch hier, entsprechend dem *ae,* das mhd. Zeichen *oe,* wo es sich um bestimmte Hervorhebung der Länge handelt. Das nhd. *oe* ist von größerem Gebiet als das mhd. in Folge der Dehnungen des *ô,* z. B. *loeblich* (mundartlich auch *loblich*); dazu einige unorganische Uebergänge, als *koenig* (mhd. *kunic*), *troedel* (vgl. Stald. I, 306); in *poebel* (mhd. *pofel*) scheint *oe* nicht durch Umlaut, sondern durch Einwirkung des franz. *peuple* entstanden.

§. 122.
Hochdeutsches û.

1. Das althochdeutsche *û* entspricht nach Grimm ganz wie *u* dem gothischen kurzen *u,* während Bopp und die Altenburger das dem ahd. *û* entsprechende goth. *u* ebenfalls für lang halten. Beisp. *fûl* (putris, goth. *fuls*), *scûr* (procella,

goth. *skurs*), *rûm* (spatium, goth. *rums*), *rûna* (mysterium, goth. *runa*), *tûba* (columba, goth. *dubô*), *brûhhan* (uti, goth. *brukan*), *brût* (sponsa, goth. *bruþs*), *hlûtar* (purus, goth. *hlutrs*), *ûʒ* (foras, goth. *ut*), *hûs* (domus, goth. *hus*), *dûsunt* (mille, goth. *pusundi*), *dûhta* (visus sum, goth. *dauhta*, f. *duhta*. — In *sûfu* (bibo), *lûhhu* (claudo), *sûgo* (sugo), würde die grammatische Analogie ein goth. *iu* erwarten lassen, es lautet jedoch das einzige hiervon im góthischen belegbare Verbum ebenfalls (ganz vereinzelt) *lukan*, nicht *liukan*. In *sûl* (columna) vertritt *û* ausnahmsweise goth. *au* (sauls).

2. Mhd. Beispiele: *bû* (cultura), *dû* (tu), *nû* (jam), *rû* (hirsutus), *sû* (sus), *mûl* (rostrum), *sûl* (columna), *vûl* (putris), *mûr* (murus), *schûr* (procella), *sûr* (acidus), *trûre* (moereo), *lûne* (indoles), *zûn* (sepes), *kûme* (aegre), *rûm* (spatium), *schûm* (spuma), *brûn* (fuscus), *brûche* (utor), *bûch* (venter), *rûch* (hirsutus), *rûhes* (hirsuti), *stûde* (frutex), *brût* (sponsa), *hût* (cutis), *krût* (herba), *trût* (amicus), *grûʒ* (arena), *lûʒe* (lateo), *mûʒe* (muto pennas), *grûs* (horror), *hûs* (domus), *sûs* (stridor), *klûbe* (vello), *trûbe* (uva), *hûfe* (acervus), *ûf* (supra), *mûrte* (murum construxi), *lûsche* (delitesco), *vûst* (pugnus), etc.

3. Neuhochdeutsch giebt es keine organischen *û* mehr, mit Ausnahme von *dû* und *nûn*, von denen indefs das erstere bei schneller Rede, das andere landschaftlich verkürzt zu werden pflegt; alle übrigen sind zu *au* geworden. Die vorhandenen (unorganischen) *û* sind entstanden:

  a) aus früherem *u*, durch Dehnung, z. B. *flûge* (volatu), *zûge* (tractu), *jûgend, tûgend*, etc.

  b) aus früherem *uo*, durch Contraction, welche hier (abweichend vom *ie*) auch durch die Schrift anerkannt wird, z. B. *bûche* (fagus, mhd. *buoche*), *trûgen* (portavimus, mhd. *truogen*), *blût* (mhd. *bluot*), zuweilen mit dem Längezeichen *h*, als *muth* (mhd. *muot*), *huhn* (mhd. *huon*), etc.

  c) aus andern Lauten nur vereinzelt: *spûr* (mhd. *spor*).

Anm. Schon im Althochdeutschen, jedoch erst seit dem 10. Jahrh. erzeugt das *û* einen Umlaut *iu*, über dessen Aussprache man nichts Näheres weifs, die aber ursprünglich vielleicht nicht ganz dieselbe gewesen sein dürfte, als die des später zu erwähnenden organischen *iu*, der Fortsetzung des goth. *iu*. Notker führt zuerst jenen Umlaut ein, *brût, briute; fûst, fiuste; hûs, hiuser; chrût, chriuter;* für die älteren *brûti, fûsti, hûsir*, wie er selbst denn noch manchmal *hûser, chrûter* schreibt. — Mittelhochdeutsch heifst es dann ausschliefslich: *briute, viuste, hiuser, siule*,

hiute, liute, miuse, etc. — Neuhochdeutsch, wo das *û* zu *au* geworden,
wird dessen Umlaut durch *äu* (phonetisch = *eu*) gegeben: *bräute, fäuste,
häuser, fäulen, häute, läufe, mäuse*, etc.; der Umlaut des wirklichen (freilich unorganischen) *û* dagegen durch *ue* (gewönlich auch nur *ü*, wie die
Kürze, geschrieben), als: *huener, gruebele, fuere, schuefe, klueger*, etc

§. 123.
Hochdeutsches ei.

1. Das ahd. *ei* entspricht dem goth. *ai*, mit Ausnahme
vor *w, h, r,* wo es sich zu *ê* verengt. Beisp. *meil* (macula,
goth. *mails*), *hrein* (purus, goth. *hrains*), *heim* (domicilium,
goth. *haims*), *eigan* (proprius, goth. *aigan*), *zeihhan* (signum,
goth. *taikns*), *eidi* (nutrix, goth. *aiþei*), *breit* (latus, goth.
braids), *heizu* (voco, goth. *haita*), *leisa* (vestigium, goth. *laists*),
hleib (panis, goth. *hlaibs, hlaifs*), *greif* (rapui, goth. *graip*).
Auslautender *ei* giebt es wenige und die Etymologie aller ist
unsicher. *ei* (ovum); gen. *eies, eiges*; Plur. *eigir*; ags. *äg*,
altn. *egg*, deutet auf goth. *agi, agjis*, oder da dem altn. *tvegga*
(duorum), *veggr* (vallum), goth. *tvaddjê, vaddjus* entsprechen,
so wäre auch hier *addi, addjis* möglich, welches dem sanskr.
ánḍa näher liegt. *z u e i* (duo) scheint eine Entartung aus
zuiu, wie die adjectivische Flexion verlangt; auch statt des
Demonstrativums *diu* findet sich, phonetisch befremdlicher, *dei*;
so wie umgekehrt in der Conjugation statt der Präterita *scrê,
screi* (clamavi, von *scrian*), *spê, spei* (spui, von *spiwan*) zuweilen
scriu, spiu. — Mehrere, besonders alemannische und bairi-
sche, Denkmäler setzen statt *ei* noch das ältere *ai*; aus welchem jenes durch Assimilation entstanden zu sein scheint.

2. **Mittelhochdeutsch** gilt ausschliefslich *ei*. Beisp.
schrei (clamavi, neben *schrê*), *meier* (colonus), *geil* (laetus), *gein*
(oscitavi), *grein* (gannivi), *schein* (splendui), *seine* (segnis),
swein (evanui), *swein* (juvenis, goth. *svêns*), *seim* (succus),
sweim (motitatio, volatus), *veim* (spuma), *heige, heie* (custos),
leige, leie (varii modi); *leige, leie* (laicus), *meige, meie* (ma-
jus), *reiger* (ardea), *kreic* (obtinui), *neic* (inclinavi), *seic* (lapsus
sum), *steic* (scandi), *leich* (ludus), *geleich* (placui), *sleich* (repsi),
weich (cessi), *vreideo* (profugus), *meiden* (equus castratus), *beit*
(exspectavi), *heit* (status, persona), *reit* (equitavi), *ameize* (formica), *beiz* (momordi), *heiz* (calidus), *geisel* (flagellum), *heiser*
(raucus), *vleisch* (caro), *weibel* (apparitor), *reip* (fricui), *schreib*
(scripsi), *greif* (arripui), *seife* (sapo), *geist* (spiritus), etc. Sehr

häufig durch Vocalisirung des *g* entstehend, als *gegen, gein*;
maget, meit; *getregede, getreide*; *tagedinc, teidinc*; *klagete,
kleite*; *legete, leite*; *gesaget, geseit*; etc.

3. Neuhochdeutsch *ei* hat einen doppelten Ursprung:
   a) aus dem früheren *ei*. Beispiele siehe oben. In ei-
   'nigen Fällen hat sich hier die Schreibart *ai* wieder ein-
   geschlichen; meist, weil man gleichklingende aber logisch verschiedene Wörter wenigstens für das Auge trennen wollte (§. 22, 4. *d*); aufserdem nur noch in *Hain,
   Main, Laie, Kaifer, Baier; Getraide* wird jetzt wohl mehr
   mit *ei* geschrieben. — Dagegen sind die *ei* der Präterita hunmehr in *i* (bei geschärfter Silbe in *i*) übergegangen; vergl. die Beispiele beim Mittelhochdeutschen.
   b) aus dem früheren *í*. Beispiele siehe in §. 119, 2
   bei alt- und mittelhochdeutsch. Es · heifst also jetzt
   nur *bei* (ahd. mhd. *bi*), *eile* (mhd. *ile*), *keime* (mhd.
   kíme), etc. Diese Umwandelung ist um so merkwürdiger, ˙als man darin˙ keineswegs etwa niederdeutschen Einfluſs sehen darf; das Neuhochdeutsche theilt diese Erscheinung nur noch mit dem Englischen, wo man zwar
   i schreibt, aber ebenfalls *ei* spricht (während umgekehrt
   Ulfilas zwar *ei* schrieb, aber damit sicherlich blos den
   Laut *í* ausdrücken wollte). Desbalb möchten wir indefs doch nicht mit Rapp (D. M. II, 106) eine Einwirkung des Englischen annehmen; vielmehr läfst sich
   eine Verbreiterung des *í* zu *ei* auch sehr wohl aus phonetischen Gründen begreifen, welche hier so gut wie
   dort wirksam gewesen sind. Mundartlich gilt übrigens
   der Laut *í* noch heute.

§. 124.
Hochdeutsches ou, au.

1. Das ahd. *ou* entspricht dem goth. *au*, so weit es
nicht durch die hier sehr häufige Verengung in *ó* beschränkt
ist, also blos vor Gutturalen (mit Ausschlufs von *h*), Labialen und im Auslaut. Beisp. *chou* (manducavi, von *chiuwan*),
blou (verberavi, von *bliuwan*), *brou* (coxi, von *briuwan*), *hrou*
(poenitui, von *hriuwan*), *tou* (ros), *boum* (arbor, goth. *bagms*),
soum (onus), *troum* (somnium), *gouma* (convivium), *ougá* (oculus, goth. *augó*), *tougan* (mysterium), *toug* ⟨valet⟩, *boug* (an-

nulus), *ouh* (etiam, goth. *auk*), *gouh* (stultus), *rouh* (fumus), *louh* (allium), *soubar* (fascinum), *houbit* (caput, goth. *haubiþ*), *gilouba* (fides, vgl. goth. *galaubjan*), *stoub* (pulvis, goth. *stubjus*, eine vereinzelte Abweichung), *chouf* (emtio, vgl. goth. *kaupôn*), *louf* (cursus), *touf* (baptismus, vgl. goth. *daupjan*), *slouf* (repsi, goth. *slaup*). Aeltere Denkmäler, besonders die, welche *ei* durch *ai* geben, haben auch statt *ou* noch *au*.

2. Mittelhochdeutsch gilt ausschliefslich *ou*. Beispiele aufser den obigen, welche fast sämmtlich, mit geringen Aenderungen, auch hier noch anwendbar sind: *goume* (cura), *gougel* (jocus), *lougen* (negatio), *houc, houges* (collis), *bouchen* (signum), *gouch* (cuculus); *vrou, vrouwe* (femina), *bouwe* (aedifico), *houwe* (caedo), etc. Die Verbindung *ouw* wechselt hier öfters mit *iuw* und *úw*, als *bouwe, búwe, biuwe*, etc. Wo das auslautende *ch* auf inlautendem *h* beruht, da steht nicht *ou*, sondern *ô*, also *vlôch* (fugi), *zôch* (traxi), *hôch* (altus), inlautend *vliuhen, ziuhen, hôhen*; also verschieden von *louch, rouch, gouch*. Eine kleine Einbufse erleidet das mhd. *ou* auch durch den Umlaut *öu*.

3. Neuhochdeutsch wird dieser Laut wieder *au* geschrieben, hat aber einen vierfachen Ursprung:

a) aus dem früheren *ou* (*au*). Beisp. *auge, tau, frau, aue, hauen, schauen, bauen, trauen, laub, glaube, kaufen, auch, ·rauch*, etc. Im Niederd. hier überall *ô*.

b) aus dem früheren *ú*. Beisp. *bau, sau, faul, zaun, bauer, raum, kaum, brauche*, etc. Im Niederd. hier überall *û*.

c) aus früherem *âw*, (mhd. auslautend *â*). Beisp. *blau, grau, lau, pfau, klaue, braue*; mhd. *blâ*, Gen. *blâwes*; ahd. *blâwo, blâwer*; etc. Nicht vor Consonanten; aufser in *beraumen* (mhd. *berâmen*), wo indefs wohl nur eine irrige Ableitung (von *raum* statt *râme*) eingewirkt haben dürfte.

d) aus früherem *iu*. Nur in *brauen, kauen, krauen*.

Das nhd. *au* kann demnach, im Gegensatz zu der früheren Sprache, vor allen Consonanten stehen; nur den Anschlufs an *r* scheint es zu vermeiden und schiebt hier ein *e* ein. Beispiele: *sauer, bauer, lauer, mauer* (mhd. *súr, búr, lúr, múr*). Die mündliche Rede kennt indefs diese Abneigung nicht; das Volk spricht *faur, baur, laur(e), maur(e)*,

in den beiden letzten Beispielen mit epithetischem *e*, weil das
Bedürfnifs der weiblichen Endung gefühlt wurde.

§ 125.
Hochdeutsches öu, eu.

1. Der dem **Althochdeutschen** gänzlich fehlende
und selbst im **Mittelhochdeutschen** noch nicht völlig
durchgedrungene Umlaut des *ou* wird bis ins 14. Jahrh. in
der Regel mit *öu*, schwankend auch mit *eu, oi, oi* bezeichnet; bis dann später *eu* (*au*) die alleinige Schreibart wird.
Beisp. aus dem Mhd. *dröuwen, dröun* (minari, ahd. *drawian,
drewian, drewan*), *drouwe, dröu* (minae, ahd. *drawa,* aus *dra-
wia;* oder existirte *drawi?*), *ströuwen, ströun* (sternere, ahd.
strawian, strewian, strewan), *ströuwe, ströu* (stratum, ahd.
strewi); *göuwe, göu* (pagus, ahd. *gawi, gewi*), *höuwe, höu*
(foenum, ahd. *hawi, hewi*), *döuwen* (digerere, ahd. *dawian,
dauian*), *öuwe* (Gen. von *ou,* ovis, ahd. *awi*); *töuwen, töun*
(mori, ahd. *töwian, töwen*); *vröuwen, vröun* (gaudere, ahd. *frawian, frowian, frewian*), *vröude* (gaudium, ahd. *frawida, fro-
wida, frewida*), *zoun* (instruere, ahd. *zawian,* etc. goth. *tawjan*),
öugen (ostendere, ahd. *ougian,* goth. *augjan*), *louber* (folia)
ahd. *loubir*), *loubin* (foliaceus, ahd. *loubin*), etc. Man sieht,
die meisten Fälle liefert die Verbindung *öuwe* (entsprechend
dem goth. *awi,* ahd. *awi, ewi, owi*) und deren Verstümmelung *öu.* — Sehr oft indefs unterbleibt dieser Umlaut, wo
seine Bedingung unzweifelhaft vorhanden ist, z. B. *houbet* (ahd.
houbit, goth *haubiþ*); *erlouben, gelouben* (ahd. *arlaubian, ga-
laubian,* etc. goth. *uslaubjan, galaubjan*); u. a. m.

2. **Neuhochdeutsch** wird dieser Laut theils *äu*, theils
eu geschrieben, je nachdem man seine Herkunft von *au* mehr
oder weniger fühlt; übrigens begleitet er ohne Unterschied
beide (wenn man will sogar alle vier) Arten des nhd. *au*; sowohl
das aus mhd. *ou,* als auch das aus mhd. *û* (*û, iu*) entstandene; steht demnach nur im ersteren Falle für mhd. *öu,* im
letzteren meist für mhd. *iu.* Aufserdem vertritt er aber auch
noch, gemeinschaftlich mit *ie,* das organische (nicht auf Umlaut beruhende) *iu* der früheren Sprache. Beispiele:

A. **Mhd. ou entsprechend.**

   a) Schreibung *äu. drauen, träume.*

   b) Schreibung *eu. freuen, streuen, vergeuden.*

B. *Mhd. iu entsprechend.*

   a) dem Umlaut von *ú* (nhd. *au*). Hier nur die Schreibung *äu* üblich, weil die Stammform immer dicht daneben liegt: *häute, bräute, häufer, mäufe, fauste, bäurisch*, etc.

   b) dem organischen, schon im Gothischen vorhandenen. Hier nur die Schreibung *eu*: *beule, heule, keule, scheuer, feuer, beuge, heute, neu, neun, teuer, euch, keusch*, etc.

§. 126.

Hochdeutsches uo.

1. Das ahd. *uo* (phonetisch $= u^o$) entspricht dem gothischen *ó*. Beisp. *zuo* (ad), *stuol* (sella, goth. *stóls*), *fuoran* (ducere, vgl. goth. *fórjan*), *tuón* (facere), *bluomo* (flos, goth. *blóma*), *truogum* (portavimus, goth. *drógum*), *suochu* (quaero, goth. *sókja*), *scuoh* (calceus, goth. *skóhs*), *muot* (animus, goth. *móds*), *fuoʒ* (pes, goth. *fótus*), *hruofan* (clamare, goth. *hrópan*), etc. Aeltere Handschriften, die welche *ao* statt *ó* schreiben, setzen statt *uo* ein *ó*; jüngere haben *ua*, so vor allen Otfried. Diejenigen Denkmäler, welche noch *ai*, *au* (statt *ei*, *ou*) schreiben, setzen hier *oa*.

2 Im Mittelhochdeutschen die Schreibung *uo* allein üblich. Die obigen Beispiele sind mit geringen Aenderungen der Flexion auch für diese Periode gültig; hier noch einige andere: *ruowe, ruo* (quies, ahd *ruowa, róa, ráwa*), *buole* (amator, ahd. nicht nachweisbar), *buobe* (puer, ahd. *buobo*, höchst selten), *wuól* (clades, ahd. *wól, wuol*, häufiger *wál*), *schuole* (schola, ahd. *scuola, scuala*; selten); ˙die Adverbia *kuole, gruone, kuone, muode, suoʒe, truobe* (ahd. *chuolo*, etc.); die starken Präterita *muol, swuor, sluoc, truoc, wuohs, huot, huop, schuof*, etc.

3. Neuhochdeutsch sind alle *uo* in *ú* übergegangen, also *ruhe, buhle, schule, schlug, trug, hub, schuf*, etc.

§. 127.

Hochdeutsches üe, ue.

1. Der Umlaut des *uo* wird mittelhochdeutsch durch *ue* bezeichnet, welches phonetisch $= u^e$ zu nehmen ist. Beisp. *bluejen, blüen* (florere, ahd. *bluojan, bluohan*); *bruejen, bruen*

(aq. ferv. adurere; ahd. nicht belegbar, denn *briuwan*, mhd. *briuwen*, nhd. *brauen* ist zwar wurzelhaft verwandt, aber nicht dasselbe Wort); *gliejen*, *glien* (fervere, ahd. *gluojan*); *gruejen*, *gruen* (virere, ahd. *grôjan*, *grôên*); *lüejen*, *lüen* (rugire, ahd. *hlôjan*, *hlôôn*); *müejen*, *müen* (vexare, ahd. *muojan*); *küeje* (vaccae, ahd. *chuoi*, *choi*); *stüele* (sellae, ahd. *stuola*, *stuoli*); *güete* (bonitas, ahd. *guoti*), *gemuete* (animus, ahd. *gimuoti*), *wüete* (insanio, ahd. *wuotiu*, *wuotu*), *grueze* (saluto, ahd. *gruoziu*, *gruozu*), *stüende* (stetisti, ahd. *stuondi*), *wüeste* (vastus, ahd. *wuosti*); die Adjectiva *küele*, *grüene*, *küene*, *muede*, *süeze*, *trüebe* (ahd. *chuoli*, *gruoni*, etc.); die Conjunctive *müele*, *swüere*, *slüege*, *truege*, *wüehse*, *lüede*, *hüebe*, *schüefe*; (ahd. *muoli*, *swuori*, *sluogi*, etc.).

2. Neuhochdeutsch ist dieser Umlaut zu langem *ü* geworden und dadurch mit der unorganischen Dehnung des kurzen *ü* zusammengeflossen, so daſs sich also der Laut *übel* von dem in *trübe* nicht mehr unterscheidet. Die Bezeichnung geschieht meist wie beim kurzen. Laute durch *ü*, oder mit Hilfe des *h* (*kühl*, *blüthe*); für grammatische Schriften erscheint es passender, da wo es sich um ausdrückliche Angabe der Quantität handelt, wie das lange *a*, *ö* durch *ae*, *oe*; so auch hier den langen Laut durch *ue* zu geben. Beisp.

a) Aus mhd. *ie*: *bluehen*, *gruen*, *muede*, *truege*, etc.

b) Aus mhd. *ü*: *muele*, *tuere*, *zuegel*, *ruede*, *uebel*, etc.

§. 128.
Hochdeutsches iu.

1. Das althochdeutsche *iu* hat einen dreifachen Ursprung. Es ist

a) die unmittelbare Weiterführung des goth. *iu*, z. B. *diutisc* (popularis, goth. *þiudisks*), *niuwi* (novus, goth. *niujis*), *hliumunt* (fama, vgl. goth. *hliuma*, ἀχοή), *gasiuni* (visio, goth. *siuns*), dazu die zahlreichen Fälle aus Grimm's IX. Conjugation, als *ziuhu* (traho, goth. *tiuha*), *biugu* (flecto, goth. *biuga*), *biutu* (offero, goth. *biuda*), *giuzu* (fundo, goth. *giuta*), etc.

b) häufig durch Contraction entstanden, als *iu*, *iuh* (vobis, vos, goth. *izvis*), *hiu* (cecidi, von *hauwan*, *hauan*, alto. *hôgga*, aus *hoggva*), *hiutu* (hodie, aus *hiu tagu*), *hiuru* (hoc anno, aus *hiu jaru*), *friunt* (amicus, goth. *frijônds*).

c) der Umlaut des *û*; jedoch erst am Ende der althochdeutschen Periode, bei Notker, und noch sehr schwankend.

Neben den abgestumpften, eigentlich schon mittelhochdeutschen Formen: *briute* (sponsae), *fiuste* (pugni), *hiuser* (domus), *chriuter* (herbae), etc. finden sich auch die eigentlich ahd. *brûti, fûsti, hûsir, chrûtir.*

Die Aussprache des ahd. *iu* mufs ähnlich wie die gothische gewesen sein, nämlich die eines uneigentlichen Diphthongen, = *iu*, da nur so die bald zu erwähnende Brechung in *io* (*ia*) erklärlich wird.

2. Mittelhochdeutsch häufen sich die Beispiele des *iu* bedeutend; einmal durch das Hinzukommen mehrerer neuer Bildungen, sodann aber ganz besonders durch den nunmehr feststehenden Umlaut des *û.* Ob die verschiedenen Arten des *iu* ursprünglich dieselbe Aussprache gehabt, läfst sich weder behaupten, noch bestreiten; sie reimen wenigstens unbedenklich auf einander (Gr. I², 353, 365, 5) *liute* und *briute, tiure* und *gemiure*, und es ist daher kein Grund sie von einander zu trennen. Was nun diese Aussprache selbst betrifft, so kann sie von der unsers heutigen langen *ü* schwerlich weit entfernt gewesen sein, wie auch W. Grimm und Lachmann zugeben, wofür ferner die Schreibung mancher Handschriften (*ü*) und endlich die Weise der heutigen Schweizer zeugt, welche *fûr* (ignis), *ûch* (vobis, vos), *hûser*, etc. sprechen *). — Beisp. *biule* (tuber; vgl. D. W. I, 1745), *hiule* (ululo, ahd. nicht belegbar, vielleicht *hiuwelôn*; vgl. *hiuwila, uwila, ewla*, noctua), *kiule* (clava, ahd. nicht belegbar), *griule* (horror, ahd. nicht belegbar), *hiure* (hoc anno, ahd. *hiuru*), *schiure* (horreum, ahd. *sciura*), *tiure* (carus, ahd. *tiuri*), *siuche* (morbus, ahd. *siuchi*), *riuse* (nassa, ahd. *riusa*), etc.; dazu die Umlautsformen *briute, viuste, hiuser, kriuter, sliuche, striuche, liuse, miuse*, etc.

---

*) R. Bechstein (Die Aussprache des Mittelhochdeutschen. Halle, 1858) setzt das mhd. *iu* = *iu*, wie auch wirklich in einigen Handschriften geschrieben ist. Wir finden einen derartigen Laut wenigstens als Uebergangsstufe zwischen dem organischen ahd. *iu* und dem späteren langen *ü* ganz glaublich, ja nöthig, und das mhd. *eu* (welches phonetisch wirklich mehr *eü* ist) liefse sich dann vielleicht durch Brechung desselben erklären, während die oberdeutsche Mundart den ersten Factor tilgte. Für den Umlaut des *û* vermögen wir indefs den Laut *iü* nicht zu begreifen; hier erheischt die Assimilation ein unmittelbares langes *ü*; wo käme der Vorschlag eines *i* her? Wie läfst es sich denken, dafs man *hûs, hiuser; mûs, miuse* etc. gesprochen? — Ob für das organische *iu* in der eigentlichen mittelhochdeutschen Blüthezeit noch der Zwischenlaut *iü* oder schon langes *ü* gegolten, wird schwer zu entscheiden sein; die Uebereinstimmung der Reime zwischen ihm und dem Umlaut deutet denn doch eher auf letzteres; so dafs man diesen, überdies bequemeren, Laut für das praktische Lesen unbedenklich anwenden darf.

3. Neuhochdeutsch ist dieser Laut für gewöhnlich zu *eu* (*äu*), in den Verbalformen aber zu *i*, geschr. *ie* geworden, wie denn schon im Mittelhochdeutschen hier *iu* und *ie* schwankten; vgl. §. 129. Auch nhd. hiefs es noch lange *geust*, *fleust*, *beut*; neben *gise* (geschr. *giesze*), *bite* (geschr. *biete*), etc. bis endlich die nach Gleichförmigkeit strebende Sprache hier allgemein *ie* einführte. Abweichend gebildet sind *liegen*, *truegen*, *erbeuten*; ahd. *liugan*, *triugan*, *biutan*, also auch nhd. *liegen*, *triegen*, *erbieten* forderud; aber des Doppelsinns mit *liegen* (jacere), *bieten* (offerre) wegen vermieden; und zwar in der Weise, dafs man das erstere als Umlaut von *ú* behandelte, das letztere der Analogie der nicht verbalen *iu* folgen liefs.

§. 129.
Hochdeutsches io, ie.

1. *io* (phonetisch = *i⁰*) ist im Althochdeutschen die Brechung des *iu*, unter dem Einflufs eines *a* der folgenden Silbe, also zu demselben ganz in dem nämlichen Verhältnifs, wie *o* zu *u*, *ë* zu *i*, wenn auch nicht so regelmäfsig eintretend wie diese, weil die Brechung *io* später erfolgte, als die Sprache nicht mehr die volle Assimilationskraft besafs und mithin manche, besonders feststehende, Formen mit *iu* nicht mehr zu bewältigen vermochte. Beisp. *giozan* (fundere, goth. *giutan*), *ziohan* (trahere, goth. *tiuhan*); meist mit versteckter Brechung: *lioht* (lux; goth. *liuhap*, Them. *LIUHAPA*), *tiof* (profundus; goth. *diups*, Them. *DIUPA*), *liob* (gratus; goth. *liubs*, Them. *LIUBA*), *sioh* (aegrotus; goth. *siuks*, Them. *SIUKA*), *tior* (bestia; goth. *dius*, Them. *DIUZA*); in der Conjugation tritt oft Rückbrechung ein, so dafs beide Laute, *iu* und *io*, neben einander stehen; z. B. *giuzu*, *giuzis*, *giuzit*; *giozam*, *giozat*, *giozant* *); die Imperative haben *iu*, also *giuz*, *ziuh*, etc. wie sie ja auch *i* bieten (*stil*, *nim* etc.); die schwachen Masculina haben theils *io*, wie *nioro* (ren); theils *iu*, wie *biugo* (sinus); neben dem richtigen *chnio* (genu, goth. *kniu*, Them. *KNIVA*) findet sich auch *chniu*, etc. Einige

---

*) Merkwürdiger Weise findet sich bei *bluwan* (verberare), *briuwan* (aq. ferv. perfundere), *chiuwan* (manducare) die Brechung niemals, also auch im Plural nur *bluwam*, *briuwam*, *chiuwam*; und ganz ebenso dann im Mittelhochdeutschen niemals *bliewen*, etc., sondern *bluwen*, obschon sonst die Verbindung *iew* nicht ungewöhnlich ist, als *kniewe* (genuflecto), *liewe* (umbraculum), *bediewen* (servum reddere). Die Herkunft dieser Verba aus älterem *bliggva* (*briggva*, *higgva*), scheint dabei ins Spiel zu kommen. Vgl. Gr. I², 191.

Schriftsteller, dieselben welche *ua* statt *uo* schreiben, haben hier *ia*; z. B. Otfried: *giaȝan*, *tiaf*, etc. — Gegen das 10. Jahrh. lösen sich dann beide Laute, *io* und *ia*, in das bereits mittelhochdeutsche *ie* auf.

2. **Mittelhochdeutsch** ist *ie* allein herrschend und steht also überall da, wo im Althochdeutschen *io* (*ia*) waltete. Beisp. *knie* (genu), *kiel* (navis), *zier* (decus), *diene* (servio), *pfrieme* (lorum), *spiegel* (speculum), *siech* (aegrotus), *ziehe* (traho), *liedes* (carminis), *kniete* (genuflexi), *genieȝe* (utor), *kiese* (eligam), *liebe* (favor), *tief* (profundus), *spielt* (fidi), *siels* (sale condivi), *vienc* (cepi), etc. In den Verbalformen also ganz wie im Althochdeutschen Wechsel der Laute: *giuȝe*, *giuȝest*, *giuȝet*; *gieȝen*, *gieȝet*, *gieȝen*. Die Aussprache des mhd. *ie* war übrigens unzweifelhaft die eines uneigentlichen Diphthongen, d. h. = *i⁰*, wie man denn noch heute in Oberdeutschland dieselbe vernimmt.

3. **Neuhochdeutsch** dauert dieses *ie* graphisch nicht blos fort, sondern hat auch diejenigen Verbalformen ergriffen, welche *iu* boten, die also neuhochdeutsch den Laut *eu* haben sollten und auch lange Zeit, in der Poesie zum Theil noch heute, besitzen. Die normale Conjugation wäre also *geuse*, *geusest*, *geust*, *giesen*, *gieset*, *giesen*; *zeuche*, *zeuchest*, *zeucht*, *ziehen*, *ziehet*, *ziehen*; *beute*, *beutest*, *beut* (st. *beutet*), *bieten*, *bietet*, *bieten*; *fleuse*, *fleusest*, *fleust*, *fliesen*, *flieset*, *fliesen*; etc.*). Die nhd. Sprache indefs, wie überall so auch hier nach steifer Regelmäfsigkeit strebend, vertrug diesen Wechsel des Wurzelvokals nicht mehr und führte allgemein *ie* ein. — Phonetisch ist jedoch das nhd. *ie* ein anderes als das mhd.; nämlich ein völlig einfacher Laut, = *i* geworden, und mischt sich auf diese Art mit dem durch Dehnung des *i* entstandenen *i*, so dafs also z. B. *tier* (ahd. *tior*) genau ebenso klingt wie *mir* (ahd. *mir*), nämlich = *tir*, *mir*. Anders in der Schweiz; vgl. Stalder, p. 60.

Anm. Die Verbindung *ie* ist allerdings auch im echten Althochdeutsch und sogar schon sehr früh vorhanden, nämlich in den reduplicirten Präte-

---

*) Man lasse sich nur nicht dadurch stören, dafs der Laut, welcher sonst *sz* oder *fs* geschrieben wird, hier in den neuhochdeutschen Beispielen, wo wir (und hier allein!) die phonetische Schreibung uns anzuwenden erlauben, durch *s* gegeben wird. Für den, der unserer Lautentwickelung (§. 12) gefolgt ist, bedarf dies wohl keiner Entschuldigung mehr. Ausführlicher handelt davon §. 142.

riten, als: *fieng, gieng, liez*, und nur die, welche für *io* stets *ia* setzen, haben diesen Laut auch hier; Otfried schreibt *fianc, gianc, liaz.* Man bemerke also wohl, dafs dieses *ia* keine Brechung aus *iu* ist, d. h. nicht für *io* steht, sondern es ist entstanden durch die Contraction zweier Silben, aus dem goth. *faifagg, gaigagg, lailôt,* und gewifs hatten auch die Gegenden, wo sonst nur *io* galt, in diesem Falle ursprünglich ebenfalls *ia.* Unsrer Meinung nach ist aber dieses gemeinalthochdeutsche *ia* lautlich ein ganz anderes als jenes landschaftliche, aus *iu* gebrochene und *io* vertretende. Bei diesem letztern haben wir einen Halbdiphthongen (§. 23, 2) vor uns, es ist = *iͤ*; bei jenem ersteren dagegen sind beide Factoren gleichwerthig, also = *i-a,* wenigstens ursprünglich; zu Otfrieds Zeit mag freilich *liaz* nicht anders als *giazan* geklungen haben. Die meisten Mundarten beseitigten jenes *ia* frühzeitig durch *ie* (Anfangs wohl auch = *i-e,* nicht = *iͤ*), die übrigen diphthongisirten es blofs zu *iͤ*, d. h verschmolzen es mit der Brechung des *iu* zu Einem Laute. Es war demnach bis zur Verflüchtigung in *iͤ* für alle diese Laute (*iͤ* und beiderlei *iͤ*) nur noch ein Schritt, welcher eben im 10 Jahrh. erfolgte. — Interessant ist es, dafs gerade an dieser Stelle auch das neuhochdeutsche Zeichen *ie* in zwei Fällen seinen gewöhnlichen Laut verliert und zu kurzem *i* wird. Zwar spricht man unsers Wissens überall *hielt, schied, rief, lief, hieb,* etc. dagegen fast in ganz Norddeutschland nicht *fieng, gieng,* sondern *fing, ging*; wie denn auch die Meisten so schreiben. Sich darüber zu entrüsten (wie mehrfach geschehen) ist kein Grund; die Schrift hat nun einmal nicht die Aufgabe, eine Geschichte der Formen zu geben oder anzudeuten. Wenn die Mehrzahl der Gebildeten nachweislich hier nicht mehr den langen Laut spricht, so wäre es doch gar seltsam, ihn mit Gewalt in der Schrift deshalb festzuhalten, weil vor alten Zeiten hier einmal Reduplikation gewaltet, und dadurch unsere ohnehin „elende" [*]) Orthographie dem allgemeinen Bewafstsein noch ferner zu rücken.

Viertes Kapitel.
Von den hochdeutschen Consonanten.

§. 130.
Hochdeutsches l.

Durchaus dem gothischen l entsprechend; nur dafs es, ebenso wie r und n, sich jetzt häufiger im Anlaut findet, wegen des hier weggefallenen *h.*

------

[*]) Wie sie Grimm (D. W. III, p, 2, Note) mit Recht nennt. Aber ihr aufzuhelfen, ist wahrlich die historische Methode nicht geeignet (sie macht das Uebel nur ärger), sondern allein die phonetische. Wer wagt es diesen Weg fest und beharrlich einzuschlagen?

Consonantische Verbindungen. Wir stellen die Beispiele hier wie bei den meisten übrigen Consonanten nach der mittelhochdeutschen Periode zusammen, da die althochdeutsche Schreibung zu unsicher ist; auch steht im Mittelhochdeutschen eine reichere Auswahl zu Gebote und der Rückschluſs auf das Althochdeutsche ist in den meisten Fällen leicht zu machen. Besondere Abweichungen sollen ausdrücklich angegeben werden.

a. liquide.

ll. alle (omnes), *galle* (bilis), *vallen* (cadere), *wallen* (fervere), *kallen* (garrire), *prallen* (vibrari), *schallen* (intonare), *bal - balles* (pila), *balle* (musculus pollicis), *stal - stalles* (stabulum), *gelle* (pellex), *bewellen* (maculare), *hellen* (sonare), *gellen* (clamare), *swellen* (tumere), *bellen* (latrare), *snel - snelles* (celer), *vel - velles* (cutis), *villen* (cutem caedere), *stillen* (pacare), *billen* (sculpere), *grille* (grillus), *knolle* (globus), *wolle* (lana), *vol - volles* (plenus), *hirnbolle* (cranium), *trol - trolles* (daemon), *hullen* (tegere), *vüllen* (explere), etc.

lr. Nur in Folge von Synkope, als *holr* (cavus) für *holer.*

ln. desgl. als *maln* (molere), *zaln* (numerare), *weln* (eligere), *heln* (celare) etc. Beide Verbindungen fehlen dem Alt- und Neuhochdeutschen.

lm. *halm* (culmus), *galm* (sonitus), *qualm* (nex), *walm* (fervor), *helm* (cassis), *melm* (pulvis), *schelme* (pestis); kein *ilm, olm; ulm* (ulmus).

b. gutturale.

lg. *balges* (follis), *walgen* (volutari), *belgen* (irasci), *solgen* (inquinare), *volgen* (sequi).

lk. *balke* (trabs), *kalkes* (calcis), *valke* (falco), *schalke* (ministro), *walken* (verberare), *melken* (mulgere), *volke* (genti), *tolke* (interpres), *wolken* (nubes), *molken* (lac).

lh, lch. Das erstere nur inlautend: *walhe* (itali), *malhe* (pera), *elhe* (cervi alces), *bevelhen* (commendare), *welher* (qui), *solher* (talis), *zwilhen, dwilhen* (du-, triplicare), etc. Auslautend tritt *lch* ein, also *walch* (italus), *elch* (cervus alces), *welch* (qui), *solch* (talis), *milch* (lac), neuhochdeutsch dann noch *dolch* (pugio), *molch* (salamandra). Zuweilen wird mittelhochdeutsch noch nach althochdeutscher Sitte die Verbindung *lk* durch *lch* gegeben, z. B. *schalch* (minister) statt *schalc*.

lj. Da für *j* sowohl alt- als mittelhochdeutsch kein eigenes Zeichen existirt, so läſst sich diese Verbindung mit Sicherheit nicht beurtheilen. Sie dürfte jedoch mittelhochdeutsch gar nicht und auch althochdeutsch nur selten vorgekommen sein, da statt ihrer fast immer Gemination oder Synkope eintritt, z. B. goth. *halja*, ahd. *hella*; goth. *valjan*, ahd. *welian*, mhd. *weln*.

c. dentale.

ld. *balde* (mox), *walde* (silvâ), *halde* (proclivitas), *velde* (campo), *melden* (nuntiare), *gevilde* (regio), *wilde* (silvestris), *golde* (auro), *tolde* (cacumen arboris), *holden* (carum), *solde* (stipendio), *dulde* (festivitatis), *hulde* (favor), *schulde* (culpae), *dulden* (pati), etc. Auſserdem steht diese Verbindung inlautend sehr häufig für das nicht beliebte *lt*; also *alden, halden,* etc.

lt. *alten* (senescere), *erkalten* (frigescere), *halten* (tenere), *schalten* (imperare), *walten* (providere), *valten* (plicare), *spalten* (findere), *spelte* (vectis), *gelten* (valere), *schelten* (increpare), *selten* (raro), *schilte* (clypeo), *milte* (largus), *zwispilten* (duplicare), *molte* (terra).

ls. *sals* (sal), *smals* (butyrum), *hals* (claudus), *vals* (lamina), *walzen* (volutari), *helze* (capulus), *kelzen* (superbire), *milze* (splen), *vilz* (pannus coarctilis), *stolz* (superbus), *holz* (lignum), *bolz* (sagitta), *kolzen* (caligae).

ls. *hals* (collum), *vels* (rupes), *bilse* (hyoscyamus); mit tertiärem *t*: *gelster* (veneficium), *âgelster* (pica).

d. labiale.

lb. *salben* (ungere), *halben* (dimidium), *alben* (alpibus), *kalbes* (vituli), *elbe* (Albis), *elbez* (cycnus), *gewelbe* (camera), *telben* (fodere); kein *ilb, olb, ulb.*

lp. Die orthographische Maxime, im Auslaut *lp* statt
lb zu schreiben, kommt, obschon sie auf phonetischer Grundlage ruht, hier nicht in Betracht.

lf. *helfen* (juvare), *gelf - gelfes* (superbia), *welfe* (ca-
tuli).

lv. *zwelf - zwelve*, *einlef - einleve*, *wolf - wolves*, *colve*
(clava), *pulver* (pulvis).

lw. Nur in Folge von Synkope: *swalwe* (hirundo), *valwe*
(flava); ahd. *sualawa, falawa*; nhd. *schwalbe,*
farbe.

Anm. Von mundartlichen Abweichungen sei bemerkt, dafs an mehreren Orten des Kantons Aargau das *l* nach einem Vokal häufig in *uw*
übergeht; z. B. *i wiu* (ich will), *i has weuwa* (ich habe wollen), *wauw*
(wahl), *wauwd* (wald), *wuwhuot* (wollhut). Vgl. Stalder, p. 64.

§. 131.
Hochdeutsches r.

1. Ganz wie *l* an allen Stellen des Worts. Es entspricht
im Allgemeinen dem goth. *r*, aufserdem aber auch goth. *s*
und *z*, besonders inlautend zwischen, und auslautend nach
Vokalen. Die wichtigsten Fälle sind folgende:

a) im Nom. Sing. Masc. des Adjectivums, z. B. *blinder*
(goth. *blinds*).

b) im Gen. Dat. Sing. Fem. und im Gen. Plur. comm.;
z. B. *blindera, blinderu, blinderô*; goth. *blindaizôs, blindai(zai),*
blindaizô.

c) im Comparativ; z. B. *älter* (goth. *aldizô*).

d) in einzelnen Wörtern, als: *kar* (vas, goth. *kas*), *ahir*
(spica, goth *ahs*), *aran* (messis, goth. *asan*), *beri* (bacca, goth.
basi), *nerian* (salvare, goth. *nasjan*), *ir, mir, dir, wir* (goth.
is, mis, þus, veis), *êr* (aes, goth. *ais*), *mêr* (magis, goth.
mais), *rôr* (arundo, goth. *raus*), *ôra* (auris, goth. *ausô*), *hôr-*
ian (audire, goth. *hausjan*), *tior* (fera, goth. *dius*); in den
Praet. Plur. *wârun, birun, lurun, churun*, etc.

2. Mittelhochdeutsch greift *r* für *s* noch etwas
weiter um sich. Dagegen wird es in einigen Partikeln apo-
copirt, als: *dâ* (ibi, ahd. *dar*), *wâ* (ubi, ahd. *huar*), *hie* (hîc,
ahd. *hiqr*), *sâ* (illico, ahd. *sâr*), zuweilen auch *mê* (magis,
ahd. und meist auch mhd. *mêr*). Synkope tritt ein in *welt*

˚(mundus, ahd. *weralt*). Neuhochdeutsch wird der Laut in
hier und *mér* wieder hergestellt.

Consonantische Verbindungen.

a. liquide.

rl. Nur in Folge von Synkope, als *Arl*, *Karl*, *perle*;
ahd. *Aral*, *Charal*, *perala*.

rr. 1) organisch: *narre* (stultus), *snarren* (strepere),
barre (repagulum), *werren* (impedire), *kerren* (grun-
nire), *sperren* (claudere), *zerren* (distrahere), *ler-
ren* (vexare), *geschirre* (supellex), *snurren* (sonum
tremulum edere); 2) aus *rs*: *irre* (erroneus), *dürre*
(torridus); 3) aus *rn*: *verre* (procul), nur selten
noch *sterre* (stella); 4) aus einfachem *r*: *harren*
(attendere), *starren* (oculos figere), *scharren* (radere),
wie Grimm aus Vergleichung der nordischen Formen folgert.

rn. *barn* (infans), *arnen* (remunerari), *sterne* (stella),
kerne (nucleus), *schernen* (illudere), *hirne* (cerebrum),
virne (vetus), *enkirnen* (enucleare), *dorn* (spina).
Die heutigen Schweizer (Berner Oberland, u. a.)
schieben in diese Verbindung gern ein *e* ein, als
Beren (Bern), *Choren* (Korn), *geren* (gern); auch
wohl mit noch weiterer Störung, als *Bere*, *Berre*;
Chore, *Chorre*; *gere*, *gerre*; etc. Vergl. Stalder,
p. 68.

rm. *arm* (brachium), *barm* (sinus), *warm* (calidus), *harm*
(dolor), *harm* (mustela), *darm* (viscus), *swarm* (examen), *varm* (filix), *scherm* (tutela), *schirmen* (tueri),
gehirmen (quiescere), *sturm* (procella), *wurm* (vermis), *murm* (murmur); kein *orm*.

b. gutturale.

rg. *argen* (ignavum), *kargen* (avarum), *sarge* (sepimentum), *bergen* (tueri), *twergeu* (nanis), *morgen* (mane),
sorge (cura), *worgen* (premi) *borgen* (mutuum dare),
burgen (urbibus); aus *rj*: *verge* (nauta), *scherge*
(lictor).

rk. *arke* (cista), *sarkes* (sarcophagi), *barke* (cymba),
starken (fortem), *verterken* (obscurare), *merken* (ob-
servare), *werke* (opere), *lerken* (sinistrum).

rh, rch. Das erstere nur inlautend: *markes* (equi), *verhes*
(vitae), *twerhes* (transversum), *vorhte* (timor), *worhte*
(texebat), *furhen* (sulcis); auslautend tritt *rch* ein,
also *march* (equus), *verch* (vita), *twerch* (transver-
sus), *storch* (ciconia), *durch* (per), etc.

c. dentale.

rd. *werdes* (insulae), *erde* (terra), *werde* (fiat), *werden*
(dignum), *wirde* (dignitas), *orden* (ordo), *morden*
(occidere), *norden* (a septentrione), *hordes* (thesauri),
bürde (onus). Aufserdem inlautend häufig für
die unbeliebte Verbindung *rt.*

rt. *arten* (indolem assumere), *garte* (hortus), *harte* (du-
riter), *bartes* (barbae), *warten* (curare), *sarten* (de-
mulcere), *marter* (cruciatus), *verte* (itineris), *gerte*
(virga), *scherten* (incisuram facere), *swerte* (gladio),
hirtes (custodis), *wirtes* (cauponis), *orte* (cuspide),
worte (verbo), *pforte* (porta), *hurte* (citu), *furte*
(vado), *geburte* (genere), *gürten* (cingere).

rs. *swars* (niger), *harz* (resina), *snars* (emunctorium),
merze (martius), *kerze* (candela), *herze* (cor), *smerze*
(dolor), *erz* (aes), *lerze* (sinistra), *sterzen* (fallere),
hirz (cervus), *wirz* (aroma), *kurz* (brevis), *wurz*
(herba), *stürzen* (praecipitari), *schürzen* (accingere),
kürzen (adulari).

rs. *wirs* (pejus), *ors* (equus); mit tertiärem *t: erst* (primus, st. *erest*), *herst* (excellentissimus, st. *herest*),
virst (culmen), *vorst* (silva), *borst* (seta), *worst* (tri-
cae), *getorste* (audebat), *durst* (sitis), *hurst* (ne-
mus), *wurst* (farcimen), *furste* (princeps), *bürste*
(pecten setaceus). — *versen* (calx), *hirse* (milium),
kirse (cerasum), *birse* (ancilla), *türse* (gigas).

d. labiale.

rb. *darben* (egere), *garbe* (manipulus), *erbe* (heres), *bi-
derbe* (integer), *scherbe* (fragmen), *werben* (petere),
verderben (perire), *sterben* (mori), *sirben* (volutare),
korbe (corbi), *sturben* (mortui sunt).

rp. Vgl. bei *l.*

rf. *scharf* (acer), *harfe* (harpa), *werfen* (jacere), *wirf*

(jace), *dorf* (villa), *bedürfen* (egere), *schürfen* (ex-
cûdere).

rv. findet sich nicht.

rw. *varwe* (color), *gerwen* (perficere), ab d. *farawa, garawan,* n h d. *farbe, gerben.*

Anm. Mundartlich (oder individuell?) geht dieser Laut zuweilen in
eine Art χ (gutturales, nicht palatales) über; so dafs z. B *Arzt* fast so
klingt wie *Aχzt, durch* wie *duχχ'* Man bemerke im letztern Falle die interessante Zungenbewegung von χ zu χ'.

§. 132.

Hochdeutsches n.

1. Das ahd. *n* entspricht in der Regel dem gothischen,
tritt jedoch in der Flexion bereits auch für goth. *m* ein; in
den späteren Denkmälern immer häufiger, bis sich endlich
mittelhochdeutsch sämmtliche *m* der Flexion in *n* abge-
stumpft haben.

2. Mittelhochdeutsch findet diese Schwächung in manchen Denkmälern auch für wurzelhaftes *m* statt; z. B. *hein,
ohein*: *bein, schein*, obschon wohl nur dem Reim zu Liebe,
da daneben die echten Formen *heim, oheim* stehen. Auch
in Composition, wo eine Dentalis dem *m* folgen würde, steht
gern *n*, als: *Heinrich, heinlich* (heimlich).

3. Auswerfung des *n* findet sich mittelhochdeutsch nicht
allzuhäufig. Beispiele bieten *sint* (postea), gewöhnlich *sit; kunic* abd. *chuninc*, und die thüringische (also nicht rein mittelhochdeutsche) Apocope des *n* im Infinitiv.

4. Umgekehrt findet sich Einschiebung des *n* zuweilen
mundartlich in der 2. Plur. Praes. z. B. *nement* für *nemet.*

Consonantische Verbindungen.

a. liquide. Nur die Gemination. 1) organisch:
tanne (abies), *tan-tannes* (silva), *man-mannes* (vir), *brennen*
(urere), *tenne* (area), *spinnen* (nere), *kinne* (mentum), *zinne*
(pinna), *tinne* (tempus capitis), *minne* (amor), -*inne, brunne*
(fons), *sunne* (sol), *dünne* (tenuis), *trunne* (agmen), *spünne*
(uber), etc.; 2) aus *nj*: *henne* (gallina), *brünne* (lorica), *künne*
(genus); 3) aus *mn*: *nennen* (goth. *namnjan*, ahd. *nemnian,
nennian*); 4) aus *nt*, *nd*: *pfenninc* (ahd. *phentinc, phending,
pending*).

b. guttural e*).

ng. *ange* (anguste), *strange* (fortiter), *gange* (eat), *hange*
(pendeat), *sange* (manipulus), *mange* (machina belli),
mangel (penuria), *spange* (fibula), *pfrengen* (arctare),
singen (canere), *ginge* (desiderium), *vinsterlingen*
(adv.), *ringer* (levior), *stunge* (incitamentum), *lun-
ger* (celer), *tunge* (graviter); kein *ong*.

nk. *vanken* (scintillis), *blanken* (albis), *lanke* (latus), *enkel*
(talus), *benke* (scamna), *pinken* (scintillare), *rinke*
(fibula), *vinke* (fringilla), *vlinke* (squamula aeris
splendentis), *zinke* (dens), *tunke* (abysso), *unke* (ser-
penti), *kunkel* (colus), *dunken* (videri).

nh, nch finden sich mittelhochdeutsch nicht, und auch
altbochdeutsch nur unorganisch für *nk*.

c. dentale.

nd. 1) organisch (d. h. für goth. *np*): *ander* (alter),
zandes (dentis), *genenden* (audere), *mende* (gaudium),
linde (lenis), *sindes* (itineris), *kindes* (infantis), *rin-
des* (armenti), *vinden* (invenire), *konde* (potuit), *kunde*
(notitia), *mundes* (oris), *unde* (unda), *sunder* (meri-
dionalis); 2) unorganisch für *nt* (d. h. goth. *nd*
entsprechend): *ande* (zelus, inimicus; ahd. *anado*,
anto), *landes* (terrae), *brandes* (titionis), *randes* (mar-
ginis), *sandes* (arenae), *schande* (confusio), *standen* (stare), *ende* (finis), *wende* (parietes), *hende* (manus), *blinde* (coecus), *windes* (venti), *hinde* (cerva),
rinde (cortex), *linde* (tilia), *slinden* (devorare),
winden (nectere), *hinder* (retro), *munder* (alacer),
stunde (horâ), *under* (infra), *wunde* (vulnus), *sunde*
(peccatum).

nt. Diese Verbindung ist mittelhochdeutsch inlautend
noch weniger beliebt als *lt, rt*; es finden sich nur
mantel, winter, ja selbst dieses letztere zuweilen
winder geschrieben und auf *hinder* reimend. Sonst
tritt statt des zu erwartenden, dem goth. *nd* entsprechenden *nt* durchaus wieder *nd* ein, wie die
obigen Beispiele zeigen. Diese Erscheinung be-

---

*) Das Zeichen *n* bedeutet hier überall den Laut *v* (*ñ*).

ginnt schon im Althochdeutschen; die ältesten
Denkmäler jedoch, auch Otfried und Tatian (diese
schwankend), nehmen daran nicht Theil, schreiben also *want-wenti*, *hant-henti*, etc Auch neuhochdeutsch kehren einige *nt* zurück, z. B.
hinter, munter; dazu *ente* (mhd. *ant -antes, an-
des*; ahd. *anut, anit*) und *dinte* (mhd. *tincte, tinke*;
ahd. *tincta*). — Die Fremdwörter behalten schon
mittelhochdeutsch ihr *nt*.

ns. *gans* (integer), *schranz* (fissura), *swanz* (cauda),
schanze (munimentum, franz. *chance*), *lanze* (hasta,
franz. *lance*), *minze* (mentha), *münze* (moneta), *uns*
(usque), *lunze* (leaena), *trunzûn* (frustrum).

ns. *gans* (anser), *vlans* (rostrum), *grans* (prora), *zins*
(census), *runs* (cursus); mit tertiärem *t*: *anst* (gratia), *wanst* (venter), *vinster* (obscurus), *gunst*
(concessio), *kunst* (ars), *brunst* (ardor), *runst* (cursus), *vernunst* (capacitas), *gespunst* (filium ductum),
verbunst (invidia); — *pansen* (stomachus), *linse*
(lens), *dinsen* (trahere).

d. labiale. Nur *nf*, *nv*, als: *hanf - hanfes* (cannabis),
funf - fünve (quinque); mit tertiärem *t*: *sanfte*
(suaviter), *ranft* (labrum), *zunft* (congregatio), *kunft*
(adventus), *sigenunft* (victoria), *vünfte* (quintus).

§. 133.

Hochdeutsches m.

1. Das ahd. *m* durchaus dem gothischen entsprechend,
namentlich in den älteren Denkmälern auch das der Flexion;
später tritt dann dafür das schwächere *n* ein.

2. Eine harte Synkope des *m* erlauben sich zuweilen
mittelhochdeutsche Schriftsteller, z. B. *nen* für *nemen*, *kon* für
komen, *vrun* für *vrumen*. Dies sind individuelle Ausschreitun-
gen und dürfen dem Idiom nicht beigelegt werden; sie wurden gewifs schon damals nicht gebilligt.

3. Bemerkenswerth ist, dafs alt- und mittelhochdeutsch
vor *mm* und *nn* die Brechung des *u* in *o* und des *i* in *e* nicht
eintritt; also kein *omm, onn, emm, enn*, sondern *umm, unn,
imm, inn*. Erst im Neuhochdeutschen finden sich auch hier

die schwächeren Vokale ein; z. B. *gewonnen*, *geschwommen*, mhd. *gewunnen*, *geswummen*.

Consonantische Verbindungen.

    a. liquide.

Nur die Gemination. 1) organisch: *klimmen* (scandere), *limmen* (rugire), *brimmen* (rugire), *krimmen* (ungulis rapere), *swimmen* (natare), *stam- stammes* (stipes), *hamme* (suffrago); 2) aus *mb*: *wamme* (venter), *lam-lammes* (agnus), *kam - kammes* (pecten), *krum - krummes* (curvus), *timmer* (obscurus), *zimmer* (structura), *klemmen* (premere), *kummer* (dolor), *imme* (examen apium); bei älteren Denkmälern steht noch *lamp - lambes* etc.; 3) aus *mn*: *stimme* (vox, goth. *stibna*, ahd. *stimna*), *sammen*, *verdammen* (im 12. Jahrh. noch *sampnôn*, *verdampnôn*); 4) aus einfachem *m*: *grimm - grimmes* (schon ahd. mit *mm*, aber nord. *grimr*), *immer*, *himmel*, (ahd. *iemer*, *himil*); 5) Fremdwörter: *amme*, *flamme*, *summe*, etc.

    b. gutturale. —

    c. dentale.

        mt. nur in Folge von Synkope: *nimt* (st. *nimet*), *amt* (aus *ambet*).

        ms. *bims* (pumex), *sims* (prominentia).

    d. labiale.

        mb. ist in *mm* übergegangen; vgl. dort.

        mp. nur in einigen Fremdw. wie *gimpel*, *wimpel*, etc.

        mf. immer mit eingefügtem euphonischem *p*; *kampf* (pugna), *tampf* (vapor), *stempfen* (tundere), *krempfen* (contrahere), *gelimpfen* (convenire), *schimpf* (jocus), *rimpfen* (ringi), *strumpf* (tibiale), *stumpf* (truncus); kein *mv*, *mw*.

§. 134.

Hochdeutsches *g*.

    1. Im Althochdeutschen ist die gothische Lenis vielfach der Erhärtung in *k* unterworfen und J. Grimm schreibt deshalb durchweg: *kanc*, *kot*, *keist*, *kankan* (ire), *wakan* (currus), *lekan* (ponere) etc. Die bedeutenderen Denkmäler bieten folgendes Ergebnifs:

    a) Isidor hat im An- und Inlaut die Lenis bewahrt, schreibt sie aber mitunter, namentlich nach hellen Vokalen

(*e, i*) auch *gh*, z. B. *gheist, berghe* (daneben freilich *geist,
berge*); im Auslaut setzt er *c*, also *berc.* Vgl. §. 32, 6, b.

b) Kero schreibt anlautend meistentheils, auslautend
stets *k* (*c*); inlautend gewöhnlich. *g,* also *kangan* (ire), *kanc*
und *ganc* (itio).

c) Otfried und Tatian bewahren die organische Media
vollständig an allen Stellen des Worts, ja brauchen sie in der
Verbindung *sg* in und auslautend sogar unorganisch für *k*;
z. B. *fisg, wasgan*; anlautend dagegen richtig *skeidan, skif.*

d) Notker befolgt die ihm gewöhnliche Lautabstufung
(§. 51, 5) schreibt also z. B. *urloub kab, half crunden, sih ka-
rewent, erdcot, machot kuldinemo, daz kebe, des kahes, lust-
sami cruozta*, etc.

Ueberhaupt aber bieten im Anlaut nur acht Denkmäler
ausschliefslich *k* für *g*; darunter kein einziges bedeutenderes.
Da nun jene Erhärtung in der spätern Schriftsprache sich wieder gänzlich verliert, so betrachten wir sie als eine blos
landschaftliche Entartung und lassen *g* in seinem Recht, schreiben also (mit Graff): *gang, got, wagan*, etc.

2. Mittelhochdeutsch wird der Laut *g* im Auslaut
stets durch *c* ersetzt (§. 32, 6, c). Synkope tritt ein bei *morne*
(statt *morgene*); zuweilen bei folgendem *t*, als *pflit, lit* (für
pfligt, ligt). Manchmal wird der Laut *g* in *i* aufgelöst, als *treit,
geleit*, für *tregt, gelegt*; vgl. Gr. I, 427. Merkwürdig ist das
Eindringen des *g* an die Stelle von *h* in der Conjugation einiger
starken Verba. So nimmt *ziehen* im Prät. und Part. Prät. überall *g* für *h* an, sobald dieses Inlaut wird, also *zuge* (traxisti),
zugen (traxerunt), *gezogen* (tractus); aber auslautend nicht
zôc oder *zouc* (für *zôg, zoug*), sondern *zôch* (für *zoh*) und bei
Inclination *zôher* (nicht *zouger*). Das ganz analoge *fliehen*
dagegen weifs von dieser Anomalie nichts, sondern hat regelmäfsig *flôch, fluhe, fluhen, geflohen.* Gerade wie *ziehen* zu
fliehen verhalten sich *zihen, gedihen* zu *lihen*; jene bekommen
zêch, gedêch; zige, gedige, etc; letzteres bleibt regelmäfsig
lêch, lihe, gelihen. — Die Verba *slahen, twahen, gewahen*
wandeln auch den Auslaut *ch* (für *h*) in *c* (für *g*); also *sluoc,
sluege, sluogen, geslagen*, etc.; bei Inclination *sluoger* (statt
sluoher). Spurweise folgt auch *sehen* diesem Beispiel; z. B.
sager st. *sah er.* Auch *genuoc, genuoge* mit dem goth. *ganôhs*
gehört hierher. Ueber den Wechsel mit *j* vgl. unter diesem.

3. **Neubochdeutsch** hören diese Anomalien meistentheils auf; nur *ziehen* bleibt auf dem mbd. Standpunkte. In *schlagen* ist das *g* nunmehr auch ins Präsens gedrungen, also allgemein herrschend. — Hinsichtlich der Aussprache des *g* herrscht große Verschiedenheit. P. Wackernagel stellt das Verhältnifs ungefähr so dar: An- und inlautendes *g* spricht man in Berlin durchaus und in allen Fällen wie *j* *), am Niederrhein wie *ch*, weiter aufwärts in der Wetterau und in Frankfurt, in Nassau und Hessen vermischt, nämlich vor betonten Silben wie *g*, vor unbetonten wie *ch* (seltener wie *j*): man sagt *chegeben, chegangen*, unterscheidet *Reigen* nicht von *reichen, zeigen* nicht von *Zeichen*, und spricht auch vor betonten Silben fremder Wörter das *g* wie *ch*: *Auchuste, rechieren*. Der Buchstabe selbst wird im *ABC* und in der Musik nicht *ge*, sondern *che* genannt. So dringt die theilweise Entstellung des wahren *g*-Lautes in verschiedenen Schattirungen bis über ganz Franken hin, berührt aber schwäbisch Baiern und Würtemberg auf keine Weise; es wird vielmehr hier wie an den alemannischen Stammsitzen durchaus und in allen Fällen reines *g* gesprochen. Dasselbe, geschieht in Schlesien, Posen, Preußen. Was das auslautende *g* betrifft, so gilt in dem größeren Theile Würtembergs noch heut die mbd. Aussprache, nämlich *k*; nur in der Endsilbe *ik* griechischer Wörter, falls dieselbe tonlos gesprochen wird, setzt man dafür *ch*, also *Botánich, Arithmétich, Múſich*, etc. In dem benachbarten Franken und dann weiter über den größten Theil Deutschlands hin wird *ch* für auslautendes *g* gesprochen, also *Tach, truch, gütich, Balch, Berch*; Schlesien spricht wie Würtemberg: *Tak, truk, gutik* **), *Balk, Berk*. Eigenthümlich verhält es sich mit dem Auslaut *ng*. Derselbe wurde mittelhochdeutsch gewiß ebenfalls *nk* gesprochen (es reimen: *danc: lanc, kranc: klanc*); diese Aussprache wird jetzt nur noch in einzelnen Gegenden der Schweiz gehört; den Norddeutschen ist sie aus andern Ursachen geläufig, sie sprechen (auch die Schlesier): *Gefank, Rink, gink, junk*. Dagegen spricht man

---

*) Aber nach dunkeln Vokalen wie rein gutturales *j*, nicht wie palatales. Vgl. §. 10, 2

**) Hierin irrt W.; man spricht in Schlesien das *g* hinter ı überall wie χ, also *gütich, bissich*, etc.

in ganz Oberdeutschland*), namentlich dem gröfseren Theil der Schweiz, Oberbaden und Schwaben, Baiern und Franken auch am Niederrhein, das auslautende *ng* grade so wie im Inlaut, d. h. als reinen Gutturalnasal (Bopps *ń*); also *Gesav*, *Riv*, *giv*, etc.

Consonantische Verbindungen.

a. liquide.

gl. *glat* (laevis), *glensen* (fulgere), *glimmen* (ardere), *glocke* (campana), *glüejen* (ardere), etc.

gr. *graben* (fodere), *grimmen* (saevire), *grinen* (gannire), *gróȝ* (crassus); zuweilen Wechsel mit *kr*; als *krimmen*, *kratte*, etc. M. W. 778.

gn. *gnaben* (serpere), *gneiste* (scintilla), *gnâde* (gratia, zuweilen noch *genâde*).

b gutturale.

Nur die Gemination. Dieselbe findet sich althochdeutsch natürlich nur in den Denkmälern, welche die Lenis überhaupt schützen, also namentlich bei Otfr. und Tatian. Beisp. *egga* (angulus), *eggen* (lambere), *sleggo* (interfector), *beinseggo* (pedisequus), *eggo* (ecce), *âwiggi* (devius), *giwiggi* (bivium), *thiggen* (orare), *ligge* (jaceat), *ruggi* (tergum), *brugga* (pons), *mugga* (culex), *luggi* (falsus), *fluggi* (pennatus), *huggen* (cogitare). Mittelhochdeutsch begegnet zwar diese Schreibung auch noch zuweilen; gröfstentheils aber wird dafür *ck* gesetzt; offenbar, weil die hochdeutsche Zunge der geminirten Lenis ebenso wenig mächtig werden konnte, als der auslautenden; und in beiden Fällen die phonetische Orthographie beobachtet ward. Neuhochdeutsch ist, mit wenigen Ausnahmen dies Verhältnifs geblieben. In Oberdeutschland gilt mitunter noch heute der Laut *gg*.

c. dentale.

gd. Nur nhd. *jagd, magd* (mhd. *jaget, maget*; ahd. *jagod, magod*).

gt. Ahd. fehlend, mhd. selten, nhd. häufig in Folge von Synkope bei der Flexion des Verbums, als: *fagt, wagt, hegt, legt, wigt*, etc.

d. labiale

fehlen; man müfste denn landschaftliche Contractionen wie *gfâr* (periculum), *gwâr, gwiss*, etc. mit in Rechnung bringen.

---

*) In Oesterreich habe ich oft die Aussprache *nk* gehört.

§. 135.
Das organische k im Hochdeutschen.
(k, ch, cch, chh, hh, h.)

1. Das organische *k* unterliegt im Hochdeutschen dem Affrikationsprozefs. Wer eine Vorstellung von stetiger Lautentwickelung und der sie begleitenden Rathlosigkeit der Schreibung hat, wird nicht verlangen, dafs mit kurzen entschiedenen Worten die Sphäre jedes Zeichens und seines Lautes begrenzt werde; die Darstellung vermag nicht zu fixiren, was in sich selbst schwankend ist. Wir versprechen nur den Sachbefund anzugeben und die wahrscheinliche Entwickelung anzudeuten.

2. Uebersicht des Vorkommens.

A. Anlautend haben, nach Graff, ungefähr 50 althochdeutsche Denkmäler, darunter Isidor, Kero, Notker, überall da, wo nach dem Vorgange des Gothischen, Niederdeutschen und Nordischen, kurz aller übrigen germanischen Sprachen, der Laut *k* erwartet werden dürfte, nicht diesen, sondern ein streng durchgeführtes *ch*, dessen Laut nach früheren Erklärungen und zufolge der heute noch an vielen Orten der Schweiz und Oberdeutschlands geltenden Aussprache phonetisch = *khχ* oder *kχ* gewesen sein mufs. Grimm nennt dies strengalthochdeutsche *) Schreibung und behält sie bei, setzt also *châsi* (caseus), *chegil* (conus), *chint* (infans), *chorp* (corbis), *chundi* (notitia), *chleini* (parvus), *chraft* (vis), *chneht* (servus), etc. Wir unsererseits glauben, dafs dies eben die allemannische Gebirgssprache war, welche indefs da-

---

*) Man mifsverstehe nur den Ausdruck nicht. Grimm meint damit weiter nichts, als diejenige Schreibung, welche seiner Lauttheorie, insbesondere dem „Gesetz der Lautverschiebung" entspricht. Die Bezeichnung „strengalthochdeut-sche Denkmäler" ist eigentlich ganz zu verwerfen; es giebt solche im Allgemeinen, vielleicht einige Glossensammlungen abgerechnet, gar nicht; sondern ein Denkmal ist „strengalthochdeutsch" insofern seine Schreibung an der und der Stelle dem Grimmschen Gesetz entspricht, und dasselbe Denkmal ist „nicht strengalthochdeutsch" (Grimm nennt dies einigemal: „gemeinalthochdeutsch "), insofern es an einer andern Stelle jener Regel nicht entspricht. Die vorzüglichsten Denkmäler der althochdeutschen Sprache, die Schriften Isidor's, Tatian's, Otfried's sind also zunächst nach Grimm's Bezeichnung nicht strengalthochdeutsch; diejenigen Denkmäler aber, welche gewöhnlich als „strengalthochdeutsche" bezeichnet werden: nämlich Kero, der ganz späte Notker, die Hymnen und gewisse Glossensammlungen, weichen in den wesentlichsten Punkten von einander ab, so dafs man nur sagen kann: an der einen Stelle bietet dieses, in der andern jenes die strengalthochdeutsche, d. h. Grimm'sche Regel.

mals sich weiter erstreckt haben mag als heut; in den niedriger gelegenen Gegenden galt sicherlich schon der reine,
nur vielleicht etwas mehr als jetzt gutturale *K*-Laut;
wie denn in der That 35 althochdeutsche Denkmäler (darunter zwei der bedeutendsten: Otfried und der Uebersetzer des
Tatian) entschieden die Schreibung *k* oder *c* festhalten; alle übrigen Denkmäler aber zwischen *k* (*c*) und *ch* schwanken, doch
mit sichtlicher Hinneigung zu *ch*; so dafs also diese Lautverschiebung ganz entschieden hervortritt. Aus diesem Grunde
werden auch wir dieselbe beibehalten; der Wunsch, das hier
so sehr bemerkbare althochdeutsche Colorit wiederzugeben,
überwiegt das Bedenken einer gewissen Inconsequenz, welche
in der That nur scheinbar ist. — Mittelhochdeutsch darf das
organische *k* *), als eigentliche Regel, die freilich noch häufig
genug begegnende Schreibung *ch* als Archaismus oder dialectische Abweichung gelten. Die neuhochdeutsche Schrift und Sprache kennt nur *k*, jedoch dies mit zweierlei Aussprache, einer
gutturalen und palatalen; vgl. §§. 10, 11. Die palatale dürfte
namentlich durch den Einflufs des Niederdeutschen entstanden sein, da die oberdeutschen Dialekte dieselbe nur wenig
zu kennen scheinen. Auch das kalligraphische Schwanken
zwischen den Zeichen *c* und *k* hat aufgehört; es gilt nur
noch das letztere, ausgenommen in der Gemination *ck* (nicht
eben wünschenswerth), und einigen Fremdwörtern **), namentlich in *Christ* und dessen Ableitungen, wo man trotz der völligen Einbürgerung und der allgemein üblichen Aussprache
Krist doch, wohl aus Pietät, die althergebrachte griechische
Form beibehielt. Wir kannten auch Personen, welchen

---

*) Die Wahl der beiden Zeichen *c* und *k* ist in der ältern Sprache ganz
willkürlich; so schreibt z. B. Isidor nur *c*, Tatian gewöhnlich; dagegen Otfried häufiger *k*. Später, als es Sitte wurde *ce*, *ci* wie *tse*, *tsi* (geschrieben *ze*,
zi) zu sprechen, liefs man wenigstens vor diesen beiden Vokalen ausschliefslich
k bestehen; vor den übrigen setzen die ältern mhd. Denkmäler immer noch
lieber nach lateinischem Brauch *c* als nach griechischem *k*; erst bei den jüngeren kehrt sich dies Verhältnifs um. Grimm setzt sowohl mhd. als ahd. (hier
natürlich blos statt des org *g*) auslautend *c*, an- und inlautend *k*, also mhd.
banc, *benke*; ahd *truoc* (portavi), *truoken* (portavimus). Bei Synkopen setzt er
auch inlautend *c*, also *blicte*, *ructe*, statt *blickete*, *ruckete*, weil die inlautende
Fortis vor *t* insgemein auch in anderen Fällen der auslautenden analog behandelt wird.

**) Aufserdem freilich auch noch in der Bezeichnung der Laute χ und *s*,
nämlich *ch*, *sch*. Dies ist dann eine Sache für sich, die hier beim *K*-Laut nicht
in Betracht kommt.

die Etymologie oder (was wahrscheinlicher) die Schreibung
selbst in diesem Falle so imponirte, daſs sie sich bemühten,
die dem neuhochdeutschen Idiom widerstrebende Lautverbindung χr wirklich hervorzubringen.

B. Aus- und inlautend.

a) Nach Consonanten (*l, r, n*). Die ahd. Denkmäler,
welche im Anlaut *k* bieten, haben es auch hier, also *scalc*
(servus), *folc* (populus), *werc* (opus), *danc* (gratia); inlautend
dann *scalkes*, *folkes*, *werkes*, *dankes*. Diejenigen Denkmäler
dagegen, welche anlautend *ch* annehmen, thun dies auch hier,
also *scalch*, *folch*, *werch*, *danch*; inlautend *scalches*, *folches*,
werches, *danches*. Die sich ebenfalls findende Schreibung *h*,
g, *gh* ist zu vereinzelt, und darf als (immerhin beachtenswerthe!) Ausnahme gelten. Mittelhochdeutsch ist der *k*-Laut
herrschende*), neuhochdeutsch unverbrüchliche Regel;
beides wenigstens graphisch; ob nicht mittelhochdeutsch
häufig der Laut sich dem *kχ* genähert, steht dahin. — Ganz
abweichend von alle dem ist die Verbindung *sk*, welche im
Althochdeutschen niemals zu *sch*, d. i. *skχ*, wird; es heiſst
nur *fisc*, *fiskes*; bei Otfr. und Tet. gar *fisg*. Sollte die Aussprache *fiskχ* nirgends gegolten haben? Wohl möglich, da dieselbe wirklich sehr hart wäre, und daſs deshalb die Affrikation unterblieben ist; man beachte indeſs auch, daſs Manche
die Schreibung *sch* auch darum vermieden haben können,
weil man durch dieses Zeichen den allmälig sich entwickelnden Laut *ſ* zu geben pflegte. Für die frühere Zeit kann indeſs dieser Grund kaum gelten; und auch das spätere Schicksal der Verbindung *sk* spricht dafür, daſs dieselbe eine Ausnahme gemacht habe. Sie wurde nämlich vor hellen Vokalen
schon im Althochdeutschen, später ganz allgemein zu *ſ*; hätte
die Aussprache *skχ* gegolten, so wäre sicherlich auch hier der
organische Laut zurückgekehrt.

b) Nach Vokalen.

α) Diejenigen Wörter, welche in den verwandten deutschen Sprachen den einfachen *k*-Laut bieten, haben auslautend
im Althochdeutschen ein *h*, und zwar in allen Denkmälern,

---

*) Diejenigen Fälle, wo das *k* nur in Folge von Synkope hinter den Consonanten träte, schließen sich von dieser Regel aus und folgen der unter *b*, *α*.
So z. B. *welch*, *solch*, inl. *welher*, *solher*; ahd. *huelihher*, *solihher*; goth. *hvéleiks*, *svaleiks*. — Manchmal steht freilich auch *welc*, *solc*.

selbst bei T. und O. (wenigstens durchaus überwiegend). Beisp. *brah* (fregit, goth. *brak*), *rah* (ultus est, goth. *vrak*), *sprah* (locutus est, ags. *spräc*), *stah* (fixit), *dah* (tectum), *bah* (rivus), *storah* (ciconia), *werah* (opus), *starah* (fortis), *bodah* (corpus). *elah* (alces), *gimah* (quietus), *peh* (pix), *bleh* (lamina), *ih* (ego), *dih* (te), *mih* (me), *sih* (se), *unsih* (nos duo), *iuwih* (vos duo), *eʒih* (acetum), *sprih* (loquere), *brih* (frange), *joh* (jugum), *loh* (foramen), *miluh* (lac), *scdh* (latrocinium), *slih* (repe), *wih* (vicus), *sulih* (talis), *huelih* (qualis), *gilih* (aequalis), *eih* (quercus), *auh* (etiam), *lauh* (allium), *rauh* (fumus), *gauh* (cuculus), *lauh* (clausit), *sioh* (aegrotus), *buoh* (liber), etc.; tritt dieser Auslaut durch Flexion in den Inlaut, so steht nach langem Vokal zuweilen ebenfalls *h*, also *buohes*, *gilihemo*; häufiger jedoch und namentlich nach kurzem Vokal fast immer *hh*, also *blehhe*, *lohhe*, *sprihhe*, und auch vielfach *buohhe*, *gilihher*, etc. Ganz ebenso bei mehr selbständigem Inlaut: *sahha* (lis), *nahho* (cymba), *brehhan* (frangere), *sihhil* (falx), *mihhil* (magnus); daneben dann *zeihhan*, *zeihan* (signum); *eihhil*, *eihil* (glans); *bauhhan*, *bauhan* (portentum); etc. Mittelhochdeutsch steht hier überall *ch* sowohl auslautend als inlautend, also *buoch*, *buochen*; *blech*, *bleche*; *loch*, *loche*; *sache*, *eichel*, *zeichen*, etc. und ebenso neuhochdeutsch.

β) Diejenigen Wörter jedoch, welche in den verwandten deutschen Sprachen im Inlaut geminirtes *k* bieten, also althochdeutsch im Auslaut nach der hier üblichen Orthographie einfaches *k* haben sollten, zeigen entweder dies wirklich (Otfriedscher Standpunkt) oder dafür *ch*. Inlautend steht dann in ersterem Falle, ganz entsprechend den Schwestermundarten, die Gemination (*kk*, *ck*, *cc*), in letzterem gewönlich *cch*, seltener blosfes *ch*. Beisp.: *sac*, *sach* (saccus), Gen. *sakkes*, *sacches*; *stric*, *strich* (laqueus), Gen. *strikkes*, *stricches*; *boc*, *bock* (hircus), Gen. *bokkes*, *bocches*; etc. Ebenso im mehr unabhängigen Inlaut: *nacchut* (nudus), *haccho* (uncus), *decchi* (tegumen), *secchil* (sacculus), *secchia* (rixa), *recchian* (tendere), *hreccheo* (exsul), *fleccho* (macula), *beccho* (pistor), *wecchian* (excitare), *lecchôn* (lambere), *irscrecchian* (excutere), *hewiscrecchio* (locusta), *chlecchian* (frangere), *sneccho* (limax), *quecchaʒ* (vivum), *frecchi* (avaritia), *smecchar* (tenuis), *ecchert* (tantummodo), *dicchi* (crassus), *nicchian* (deprimere), *irquicchian* (recreare), *floccho* (lanugo), *chlocchôn* (pulsare), *stucchi* (frustum), *trucchinén* (siccare), *drucchian* (premere), *zucchian* (rapere), *jucchian* (scalpere). Vergl. Gr. I², 192. Mittelhochdeutsch steht hier in der Regel auslautend *k* (*c*), inlautend *ck*; neuhochdeutsch in beiden Stellen *ck*. — Interessant ist die einigemal im Mittelhochdeutschen sich zeigende Schreibung *cch* im Auslaut, welche den Beweis liefert, dafs auch hier, ganz wie im Anlaut, das ahd. *ch* den phonetischen Werth *khχ* oder *kχ* gehabt hat.

γ) Eine besondere Erwähnung verdient der Fall, wo dem organischen *k* ein Consonant folgt; es kommt indefs für diesen letzteren nur *t* in Betracht, entsprechend gothischem *d*, und auch diese Verbindung nur in Folge von Synkope, also im Althochdeutschen selten. Grimm erwähnt blofs zwei ihm vorgekommene Fälle des einfachen *k*: *mahta* (curavit), *suahta* (quaesivit, goth. *sôkida*), demnach statt *mahhita*, *suahhita*. Diese Schreibung hat nichts Auffallendes; wohl aber befremdet, dafs ähnliche Synkopen des geminirten *k* ebenso geschrieben werden, z. B. *rahta* (von *recchian*, also statt *recchita*), *wahta* (von *wecchian*, also st. *wacchita*), etc.; allerdings finden sich daneben auch die Formen *wacta* etc. Im Mittelhochdeutschen häufen sich diese Synkopen natürlich (obschon eine gewisse Scheu vor Ausstofsung des alten *ô*, *ê* auch hier noch unverkennbar ist), z. B. *mohte*, *suohte*, *spriht* (neben *sprichet*), *briht* (neben *brichet*), und wiederum auch Fälle der Gemination, als *smahte* (gustavit), *bedaht* (obtectus), *erschrahte* (terruit) *wahte* (excitavit), *blihte* (conspexit), etc., welche ganz harmlos nicht nur auf die dem einfachen *kt* entsprechenden, sondern sogar auf die organischen *ht* reimen. Vergl. Gr. I², 439. Bessere Schreibung scheint *cht*, und wo Gemination zu Grunde liegt, *ct*; also *spricht*, *blicte*, wie sich auch vielfach findet. Neuhochdeutsch gilt jene durchaus und ist nunmehr eine ganz unbedenkliche Synkope: *spricht*, *bricht*, *sticht*, *lacht*, *macht*, *wacht*; statt des phonetisch richtigen *ct* oder *kt* steht nun nach etymologischem Princip *ck*: *schmeckte*, *bedeckt*, *erschreckte*, *weckte*, *blickte*, etc.

3. *Consonantische Verbindungen.*

A. liquide.

kl. *klâwe* (ungula), *klaffen* (garrire), *klagen* (queri), *klê* (trifolium), *kleiben* (illinere), *kleine* (gracilis), *klim men* (scandere), *klingen* (sonare), *klopfen* (pulsare), *kluoc* (prudens), etc.

kr. *krâ* (cornix), *krachen* (tonare), *kraft* (vis), *kranc* (debilis), *krebeʒ* (cancer), *kreiʒ* (circulus), *kresse* (lepidium), *kriec* (bellum), *krimmen* (ungulis dilacerare), *krône* (corona); *krump* (curvus), etc.

kn. *knabe* (puer), *kneht* (servus), *knie* (genu), *knolle* (tuber), *knüpfen* (nectere), etc.

B. gutturale.

kk. geschrieben *ck.* *sacke* (sacco), *nacke* (collo), *smacke* (olfactu), *klacke* (fragore), *bracke* (canis), *hacke* (ascia), *vackel* (fax), *acker* (ager), *wacker* (sollers), *nacket* (nudus), *decke* (tegmen), *recke* (pugil), *stecke* (baculus), *flecke* (macula), *zwecke* (scopo), etc., außerdem in der Regel für *gg.*

kch oder *cch.* Nicht mehr mittelhochdeutsch, findet sich indefs noch mitunter für *ck*, als *ecche* (angulus), *dicche* (saepe), *rokch* (tunica).

C. dentale.

Die Verbindung *kt* (*ct*) entsteht häufig durch Synkope bei der Flexion des Verbs. Die Verbindung *ks* ist lautlich im Neuhochdeutschen vielfach vorhanden, wird aber niemals so geschrieben, sondern entweder durch *x*: *axe, axt, hexe, nixe*; oder durch *chs*: *lachs, wachs, flachs, wechsel, fechs, deichsel, ochs, luchs,* etc. Mittelhochdeutsch steht in diesen letzteren Fällen *hs*, dessen Aussprache vielleicht $= \chi s$ war. Vielleicht galt aber selbst damals schon die Aussprache *ks*; denn der Laut χs ist in den europäischen Sprachen äußerst unbeliebt; außerdem bietet J. die Schreibung *oxsso, wexsal, waxsmo,* was freilich auch nur landschaftliche Erhärtung sein kann.

D. labiale.

Nur die Verbindung *kw*, geschr *qu*. Beisp. *queln* (cruciare), *quil* (crucio), *quam* (veni), etc.; woneben auch *keln, kil, kam,* gilt. Nhd. hat sich in den meisten Fällen *qu* festgesetzt, nur in *kommen* ist sie durchaus dem einfachen *k* gewichen.

§. 136.

Das organische h im Hochdeutschen.

(*h, ch.*)

Auch dieser Laut hat im Hochdeutschen verschiedene Schicksale gehabt und wir müssen vor allem die äußeren

Symptome derselben aufführen, d. h. den graphischen Sachbefund feststellen.

A. Anlautend.

a) Vor Vokalen. Hier bleibt der organische Laut
nicht nur althochdeutsch, sondern auch in den späteren Perioden durchaus unangefochten. Beisp. *habên* (habere), *heizan*
(appellare), *hiar* (hic), *himil* (coelum), *houbit* (caput), *hôlôn*
(arcessere), *hulian* (obtegere), etc.

b) Vor Consonanten. Althochdeutsch anfangs noch
der organische Laut. Beisp. *hlahan* (ridere), *hlaufan* (currere), *hleitar* (scala), *hlosên* (auscultari), *hlôz* (propago), *hlût*
(sonorus), *hlûtar* (purus), *hrad* (rota), *hraban* (corvus), *hrahho*
(faux), *hrêo* (cadaver), *hrein* (limpidus), *hruom* (gloria), *hnaph*
(crater), *hnaccho* (collum), *hnigan* (incumbere), *hniosan* (sternutare), *hnuz* (nux), *hwer* [*]) mit seinen zahlreichen Ableitungen
als *hwannan* (unde), *hwio* (quomodo), etc., *hwas* (acutus),
hwedar (uter), *hweizi* (triticum), *hwenian* (quatere), *hwerban*
(redire), *hwila* (hora), *hwiz* (albus), etc. In Eigennamen
wie *Hluodowig*, *Hilperich*, etc. schreiben fränkische Urkunden
dafür *Ch*, also *Chlodowig*, *Chilperich*. – Seit dem 9. Jahrh.
fällt dieser Auslaut durchweg ab; also *lahhen*, *rad*, *nuz*, *Lu-
dewig*, etc.

B. Aus- und inlautend.

a) Nach Vokalen. Althochdeutsch bleibt der organische Laut sowohl auslautend als auch wenn dieser Auslaut
durch Flexion zum Inlaut wird. Beisp. *sah* (vidit), *falah*
(commendavit), *ferah* (vita), *walah* (italus), *slah* (percute),
hlah (ride), *joh* (et), *doh* (tamen), *noh* (adhuc), *duruh* (per),
nâh (propinquus), *lêh* (mutuum dedit), *zêh* (dixit, imputavit),
dêh (crevit), *lîh* (mutuum .da), *zih* (dic), *flôh* (fugit), *hôh* (altus), *dioh* (femur), *fliuh* (fuge), *siuh* (trahe), *huoh* (clamor),
scuoh (calceus); inlautend *sâhun*, *faldhun*, *ferahes*, *walahes*,
etc.; oder auch bei selbständigerem Inlaut: *fahan* (capere), *di-
han*, *sehan*, *ziuhan*, *fliuhan*, *giscehan*, etc.; hier oft mit Contraction: *fihila*, *fila* (lima); *bihil*, *bil* (momentum feriendi);

---

[*] Da *w* im Althochdeutschen meist durch *uu* gegeben wird, so sollte also
eigentlich *huuer*, *huuo*, etc. stehen, wie auch oft geschieht. Gewöhnlich jedoch
ist die einfachere Schreibung *huer*, *huo*; die freilich nicht correct ist, da das
einfache *u* sonst den einfachen Laut *v* ausdrückt. Wir zogen daher das spätere
Zeichen *w* vor.

mahal, mâl (signum); desgleichen vor Consonanten (*s, t*) als
ahsa (axis), *sahs* (culter), *fahs* (capillus), *flahs* (linum), *wah-
san* (crescere), *hahsa* (poples), *wihsila* (ccrasi species), *dihsila*
(temo), *ohso* (bos), *fuhs* (vulpes), *lihs* (lynx), *ahtô* (octo),
maht (vis), *naht* (nox), *ambaht* (ministerium), *beraht* (lucidus),
reht (jus), *chneht* (servus), *fehtan* (batuere), *gisihti* (visio),
wiht (res, nanus), *tohter* (filia), *suht* (morbus), *truhtin* (dominus), *lioht* (lux), *fûhti* (humiditas), die Präterita *mahta* (potuit), *tohta* (valuit), *dûhta* (visum est), etc. — Mittelhochdeutsch steht auslautend meist *ch,* welches aber inlautend wieder in *h* zurückkehrt, also *sach* (vidit) Plur. *sahûn;*
scuoch Gen. *scuohes;* etc.; und so auch überall bei den selb-
ständigeren Inlauten: *ohse, vuhs, wiht, suht,* etc. Neuhochdeutsch endlich bleibt ein Theil dieser *h* sowohl auslautend
als inlautend bestehen, und zwar in der Eigenschaft als spiritus
asper, demnach auslautend stumm; z. B. *fah, nahe, lieh, zieh,*
gedieh, floh, schuh; im Inlaut wird er bei sorgfältiger Rede
zwar gehört, also wirklich *fa-hen, na-hen, lie-hen,* etc.; bei
nur einigermafsen schneller verstummt er auch hier, man
spricht *fâ-en, nâ-en, li-en, zi-en,* etc. Vor wurzelhaftem *s, t*
jedoch tritt stets *ch* ein, also *ochse, fuchs, wicht, fucht.*

b) Nach Consonanten. Althochdeutsch selten, da
selbst in Fällen, wo man eine solche Verbindung erwarten
dürfte, z. B. *durh* (goth. *þairh*) lieber ein epenthetischer Vokal eingeschoben wird; indefs findet man allerdings einigemal
durh (per), *ferh* (vita), *walh* (itali), also mit dem organischen
Zeichen; inlautend ebenso *ferhes, walhes.* Mittelhochdeutsch steht auslautend auch hier lieber *ch,* inlautend wieder *h,* also *durch; verch, verhes; walch, walhes;* auch vor
Consonanten: *vorhte* (timor). Neuhochdeutsch überall
ch: durch, furcht.

§. 137.
Rückblick auf org. h, k vom phonetischen Standpunkt.

1. Eine Umgrenzung des Lautwerthes der Zeichen *h,*
hh, ch, chh, cch, für die ältere Sprachperiode scheint uns auf
dem bis jetzt gewöhnlich befolgten Wege unmöglich. Die Momente nämlich, welche dabei ins Spiel kommen, sind zunächst:

a) die Zeit. Es liegt hier eine stetige Lautentwickelung vor, von welcher sich also nur einzelne Momente festhalten lassen.

b) der Ort. Jene Entwickelung ist einerseits nach den verschiedenen Landstrichen verschieden, andrerseits selbst in den Gegenden, welche eine und dieselbe durchmachen, nicht immer eine gleichmäfsig fortschreitende.

Beide Momente an den Verhältnissen einer lebenden Sprache zu fixiren, setzt schon sehr bedeutende Mittel voraus; doch ist diese Aufgabe allerdings lösbar und die heutige Dialektforschung unterzieht sich ihr mit anerkennungswürdigem Eifer. Für jene ältere Periode kann jedoch die Untersuchung blos auf Grund von Handschriften geführt werden, Handschriften, welche jedes andern Correctivs als des der lateinischen Schulgelehrsamkeit entbehrend, in den für uns wichtigsten Stellen fast gänzlich dem individuellen Tact des Schreibers überlassen sind. Das Nächste, was hiernach geschehen müfste, wäre eine Sichtung der Handschriften vom phonetischen Standpunkt, also nach einem dreifachen Princip: *a*) nach der Zeit, *b*) nach der Provinz, *c*) nach ihrem Werth, d. h. der aus zweifelloseren Lautregionen zu beurtheilenden Umsicht und Sorgfalt des Schreibers; damit nicht individuelle Schwankungen dem Zeitalter oder dem Landstrich beigemessen werden. — Was ist bisher in diesen drei Richtungen geschehen?

Unter solchen Umständen dürfte die Lösung der Aufgabe denn doch in sehr unsichere Ferne rücken und wir unsrerseits erwarten in der That auf diesem Wege nur wenig. Viel lohnender erscheint uns ein anderer, der auf folgenden zwei Voraussetzungen beruht: 1) keine zeitliche Veränderung erfolgt in den Lautverhältnissen ohne einen gewissen bleibenden Rückstand zu hinterlassen; 2) die räumlichen (mundartlichen) Verhältnisse ändern sich im Laufe der Zeit nur wenig. — Giebt man Beides zu, dann wird es möglich, aus dem Lautverhalten der jetzigen oberdeutschen Mundarten Rückschlüsse der weitreichendsten Art auf die der früheren Zeit zu machen, und die nächste Aufgabe besteht eben nur darin, jene Mundarten lautlich kennen zu lernen. Wenn es gelingt, auf diesem Wege und wo möglich mit Hinzuziehung des ersteren auch nur die Lautbezeichnung der wichtigsten althochdeutschen Denkmäler (Isidor, Kero, Tatian, Otfried, Notker) zu verstehen, so wäre dies ein bleibender Gewinn für die Sprachforschung. Jede allgemeine Theo-

rie *) mufs bis dahin des rechten Haltes entbehren; und wir
glauben darauf verzichten zu müssen eine solche zu geben.

2. Man nehme also die hier folgenden Andeutungen
nicht für ein System, sondern für einzelne Wahrnehmungen
die sich uns aufgedrängt haben, und deren Lücken wir selber nur allzuwohl fühlen.

a) Ursprünglich und bis ins 9. Jahrh. besáfs die althochdeutsche Sprache, gleich der gothischen, weder einen wirklichen Spiritus asper, noch ein wirkliches χ; sondern ihr h war
jener in den minder abgeschliffenen Sprachen noch heute herrschende Mittellaut zwischen beiden: etwa das slawische h;
wir wollen denselben mit h' bezeichnen. Im Laufe der Zeit
aber wurde dieser Schwebelaut vor Vokalen immer leichter,
zuletzt zum reinen Spiritus asper, ein Prozefs den uns ja das
Lateinische (vom Umbrischen bis Französischen) in noch weiterem Gange (bis zum Verstummen) vorgemacht hat; vor Consonanten fiel er entweder gänzlich ab (im Anlaut), oder ver-
dichtete sich zu χ; dies letztere geschah auch im Auslaut.
Geschrieben wurden jedoch beide Laute, der Spiritus
asper und das χ, Anfangs immer noch mit demselben Zeichen, nämlich mit h. In manchen Gegenden Oberdeutsch-
lands spricht man noch heute seχen (videre), geχen (ire), ste-
χen (stare); vgl. Stalder, p. 58. Schmeller, 495.

b) Inzwischen hatte aber auch das organische k eine
Störung erlitten; es war zu der Affrikaten khχ geworden. Die
Bezeichnung dieser letzteren konnte in der Hauptsache nicht
zweifelhaft sein; längst schon wurde der Laut k nach lateinischer Orthographie mit c geschrieben; der ihm folgende
gutturale Nachhall war, je nach dem Stadium des Affrikationsprozesses, entweder ein Mittellaut zwischen Spiritus asper
und h', oder dieses h' selbst, oder ein Mittellaut zwischen

---

*) Das Beste, oder vielmehr das Einzige, was wir in dieser Hinsicht be-
sitzen, ist das Buch R. v. Raumer's: „Aspiration und Lautverschiebung" (1837),
wie wir denn auf die Untersuchungen dieses Forschers hiermit dringend hinweisen;
er war der Erste, welcher den Unterschied zwischen Laut und Schrift nach-
drücklich hervorhob. Wenn wir gleichwohl seiner Darstellung nicht überall oder
eigentlich in der Hauptsache nicht beizustimmen vermögen, so beruht dies auf
unserm Zweifel gegen seinen Ausgangspunkt, nämlich die Theorie der Lenes, welche letzteren nach Raumer nichts Anderes sind als minder stark gehauchte Fortes.
Hieraus ergiebt sich ihm dann, neben der von uns aufgestellten, auch noch eine
andere Affrikationsreihe: *Fortis — Affricata fortis — Affricata lenis — Lenis*,
welche wir von unserm Standpunkt aus nicht zugeben können. Vgl. a. a. O. §. 82,2.

ihm und χ; in allen diesen Fällen empfahl sich als das passendste Zeichen dafür der Buchstabe h, welcher ja ebenfalls die ganze Reihe der Laute zwischen h und χ auszudrücken hatte. So entstand denn das berühmte, fast möchten wir sagen berüchtigte Zeichen ch, hier noch einstweilen mit der Aussprache $kh\chi$, wobei man die verschiedenen Schattirungen dieses Lautes auf sich beruhen lassen darf. Gewifs hingen dieselben nicht blofs von der Zeit, sondern auch vom Landstrich ab; er mochte bald mild, bald mehr kratzend, bald mehr gurgelnd, bald sogar mehr schnarrend klingen, wie noch heute in der Schweiz sich diese Abstufungen desselben oder des ihm so nahe verwandten $k\chi$ wahrnehmen lassen.

c) Aber der Affrikationsprozefs schritt weiter fort; der Laut $kh\chi$ theilte sich in zwei andere: den Diphthongen $k\chi$ und die Fricativa χ. Wie sollte man sie bezeichnen? Nun, die letztere hatte man ja auf anderem Wege bereits erhalten und sie da mit h geschrieben, dasselbe geschah also auch hier. Ganz gleich wird der Laut beider χ noch lange Zeit hindurch nicht gewesen sein; das aus k entstandene mochte derber klingen, besonders zwischen Vokalen bei vorangehender Kürze, wo jetzt das hochdeutsche Idiom sich zur Gemination zu neigen begann; man schrieb hier also hh, z. B. *sahha, mihhil, lohhe*, etc.; so gut wie in demselben Falle zz und ff. Dafs auch bei vorangehender Länge häufig hh steht, darf nicht befremden, da ja auch Formen wie *mazze, schuoffen*, etc. keinesweges selten sind. Allerdings findet sich hh ganz besonders häufig und wir erklären uns dies aus dem mehr und mehr zunehmenden Gefühl, dafs das Zeichen h für den Laut χ nicht recht passe. Jedermann schrieb *sâhun, wihan, dîhan*, etc., wo das h lediglich Spiritus asper war; durfte man jetzt noch *sprâhun, seihan*, etc. mit gutem Gewissen setzen, wo das h als χ lauten sollte? So gerathen denn die Meisten auf ein sehr natürliches Auskunftsmittel: sie setzen hh, welches ihnen durch die Schreibung *sahha*, etc. an die Hand gegeben wurde; man hatte sich durch die überwiegende Anzahl der Wörter mit kurzem Vokal gewöhnt, den Laut χ mit hh geschrieben zu sehen, und war deshalb zuletzt geneigt, ihn immer so zu geben; ganz so wie die gothischen Schreiber den Laut $ñ$ oft durch gg ausdrückten, weil sie das einfache, möglicherweise auch anders zu deutende g dafür nicht verwenden wollten, und Wörter wie *laggs*, *briggan*, etc. ihnen als regelgebend vorschwebten. Die häufigste Lautverbindung mufste in beiden Fällen als Zeichen des Lautes selbst dienen *).

d) Was den zweiten Laut betrifft, in welchen sich die Affrikation *khχ* auflöste, nämlich den Diphthongen *kχ*, so blieb ihm zunächst das Zeichen jener Affrikata selbst, nämlich *ch* **); wie denn in der Schweiz, wo derselbe heute noch gilt, auch diese Bezeichnung geblieben ist, wenn man die dialektische Aussprache angeben will: *chlein*, *chrieg*, etc. — In den niedriger gelegenen Landstrichen verschwand indefs dieser Laut allmälig und an seine Stelle trat wieder die alte organische Fortis, die man denn natürlich auch wieder mit ihrem gewöhnlichen Zeichen: *k* oder *c* schrieb. Wann dies geschehen, ist schwer zu sagen; wir möchten sogar diese Frage ganz ablehnen; die Zeit ist hierbei offenbar weniger einwirkend als der Raum. Wir sahen eben, dafs in manchen Gegenden noch heut der Laut *kχ* gilt; es wäre möglich, dafs er in andern, ebenfalls oberdeutschen (von niederdeutschen versteht es sich von selbst) niemals recht zum Durchbruch kam, wie denn ja manche Denkmäler an der entscheidendsten Stelle: im Anlaut, immer *k*, niemals *ch* bieten.

e) Sobald nun aber einmal im Grofsen und Ganzen einerseits der Laut *kχ* verschwunden war, andrerseits die beiden etymologisch verschiedenen Arten des *χ* (das aus *h* und das aus *k*) sich einander bedeutend genähert hatten und von dem Spiritus asper auch für das stumpfeste Ohr verschieden waren; da machte sich denn das bisher nur unvollkommen befriedigte Bedürfnifs nach einem eigenen Zeichen für diesen Laut *χ* aufs dringendste geltend. So kam es denn, dafs man jenes bisher übliche *hh* aufgab und statt seiner das nunmehr vakant gewordene Zeichen *ch* einführte.

f) Schwierig ist zu bestimmen, wann die beiden Arten

---

*) Raumer will *hh* als das rein gutturale *j* unseres Alphabets aufgefafst wissen (denselben Laut, welchen P. Wackernagel dem einfachen *h* zutraut): wir vermochten jedoch nicht uns von der Nothwendigkeit dieser Annahme zu überzeugen.

**). Interessant erscheint die zuweilen auftretende Schreibung *chh*, welche wir nicht etwa als *ch* + *h*, sondern als *c* + *hh* deuten. Man hatte sich so sehr daran gewöhnt, die Fricativa durch *hh* zu geben, dafs man sie selbst in dem Diphthongen so schreiben zu müssen glaubte. — Das sich zuweilen findende *hch* scheint aber die eigentliche Affricate zu bedeuten.

des χ (das aus *k* und das aus *h* entstandene) als völlig einander amalgamirt zu betrachten seien. Aus dem Umstande,
daſs mittelhochdeutsch auslautend in beiden Fällen *ch*, inlautend aber nur im ersten *ch*, im zweiten noch *h* steht, müſste
geschlossen werden, daſs jene Vereinigung im Auslaut früher
stattgefunden als im Inlaut, was auch keineswegs unwahrscheinlich. Wenn nur die Thatsache selbst nicht so viele Ausnahmen böte, welche mindestens ein groſses Schwanken in
dieser Hinsicht verrathen. Hier thäte eine Sichtung des hand-
schriftlichen Thatbestandes dringend Noth; denn die Drucke
befolgen meist die Grimm'sche Regel, was freilich im Inter-
esse der correkten Gleichförmigkeit wünschenswerth erscheint,
aber die Beurtheilung der Lautverhältnisse natürlich nicht
fördert.

3. Daſs der Gewinn, den man durch die Einführung
eines eigenen Zeichens für den Laut χ gemacht, durch die
unpassende Wahl dieses Zeichens, nämlich ein zusammengesetztes für den einfachen Laut, sehr getrübt wird, liegt auf
der Hand. Die Sache wird um so ungünstiger, als man in
Deutschland seit dem ominösen 17. Jahrh. einen pedantischen
Respekt vor dem Geschriebenen, einen.sehr geringen vor
dem Gesprochenen zeigt, und deshalb unzweckmäſsige
Schreibungen nur allzu leicht irrige Lauttheorien im Gefolge
haben. — Schon J. Grimm hat es anerkannt, wie wünschenswerth für unsere Sprache statt des *ch* ein einfaches
Zeichen, etwa χ, wäre. Möchte es ihm doch gefallen haben,
dasselbe in seinen Schriften anzuwenden! Das Gewicht seines
Namens wäre hinreichend gewesen, den urtheilslosen Spott
niederzuschlagen, und Nachfolge wäre hier so wenig ausge-
blieben, wie bei seinen andern, mindestens ebenso kühnen,
phonetisch aber weniger gerechtfertigten Neuerungen *). Was
ihm ein Leichtes war, dürfen Andere nicht wagen; Jahrhun-

---

*) Wir denken hier besonders an den Gebrauch des $\mathfrak{z}$. In wie vielen wis-
senschaftlichen Schriften finden wir dasselbe eingeführt! Durchdringen konnte
es nicht, weil es bloſs etymologisch, nicht phonetisch richtig war; in zwanzig
Jahren wird kein Mensch mehr *Waʒʒer*, *haʒʒen*, *auʒ*, *kreiʒ*, etc. schreiben, wie
es denn Grimm selbst nicht mehr thut; aber *Saχχe*, *laχχen*, *Faχ* (nach neuhochdeutscher, allerdings nicht phonetischer, Regel eigentlich *Faχχ*) hätte, nachdem
sich die erste Verwunderung gelegt, Geltung gewinnen können, weil zuletzt sich
am Ende doch Jeder überzeugt hätte, daſs er dabei nichts Anderes schreibt als
was er spricht.

derte können vergehen, ehe gerade auf diesem Felde so viel
Liebe und Ehrfurcht sich zum zweiten Male auf Einem
Haupte sammelt und die Schaar der Strebenden so willig den
Spuren Eines Meisters folgt. Möchte die Vereinigung Vie-
ler ersetzen, was der Kraft des Einzelnen abgeht!

§. 138.
Hochdeutsches j.

Alt- und mittelhochdeutsch wird dieser Laut gemäß der
nun einmal maßgebenden lateinischen Orthographie durch das
Zeichen des Vokals *i* mit vertreten. Daß indeß diese graphische Vermischung keine lautliche oder doch wenigstens
keine streng lautliche war (denn etwas vocalischer als unser *j* mag der betreffende Consonant im Althochdeutschen
denn doch wohl geklungen haben), stützt Grimm dadurch,
daß das althochdeutsche Zeichen *i* nur an solchen Stellen,
wo wir aus historischen Gründen dafür *j* setzen dürfen:
1) Synkope und Apocope erleidet; 2) zuweilen in *g* übergeht; ·3) später erhalten bleibt, d. h. zwar *ia, io, iu*, nicht
aber *ja, jo, ju*, in *ie, eu* verwandelt wird. Es findet sich aber
dieses *j* überhaupt nur an- und inlautend, niemals auslautend.

A. Anlautend. Nur in wenigen Wörtern, als *jâ, jâr,
jâmar, jagôn, jehan* (dicere), *jenêr, jefan* (fermentescere), *jetan,
joh* (et), *joh* (jugum), etc. Einige, namentlich K. O. T. verwandeln dasselbe vor *e* und *i* in *g*, also *gehan, genêr*, etc.;
sobald aber in diesen Wörtern durch Ablaut der Vokal in *a*
oder *â* übergeht, schreiben sie wieder *j*, also *gehan* (dicere),
Präs. *gihu, gihis*, etc., aber Prät.*jah*, Plur.*jâhun*. Vermuthlich
war der consonantische Laut vor den hellen Vokalen bestimmter und kräftiger, als vor den übrigen; man fühlte die
Nothwendigkeit, ihn von dem Vokal *i* zu scheiden, und wählte
in Ermangelung eines eigenen Zeichens den phonetisch nächst-
liegenden Buchstaben, d. i. *g*.

B. Inlautend. Es läßt sich schwer entscheiden, ob hier
wie im Gothischen das *i* stets zu *j* wurde, sobald vokalische
Flexion darauf folgt; die Wahrscheinlichkeit spricht dafür;
die Meisten schreiben also, wo es sich nicht etwa um graphische Treue handelt: *nennjan, hôrjan*, etc. Mhd. sind
sehr viele dieser *j* abgefallen oder auch wohl zu *g* geworden;
nur nach langem Vokal halten sie sich: *blüejen* (florere), *brüe-*

jen (aqua fervida profundere), *glüejen, müejen, saejen,* etc.
Nhd. schwinden auch diese, theils in *h* übergehend, theils
ganz abfallend; vergl. einerseits *bluehen, bruehen,* etc.; andrerseits *saeen,* etc. Zuweilen spricht man auch die ersteren
blofs *blueen, brueen,* etc.

§. 139.
Hochdeutsches q.

Dieser Mischlaut findet sich auch im Althochdeutschen
und seine dortige Schreibung giebt sowohl für sein Wesen
als über die Sorgfalt, mit welcher die althd. Schreiber die
Laute überhaupt zu fixiren suchten, ein interessantes Zeug-
nifs ab. J. schreibt ihn *quh,* z. B. *quhad* (dixit), *quhâm* (venit); K. schreibt *qhu,* z. B. *qhuat, qhuidit;* Andere wechseln
mit *quh* und *qhu;* noch Andere schreiben *chu;* O. und T.
endlich *qu,* was für die spätere Zeit mafsgebend geblieben
ist. Vor *u* kann dieser Mischlaut aus phonetischen Gründen
nicht stehen (vergl. §. 53) und in der That finden wir, dafs in
diesem Falle sämmtliche Schreiber ihr betreffendes Zeichen
in *ch* oder *k* übergehen lassen, also *chumft* (J. K.), *kumft* (O. T.).
Nur Notker scheint seltsamer Weise jenen Mischlaut gar
nicht zu kennen; er schreibt in allen Fällen *ch,* also *chedan,
chat,* etc.

§. 140.
Hochdeutsches d.

1. Das althochdeutsche *d* entspricht im Allgemeinen dem
goth. *þ.* Das nähere Verhältnifs in den einzelnen Hauptdenk-
mälern ist Folgendes:

a) Isidor bewahrt noch den organischen Laut und schreibt
ihn *dh.* Beisp. anlautend: *dhu, dhêh, dhir, dhri, dheod;*
inlautend: *nidhar, widhar, werdhan, -idha;* auslautend:
wardh, chindh, leidîdh, etc.

b) Kero, die Hymnen, gloss. mons. schreiben durchweg
dafür *d,* also *du, dih, dir, dri, nidar, widar, werdan, ward,
chind,* etc.

c) Otfried und Tatian schreiben im Anfang der Worte
th, also *thu, thin, ther,* etc; im In- und Auslaut setzen auch
sie dafür *d,* also *werdan, ward,* etc.

d) Notker hat wieder seine Lautabstufung, d. h. er schreibt (ganz wie bei dem organischen *d*) auch hier nach Vokal und Liquida *d*, sonst *t*, also *den dorn*, aber *des tornes*; vergl. §. 51, 5. In- und auslautend steht *d*.

2. Mhd. gilt durchweg *d* für goth. *þ*. Als besondere Eigenthümlichkeiten merke man jedoch:

a) Die starken Verba auf *id* und *ied*, dem gothischen *eiþ, iuþ* entsprechend, verändern *d* in *t* nicht blos nach dem allgemeinen Lautgesetz im Auslaut, sondern auch inlautend, sobald sie durch Ablaut kurzen Vokal bekommen; z. B. *sniden, snidet, sneit, snite, sniten, gesniten*; *sieden, siedet, sôt, sute, suten, gesoten**). Dies gilt auch schon im Althochdeutschen.

b) Dafür bleibt — eine andere Ausnahme gegen die Lautverschiebung — das organische *d* öfters hinter Liquida erhalten, weil diese progressiv erweichend wirkte; vergl. §. 51, 5 (am Schluſs). In der inlautenden Verbindung *nt* ist durchaus *d* eingedrungen, also nur *kindes, finden, senden*, etc., ja selbst bei *winter*, wo *t* ursprünglich ist (goth. *vintrus*), findet sich die Nebenform *winder* ein, die jedoch später wieder erlischt.

c) Bei Inklination pflegt *d*, wenn es an den Auslaut *s* stöſst, in *t* übergehen, also *bistu* (es), *listu* (ligis), *destu* (des du), etc. Offenbar homorgane Assimilation, hervorgerufen durch die Fortis *s*.

d) Inlautendes *d* fällt aus, wenn ein *t* der Flexion nachfolgt; etwas was natürlich nur dann geschehen kann, wenn das *e* der Flexion synkopirt wurde; also *schat* (für *schadet*), *gesmit* (f. *gesmidet*), *gekleit* (f. *gekleidet*), *ermort* (f. *ermordet*), *geschant* (f. *geschendet*). Die Verbindung *dt* ist dem Mittelhochdeutschen gänzlich fremd, weil sie eben blos etymologischen, nicht phonetischen Werth hat. Erst im 14. Jahrh. tauchen Formen auf wie *verkundt, gewendt, meldt*, etc. (vrgl. D. W. II, 644.

3. Nhd. hat sich in einigen Fällen *d* statt *t* eingebürgert: *docht* statt oder doch neben *tocht*; *dichten, dunkel*, wäh-

---

*) Was ist wohl die Ursache dieser interessanten Erscheinung? Wahrscheinlich sprach man hier schon mit Gemination; *snitte, gesnitten*, etc.; wäre nun *d* geblieben, so hätte sich die dem Hochdeutschen so unangenehme Doppellenis ergeben: *snidde, gesnidden*; und diese wurde vermieden.

rend Luther noch *tichten, tunkel* schreibt; *dumm* für das mhd.
tump, noch bei Simpliciss. *tumm*, und ebenso in unserer
Volkssprache; desgleichen allgemein *dungen* statt des mhd.
tungen. Mundartlich reichen diese Schwankungen viel weiter: *delben, telben* (fodere), *dengeln, tengeln* (acuere); etc.
und die Schriften des 14.—17. Jahrh. (vergl. besonders die
von S. Brandt, der den Uebergang des 15. in das 16. Jahrhundert macht) geben sie auch meistentheils graphisch wieder. — Das im Mittelhochdeutschen gar nicht vorkommende
dt wird im spätern Mittelalter mit einer Art Vorliebe gebraucht, selbst da, wo gar keine Zusammensetzung vorliegt,
wie *landt, freundt, feldt, erdtreich*, etc.; bei Hans Sachs findet es sich auf jeder Seite, während Luther es ganz fern
hält, wie er denn überhaupt die Orthographie mit Sorgfalt
behandelt, und in zweifelhaften Fällen sogar meist dem phonetischen statt dem etymologischen Prinzip folgt. Allmälig
verlor sich denn das Monstrum auch wirklich bis auf zwei
Fälle *tödt* (mortuus) und *stadt* (urbs), weil man das erstere
von *töd* (mors), das letztere von *statt* (in loco) wenigstens
für das Auge glaubte trennen zu müssen; mhd. galt *tôt, tô-
tes* (Adj.); *toeten* (Verb.); *stat* (in beiderlei Sinne). Die Syn-
kopirung der Silbe *det* ist im Neuhochdeutschen verpönt, wenigstens schriftmäßig; es gilt durchaus nur *geschadet, gere-
det, gewendet*, etc.; Volkssprache und schnelle Rede setzen
sich freilich darüber weg und bilden *geschat, geret* (oder nach
neuhochdeutscher Regel: *geschatt, gerett*), *gewent*; sicherlich
würde aber Jeder, der diese verkürzten Formen zu schreiben hätte, sie nicht nach der hier soeben befolgten phonetischen Methode geben, sondern durchaus glauben *geschadt,
geredt, gewendt* setzen zu müssen, damit ja vermittelst des
Auges daran erinnert werde, daß diese Formen von *schaden,
reden, wenden* herkommen. Ob dies „logische Genauigkeit"
oder „ängstliche Klauberei" sei, läßt sich für solch einzelne
Fälle gar nicht behaupten; es kommt Alles darauf an, ob
man dem Prinzip der etymologischen oder der phonetischen
Schreibung den Vorzug giebt; jenes huldigt dem Auge, dieses dem Ohr. Wir unsrerseits haben uns nur die Aufgabe
gestellt, den Gegensatz recht klar hervorzuheben und auf das
Verhältniß hinzuweisen, in welchem man in den verschiedenen Perioden unserer Sprache zu demselben gestanden hat.

4. Consonantische Verbindungen.

a) liquide. Nur *dr. draben* (equitare), *draejen* (versare), *dri* (tres), *driezen* (pigere), *drillen* (volutare), *droschel* (turdus), *drümen* (frangere), etc.

b) gutturale. —

c) dentale. Das im Althochdeutschen zuweilen begegnende *dd*, als *chledda* (lappa), *leddo* (argilla), etc. hat mittelhochdeutsch aufgehört. Neuhochdeutsch ist es in einigen Wörtern aus dem Niederdeutschen eingedrungen.

d) labiale. Nur *dw.* Althochdeutsch wird diese Verbindung *du* geschrieben, z. B. *duahan* (lavare), *duingan* (cogere), etc.; die ältesten mittelhochdeutschen Denkmäler haben sie auch noch, schreiben sie aber *dw*; z. B. *dwahen, dwingen, dwehele, dwerch*, etc. Im 13. Jahrh. wird daraus auffallender Weise *tw*, also *twahen, twingen, twehele, twerch*, und aus diesem endlich nhd. *zw*, also *zwingen, zwerch*; so dafs die jüngste Periode wieder auf den Standpunkt des Gothischen ($p = z$) gelangt ist, also hier ein vollständiger Kreis durchlaufen wurde.

§. 141.
Hochdeutsches t.

1. Das ahd. *t* entspricht im Allgemeinen dem goth. *d.* Das nähere Verhältnifs ist folgendes:

a) Isidor bewahrt das organische *d* und setzt nur im Auslaut *t,* also ganz analog seiner Behandlung der Gutturalen; Beisp. *dôdan, duom, duri, worde, hendi*, etc.; aber *wòrt, heit*, etc., Gen. *wordes, heidi.*

b) Kero, die Hymnen, gloss. mons. und hrab. etc. schreiben durchaus *t*, also *tac, teil, tôtan, tuom, henti* (manus), *wort-wortes, heit-heiti*, etc.

c) Otfried behält im Anlaut das organische *d*, im In- und Auslaut setzt er häufiger *t*, also zwar *dag, deil, diuri, dragan, drinken*; aber *hant-henti, wort-wortes*, etc., obschon mit mancherlei Ausnahmen.

d) Tatian schreibt auch im Anlaut in der Regel *t*; im In- und Auslaut dasselbe Schwanken wie bei Otfried.

e) Notker hat hier nicht seine Lautabstufung, d. h. er setzt **nicht** nach Vokal und Liquida *d*, nach andern Consonanten und zu Anfang des Satzes *t*; sondern vielmehr gleichförmig *t*; also nicht etwa *den dag, des tages*; sondern *den tag, des tages.* Vergl. §. 51, 4.

2. Das Schwanken zwischen *t* und *d*, so wie die gegen allgemeinere Regeln erfolgende gegenseitige Vertretung dieser beiden Laute im Mittelhochdeutschen und später, ist bereits beim *d* angegeben. Dagegen sei hier das im Neuhochdeutschen noch immer übliche Zeichen *th* erwähnt. Daſs dieses keine Aspirata im Sinne des sanskritischen, auch keine Affrikata im Sinne des englischen und neugriechischen *th* bezeichnet, sondern ganz und gar nichts anderes als ein einfaches *t* vorstellt: dies braucht den Lesern dieses Buches wohl nicht erst gesagt zu werden. Wir erinnern jedoch hier noch ausdrücklich daran, daſs dieses *h* nichts als das schon besprochene Dehnungszeichen ist, vergl. §. 21, 4; also ganz analog dem in *wahl, wahr, wahn*, etc. nur daſs es, wenn *t* vorangeht oder folgt, seinen gewöhnlichen Platz verläſst und sich zum *t* gesellt, also statt *tahl, teihl, tohr, tuhn, tuhm*; *raht, meht, roht, wuht*, etc., nunmehr *thal, theil, meth, roth*, etc. gesetzt wird; steht *t* sowohl v o r als n a c h, so gesellt sich das *h* zum vorderen, also *taht* (factum, mhd. *tât*) wird zu *that* nicht *tath*. — Im späteren Mittelalter ganz besonders aber im 16. und 17. Jahrh., findet sich diese Wirrniſs, nämlich das Schwanken zwischen den Formeln *TAL*, *TAAL*, *TAHL*, *THAL*, *TALH**), nicht blos beim *t*, sondern bei a l l e n Consonanten, am stärksten allerdings, wenn auf den Vokal eine Liquida folgt **). Daſs die sonst glücklicher Weise aufgegebenen beiden Formeln *THAL* und *TALH* gerade nur für das Zeichen *t* sich festgenistet haben, ist allerdings befremdlich, und wir können es uns nur daraus erklären, daſs die stete Erinnerung an das griechisch-lateinische *th* hier eingewirkt hat, welche bei den übrigen Consonanten nicht vorhanden war. Früher pflegte man auch logische Unterschiede dadurch auszudrücken; z. B. *gut* (bonum), aber *Guth* (praedium); *Hut* (pileus), aber *Huth* (tutela); u. dgl. m.

---

*) *T* bezeichnet hier einen Consonanten schlechthin, *L* insbesondere eine Liquida, *A* jeden beliebigen Vokal.

**) Einige Beispiele, wie sie uns gerade zur Hand sind· *jhar, jhäling, jhänen, ghen, khün, rhum, kahm; schwahn, vihl, vhul; muht, mhut, muth; mhagd, mahgd, magdh; mhü, müh; rhu, ruh; jhugend, juhgend; mher, mheer, mehr, meer, mer* (mare), etc. etc. — In einigen, leider sehr spärlichen, Fällen, hat die neuhochdeutsche Orthographie sich von diesem Wust befreit: *schwan, kam, klar*, etc. vergl. §. 21, 4; d, 1.

3. *Consonantische Verbindungen.*

a) liquide.

Nur *tr. traben* (currere), *tragen* (portare), *traege* (piger), *treten* (calcitare), *treffen* (ferire), *triefen* (stillare), *triuwe*
(fides), *tropfs* (gutta), *troum* (somnium), *trüebe* (nubi-
lus), *truht* (copia), etc.

b) gutturale. —

c) dentale.

tt. 1) gothischem *di* oder *dj* entsprechend. *bette* (lectus,
goth. *badi*), *matte* (mappa), *kette* (sepimentum, catena), *wette* (pignus), *bitten* (rogare), *hütte* (tugurium),
mitter (medius), *dritter* (tertius), *schutten* (quatere), *retten* (eripere); 2) gothischem *t* entsprechend: *bitter*
(amarus, goth. *baitrs*), *otter* (lutra, ahd. *otar*, angels. *otor*).

tз. Dafür ein eigenes Zeichen: *з*, welches freilich noch
einen andern Laut mit vertreten muſs; vgl. §. 142, 3
зabel (ludus), *зage* (ignarus), *зehen* (decem), *зiehen*
(trahere), etc. Die Gemination wird *tз* geschrieben.

d) labiale.

Nur *tv.* 1) dem goth. *dv* entsprechend: *twâle* (mora), *tweln*
(morari), *twalm* (torpor), *twas* (hebes), *twerc* (nanus);
2) dem goth. *þv* entsprechend, also für hochd. *dv*
eintretend; vergl. dort. — Neuhochd. gehen beide
Arten des *tv* in *зv* über; z. B. *зwerg*, *зwingen*.

§. 142.

Hochdeutsches з, зз (tз, зз, з).

(Organisches t.)

Wir stehen hier vor einer scheinbar verworrenen, in
Wahrheit einfachen und uns bereits aus anderen Fällen bekannten Lautentwickelung. Die Schwierigkeit liegt nur in
der Vielheit und Unzweckmäſsigkeit der Zeichen; sie schwin-
det, sobald man den Muth hat sich fest auf den phonetischen
Standpunkt zu stellen, d. h. den Laut als das primäre und
wesentliche, sein Zeichen als das secundäre und accidentelle
Moment nicht blos allgemeinhin anzuerkennen (was eben Jeder thut), sondern in dem hier vorliegenden concreten Falle
das Prinzip selbst consequent anzuwenden.

1. Dem organischen (goth. niederd. nord.) *t* entspricht im Hochdeutschen nur äufserst selten ebenfalls *t*, nämlich blofs in den Verbindungen *ht, ft (pt), st* und *tr*; z. B. *maht* (goth. *mahts*), *luft* (goth. *luft*, altn. *lopt*), *stein* (goth. *stains*), *tretan* (goth. *trudan*). In allen übrigen Fällen steht dafür alt- und mhd. *z*, geminirt *zz*. Beisp.

A. Anlautend: *zagal* (cauda, goth. *tagl*), *zahar* (lacrima, goth. *tagr*), *zehan* (decem, goth. *taihun*), *zeihhan* (signum, goth. *taikns*), *zunga* (lingua, goth. *tuggó*).

B. In- und auslautend.

a) Nach Consonanten (*l, r, n*): *holz* (lignum, angels. *holt*), *herza* (cor, goth. *hairto*), *lenzo* (ver, vergl. angels. *laenten*. Mittelhochdeutsch bei der hier herrschenden Synkope häufiger, z. B. *hirz* (cervus, ahd. *hiruz*), *erz* (aus *erez*), auch nach andern Consonanten: *elbz* (cygnus; aus *elbez*, ahd. *albiz*).

b) Nach Vokalen.

α) Organischem *tt* oder *tj* entsprechend: *scaz* (thesaurus, goth. *skatts*), *nezi* (rete, goth. *nati*, Them. *NATJA*); *Azilo, Ezilo* (lat. *Attila*).

β) Einfachem *t* entsprechend: *daz* (id, goth. *þat*), *guotaz* (bonum, goth *gódata*); *fuoz, fuozes* (pes, goth. *fótus*); *wazar, wazzar* (aqua, goth. *vató*). Mittelhochdeutsch wird es inlautend nach kurzem Vokal fast stets verdoppelt, also zwar *az, dzen*; aber *beiz, bizzen* (ahd. noch gewöhnlich *bizen*). Nach diesen *zz* wird Synkope stets unterlassen, also nur *hazzete*, nicht *hazte*.

2 Dabei drängen sich indefs theils in der ältern Sprache selbst, theils im Verlauf der weitern Entwickelung folgende Eigenthümlichkeiten auf:

a) Der Uebersetzer des Isidor schreibt zwar im Allgemeinen ebenfalls *z*, gem. *tz*; nur bei der letzten unter *β)* verzeichneten Gruppe setzt er diese Zeichen nicht, sondern *sf*, geminirt *sff*; z. B. *dhasf, wasffar*, etc.

b) Grade in diesem letzten Falle wird, wenn auch helle Vokale folgen, niemals die Schreibung *c* angewendet, selbst nicht in den Denkmälern, welche anlautend statt *ze, zi* stets *ce, ci* setzen.

c) Die mittelhochdeutschen Reime verbinden die *z* der erwähnten Gruppe niemals mit denen der andern, wohl aber

18 *

zuweilen mit blofsem *s*, z. B. *maz*: *genas*, *amfortas*: *saz*, *gras*: *gas* (sämmtlich aus Parzivál); *wis* : *flts* (Flore), *strúz* : *hús* (M. S.), etc.; der sorgfältige Konrad jedoch hat solche Reime auch nicht; inlautend, z. B. *kissen* : *giszen* (Tit.) sind sie überhaupt höchst selten.

d) Nhd. spaltet sich dieses alt- und mittelhochdeutsche *z* in folgende Zeichen:

1) *z*, gesprochen *ts*. So überall, mit Ausnahme jenes Falles unter *β)*.

2) *sz* (auch *fs* geschrieben), z. B. *Nusz*, *Nufs* (mhd. ahd. *nuz*).

3) *ss*, z. B. *Wasser*, *hassen* (mhd. *wazzer*, *hazzen*; ahd. *wazar*, *hazôn*).

4) *s*, z. B. *das*, *aus* (mhd. ahd. *daz*, *ús*).

5) *sch*, z. B. *Hirsch* (mhd. *hirz*, ahd. *hiruz*).

3. Aus diesen vier Thatsachen zieht J. Grimm den Schlufs, dafs das Zeichen *z* der alt- und mittelhochdeutschen Sprache einen zwiefachen Laut dargestellt habe; der eine sei der des nhd. *z* (*ts*), der andere der des nhd. *ss* [*]; in jenem Falle läfst er ihm das Zeichen *z*, im letzteren schreibt er ihn *ʒ*, also *zeihhan*, *holʒ*, *scaʒ*; aber *daʒ*, *guotaʒ*, *fuoʒ*, *fuoʒes*; manchmal in einem Stamme wechselnd, z. B. *sizan* (sedere) aber *saʒ* (sedebat); etc., wie auch wir (mit Ausnahme dieses Paragraphen) schon bisher gethan haben. — Allerdings begegnen dabei einige Zweifel; z. B. warum heifst es *sizan*, da goth. *sitan*, nicht *sittan* vorangeht? es mufs das Althochdeutsche hier denn doch eine geminirte Form *sittu* (aus *sitju*?) besessen haben. Kommt das echte *z* (*ts*) in der älteren Sprache auch nach langen Vokalen (wo doch keine Gemination anzunehmen ist) vor? Grimm bezweifelt es, höchstens etwa in *kriuze* (crux), *schiuze* (horror). Die neuhoch-

---

[*] So namentlich auch Graff, (V, 561) während Grimm darüber mehr unbestimmt spricht. Allerdings nennt auch er in der Hauptstelle (I, 162) diesen Laut „dem nhd. *sz* gleichend", in andern jedoch (z. B. I, 164) deutet er an, dafs *z* mehr *ts*, *ʒ* mehr *df* gewesen sei. Aber welche Aehnlichkeit bestünde wohl zwischen nhd. *sz* und *df*? Und wie hätte Isidor, welchem doch *z* offenbar = *ts* galt, diese Natur des *z* übersehen und dafür nicht *df* oder doch wenigstens in der Gemination *ddf* dafür setzen sollen? Er bezeichnet es aber mit *zf*, also mit *tss*! Es wird sich weiter unten zeigen, dafs diese Isidorische Bezeichnung freilich nicht phonetisch richtig ist, aber doch auch nicht als ganz unglücklich gelten darf; und jedenfalls reicht sie hin, um zu zeigen, dafs *ʒ* nicht = *df* gewesen sein kann.

deutschen Wörter *weiʒen* (triticum), *heiʒen* (calefacere), *reiʒen* (irritare), *beiʒen* (aceto macerare) reimen im Mittelhochdeutschen auf *keiʒen* (appellare), *geiʒen* (capris), *ameiʒen* (formicis), und Grimm meint deshalb, auch die ersteren haben *weiʒen, heiʒen, reiʒen, beiʒen* gelautet. Hinsichtlich der mittelhochdeutschen Orthographie ist noch zu bemerken, daſs *ʒ* im Auslaut, ganz analog den andern Consonanten, stets einfach geschrieben wird, also *schaʒ* (thesaurus); *kraʒ* (fricatus), *siʒ* (sedes), *furwiʒ* (curiositas), *nuʒ* (commodum), etc. Im Inlaut wird statt *ʒʒ* jetzt lieber (nach Isidor's Weise) *tz* geschrieben, also *schüʒ, wiʒ*, aber *schütze, witze*; ebenso umgekehrt, wenn Synkope eintritt: *setzen, saʒte; spitzen, spiʒte*. — Das Neuhochdeutsche setzt mit veränderter Orthographie, aber ebenfalls nach allgemeiner Regel, hier überall *tz*.

So weit nach Grimm.

4. Wir wenden uns jetzt zurück zum Althochdeutschen und stellen auf: Kein Zweifel, daſs das ahd. Zeichen zwei Laute vertrat; aber der weichere unter ihnen (Grimm's *ʒ*) war nicht der unsers nhd. *sʒ (ſs)*; und zwar aus folgenden Gründen:

a) Beide Laute des ahd. *ʒ* müssen einander in hohem Grade ähnlich gewesen sein, sonst würden nicht sämmtliche alt- und mittelhochdeutschen Denkmäler bis auf Eins dafür dasselbe Zeichen gebraucht haben. Der Unterschied aber des nhd. *ʒ* und *ſʒ* (d. i. *tʃ* und *ſ* des allgemeinen Alphabets) ist sehr bedeutend, so groſs, daſs er selbst einem stumpfen Ohre niemals entgehen kann; wie sollte das ganze deutsche Alterthum, selbst der feinhörige Notker, ihn haben unbemerkt lassen können?

b) Ja selbst das einzige Denkmal, welches ihn anerkennt (der Uebersetzer des Isidor): bezeichnet es den milden Laut so, wie wir es jener Annahme zufolge erwarten dürfen? Er soll dem im *reiſsen, Preuſsen* entsprechen, wäre also hienach, wie Jeder der nur einigèrmaſsen mit physiologischer Phonetik sich beschäftigt hat, einräumen muſs, ganz derselbe Zischlaut, wie der welcher in *-nisse, glas, gras* gehört wird, kurz gleich dem auslautenden *s* oder dem inlautenden geminirten *ss*, welches auch Isidor eben nur mit *s, ss* bezeichnet. Warum hätte er unter solchen Umständen jenes schwerfällige *ʒſ, ʒſſ* dafür einführen sollen? Es hieſse das, unsere eigene (aus histori-

schen Gründen erklärliche) Unvollkommenheit einem Schriftsteller zutrauen, welcher dazu durchaus keinen Grund hatte,
und der sich sonst als durchaus sorgfältig in seiner Schreibung zeigt.

c) Wäre das *ʒ* wirklich unser *sʒ* (*fs*) gewesen, so würden
die mittelhochdeutschen Dichter sicherlich *ʒ* und *s* eben so un-
gescheut in Reime verbunden haben, als unsere neuhochdeutschen
Dichter z. B. *Glas* : *Fafs*, *nafs* : *Gras*, etc. auf einander reimen.
Grimm tadelt dies zwar und Vilmar geht so weit zu behaupten (S. 47): „ein gebildeter Mund, zumal ein niederdeutscher, welcher hochdeutsch spricht, scheidet auf das Bestimmteste *küssen* von *müssen*." Aber die besten Dichter unserer
Glanzzeit, auch wenn sie aus Niederdeutschland stammten
(Vofs), reimten so, und die strengsten Kritiker tadelten dies
niemals auch nur mit dem leisesten Worte; ja Niemand erwähnte es auch nur. Alle hochdeutsch sprechenden Niederdeutschen endlich, die wir darüber gehört und ausdrücklich
danach gefragt haben, wufsten von einem solchen Unterschiede nichts. Was dann Grimm's Vermuthung (S.
527, Note) betrifft, dafs „die gemeine Volkssprache einiger
Gegenden sich wohl noch darauf verstehen werde: *lâs* (legebat) von *dsʒ* (edebat), *haus* (domus) von *ausʒ* (ex) zu unterscheiden", so können wir wenigstens versichern, dafs alle unsere Nachforschungen in den Gebirgsgegenden Süddeutsch-
lands und der Schweiz, wo sonst die alten Laute am meisten
noch bewahrt sind, auch nicht das mindeste Resultat erga-
ben, welches jener Unterscheidung günstig wäre (wie denn
auch Schmeller und Stalder nichts Wesentliches davon
erwähnen), vielmehr selbst in den Liedern unbedenklich *s*
mit *sʒ* gereimt wird. — Wenn nun im reinen Mittelhochdeutsch dies nicht oder doch nur sehr selten geschah,
so — schliefsen wir — kann damals *ʒ* nicht das heutige *ß* gewesen sein.

5. Dies die negative Seite unserer Betrachtung; wenden wir uns jetzt zur positiven.

a) Die organische Fortis konnte nimmermehr (so wenig
wie bei den Gutturalen und Labialen) mit Einem Schlage in
den Doppellaut (*ts*) oder in die reine Fricativa (*s*) übergehen, sondern sie wurde ursprünglich in beiden Fällen die Affricata *ths,* welche man (günstiger als bei den Gutturalen und

Labialen) mit einem besondern Zeichen (z) schrieb; natürlich aber eben auch nur mit Einem.

b) Diese Affricata hatte sich aber schon im Althochdeutschen (wie jene Schreibung bei Isidor vermuthen läfst) in einen harten und einen weichen Laut gespalten, von denen der erstere entweder gänzlich oder doch fast gänzlich unser jetziges *z*, d. i. *ts*, der andere aber ein dem englischen *th*, dem ϑ unsers allgemeinen Alphabets ähnlicher Laut war. Der Unterschied beider Laute, obschon dem Ohr entschieden fühlbar (daher das Verhältnifs der mittelhochdeutschen Reime) war doch nicht so grofs, dafs man eine graphische Unterscheidung für nöthig gefunden hätte, zumal eine solche schwierig war; der einzige Versuch, welcher hierin gemacht wurde, das *zf*, *zff* bei Isidor für den weichern Laut, war unvollkommen und drang nicht durch; aber wir dürfen ihn wohl einräumen, dafs er wenigstens annähernd das Richtige trifft. Man lasse einen des Englischen ganz Unkundigen das Wort *thing* schreiben: wer weifs, ob er nicht auf die Isidorische Bezeichnung geriethe!

c) Im Laufe der Zeit nahm nun der Schwebelaut ϑ, welcher dem hochdeutschen · Idiome nicht so entsprechend sein mufste, wie dem angelsächsischen *) eine immer bestimmtere Gestalt an; er strebte den letzten Schritt des Affrikationsprozesses zu thun, d. h. reine Fricativa (*s*) und somit dem χ der Gutturalen, dem *f* der Labialen ebenbürtig zu werden. Wann dies gelungen, läfst sich mit Sicherheit nicht nachweisen, aber die im späteren Mittelhochdeutsch bereits so häufigen Reime zwischen *z* und *s*, *zz* und *ss*, lassen uns vermuthen, dafs die Vermischung bereits zu Anfang des 15. Jahrh. im Wesentlichen vollzogen war, also wohl um dieselbe Zeit wie die zwischen *cch* und *ch*, zwischen *ph* und *f*.

6. Das Beste wäre nun gewesen, den endlich durchgedrungenen Laut seinen nunmehrigen Genossen, den organischen *s*-Lauten, auch in der Schrift völlig gleichzustellen.

---

*) Höchst interessant ist es zu beobachten, wie auch im Englischen die alte affrikative Aussprache des *th* immer mehr erlischt, und gegenwärtig fast gänzlich der interdentalen gewichen ist. Noch ein kleiner Schritt und man spricht *th* wie *s*; in manchen Fällen ist der letztere Laut schon durchgedrungen; vgl. *has*, früher *hath*. Dafs für jetzt die Aussprache *s* statt *th* in England noch als Ziererei oder Ausländerei gilt, darf dagegen nicht geltend gemacht werden.

In der That versuchte man dies hier und da *); gänzlich jedoch konnte man die Herkunft des Neulings nicht vergessen,
oder richtiger gesagt: mit Einem Male konnte man sich von
dem Jahrhunderte lang üblich gewesenen *s* nicht trennen. So
zwischen dem Gefühl des unpassenden Zeichens *s* und der
Scheu vor dem allzu kühnen *s* schwankend, entschlofs man
sich endlich zu einem Mittelwege: man schrieb beide,
also *sz*; daneben aber vielfach noch *z* und zuweilen auch *s*;
wo Gemination nöthig war (ebenfalls nach schwankendem Principe!) natürlich *zz* oder *ss*. Das *sz* selbst scheint man niemals geminirt zu haben, weil man sich (ganz wie beim *ch* und
sch) vor dem monströsen *szsz* scheute. Belege zu dem hier
Gesagten sehe man bei Kehrein S. 143—146 **). Als Probe,
welche Verwirrung in dieser Hinsicht bei einem und demselben Schriftsteller zu herrschen pflegt, geben wir einige Beispiele aus Gailer von Kaisersberg (1510): *das schweigen,
das selbig laster*; ferner: *das ein fauler mensch*, bald darauf
das er sei ernsthaftiger; ferner *disz, diszen* und daneben *dife*;
ferner *ausz* und daneben *aufwendig*; ferner *gelaffen*, bald darauf *verlafen* und später *laszen*. Dieselbe Verwirrung herrscht
mehr oder weniger in allen Drucken des 15. und der ersten
Hälfte des 16. Jahrh. In Luther's Bibel jedoch von 1541
findet sich für *ʒ* weder *z* noch *sz*, sondern im Auslaut *s*, im
Inlaut *ss*, z. B. *Gott sahe, das das licht gut war; finsternis,
lies, gros, erkenntnis, Gott weis, lasse, lasst, fleusse, fleusst*.

8. Die jetzt herrschende neuhochdeutsche Orthographie
unterscheidet sich von diesem chaotischen Zustande nur dadurch, dafs sie denselben geregelt zu haben vermeint, während in Wahrheit sie nichts gethan, als ihn in einem (zufälligen) Moment zu fixiren. Wir dürfen uns wohl enthalten, die
völlig willkürlichen Regeln über den Gebrauch des *s, ss* und
sz (*fs*) mit ihren vielfachen Ausnahmen und Ausnahmen der
Ausnahmen hier aufzuzeichnen (bekanntlich eine *crux* für die
Schuljugend, deren gesunde Natur sich gegen den Unsinn

*) *das, es, wasser, vressen, vassen, vergessen*, findet sich zuweilen selbst
schon im Mittelhochdeutschen. Stehende Form ist ferner schon im Alt
hochdeutschen *Hessen* aus früherem *Chatti*, also statt *Hezzen*. Vgl. D. W. I. Vorr.
LX. Das an dieser Stelle ebenfalls erwähnte goth. *vissa* aus *vitida*, welches dann
im Hochdeutschen *wissa, wessa* bleibt, wird wohl besser auf andere Weise (durch
Synkope und congressive Assimilation) erklärt.

**) Grammatik der deutschen Sprache des 15—17. Jahrh. von J. Kehrein,
Leipz. 1854.

sträubt); nur soviel sei erwähnt, daſs jene Regeln im Widerspruch stehen:

a) mit der Etymologie; denn man schreibt *Kresse,
Rosses, Kusses, Esse* (altes *ss*) und *hassen, lassen, Wasser,
esse* (altes *sz*); ferner *Rosz, Kusz, gewisz* (altes *s*) und *asz,
Grusz, Hasz* (altes *z*); ferner *Glas, Gras, des* (altes *s*) und
das, es, aus (altes *z*); endlich *Weiſe, Reiſe* (altes *s*) und
Kreiſe, Ameiſe (altes *z*); etc. etc.

b) mit der Phonetik; denn man schreibt einen und denselben Laut mit drei *) Zeichen: *s, ss, sz*. Beisp. *Glas, lassen, heiszen*; es ist ein Irrthum, wenn Jemand meint, der
Auslaut in *Glas* sei ein anderer als in *Hass*.

c) mit sich selbst; denn sie stellt als Hauptprincip auf,
nach langem Vokal stehe *sz*, nach kurzem *ss*, also *heiszen,
flieszen,* aber *hassen, messen*; und schreibt doch im Auslaut
Hass, Fass (nach kurzem Vokal), ja selbst inlautend vor *t*
gewöhnlich *sz*, also *gehaszt, muszt* etc. Da soll sich ein Ausländer zurecht finden! da soll ein schlichter Mann aus dem
Volke orthographisch schreiben lernen!

8. Die Quelle aber dieser Verwirrung ist eine doppelte:

a) Die Macht der Gewohnheit. Das Auge ist seit
frühester Jugend so lange daran gewöhnt worden, jenen Laut
unter einem zusammengesetzten Zeichen zu betrachten,
bis endlich das Urtheil dadurch irre geführt wurde. Da nun
die Gebildeten in Deutschland nicht sowohl schreiben wie sie
sprechen, als vielmehr sich bemühen zu sprechen wie sie
schreiben, so hielten es Viele (namentlich Schulmänner) für

---

*) Bei Anwendung der (sogenanten deutschen) Frakturschrift sogar mit vier
Zeichen, da *stellen, springen*, etc. mit langem *S* geschrieben werden. — Statt
des *sz* sind bei Anwendung lateinischer Lettern in neuerer Zeit zwei andere Zeichen üblich geworden: *ſs* und *ss*. Das erstere (von Heyse auch in deutscher
Schrift gebraucht, soviel wir wissen ohne Nachfolge) scheint uns kein glücklicher
Griff, es vermehrt blos den Wust, und daſs es auch hier in unserm Buche zur
Anwendung kam, geschah eigentlich gegen unsern Willen. Wir hatten das Ma-
nuscript mit deutschen Lettern geschrieben, keine besondere Bestimmung hinzugefügt und die Sache schien uns dann nicht erheblich genug, um eine ausge-
dehnte Correctur damit vornehmen zu lassen; sonst wäre uns das alte leidige *sz*
denn doch noch lieber gewesen; es schlieſst sich wenigstens getreu an die herrschende populäre Schreib- und Benennungsart an. Was das Zeichen *ss* betrifft,
wonach also *kussen, mussen, heissen, Preussen, Hass, Fass*, etc. geschrieben wird,
so ist diese Methode entschieden die vernünftigste unter den bisher genannten, ganz richtig ist aber auch sie noch nicht; und eben darum für ein gram-
matisches Buch gefährlich, weil die halbe Wahrheit leicht für die ganze genommen wird, während der grelle Irrthum weniger besticht. Vgl. unter 9. b.

eine Pflicht, auch in diesem Falle der Schrift gerecht zu
werden, und quälten sich, den Unterschied der nun nicht einmal vorhanden war, gewaltsam hervorzubringen, und zwar
durch folgende Mittel:

α) Sie behaupten, der Laut *sz* (*fs*) liege zwischen *s* und *s*
in der Mitte. Eine phonetische Unmöglichkeit, trotz-
dem, daß selbt der hochverdiente Heyse diese Meinung hat.
Vgl. dessen D. G. I, 255, woselbst es heifst: „dessen aus *s* und *s*
zusammengesetztes Schriftzeichen nur seinen mittleren Laut
zwischen diesen beiden Buchstaben ausdrücken soll."

β) Sie behaupten, der Laut *sz* sei eine Verbindung
von *s* und *s* (eine Verwechselung des graphischen mit dem
phonetischen Princip); sprechen also zwar nicht entschieden
flies-tsen, flus-ts; aber schleifen doch ein wenig hinter *s* die
Zunge*). Eine widrige Pedanterei.

b) Die Verwechselung zwischen der etymologischen Entstehung und dem phonetischen Wesen
eines Lautes. Weil der Laut in *Glas* (nach sonst üblicher
Regel eigentlich *Glass* zu schreiben, *Glas* müßte lang gesprochen werden, wie freilich in manchen Gegenden geschieht),
Gras (*Grass*), *küssen* organisch ist, d. h. so weit man zu-
rückblicken kann, in unserem Idiom als *s* existirte; der Laut
von *Fas* (*Fass*), *Has* (*Hass*), *messen* aber Anfangs als *t* begegnet und erst später durch *s* (*z*) hindurch in *s* überging:
deshalb soll auch gegenwärtig noch und vermuthlich für
ewige Zeiten dieses letztere *s* von jenem ersteren verschieden
sein! Es ist dies genau so, als wenn Jemand behaupten wollte,
das *f* in *Feind*, *Freund* sei ein anderer Laut als das in *schlafen*, *laufen*, weil jenes schon im Gothischen vorhanden (*fijands*, *frijônds*), dieses aber aus *p* (*slêpan*, *hlaupan*) entstanden; oder das *ch* in *noch*, *lachen* sei anders zu sprechen
als das in *loch*, *daches*, weil jenem goth. *h*, diesem aber
k entspricht! Warum behauptet man dies nicht? Nun, weil
die Schrift in diesen Fällen schon in alter Zeit den neuen
Laut theils vollkommen (bei den Labialen), theils nothdürftig
(bei den Gutturalen) anerkannte; also aus einem völlig secun-
dären, um nicht zu sagen zufälligen, jedenfalls mit der Haupt-

---

*) Auch keineswegs bei gewöhnlicher Rede, sondern nur wenn sie einzelne
Wörter ihrem Princip gemäfs vorsprechen.

sache: der gegenwärtigen Ekphonese des Lautes selbst in keinem Zusammenhange stehenden Motive *).

9. Wie soll nun diese Verwirrung gelöst werden? Wir lassen die sogenannte deutsche Schrift hier auf sich beruhen, denn in dieser wird man sich wohl nach wie vor der herrschenden Strömung anbequemen müssen; aber wie in grammatisch-wissenschaftlicher Schreibung und beim Gebrauch lateinischer (allgemein-europäischer) Lettern? — Zwei Wege stehen offen: der etymologische und der phonetische.

a) Der etymologische; d. h. man schreibt consequent den aus altem *t*, späterem *z* (*ʒ*) entstandenen Zischlaut anders**) als den aus altem *s* hervorgegangenen; demnach *ausz* (ex), aber *haus* (domus); *esz* (id), aber *des* (ejus); *hasz* (odium), aber *gras* (gramen); *hassen* (odisse), aber *massen* (copiae); *esse* (edo), aber *esse* (fumarium); *muszen* (debere), aber *kussen* (osculari); *kreisze* (circulo), *ameisze* (formica), aber *weise* (sapiens), *reise* (iter); ja sogar *krebsz* (cancer), *erbsze* (pisum), *binsze* (juncus), etc. etc, vgl. Vilmar, S. 48. — So haben mit mehr oder weniger Consequenz wirklich Einige gethan und thun es theilweise heute noch, zum großen Erstaunen aller Leser, die nicht zu den Eingeweihten gehören; und trotz Jahrzehnde langen Bemühens ohne alle Nachfolge in weiteren

---

*) Wir brauchen wohl nicht erst ausdrücklich zu bekennen, daß wir uns hier im entschiedenen Gegensatze zu dem Meister deutscher Sprachforschung befinden, welcher selbst noch in seinem letzten größern Werke (D. W. I. Vorr. LX) hierüber lehrt: „Viele schreiben heute tadelhaft *blos, loos* für *bloss, loss* (sors)" etc. — Wo es sich um Ehrfurcht, Liebe und Dankbarkeit gegen den Meister handelt, da gehören wir (deß sind wir uns bewußt) zu seinen wärmsten Anhängern; seine Schriften waren und sind uns mehr als bloße Lehrbücher. Nimmer aber haben wir vermocht es als eine „Pflicht der Pietät" zu betrachten, alle seine Resultate zu den unsern zu machen und einfach weiter zu geben. Die Thaten dieses Mannes sind so groß, daß sie am allerwenigsten einer solchen ängstlichen Behandlung bedürfen, und sein Riesenbau wird ein Stolz der Nation bleiben, auch wenn ein paar Steine daran vielleicht eine andere Lage erhalten.

**) Das Zeichen selbst war sehr verschieden. J, Grimm hat in der D. G. eine Art griechisches *β* (offenbar um das *sz* der Frakturschrift in Antiqua herzustellen), wendet es übrigens nicht streng etymologisch an, sondern bequemt sich vielfach (in allen Flexionen) der herrschenden Orthographie; setzt z. B. zwar *daß* (quod), *lagen, wißen*; aber *das* (id), *aus, jenes*, etc; in der G. d. D. Spr. dagegen gebraucht er *fs* und im D. W. *sz*. Die Schriften seiner älteren Schüler haben fast durchweg das *β* der D. G. beibehalten, die der jüngeren theilen sich zwischen diesen und den übrigen. Eine seltsame Orthographie herrscht in Ziemann's mittelhochdeutschem Wörterbuche; wir lesen da im Vorwort: *es, allgemeines, solches* (also nach gewöhnlicher Art, aber Fälle wo auch Grimm dieser nachgiebt); *misst, müssen* (ebenfalls gewöhnliche Art, aber abweichend von Grimm); *dafs, difs, mufs* (etymologisch); *aufz, grofs, fleifzes* (ebenfalls etymologisch, aber bei Z consequent von der vorigen geschieden; wir wissen nicht warum.)

Kreisen. Wir unsrerseits behaupten denn auch kühnlich, dafs dieses Bestreben ein vergebliches bleiben wird; das deutsche Volk wird nunund nimmer daran glauben, dafs der Zischlaut in *aus* ein anderer sei als der in *Haus*, der in *esse* (edo) ein anderer als der in *Esse* (fumarium), der in *Kreife, Ameife* ein anderer als der in *weife* (sapiens), *Reife* (iter); und mit Recht, denn sie sind in der That unter einander bezüglich identisch. Die Zumuthung aber, sie darum getrennt zu schreiben, weil sie vor vielen Jahrhunderten einmal verschieden gewesen oder in andern Sprachen heut noch verschieden sind, ist

1) unberechtigt; denn die Schrift hat lediglich den Laut selbst, nicht dessen Geschichte zu geben;

2) inconsequent; denn man stellt bei andern Lautklassen (Labialen und Gutturalen) dieses Verlangen nicht;

3) unpraktisch; denn man rückt dadurch die ohnehin schon so jämmerlich verworrene und spitzfündige deutsche Orthographie dem populären Bewufstsein gänzlich in die Ferne.

b) Der phonetische. Dieser ist bereits von einer grofsen, alljährlich sich mehrenden Anzahl Schriftstellern aus allen Fächern des Wissens, namentlich auch Sprachgelehrten, betreten worden, neuerdings selbst von Germanisten der engeren Grimm'schen Schule. Er besteht darin, dafs man ohne Weiteres für *sz* überall *ss* setzt, also nicht blofs *Masse, Kresse, Rosse*, etc., sondern auch *hasse, lasse, messe*, etc. schreibt. Das ist nun ganz gut und richtig; aber consequent ist dies Prinzip noch nicht. Man schreibt nämlich auch nach langen Vokalen *ss*, also *heissen, fliessen, Preussen, Neisse*; behandelt also die Fricativa der Dentalklasse anders als die der Labialklasse, überhaupt anders als alle übrigen Consonanten *), auch die Explosivlaute. Wer *heissen, fliessen* schreibt, der müfste auch *lauffen, rüffen, sdggen, leitten, leidden, treibben* setzen, wie freilich ehemals (im spätern Mittelalter und besonders im 17. Jahrh.) vielfach geschah. Wenn man aber, und mft Recht, in allen diesen Fällen den einfachen Laut giebt, warum will man denn mit dem einzigen *s* eine Ausnahme machen? Warum nicht auch hier *heisen, fliesen, vergiesen, Preusen, Meisen, Neise* schreiben? Wir hören schon

---

*) *ch* und *sch* ausgenommen; diese wegen eines besondern (kalligraphischen) Grundes. Vgl. §§. 24, 5, b und §. 64, 4, a.

die Antwort uns entgegenschallen: „Das würde ja ein ganz anderer Laut sein, derselbe wie in *weife* (sapiens)." Darauf antworten wir: Mit Nichten! sobald man sich nur entschliefst, jenen Krebsschaden in der Orthographie der Zischlaute: die die Vermengung der Fortis und Lenis durch ein einziges Zeichen (*s*), aufzugeben und auf unsern Vorschlag (§. 12) einzugehen, d. h. für 'die Fortis das Zeichen *s*, für die Lenis das Zeichen *f* zu setzen. Alsdann schriebe man *reifen* (iter facere), aber *reisen* (vellere); *weifen* (demonstrare), aber *weisen* (alb. facere); *mûfe* (musa), aber *mûse* (otium); *niefen* (sternutare), aber *geniesen* (frui); jeder Doppelsinn wäre vermieden und, wenigstens in diesem Punkte, Ordnung und Ebenmafs eingeführt *).

Anm. Für Diejenigen, welche die Natur des Affrikationsprozesses verstanden haben, bedurfte es freilich nicht dieser langen Zergliederung; die Hauptresultate wenigstens sind bereits durch § 77 gegeben. Indefs wollten wir in dieser, nun schon drei Jahrhunderte lang sich hinschleppenden Sache lieber etwas zu viel als zu wenig thun. Sollten aber die Akten nicht endlich sprüchreif sein?

§. 143.
Hochdeutsches organisches s (f).

1. Im Gothischen existiren bekanntlich für die Zischlaute zwei Zeichen (*s* und *z*); und aus mannigfachen Gründen wurde geschlossen, dafs dieselben zunächst wirklich von

---

*) Im Auslaut natürlich stets die Fortis, und zwar nach kurzem Vokal geminirt (phonetisch unnöthig, aber nach neuhochdeutscher Regel); nach langem nicht; also *lis, blis, his* oder meinethalben auch *hies, blies, hies*; aber *Hass, Fass, nass*; in *das* (Artikel), *Glas, Gras,* vorausgesetzt dafs diese Wörter noch mit kurzem Vokal gesprochen werden, sollte freilich ebenfalls Gemination stehen, aber da einmal hier der Auslaut streng phonetisch behandelt wurde, so mochten wir diese vereinzelte glückliche Ereignifs nicht gern stören, so wenig wie bei *in, an, mit, um,* und einigen andern; auch wird in vielen Gegenden ja bereits hier überall langer Vokal gesprochen, und soviel wir bemerken konnten, macht diese Aussprache mehr und mehr Fortschritte, würde diese Sitte überwiegend, dann wäre der einfache Auslaut wieder der allgemeinen Regel gemäfs. Am besten wäre es freilich, ganz auf phonetischen Standpunkt zu treten und im Auslaut stets einfachen Consonant zu schreiben, wie ahd und mhd. üblich gewesen; desgl. jetzt im Holländischen. — Im Anlaut setzen wir vor Vokalen natürlich *f*, also *fagen, fegen, fonne, fauer*, etc., da hier die Lenis bereits als allgemein hochdeutsch gelten darf (vergl. später); vor Consonanten (es finden sich nur *k, t, p*) aber *s*, weil diese ebengenannten als Fortes auch den Zischlaut zur Fortis machen; hätten wir die Verbindung mit *g, d, b,* dann ergäbe sich sicherlich *fg, fd, fb* wie im Italienischen; so aber müssen wir *sklave, stark, stein, spalten, springen* schreiben. — Von dem monströsen *sch* schwiegen wir am liebsten; vielleicht kommt einmal eine Zeit, wo man selbst in Deutschland es wagt, für diesen einfachen Laut ein einfaches Zeichen (*s*') zu setzen; bis dahin ists eigentlich sehr gleichgültig, ob man *sch* oder *fch* schreibt; aber das erstere scheint uns darum etwas passender, weil es sich doch hier auch um eine Fortis handelt.

einander verschiedene Laute ausdrückten; sodann, daß diese
Verschiedenheit keine qualitative, sondern nur eine quantitative sei, mit andern Worten: in nichts Anderem bestehe, als
in dem einfach-natürlichen Gegensatze zwischen Fortis und
Lenis. — Im Hochdeutschen nun finden sich seit ältester
Zeit gleichfalls zwei Zeichen für die einfachen Zischlaute,
nämlich *s* und *f*. Die erste Frage, welche dabei zu stellen
scheint, ist: Sollten diese Zeichen vielleicht ursprünglich zwei
verschiedene Laute ausdrücken?

2. Wir waren nicht in der Lage, die wichtigeren althochdeutschen Handschriften selbst zu vergleichen, mußten
uns also an die (allem Anschein nach auch in dieser Beziehung sorgfältigen) Abdrücke bei Lachmann, Docen, Wackerna.
gel, etc. halten (Graff scheint hierin weniger zuverlässig).
Diesen zufolge nun können jene beiden Zeichen einen phonetischen Unterschied unmöglich haben andeuten sollen,
sondern in der ältesten Zeit (bis ins 11. Jahrh.) wird gewöhnlich das eine derselben, in der Regel das *f*, für alle Fälle,
auch im Auslaut, gebraucht; zuweilen beide völlig ohne Unterschied; später wird es Sitte, das *f* an- und inlautend, das
s auslautend zu setzen; so auch dann nach dem 15. Jahrh.
in den Drucken; bis endlich im Laufe unsers Jahrhunderts
das Zeichen *f*, wie in den englischen und französischen Druk-
ken, so auch in den deutschen mehr und mehr verschwindet.
Grimm setzt in der D. G. noch jedesmal am Anfange einer
Silbe *f*, sonst *s*; also *fprechen, fchreiben, beftimmen, verfchie-
dentlich, diefe*; aber *das, ist, bisher*, etc, mithin ganz conform
der in der (sog. deutschen) Frakturschrift üblichen Methode.
In der G. d. D. S. und im D. W. setzt er bereits an allen
Stellen *s*. Man sieht, die ganze Scheidung zwischen *s*
und *f* war, wo sie überhaupt bestand, lediglich eine kalligraphische, wie denn·auch etymologisch beide Zeichen
eben nur dem goth. *s* entsprechen, während für goth. *z* in
der Regel *r* eintritt.

3. Die zweite Frage, welche zu stellen ist, lautet:
„Bezeichnete jener Buchstabe *s* (oder was nunmehr hier dasselbe sagt: *f*) in der älteren Zeit (von der gegenwärtigen
wird später die Rede sein) wirklich auch nur Einen Laut,
oder mehrere? Doch wir führen den Gegensatz bald auf seine
praktische Bedeutung und fragen: Bezeichnete das alte *s* (*f*)

sowohl die Fortis als die Lenis, d. h. das *s* und das *f* unsers allgemeinen Alphabets, also, wie wir es der Kürze·halber nennen wollen: phonetisch *s* und phonetisch *f*? oder nur einen von beiden Lauten? und in diesem Falle: welchen von beiden?

4. Darauf antworten wir:

a) Der eine Fall, dafs das alte *s* (*f*) lediglich die Lenis (phon. *f*) bezeichnet habe, ist geradezu unmöglich; da eine solche Aussprache sogar heut zu Tage in Deutschland nur für gewisse Stellungen im Worte gilt *), zumal in Oberdeutschland, wo der milde *S*-Laut höchst selten ist. Um wie viel weniger darf man denselben der härteren Aussprache jener frühern Zeit zutrauen, welche so oft selbst da noch die Fortis setzt, wo die spätere Zeit sie getilgt hat!

b) Der zweite Fall, dafs das alte *s* (*f*) lediglich die Fortis (phon. *s*) bezeichnet habe, wäre möglich, namentlich für die Mundarten, welche auch die explosiven Lenes gar nicht kennen (Grimm's „strengalthochdeutsche" Denkmäler). Wahrscheinlich indefs ist es nicht; kein einziger bestimmter Grund spricht dafür, wohl aber mehrere für den dritten Fall.

c) Dieser dritte Fall wäre nun also der, dafs das alte *s* (*f*) in gewissen Fällen die Fortis, in andern Fällen die Lenis bezeichnet hat, wobei wir die Bestimmung: welcher Art die beiderseitigen Fälle waren, für den Augenblick auf sich beruhen lassen. Unsere Gründe dafür sind **):

α) die noch jetzt geltende Aussprache in Ober-Deutschland, namentlich auch in den alten Sitzen des Mhd. (Schwaben, Elsafs, Schweiz). Vgl. weiter unten. Man spricht dort nicht *Rose* (rosa), *reisen* (iter facere), *weise* (sapiens), sondern *Rofe, reifen, weife.*

β) der Umstand, dafs ganz ersichtlich die hochdeutsche

---

*) Namentlich niemals oder doch nur ganz vereinzelt (ostlechische Mundart) im Auslaut, wo man die Lenis selbst in Norddeutschland nicht kennt. In Mitteldeutschland vollends lernt Jemand viel eher auslautendes *g, d, b,* selbst *j* und *w* (praktisch nicht vorkommend) sprechen, als auslautendes *f*. Mehreren Oberdeutschen, die es auf unsern Wunsch versuchten, gelang es gar nicht.

**) Die wenigen Stellen, in welchen Grimm auf die Aussprache des *s* einigermafsen eingeht, (I, 64. 166) sind schwankend, kurz und dunkel. Das scharfe *s* wird darin ein „zusammengesetzter, trüber, krauser" Laut genannt, das milde dagegen ein „einfacher, heller, spitzer"; — doch besser, man liest jene Stellen selbst nach.

Sprache ein Bestreben hat, zwischen Vokalen die einfache Fortis zu vermeiden. So gut wie man mhd. *tac, tages*; *lop, lobes*; *hof, hoves*; etc. sagte, und selbst Fälle wie *gote, site, bite* sichtlich (durch Gemination) fortzuschaffen suchte, ebenso wird man wohl auch den *S*-Laut an dieser Stelle mild gewünscht und genommen haben.

γ) der Mangel einer unterscheidenden Bezeichnung darf dagegen nicht geltend gemacht werden; so gut wie man den unbestreitbar vorhandenen Gegensatz zwischen *e* und *è*, zwischen *s* und *ȝ* unbezeichnet ließ, könnte man wohl auch den von phon. *f* und *s* nicht für bedeutend genug erachtet haben, um ihn graphisch zu fixiren; vielleicht ihn kaum gefühlt haben. Beweis dafür zunächst unsre gegenwärtige Zeit, wo gar Viele leben, die keine Ahnung davon haben, daß der Zischlaut in *hast, nest* ein anderes ist als der in *sagen, senden*; Beweis ferner die Engländer, Franzosen, Italiener, welche ja auch in manchen Fällen (freilich nicht in allen!) beide Laute mit demselben Zeichen schreiben; vgl. *season* (phon. *sisen*); *maison, medesimo, sdegno*, sämmtlich mit Lenis.

Hiernach könnte man erwarten, daß wir auch bei unsrer Schreibung des Alt- und Mittelhochdeutschen die phonetische Trennung von *s* und *f* einführten. Wir unterliefsen dies jedoch und setzten überall gleichförmig *s*, aus denselben Gründen, weshalb wir für gewöhnlich *e* und *è* nicht getrennt haben; die Unsicherheit ist hier bei den Zischlauten noch viel gröfser. Dagegen haben wir bei den Beispielen aus dem Neuhochdeutschen diese Trennung natürlich auch für die organischen *S* durchgeführt.

5. Die Aussprache des organischen *S*-Lautes im Neuhochdeutschen ist nach den Mundarten auf eine interessante Weise verschieden, und zwar kann man, wo es sich um einen kurzen allgemeinen Ueberblick des Verhältnisses überhaupt handelt, in dieser Hinsicht mit Rapp[*]) ohne Weiteres vier Gebiete unterscheiden: den Südwesten (Schwäbisch-Alemannisch, also Würtemberg, Baden, Elsafs, Schweiz;), den Südosten (Bairisch-Oesterreichisch), den Nordosten (die ältern preufs. Provinzen und Obersachsen), den Nordwesten (das alte Niedersachsen; aber auch z. Th. Pommern);

---

[*]) „Geschichte des Buchstabens *S*“ in der „Deutschen Vierteljahrsschrift“ 1856, Heft 4, S. 143 ff.

die Uebergänge, Grenzen, zweifelhafte Punkte und seltene Ausnahmefälle lassen wir dabei aufser Spiel.

A. Der Anlaut.

a) Vor Vokal. Im ganzen Norden (auch in Holland) gilt hier *f*, also *fand* (arena), *filber* (argentum), *fonne* (sol), *fauer* (acidus), *fêr* (valde), *ficher* (tutus), *fuchen* (quaerere), etc. *). Im ganzen Süden dagegen gilt *s*, ganz wie bei den Engländern und den romanischen Völkern **); also lauten jene Beispiele hier: *sand, silber, sonne, sauer, sêr, sicher, suchen.* In den höchsten Alpenthälern endlich von Wallis und Graubündten (Stalder, Gramm. S. 70) am Monte Rosa und in den Enclaven bei Vicenza und Verona (nach Schott und Schmeller) gilt hier der Laut *s* (nhd. *sch*), z. B. *schi händsch ggäh* (*sie haben's gegeben*); ob wirklich auch *schand, schilber, schonne*, etc. gesprochen wird, läfst sich aus jenen Stellen nicht mit Sicherheit entnehmen.

b) Vor Consonant (*l, n, m, w, k, t, p*).

α) die organischen Lautverbindungen *sl, sn, sm, sw* sind nur im Niederdeutschen (mit Einschlufs des Holl. und Engl.) und Nordischen erhalten. Das Hochdeutsche dagegen hat hier seit dem 16. Jahrh. durchweg das *s* in *s* verwandelt ***).

---

*) Rapp erklärt diesen in Norddeutschland so verbreiteten Laut als Folge slawischen Einflusses. Wir geben indefs dabei zu bedenken, dafs sich derselbe auch in Süddeutschland und in den romanischen Ländern sehr häufig findet.

**) Wie ist es bei den Dänen und Schweden? Nach Rapp (a. a. O. p. 147) fehlten diesen Völkern die milden Zischlaute gänzlich. Die Grammatiken enthalten darüber entweder gar nichts oder widersprechen einander. Sjöborg z B. lehrt (Schwed. Gramm. p. 11) im Wesentlichen Folgendes: „Das *s* lautet in den meisten Fällen wie das hochdeutsche, also in *söt* (dulcis), *mysa* (subridere) gelinde wie in *fanft, Rofe;* dagegen in *mos* (puls), *lös* (expers) scharf wie in *los, hafs;* ferner gelinde in *slaf* (servus), *små* (parvus), *snö* (nix), scharf in *häst* (equus), *visma* (marcescere), etc." Dagegen Lytt (Schwed. Gr. p. 6): „*s* lautet immer scharf wie deutsches *sz*, z. B. *se* (videre), *sitta* (sedere), *susa* (stridere) etc."

***) Wir verstehen es nicht recht, wenn P. Wackernagel (E. p. XXVII) sagt: „Städte, wie Hannover, geben unter dem Einflufs der Schriftsprache die *sl, sm, sn* und *sw* des Landmanns auf." — Soll das heifsen (wie es eigentlich dem Zusammenhang nach genommen werden müfste): *Auch die längst hochdeutsch sprechenden Städter haben noch immer bisher nach Art des* (plattdeutsch redenden) *Landvolks das organische sl, etc. bewahrt, legen es aber jetzt allmälig ab?* Das würde uns sehr befremden und stimmt gar nicht mit Berichten, die uns anderweitig hierüber zugingen. Oder soll es blos heifsen: *Die Städter haben bisher zum Theil noch immer plattdeutsch* (also natürlich auch *sl, etc.) *gesprochen; legen aber dieses Idiom jetzt allmälig ab und sprechen hoch* (also natürlich auch *nicht mehr sl, sondern schl, etc.)?* Wir glauben fast, jene Stelle bei W. wird nur diese zweite Bedeutung haben; aber dann gehört sie gar nicht streng zur Sache,

Dies hat auch die hochdeutsche Orthographie anerkannt und jene Lautverbindungen werden demnach geschrieben *schl; schn, schm, schw.* Beisp. *schläfen*, goth. *slêpan*, ahd. *sláfen*, niederd. *slápen*, holl. *slaepen*, engl. *sleep. schnee*, goth. *snaivs*, ahd. *snêo*, mhd. *snê*, niederd. *snê*, holl. *sneeuw*, engl. *snow*, dän. *sne*, schwed. *snö. schmal*, goth. *smals*, ahd. mhd. niederd. holl. dän. schwed. *smal*, engl. *small. schwamm*, goth. *svamms*, ahd. mhd. niederd. *swam*, dän. schwed. *swamp*, engl. *swamp* (palus).

β) Vor organ. *k.* Die organische Verbindung *sk* ist im Hochdeutschen seit alter Zeit (schon im 11. Jahrh.) zu dem Laute *s* geworden, welcher nach einigen Schwankungen zuletzt *sch*, wie heute noch, geschrieben wurde. Die Aussprache dieses aus *sk* entstandenen *s* ist, in ganz Deutschland, ja selbst für die plattdeutsche Mundart ein und dieselbe. Beisp. *schòn*, goth. *skauns*, ahd. *skóni*, *scóni. scheiden*, goth. *skaidan*, ahd. *skeidan*, *sceidan. schreiten*, goth. *skreitan*, ahd. *skritan*, *scrítan**). Den organischen Laut *sk* haben nur die nordischen Sprachen (Dänen, Schweden) bewahrt; die Holländer haben dafür *sχ* und diesen Laut findet man auch in der westphälischen Mundart; also das hochd. *schön* lautet dän. *skjon*, schwed. *skon*, holl. *sχón*, (geschr. *schoon*), westphäl.-mundartl. *sχòn.*

γ) Vor *t, p* **). Hier setzt bekanntlich die neuhochdeutsche Orthographie das Zeichen *s*; gesprochen wird aber dasselbe im ganzen Süden und ebenso im Nordosten als *s* (*sch*). Beisp. *schtatt, schtellen, schtein, schpat, schpeifen, schpiel*; ja selbst in der Zusammensetzung *Beischpiel, Beischteuer, Anschprache,* oberdeutsch auch *Augschburg, Anschbach,* etc. weil diese Namen eigentlich wie *Augschpurg, Anschpach* klingen. —

---

sie constatirt blos die bekannte Thatsache, daſs das plattdeutsche Idiom vor dem hochdeutschen mehr und mehr zurücktritt. Hier handelt es sich aber um etwas Anderes: die Aussprache des Hochdeutschen selbst.

*) Man beachte, daſs demgemäſs das nhd. *schr* dem *schl, schn, schm, schw* etymologisch keineswegs parallel geht; jenes erstere beruht auf einer tertiären, diese letzteren auf binären Verbindungen. Ein den letzteren analoges *schr* setzte ein organisches *sr* voraus, und gerade diese Verbindung fehlt dem deutschen Idiom. Von den weiteren Schicksale des *sk* in den germanischen Sprachen später.

**) Ganz ihnen analog ist die Behandlung des *k*, welches in einigen Fremdwörtern allerdings hinter *s* auch im Hochdeutschen vorkommt; z. B. *sklave, skalp, skát*; mit Ausnahme des Nordwestens überall: *schklave, schkalp*, etc.

Nur der Nordwesten, also wohlgemerkt: nicht etwa blos die
plattdeutschen Mundarten, sondern auch die hochdeutsch
redenden Bewohner Braunschweigs, Hannovers, Oldenburgs,
Bremens, etc. sprechen hier stets reines *s*, wie geschrieben
steht, wodurch denn ihre Sprache, hier im Gegensatz zu dem
ganzen übrigen Deutschland, ein eigenthümliches, die Heimat
sofort kenntlich machendes Gepräge erhält. Uebrigens sollen, nach Rapp's Bemerkung, Schwaben, wenn sie hochdeutsch
zu sprechen anfangen, grade vorzugsweise diese nordwestliche
Sitte annehmen, statt der andern, die doch hierin ihrem Idiom
viel näher liegt. Eine Einwirkung des Auges; sie wollen
genau so sprechen wie geschrieben wird *). — Im Ganzen
scheint indeß die Aussprache *sch* hier mehr und mehr als
die allgemein hochdeutsche (κοινή) und jede Abweichung von
ihr als „Dialekt" zu gelten. Die Schauspieler sprechen daher, gleichviel wo sie auftreten, *schtellen, schpielen*, etc.

B. Der Inlaut.

a) Vor Vokal. Hier gilt unsers Wissens in ganz
Deutschland (auch in den südlichsten Gebirgsthälern und Enklaven?) der milde Laut, gleichviel ob Vokal oder Consonant vorangeht. Man spricht also *Rofe* (rosa), *leife* (lenis),
weife (sapiens), *Hälfe* (colla), *Gänfe* (anseres), *reifen* (iter facere), etc. **) und dies ist der Hauptgrund, weshalb wir oben
den milden S-Laut auch der ältern, insbesondre der mittelhochdeutschen Periode glaubten zusprechen zu müssen. —
Eine besondere Erwähnung verdient der Fall, wenn dem *S*
ein *r* vorangeht. In Norddeutschland spricht Jedermann,
ganz analog den übrigen Fällen: *Hirfe, Börfe, Merfeburg,*

---

*) Hier eine Anekdote. Schleiermacher vertheidigte in einer Gesell-
schaft, wo von diesem Unterschied die Rede war, die nordwestliche Aussprache,
weil man doch eben *st*, *sp*, nicht aber *scht*, *schp* schreibe. Daran erinnert,
daß er ja selbst nach dieser letzteren Art spreche und predige, erwiederte er:
„So will ich es von jetzt an nicht mehr thun." Und in der That führte er dies
fortan durch, ohne nur ein einziges Mal sich zu versprechen. — Das Ge-
schichtchen (ich besinne mich nicht, ob es Varnhagen oder Fürst mittheilt) ist
in mehr als Einer Hinsicht interessant.

**) In Oberdeutschland werden dergleichen Wörter häufig apokopirt, so daß
das *S* in den Auslaut tritt, und alsdann ist es hart, demnach *Rôs, leis, Häls.*
— Nachträglich geht uns übrigens aus der Pfalz (Lauterburg) eine Notiz zu,
wonach dort auch im Inlaut die Fortis gilt, also *Rose, leuse*, etc, so daß *weife*
(sapiens) und *weise* (album reddo), *reife* (iter facio) und *reise* (vello), etc. ganz
gleich klängen. Sollte dem wirklich so sein? Individuell ist uns dergleichen allerdings schon begegnet; aber es waren stets solche Fälle, aus denen auf die
Provinz kein rechter Schluß gemacht werden konnte.

19 *

Ferſe, etc. In Schlesien sprechen die Gebildeten ebenso, das Volk dagegen sagt: *Hirſ'e, Börſ'e, Merſ'eburg, Ferſ'e* (hier häufiger sogar *Ferſe,* vielleicht wegen des kurzen Vokals?). Aehnliches wird aus dem Henneberg'schen berichtet; vergl. Frommann's D. M. III, p. 129; der dortigen Angabe nach gälte *ſ*, nicht *ſ'*; doch ich traue in dieser Beziehung, d. h. für den Inlaut und vor Vokal, nicht ganz; es sind mir in dieser Hinsicht schon zu häufig Verwechselungen vorgekommen. — In Obersachsen ferner hörte ich fast von Jedermann, auch von Gebildeten: *Borſ'e, Merſ'ebnrg,* und ganz ebenso in Süddeutschland.

b) Vor Consonanten (*t, p*). Im ganzen Norden und auch im Südosten wird hier von Jedermann reines *s* gesprochen, also die Wörter *Last, Fest, ist, Kost, Brust, Haspel, Wispel, Knospe,* auch nach Cons. *hôlst, Kunst,* etc. alle genau so wie sie geschrieben werden*). Im Südwesten dagegen, von der Ober-Isar bis an die Vogesen, vom Spessart bis zur Saar, spricht man (die Gebildeten indeſs von Jahr zu Jahr weniger) hier den Laut *ſ*, also (mit populärer Schreibung): *Laſcht, Feſcht, iſcht, Haſchpel, Knoſchpe, Kunſcht,* etc. so daſs also z. B. *Bruſt* (pectus) und *huſcht* (properat), *Künſte* (artes) und *wunſchte* (cupiebat), *haſt* (habes) und *naſcht* (libat) auf einander reimen können, und *Forſt* (silva) von *forſcht* (investigat), *haſt* (habes) von *haſcht* (capessat), *Friſt* (spatium temporis) von *erfriſcht* (recreatus) lautlich nicht verschieden sind. Ausgenommen ist nur der Fall beim Verbum, wo ein *s* (*ſ*) der Wurzel und ein *t* der Flexion zusammentreffen, z. B. *er râſt, blaeſt, reiſt, brauſt, verweſt, bemooſt* wird ganz so gesprochen wie im übrigen Deutschland. Das *st* der 2. Person dagegen, wo das *s* nicht der Wurzel, sondern eben-

---

*) Ausnahmen hievon giebt es im Norden, insbesondere im Nordwesten, unseres Wissens gar nicht; wohl aber in Mitteldeutschland (Schlesien, Sachsen, etc.) und im Südosten. Hier gilt zunächst in Zusammensetzungen wie *Beusteuer, Beispiel,* etc. das Gesetz des Anlauts, also der Laut *ſ*. Sodann aber macht auch ein vorangehendes *r* wieder seine, schon vorhin angeführte, Wirkung geltend, wenigstens für die Volkssprache. In Schlesien z. B. sprechen die niedern Stände: *Durſcht, Wurſcht, Donnerſchtag, Gerſchte, Bürſchte,* etc. (vgl. Weinhold D. D. p. 80); ähnlich im Hennebergschen (Frommann, D. M. III, 129), im Südosten thun es auch die Gebildeten. Vom Südwesten versteht es sich von selbst; vergl. oben — Im ostlechsischen Dialekt endlich soll nach Schmeller (M. B. p. 145) anslautendes *st* als *ſt* gesprochen werden, offenbar wohl mit Dehnung des vorangehenden Vokals, also *tſt, bîſt, hâſt*; oder, wie uns wahrscheinlicher, *tſd, bîſd, hâſd.*

falls der Flexion angehört, wird wieder breit gesprochen: *du hascht* (habes) *).

C. Der Auslaut.

Im Allgemeinen wird hier überall das *S* als eine Fortis gesprochen, gleichviel ob Vokal oder Consonant vorhergeht, also *Glas, Gras, Hals, Gans.* Nur die Verbindung *rs* wird in Mitteldeutschland vom Volke, in Oberdeutschland fast allgemein in *rš* umgewandelt, z. B. in Schlesien: *Versch* (versus), *Petersch* (Petri), natürlich auch in der Zusammensetzung: *Verschkunst, Peterschburg*; ja selbst bei Inklination: *wenn ersch* (*wenn er's*) *gefagt*; *hat mirsch* (*mir es*) *gegeben*, etc. Vgl. Schmeller, M. B. p. 146, 147; Frommann, D. M. III, 129; Weinhold, D. D. 80. — Eine eigenthümliche, höchst interessante Erscheinung bietet endlich der ostlechische Dialekt (auch in der Sprache der Gebildeten); hier soll nach Schmeller (M. B. p. 145, 160) das *s* (auch das aus *t* entstandene, also meist *sz* geschriebene) weich gesprochen werden, wobei der vorhergehende Vokal stets gedehnt wird (ist dies letztere die Ursache oder die Wirkung der Lenis?), also nach unserer Schreibung: *g'wiſ, Kûſ, Preuſ, Rôſ; auſ, Fâſ, Fûſ, Gaiſ, grôſ, schôſ, stôſ*; auch nach Consonant (bei Synkope): *was gut'ſ* (jedenfalls wohl *gud'ſ*), *neu'ſ*, etc.

6. Wir stellen die Hauptergebnisse der eben mitgetheilten Betrachtung in eine tabellarische Uebersicht zusammen, und zwar in Bezug auf den Zischlaut nach phonetischer Orthographie, gleichviel wie die populäre Schreibung sein möge.

---

*) Sollte diese breite Aussprache des Südwestens dort auch schon in der alten Zeit (vom 7 — 18. Jahrh.) gegolten haben? Die fast einstimmige Antwort hierauf lautet: Nein! Gründe dafür giebt es zwei:

1) Man würde alsdann, namentlich bei der im Mhd. so sehr phonetischen Orthographie, denn doch wohl *sch* geschrieben haben; vorausgesetzt, daſs dieses Zeichen (z. B. in *schaben, schinen, schön*, etc.) wirklich unsern Laut *š* ausdrückte, woran kaum zu zweifeln. Die verkehrte Praxis unserer Zeit darf dagegen nicht geltend gemacht werden, die letztere hatte Rücksichten zu nehmen, welche damals noch nicht vorhanden waren.

2) Es müſsten sich alsdann Reime finden, wie *Brust : huscht, Künste : wünschte*, etc.; wovon jede Spur fehlt.

Die einzige abweichende Stimme bildet Rapp (vgl. S. 300, ff), dessen kühner Theorie wir nicht beipflichten können, so sehr wir seinen Standpunkt zu würdigen wissen. — Interessant bleibt nunmehr die Frage Wann mag jene breite Aussprache aufgekommen sein?

| | Hochdeutsch | | | | Plattdeutsch. | Holländisch. | Englisch |
	Südwest.	Südost.	Nordost.	Nordwest.			
A. Anlaut.							
a) *Vor Vokal.*	són (in Wallis són?)	són	fön	fön	fön	foon [1])	son [2])
b) *Vor Consonant.*							
α) Vor l, n, m, w.	slagen	slagen	slagen	slagen	slagen	slaen	slay
β) Vor org. k.	saffen	saffen	saffen	saffen	sapen	χeppen	sape [3])
γ) Vor t, p.	stein	stein	stein	stein	stén	steen	stone
B. Inlaut.							
a) *Vor Vokal.*	rôse	rôse	rôse	rôse	rôse	rôse [4])	rôse
b) *Vor Consonant (t, p)*	last	láʃt, oberlech. láſd od. láſd	last	last	last	last	last
C. Auslaut.	gras	gras, oberlech. gráſ.	gras	gras	gras	gras	gras [5]), aber haſ

[1]) Geschrieben zoom.

[2]) In Somersetshire und Devonshire soll statt *s* fast durchgehend ſ (engl. *z*) gesprochen werden (*the zea* statt *sea*); daher der Scherzname. *the Zedland.*

[3]) Geschrieben *shape.*

[4]) Vergl. *rozeblad, rozegeur, rozetuin.* Das einfache Wort selbst hat die Fortis (*roos*), wegen des Auslauts; wie in Oberdeutschland *Rôs*

[5]) Geschr *gras*

Das Verhältniß zwischen *s* und *š* insbesondere wird im folgenden Paragraphen noch einmal an einem anschaulichen Beispiel dargestellt werden.

7. *Consonantische Verbindungen des S im Althochdeutschen* (vom rein graphischen Standpunkt).

a) liquide.

sl. *slahan* (percutere), *slâfan* (dormire), *slindan* (devorare), *slingan* (serpere), *sliunan* (properare), *sliozan* (claudere), etc. Mhd. ebenfalls *sl*, nhd. *schl*.

sr. fehlt. Das nhd. *schr* ist aus *skr* entstanden.

sn. *snêo* (nix), *snidan* (secare), *snabul* (rostrum), *snel* (celer), *snuor* (funiculus), etc. Mhd. ebenfalls *sn*, nhd. *schn*.

sm. *smâh* (parvus), *smeihhan* (adulari), *smelzan* (liquefieri), *smerzan* (dolere), *smidôn* (cudere), *smiran* (ungere), etc. Mhd. ebenfalls *sm*, nhd. *schm*.

b) gutturale.

sk. *skaban* (radere), *skadôn* (nocere), *skeidan* (disjungere), *skalc* (servus), *skamên* (pudere), *skrîan* (clamare), *skrîtan* (ingredi), *skrîban* (scribere), *skranc* (scrinium), etc. Schon die meisten Denkmäler des 12. Jahrh. haben dafür *sch*, welches später ausschliefslich gilt; ausgenommen in Fremdwörtern wie *sklave, skalp*, etc.

c) dentale.

st. Anlautend: *stal* (stabulum), *stat* (littus), *stab* (baculus), *stior* (taurus), *storah* (ciconia), *stuol* (sella); mit tertiärem *r*: *strâl* (sagitta), *strang* (laqueus), *strâza* (via), etc. Inlautend: *ast* (ramus), *rasta* (milliarium), *ist* (est), *rost* (aerugo), *rôst* (craticula), etc. Die Schreibung bleibt auch später dieselbe.

ss. *huasso* (acriter), *essa* (fumarium), *kressa* (nasturtium), *sessa* (tempestas), *scesso* (rupes), *scessôn* (dolare), *wissan* (scire), *giwissêr* (certus), *hrosses* (equi), *kusses* (osculi), *chnussan* (contundere), *gussa* (inundatio), die Bildungen auf *-nassi, -nissa*. Mhd. scheint sich dieser Laut, wenigstens in der spätern Periode, mit *ss* (Grimm's *ƷƷ*) zu

mischen; nhd. ist diese Mischung vollkommen,
aber die Schreibung unsicher.

(*ss*.) Keine wirkliche (phonetische) Lautverbindung,
sondern nur eins der Zeichen für den Laut *s*
oder *ss*, wenn derselbe aus älterem *z*, *zz* entstanden. Es taucht auf im 15. Jahrh. (bei Luther
niemals!) und wurzelt ein im 17., welches, wie
durch andere Geschmacklosigkeiten, so auch durch
seine orthographischen berüchtigt ist.

d) labiale.

sp. *spalten* (findere), *spân* (assula), *sper* (hasta), *spi-
lôn* (ludere), *spinnan* (nere), etc. Mit tertiärem
r: *sprehhan* (loqui), *springan* (salire), etc. Die
Schreibung bleibt durch alle Perioden dieselbe.

sw. Häufig *su* (statt *suu*) geschrieben. *suan* (cygnus),
suah (debilis), *sualawa* (hirundo), *suarm* (turba),
suarz (niger), etc. Mhd. steht *sw*, nhd. *schw*.

§. 144.
Der Laut *š* im Hochdeutschen.
(geschrieben *sch*).

1. Das Wesentlichste über die phonetische Natur dieses Lautes wie über seine etymologischen Verhältnisse ist
zwar bereits mitgetheilt (§§. 13, 143); doch scheint es an-
gemessen, ihm in der Reihe der Laute auch eine besondere Stelle einzuräumen. Vor Allem halte man fest, daß
es sich hier um einen einfachen Laut handelt. Beweis dafür schon allein die beiden Thatsachen, 1) daß man
ihn continuiren kann: *š š š š*....; etwas, was keine Lautverbindung zuläßt; 2) daß man ihn nicht rückwärts sprechen kann,
etwas, was doch bekanntlich jede Lautverbindung zulassen
muß. Auch dürfte bei einer nur etwas physiologischen Be-
trachtungsweise der Zweifel an seiner Einfachheit überhaupt
nicht erst aufgekommen sein; denn schon eine geringe Auf-
merksamkeit reicht hin, um zu lehren, daß, während man *š*
spricht, die Zunge in einer und derselben Lage verharrt. Aber
dergleichen Betrachtungen lagen nun einmal der älteren Sprachwissenschaft fern; man las eben nur die Laute, und da sich
dem Auge hier, wenigstens in den nächst bekannten Spra-

chen, ein zusammengesetztes Zeichen darbot, so mußte der
Laut selbst als ein zusammengesetzter gelten; und als man
mehr nnd mehr Sprachen kennen lernte, welche hier eine
richtigere Bezeichnungsweise gebrauchten (Semitisch, Russisch, Altslavisch, Sanskrit, Send), da stand man nicht an,
lieber diesen letzteren eine „abweichende Eigenthümlichkeit",
als sich selber einen Irrthum zuzutrauen. Zu dieser Vermischung des phonetischen und graphischen Standpunktes ge-
sellte sich dann später noch der etymologische und machte
die Verwirrung vollständig. Die Sache ist einfach die: Diejenigen Sprachen, welche zur Zeit ihrer ältesten Aufzeichnun-
gen diesen Laut schon besaßen, bezeichneten ihn natürlich wie jeden andern mit einfachem Zeichen; diejenigen Sprachen aber, welche ihn erst später erlangten, als schon
die Orthographie feststand, waren in Verlegenheit, wie sie ihn
geben sollten und geriethen auf allerlei Auskunftsmittel, wir
Deutschen leider auf das geschmackloseste unter Allen. Einige
Sprachen endlich, bei denen dieser Laut erst sehr spät auf-
trat, ließen sogar vollständig die alte Bezeichnungsweise der
betreffenden Wörter gelten. So z. B. im Schwedischen, wo
man noch immer *skilja* (sejungere), *skyt* (tutela), *skämt* (jocus), *sked* (cochlear), etc. schreibt, aber schon seit einigen
Jahrhunderten *šilja* (nhd. Orth. *schilja*), etc. spricht. — Auf
einer Vermischung des graphischen und phonetischen Prinzips
beruht endlich auch die, selbst jetzt noch ganz gewöhnliche
Annahme, dieser Laut sei eine Aspirata. Wir wissen nicht,
ob wirklich Alle die, welche ihn so nennen, dies letztere
Wort im strengen Sinne (§. 26) nehmen, denn die Verwirrung ist hier groß; so viel jedoch steht fest, daß der Laut *š*
mit einer Aspirata im Sinne Bopp's gar nichts gemein hat,
als den Umstand, daß Engländer und Franzosen bei seiner
Schreibung ein *h* mit verwenden (*sh,* bezügl. *ch*), also etwas
ganz Aeußerliches. Und vermutblich war dieses letztere
das allein Maßgebende bei dem Mißbrauch jenes Namens.
„Die Aspiraten werden *kh, gh, th,* etc. geschrieben; hier
steht ebenfalls *sh, ch,* zum Ueberfluß kommt sogar im
deutschen *sch* ein *h* vor; gut, mithin ist der Laut eine Aspirate." So wird wohl der Gedankengang gewesen sein! Man
glaube doch nicht, daß wir übertreiben; solche Gründe
sind uns gar oft schon theils unverhüllt vorgekommen,

theils dienen sie zahllosen Raisonnements deutlich zur Voraussetzung.

2. Werfen wir jetzt einen Blick auf die historische Entwickelung dieses Lautes in den germanischen Sprachen.

A. Das Gothische kennt ihn noch gar nicht. Ueberall, wo er später eintritt, steht hier bloßes *s* oder *sk*. Beisp. *slêpan* (dormire), *sneipan* (secare), *smals* (arctus), *svistar* (soror), *skauns* (pulcer), *þriskan* (excutere grana).

B. Das Hochdeutsche hat ihn ursprünglich ebenfalls nicht, scheint aber dann als die eigentliche Pflanzstätte desselben für die germanischen Sprachen gedient zu haben.

a) Ahd. fängt er erst an leicht aufzutauchen, aber nur für die Lautverbindung *sk*, und zwar zuerst vor den hellen Vokalen *e, ei, i*; hier schreibt schon J. *undarscheit, scheinit, fleisches*; und es ist kein Grund vorhanden zu zweifeln, daß hiemit wirklich der Laut *š* gemeint sei. Im Auslaut jedoch und ebenso vor allen andern Vokalen als den drei genannten, besteht noch *sk* (*sc*), also *fleisc, scaffan, scama, scaft, scoldi*, etc. Statt des geschmacklosen triphthongischen Zeichens bietet Tatian das wenigstens etwas einfachere *sh*, z. B. *shef, shiura*; aber die Erscheinung ist bei ihm überhaupt selten, bei Kero und Otfried fehlt sie noch ganz. Häufiger dagegen tritt sie in den Glossen auf, und hier immer mit der Schreibung *sch*; bald auch vor dunkeln Vokalen: *schahho* (lingua maris); *schabên* (radant). Bei Notker ist dies schon ganz gewöhnlich.

b) Mhd. giebt es kein *sk* (*sc*) mehr; nur einzelne Handschriften, z. B. der St. Galler Parzival, schreiben es noch (*sc*), was als Archaismus gelten darf. Vor *l, n, m, w* gilt jedoch hier wie im Althochdeutschen stets das einfache *s*, also *slâfen, sniden, smal, swester*.

c) Nhd. greift dann dieser Laut bedeutend um sich, wenigstens in der Aussprache, indem er jetzt nicht blos für *sk*, sondern auch überall da eintritt, wo anlautendes *s* vor einem Consonanten (*l, n, m, w, t, p*) steht. Geschrieben wird er jedoch nur vor *l, n, m, w*, also *schlafen, schneiden, schmal, schwester*; nicht vor *t* und *p*: *stellen, springen*, obschon drei Viertheile von Deutschland auch hier *schtellen, schpringen* sprechen. Nur das nordwestliche Deutschland behält vor *t* und *p* in der Aussprache den reinen *s*-Laut, wäh-

rend umgekehrt in Süddeutschland das *ś* hier auch in den
Inlaut dringt, also *Kaschpar*, *ischt*, etc.; wir haben davon
bereits im vorigen §. ausführlicher gehandelt.

C. Im Niederdeutschen hat der Laut *ś* erst spät
sich eingefunden und fehlt in vielen Fällen, wo ihn das Hochdeutsche besitzt, noch heute.

a) Das Plattdeutsche hat *ś* nur für die Lautverbindung *sk* eingeführt, gleichviel übrigens, ob dieselbe vor Vokal oder Consonant steht, also *schoster* (sutor), *schriwer* (scriptor); nur im Auslaut gilt in manchen Gegenden (keineswegs
überall) noch der organische Laut; z. B. *minsch* (homo), zuweilen gesprochen *minsk*, gewöhnlich aber auch schon nach
hochdeutscher Sitte: *minś*. — Dagegen ist das einfache *s* vor
Consonanten in allen Fällen erhalten, also *slâpen* (dormire),
sniden (secare), *smal* (archis), *swart* (niger), *stên* (lapis), *spil*
(ludus), sämmtlich streng so zu sprechen wie geschrieben
steht.

b) Im Holländischen existirt der Laut *ś* gar nicht,
aufser in Fremdwörtern, wo man ihn dann nach englischer
Art mit *sh* bezeichnet. Sonst ist das einfache *s* vor Consonanten geblieben (wie im Plattdeutschen), die Lautverbindung *sk* aber zu *sχ* geworden, gleichviel ob Vokal oder Consonant folgt, also *schoon* (pulcer), *schrijver* (scriptor) wird gesprochen: *sχón*, *sχreiver*. In- und auslautend wird blos *s* gesprochen, also *mensch*, *visch*, *wenschen* (optare) = *mens*, *vis*,
wensen (oder wie man nach der gewöhnlichen deutschen Orthographie schreiben würde: *viss*, *wenssen*). — Die angren-
zenden Landstriche Niederdeutschlands (Westphalen, Jever,
etc.) stehen in Bezug auf diesen Laut völlig auf dem Standpunkt des Holländischen.

c) Im Englischen ist das einfache *s* vor Consonanten
durchaus geblieben; die Lautverbindung *sk* jedoch wurde nur
zum kleineren Theil erhalten, z. B. *skiff*, *skin*, *skimmer*; zum
gröfseren ging sie in den Laut *ś* (geschr. *sh*) über, z. B.
shave, *shell*, *shend*, *sheath*, *shear*, etc. Auslautend gilt sogar
nur *sh*.

D. Die nordischen Sprachen haben die organischen
Laute fast durchgängig bewahrt. Die einzige Ausnahme macht
anlautendes *sk* vor den hellen Vokalen: *e*, *i* (*j*), *y*, *a*, * o*; doch
selbst hier weichen manche Wörter noch ab. Diese Sprachen

stehen also in dieser Hinsicht auf den Standpunkt des Alt-hochdeutschen. Eine Bezeichnung des Lautes *š* fehlt ihnen noch gänzlich, aufser in Fremdwörtern, deren Orthographie sie unverändert lassen.

Philipp Wackernagel (E. p. XXVIII) veranschaulicht die Hauptverhältnisse des *s* und *š* (*sch*) in einem, an und für sich inhaltlosen, Distichon, welches wir für eine weitere Sphäre, und etwas abweichend von seiner Auffassung ebenfalls benut-zen wollen.

1. Schriftdeutsch.

Schwester, schönste, du sprichst mit Schatten, du schreibst
für Gespenster,
stehst und knospest und bluhst; abeŕ verwaist ist der Geist.

2. Südwestliche Aussprache (Schwäb. Allem.).

Schweschter, schönschte, du schprichscht mit Schatten, du
schreibscht für Geschpenschter,
schtescht und knoschpescht und bluhscht; aber verwaist ischt
der Geischt.

3. Oestliche Aussprache (auch wohl als „allgemein-hochdeutsche" anzusehen).

Schwester, schönste, du schprichst mit Schatten, du schreibst
für Geschpenster,
schtehst und knospest und bluhst; aber verwaist ist der Geist.

4. Nordwestliche Aussprache.

Vollkommen übereinstimmend mit 1. (dem Schriftdeutsch).

5. Plattdeutsche Aussprache.

Ebenso, nur dafs es hier auch noch *Swester* und im West-phälischen (Holl.) *sχönste, sχríven* heifst.

6. Altsächsisch (Standp. der nord. Sprachen).

Wie das vorige, nur auch noch *skònste, skríven.*

Anm. Sehr vereinzelt steht die Auffassung Rapp's (“„Gesch. des Buchst. S." p. 151 ff.), welcher die historische Entwickelung der Laute *s* und *š* gerade umgekehrt nimmt, d. h. diesen letzteren Laut für den ursprünglicheren hält. Er argumentirt so: „Als, etwa im 8 Jahrh., die ersten christlichen Mönche aus Italien oder Britannien nach St. Gallen kamen, so sprachen sie natürlich lateinisch und suchten nun mit ihren fremdländischen Zeichen das deutsche Idiom auf dem Papier zu fixiren. Sie-waren nicht gleich über Alles einig, doch über das Meiste; alle schrieben z. B. die Wörtlein *so*, *ist*, *das* in dieser Weise, nur das letztere einige *thas*. Dafs nun dieses *s* denselben Laut ausdrückte wie in unserm heutigen *dafs*, daran hat meines Wissens noch Niemand gezweifelt*). Das fränkische scharfe *s* war dem lateinischen *s* wenigstens am nächsten**). In dem Wörtchen *ist* können sie aber nicht denselben Laut gehört haben, sonst hätten sie ja *ist* schreiben müssen, was niemals vorkommt Es ist also wahrscheinlich, dies Wörtchen *ist* lautete damals wie es noch heute in St. Gallen oder vielmehr im ganzen südlichen Deutschland lautet, nämlich *ischt*, d. h. das *s* hatte hier denselben Laut wie in den Wörtern *stån, spor, swåri, steht*. Bei dem erstgenannten Wort aber fällt man nun aus der Analogie; hätte es mit scharfem S, also *so* gelautet, so hätten die Mönche ja nothwendig *so* schreiben müssen, was kein einziger gethan hat; folglich bleibt nichts übrig, als auch dies *s* wie alle andern = *sch* zu nehmen und *scho* zu sprechen".

Für diesen Satz, dafs das „fränkische" (alt- und mittelhochdeutsche) *s* = *sch* war, bringt dann Rapp noch folgende Beweisstücke herbei:

1. Nur daraus wird begreiflich, wie die alterthümlichen süddeutschen Mundarten nicht nur wie jetzt selbst der Hochdeutsche *schön*, *schreien*, *schlecht*, *schmal*, *schnee*, *schwer*, *stehen*, *streben*, *spur*, etc. mit dem *sch*-Laute aussprechen, sondern selbst inlautend *ischt*, *fescht*, *wischpel* sagen, während doch die ersten Formen im Mittelalter mit *sk*, *sch*, *sl*, *sm*, *sn*, *sw* geschrieben werden, folglich im *sch*✠*schr* der Guttural rein herausgefallen ist***),

2. Diese alterthümliche Aussprache hat sich in Eigennamen noch viel weiter erhalten; nämlich in allen alten Compositionen wird das genitivische Bindungs-§ als ein *sch* gehört in Namen wie *Augschburg*, *Rafenschburg*, *Aschberg*, *Anschbach*, etc ; ja diese hochdeutsche Aussprache greift bis nach Niederdeutschland, und aus dem plattdeutschen Genitiv *Brün's wyk* (Bruni vicus) wurde hochdeutsches *Braunschweig†*) In neugebildeten Compositionen dagegen bleibt freilich das genitivische *s* scharf, z. B. *Ludwigsburg*, *Petersburg* (wirklich, hier auch?), *Friedrichshafen*, etc."

---

*) Doch wohl! — Wir glauben die Unwahrscheinlichkeit dieses Lautes für diesen Fall und jene Zeit nachgewiesen zu haben. Vgl. §. 142. Freilich fällt, bei Rapp's Annahme des *s* = *s'*, der eine Theil unserer Gründe weg.

**) Das griech. lat. *s* selber soll nämlich nach Rapp unser Laut *s'* gewesen sein, weil es die Neugriechen noch heut so aussprechen (??) und sonst die Lautverbindung σϑ unmöglich gewesen wäre. — Unter dem griech. lat. z meint Rapp unsern Laut *ſ*.

***) Die Stelle ist wohl nicht ganz klar. Irren wir nicht, so will Rapp sagen: „So gut wie die Schwaben, etc. heute *stehen*, *spur*, *ist*, *fest* schreiben, aber *schtehen*, *schpur*, *ischt*, *fescht* sprechen, ebenso werden sie auch im Mittelalter *schlecht*, *schmal*, *schné*, *schwer* gesprochen haben, obschon sie *sleht*, *smal*, *sné*, *swer* schrieben." Und dies ist allerdings ein sehr zu beachtender Schlufs. Haupteinwand dagegen bleibt, wie schon Ph. Wackernagel (E. p. XXVII) bemerkt hat, dafs in diesem Falle denn doch Reime wie *last. nascht*, *fest: wäscht*, *list: fischt*, etc. zuweilen vorkommen sollten; aber dies geschieht niemals.

†) Wir haben diese Erscheinung bereits in anderer Weise (aus dem Gesetz des Anlauts) erklärt.

3. Die deutschen Enklaven in Wallis, Graubünden und Italien (*sette communi*) sprechen noch heut zu Tage alle *s* wie *sch* *).

4. Die Magyaren lernten bekanntlich im Mittelalter von ihren deutschen Nachbarn schreiben; die Ordnung ihres Alphabets ging freilich nur allmälig von statten; wie es aber jetzt sich fixirt hat, springt daraus doch Folgendes unläugbar hervor: sie nehmen das Zeichen *s* für den Laut *š*, sprechen z. B. *Pest* = *Pescht*, also völlig wie unsere fränkischen Vorfahren; das scharfe *s* aber bezeichnen sie durch *sz*, wie die Deutschen ihr *z*, wo es den *T*-Laut absorbirt hatte, später durch diese Combination ausdrückten, etc So haben auch die Slawen, zumal die Polen, viele deutsche Wörter im Mittelalter entlehnt, die sie trotz ihres feinen Ohrs für *S*-Laute oder gerade deswegen mit *š* für *s* hörten, z. B. poln *kunszt* (gesprochen *kunscht*), *ratusz* (gespr. *rattusch*), etc

Wir verweisen hinsichtlich der weitern Erklärung dieses Lautprozesses auf die Abhandlung selbst. Die dort niedergelegten Ansichten und deren Begründung konnten uns allerdings nicht überzeugen; aber der Aufsatz selbst ist interessant und giebt Mancherlei zu denken

§. 145.
Der Laut ſ' im Hochdeutschen.

Wir bitten um Erlaubniſs, einen bisher von der Gesellschaft deutscher Laute Ausgeschlossenen einführen zu dürfen. Haben wir denselben früher ein- oder zweimal als „Fremdling" bezeichnet, so wünschten wir jetzt beinahe dies Wort zurückzunehmen. Er verdiente diesen Namen doch wohl nur dann, wenn er lediglich in Fremdwörtern aufträte, dies ist aber keineswegs der Fall. Daſs er sich im Gothischen und wahrscheinlich auch in dem älteren Hochdeutsch nicht vorfand, giebt noch kein Recht zu jener Bezeichnung; wenigstens dürfte man alsdann auch das *š* nicht als deutsch gelten lassen. So bleibt denn nur der Vorwurf gegen ihn übrig, daſs der Arme in der populären deutschen Orthographie noch kein eigenes Zeichen erlangen konnte **), und wir wissen wohl, dies reicht für Viele hin, um ihn zu verdammen. Die-

---

*) Dürfte Einwirkung der benachbarten italienischen Dialekte sein, welche, nach Schmeller, alle *s* ihrer Mundart als *s'*, alle *z* aber als scharfes *s* sprechen. — Rapp zieht freilich aus dieser, auch ihm bekannten, Notiz Schmeller's einen andern Schluſs.

**) Die Schreibung der Grammatiker und Dialektforscher ist sehr verschieden Weinhold (D. D. p. 81) giebt den harten Laut (unser *s'*) durch *sch*, den weichen (unser *ſ'*) durch *sch'*. Bei Andern fanden wir den Gegensatz ausgedrückt durch *sh-ſh*, *sh-zh*, etc. Noch Andere geben die französische Beziehung (*j*, *g*; sehr übel!), wieder Andere die slavische (poln. *ž*, böhm. *ž*; beides brauchbar). Die Meisten jedoch deuten den Unterschied gar nicht an, sondern vermischen beide Laute entweder gänzlich, oder bemerken (im besten Falle) nur etwa in Klammer „mit weicher Aussprache".

jenigen aber, welche jene Richterin näher kennen gelernt, werden hoffentlich, wie in andern Fällen, auch durch dies ihr Urtheil sich nicht beirren lassen.

2. Es wäre nun interessant, die Gegenden Deutschlands und die Fälle kennen zu lernen, in denen der hier in Rede stehende Laut vorkommt. Leider fliefsen jedoch in dieser Hinsicht die Quellen sehr unsicher. Eine Hauptangabe ist die bei Schmeller, §. 664, wonach in Baiern allgemein das anlautende *sch* sowohl vor einem Vokal als vor einem Consonanten gewöhnlich den weichen Laut haben soll; und wobei, um jedes Mifsverständnifs zu vermeiden, noch ausdrück*lich die französische Schreibung verglichen wird; als Beispiele sind hinzugefügt: *schâf, schiff, schön, schlagen, schmal, schnell, schreien.* Inlautend dagegen gelte der scharfe Laut; Beisp. *tischlein, buschel, naschen, rauscht, erfrischen.* Merkwürdig; jene weiche Aussprache ist uns niemals aufgefallen, und es wäre uns sehr erwünscht, von Kundigen darüber Weiteres zu vernehmen. — Im ostlechischen Dialekt (§§. 666, 667) soll auslautendes *sch* gewöhnlich weich gesprochen werden, also *fifs, tifs, frofs, bufs, menfs*; hart dagegen dann, wenn es nur in Folge von Apokope in den Auslaut getreten ist, also *die fis* (st. *fise,* oder eigentlich *fisse*). In der Note wird dann gesagt, dafs nach guthochdeutscher Aussprache der weiche Laut nach gedehnten Vokalen oder nach Diphthongen allgemein üblich sei, und als Beispiele werden gegeben: *rausch, fleisch, deutsch.* Davon wissen wir unsererseits nun, in Bezug auf den Auslaut, gar nichts. Unserm Ohr klingt der Zischlaut in *fleisch* ganz ebenso wie der in *fisch, tisch.* — Man sieht, hier giebts ein reiches Feld der Beobachtung!

3. Eine andere Stelle finden wir bei Stalder, p. 70. Dort wird zunächst die Erscheinung besprochen, dafs in Wallis und einem beträchtlichen Theile des deutschen Bündtens alle *S* wie *sch* lauten; alsdann aber hinzugefügt: „doch die Ausrede (*Aussprache*) dieses *sch* weht bei manchen Worten einen so sanften und gelinden Hauch aus, dafs es ganz dem französischen *j*, z. B. in *je* *) ähnlich klingt." Schade, dafs nicht

---

*) Es folgen hier im Original noch die Worte „oder dem englischen *sh*". Man lasse sich dadurch nicht irre machen; Stalder hat offenbar den Laut des letzteren nicht recht gekannt.

einige Beispiele solcher Wörter beigefügt sind; wir glauben
kaum zu irren, wenn wir vermuthen, daſs es vor Allen solche
Fälle sind, wo dem Zischlaute langer Vokal oder *r* oder *n*
vorangeht.

4. Ueber das Vorkommen des *ſ'* in Schlesien vgl. Weinhold, p. 81. Folgende Wörter sind uns namentlich oft begegnet: *kâſ'eln* (in glacie protrudi), *Lûſ'e* (stagnum), *hûſ'rig*
(nimium properans), diese selbst in der Rede von Gebildeten
ganz gewöhnlich; *nâſ'eln, niſ'eln* (per nasum loqui, hochd. *nae-
ſeln,* vgl. ahd. *nisilender* balbus). *Ganſ'rich* (anser mas, hochd.
Ganſerich), *Moerſ'el* (mortarium, hochd. *Morſer*), *Poerſ'el* (fas-
ciculus, hochd. *Büſchel*), *ſich paerſ'en* (superbire), *waerſ'e*
(hochd. *waere ſie*), *Ferſ'e* (calx, daneben jedoch auch *Ferſe*;
hochd. *Ferſe*.

Anm. Wie steht es um die Laute *i* und *ſ'* im Deutschen? Uns sind
sie niemals begegnet, namentlich war es uns interessant, dieselben sogar
in denjenigen Gegenden Schlesiens nicht zu finden, welche dem slawischen
Gebiet dicht anliegen und zum Theil von slawischen Gängen durchkreuzt
werden; während doch hier andere slawische Laute, z. B. das polnische ł,
sehr häufig sind; z B. im Kreise Militsch, wo die Landleute vielfach *Geld,*
etc. hören lassen. Wir sind daher geneigt, jene Laute dem deutschen Idiom
völlig abzusprechen, und dies um so mehr, als dieselben sogar denjenigen
Deutschen, welche daraus ein Studium machen, unsäglich schwer fallen,
ja ihnen selbst dann nicht recht gelingen wollen, wenn sie jahrelang im
innern Polen gelebt haben, so daſs diese Laute recht eigentlich als Schi-
bolet zwischen Slawen und Deutschen gelten dürfen. Um so befremdlicher
war es uns, bei Rapp *) die Aeuſserung zu finden, man könne den Laut *i*
(nur dieser nämlich kann dem Zusammenhange nach gemeint sein) in Schwaben alle Tage hören; nämlich dann, wenn die Volkssprache ihr *sch* anfängt
in hochd. *s* zu erheben, z B, *ischt* in *ist,* wo dann häufig ein Mittelglied
iſt gehört werde. — Uns selbst ist diese Erscheinung während unseres
Aufenthaltes in Schwaben nicht bekannt geworden; auch wuſsten hier bei
uns lebende Personen von dort nichts davon; natürlich aber reicht Beides
nicht hin, um die von einem fortdauernd an Ort und Stelle lebenden, sehr
competenten Beurtheiler so bestimmt mitgetheilte Thatsache ohne Weiteres
zu entkräften. Auch zweifeln wir keinen Augenblick an dem Vorhandensein
eines Mittellautes unter den erwähnten Umständen, nur darüber wünschten wir uns genauer unterrichten zu lassen, ob derselbe denn wirklich das
echte polnische *i* ist Täuschungen sind in Betreff des letzteren sehr leicht,
und wir kennen Viele, welche Wörter wie *się, miłość,* schon darum richtig
zu sprechen glauben, weil sie dafin weder *s* noch *i* gebrauchen; der von
ihnen gesprochene Mittellaut zwischen beiden ist aber noch lange kein *i*.
Ja, wir glauben, daſs das *i* überhaupt nur sehr allgemeinhin die Bezeich-

───────────────

*) „Geschichte des Buchstabens *S*", a a. O. p. 144.

nung eines Mittellautes zwischen *s* und *š* verdient, nämlich nur insofern als es eine breitere Luftschicht ausströmen läfst wie *s*, eine schmälere wie *š*. Damit ist aber sein Wesen noch nicht erschopft; es hat vielmehr die Zunge bei ihm eine durchaus verschiedene Lage als bei jenen beiden. Diese letzteren werden hauptsächlich vermittelst der Zungenspitze, *š* und *f'* aber mit der Mittelzunge gebildet, wie sie denn auch von dem hierin ganz vorzüglich beachtungswerthen Purkinje als „Mittelzungenlaute" charakterisirt und sowohl von *s*, *f* als von *š*, *f'* specifisch getrennt werden.

§. 146.
Hochdeutsches b.

1. Das ahd. *b* entspricht im Allgemeinen dem organischen (sanskr. griech. lat. goth. niederd. nord.), zeigt indefs in manchen Denkmälern eine Hinneigung zum *p*; ähnlich wie *g* zu *k*, nur noch schwächer als dieses. J. Grimm schreibt auch hier *poum* (arbor), *plat* (folium), *pocch* (hircus), *puoh* (liber), *pluomo* (flos), *lepan* (vivere), *sterpan* (mori), *tripan* (pellere), *prinkan* (afferre), etc. und stützt sich dabei vorzüglich auf das Beispiel der gloss. mons. und hrab.

Die bedeutendsten Denkmäler zeigen folgendes Verhältnifs:

a) Isidor schreibt an- und inlautend *b*, auslautend zuweilen *p*, gewöhnlich aber *ph*, z. B. *bôhhum, bauhnunc, unchilaubun, selbo, oba;* aber *úph, screiph, bileiph.*

b) Kero, die Hymnen, etc. schreiben im Anlaut gewöhnlich, im Auslaut stets *p*, im Inlaut *b*; also *poum, plat, pocch, kap, starp;* aber *leban, sterban.*

c) O. und T. schreiben entschieden *b*, selbst im Auslaut, als *wib, lib, huob, gab, starb, leban, sterban.*

d) N. hat wieder Lautabstufung, also *ih pin,* aber *ih ne bin; des pelgen,* aber *selben belgen, got petôjén* aber *wir betôjen,* etc.

Ueberhaupt nun bieten in Bezug auf den Anlaut von den Denkmälern des 7 — 11. Jahrh. blofs 39 durchgängig *p* für organisches *b*, und diese sind mit Ausnahme von dreien (darunter das Gedicht Muspilli) lauter Glossensammlungen, von denen nur eine so reichhaltig, dafs man auf einen entschiedenen Gebrauch des *p* schliefsen darf, während die übrigen, wenn sie mehr Glossen böten, vermuthlich auch *b* zeigen würden. Durchgängig *b* schreiben 49 Quellen, unter ihnen Isidor, Otfried, Tatian. Alle übrigen haben abwechselnd *b* und *p*, nicht blofs für organisches *b* allgemein, sondern auch für ein und dasselbe Wort, also *boum* und *poum*, *leban* und *lepan*, etc.

Da nun in den späteren (mhd.) Denkmälern der organische Laut ganz allgemein wieder zurückkehrt, so müssen wir unsererseits G r a f f beistimmen, welcher die althochdeutsche Lenis, wie bei den Gutturalen so auch bei den Labialen, wieder in ihr volles Recht einsetzt; wir schreiben also *boum*, *blat, buoh, bluomo, leban, sterban, triban, bringan,* etc. und betrachten jene andere Schreibung als hervorgegangen aus einer dialektischen Härte der Aussprache, wie sie noch heut in Oberdeutschland stattfindet und welcher manche Schriftsteller auch graphisch huldigten, während ein feineres Ohr schon damals den Unterschied zwischen dieser landschaftlichen Erhärtung und der organischen Fortis fühlte und bezeichnete; bis endlich die sich allmälig entwickelnde Schriftsprache ihn endgültig fixirte.

2. M i t t e l h o c h d e u t s c h steht *b* vollkommen fest; zuweilen tritt es in Fremdwörtern sogar für *p* ein; z. B. *bábes* (papa). Im Auslaut wird es allgemeiner Lautregel nach von *p* vertreten, also *gap, gáben*; einzelne Ausnahmen hievon siehe in den Anm. zu Iwein z. 1597. Synkope erleidet *b* nur selten, z. B. *hán* (st. *haben*), *git* (st. *gibt*), niemals in *wibt, lebt, hebt, grebt,* etc. Die neuhochdeutsche Schriftsprache kennt solche Kürzungen überhaupt nicht; hält sich aber sonst hinsichtlich dieses Lautes ganz in den Grenzen des Mittelhochdeutschen, nur daß es ihn allgemeiner Regel zu Folge auch im Auslaut setzt, sobald die Etymologie es verlangt.

3. *Consonantische Verbindungen.*

a) l i q u i d e.

bl. *blaejen* (flare), *blanc* (splendens) *blásen* (flare), *blat* (folium), *blicken* (fulgere), *bli* (plumbum), *bluejen* (florere), *bluot* (sanguis), etc.

br. *brá* (supercilium), *brechen* (frangere), *breit* (latus), *bresten* (frangi), *brennen* (urere), *briuwen* (coquere), *brüejen* (perfundere aqua), etc.

b) g u t t u r a l e. —

c) d e n t a l e.

Nur *bt* in Folge von Synkope bei der Flexion des Verbums; im M i t t e l h o c h d e u t s c h e n jedoch auch dies selten; neuhochdeutsch unbedenklich.

d) labiale.

Nur die Gemination. Im Althochdeutschen schreiben O. und T. *sibba* (pax, cognatio), *stubbi* (pulvis), etc. wofür Andere *pp* haben. Mittelhochdeutsch gilt nur *pp*. Neuhochdeutsch findet sich *bb* nur in *ebbe, robbe*, offenbar durch niederdeutschen Einfluſs.

Anm. An dialektische Eigenthümlichkeiten ist in Bezug auf diesen Laut namentlich die ostlechische Mundart reich. Hier wird er in vielen Wörtern zu *f*, z. B. *afer* (aber), *gelflicht, Knoflauch*; bewirkt Contractionen wie *pfendt* (behende), *pfueten* (behüeten), *pfalten* (behalten), *pfrait* (bereit)*; pfruemen* (berühmen); geht inlautend vor Vokal oder Halbvokal gern in *w* über, z. B. *Hirwe* (Herberge), *Haiwé* (Heidelbeeren), *Milwerg* (Mühlberg), desgleichen zu Anfang lateinischer oder aus dem Latein genommener Wörter, z. B. *Wawel* (Barbara), *Waldhaufer, Waltl* (Balthasar), *Wastl* (Bastian), *Wenni* (Benno); wie denn Ulrich Füterer in seiner Chronik deshalb auch *Wibel* statt *Bibel* schreibt. An der Rhön findet sich diese Erscheinung auch in echt deutschen Wörtern: *ich win, du wist, ſt. bin, bist*, etc. Vgl Schmeller §. 404, ff.

§. 147.
Das organische p im Hochdeutschen.
(*p, pf, f.*)

1. Dem gothischen *p* entspricht althochdeutsch nur sehr selten *p*; in der Regel wird es durch *ph* (auch *pph, phf*) und *f* ersetzt. Von diesen beiden Zeichen: *ph* und *f*, steht das erstere mehr im Anlaut, das letztere mehr im In- und Auslaut. Beisp. *phar, far* (taurus), *phluoc, fluoc* (aratrum), *phad, fad* (callis), *phant, fant* (pignus); *werfan, werphan* (jacere); manche Wörter scheinen indefs sich streng für das eine oder andere Zeichen entschieden zu haben; es heiſst z. B. immer *kuphar* (cuprum), immer *skif* (navis) nicht *kufar, skiph*.

2. Diese ganze Lautentwickelung, auf physiologischen Gründen beruhend, ist den in der Guttural- und Dentalklasse auftretenden Erscheinungen vollkommen analog. Ganz so wie das gutturale *k* in *kh, khχ*; das dentale *t* in *th, ths* überging, so hier *p* in *ph, phf*; lauter Affrikaten, also Schwebelaute, welche bei weiterer Entwickelung der Sprache sich nicht halten konnten, sondern in zwei festere Laute übergingen, einen härteren: *pf*, im Anlaut, einen weicheren: *f* im Inlaut, namentlich nach langen Vokalen; wie dies bereits in §. 27 nach den allgemeinsten Umrissen dargestellt, in §§. 137, 142 hin-

sichtlich der Gutturalen und Dentalen speciell nachgewiesen wurde.

3. **Mittelhochdeutsch** ist diese Scheidung bereits vollbracht. Im Anlaut gilt hier wie im **Neuhochdeutschen** durchaus *pf* (wie bei den Dentalen *z*); doch findet es sich fast nur in Fremdwörtern, vielleicht das einzige *pflegen* (dunkeln Ursprungs) ausgenommen. Neu übergehende Fremdwörter behalten meist ihr *p*, als *palas, plân, porte, prueven, pûneiz*, etc.; erst später nehmen einige derselben, welche tiefer in die Volkssprache eindrangen *), ebenfalls *pf* an, z. B. *pflanze, pforte*; ein Beweis, dafs sie der Sprache völlig eingebürgert sind

4. **In-** und **auslautend** steht *pf* sowohl mhd. als nhd. nur in gewissen Fällen, nämlich:

a) durchaus nach *m*, z. B. *kampf, dampf*, etc. Der Grund hievon ist, dafs die Laute *m* und *f*, d. i. Nasal und Fricativa, physiologisch zu ungleichartig sind, um sich unmittelbar mit einander zu verbinden; die Explosiva *p* mufs ihnen als Vermittler dienen. Vgl. §. 76, 2, c. Dafs reines *mf, ns, νχ* zu sprechen möglich sei, geben wir zu; aber es erfordert eine gewisse Bemühung, vor welcher die lebendige Rede sich scheut.

b) nach *n* blofs in der Zusammensetzung des *en* (für *ent*) in *enpfahen, enpfinden*, etc. wo später auch *m* eintritt, indem das *n* sich dem nachfolgenden Laute assimilirt.

c) nach *r* nur ausnahmsweise bei Wolfram, z. B. *scharpf*.

d) nach kurzen Vokalen häufig: *zopf, knopf, apfel, schepfer*, etc. Daneben findet sich in denselben Wörtern auch *ff*, und Grimm glaubt, dafs lediglich der Zufall den einen oder den andern dieser Laute eingeführt hat.

e) nach langen Vokalen steht nur *f*, niemals *pf*; also *slâfen ruofen*, etc. Desgleichen ist die organische Lautverbindung *pt* durchaus zu *ft* geworden, z. B. *gift, luft*, etc.

---

*) „Während des ganzen Mittelalters läuft neben der volksthümlichen Entwickelung eine lateinische Bildung her. Die Berührungen zwischen den lateinisch Gelehrten und den nur Deutsch Verstehenden sind unzählig. So oft nun aus dieser lateinischen Quelle ein Wort unter das deutschredende Volk flofs, wurde es in den Strom der deutschen Lautveränderungen gezogen; also *planta, pflanze*, etc. Wo dagegen ein Wort mit seinem lateinischen Ursprung in Zusammenhang blieb, da behielt es die achtrömische Form bei.". Raumer, a. a. O. p. 66.

5. *Consonantische Verbindungen.*

a) **liquide.**

    pl. *plân* (planities), *planke* (asser), *platte* (calvities), *plaz* (locus), *plump* (crassus), etc. lauter Fremdwörter. Zuweilen auch für *pfl.*

    pr. *prasem* (gemmae gen.), *prellen* (tundi), *pressen* (premere), *pris* (pretium), *prueven* (probare), etc. Ebenfalls nur Fremdwörter.

b) **gutturale.** —

c) **dentale.** —

d) **labiale.**

    pp. 1) statt *b b*: *sippe* (cgonatio), *rippe* (costa), *stüppe* (pulvis, **goth.** *stubjus*), also scheinbar mit Beibehaltung der „strengalthochdeutschen“ Lautverschiebung, in der That aber nur aus Abneigung gegen die Gemination der Lenis. 2) statt **einfachem** *p* in den Fremdw. *kappe, pappel, vipper,* wo auch *kâpe, pâpel, viper* dem deutschen Idiom gerecht gewesen wäre, wie denn auch die letzgenannte Form im Neuhochdeutschen durchgedrungen. 3) **wechselnd mit** *p* **und** *b*: *rappe* (wohl nur Nebenf. von *rabe*), *bideppen, insueppen* (Nebenf. *bedeben, ensweben*), u. a.

    pf. Althochdeutsch theils aus *p* (im Anlaut), theils statt eines sonst eintretenden *pp* (im In- und Auslaut) sich allmälig entwickelnd, und seitdem der Sprache verblieben; ganz wie *ts*, während *kch* wieder abgeworfen wurde.

§. 148.

Das organische f im Hochdeutschen.

(geschrieben *f, v*).

1. Das gothische *f* ist im Ahd. *f* geblieben, wird aber in manchen Denkmälern auch *v* *) geschrieben. J. Grimm will in seiner D. G. ausschliefslich *v* für goth. *f* gelten lassen, weil ahd. *f* schon vergeben sei, nämlich an den dem goth. *p* ent-

---

*) Dieser Buchstabe erhält jedoch erst sehr spät diese Form; die althochdeutschen Denkmäler geben ihn fast stets durch *u*, also ganz analog der Vermischung des *j* mit *i*. Im Mittelhochdeutschen werden *u* und *v* völlig ohne Unterschied für Vokal und Consonant gebraucht; ja manche Handschriften schreiben beinahe consequent den Vokal mit *v*, den Consonanten mit *u*. Erst im 18. Jahrh verschwand das *v* als Vokalzeichen völlig.

sprechenden Laut; er schreibt also *vater* (pater), *varan* (vehere), *vinkar* (digitus), *vol* (plenus), etc. Und zwar soll diese
graphische Scheidung bei ihm keineswegs etwa blos an die
verschiedene etymologische Herkunft erinnern, sondern er
nimmt an, dafs sein *v* (oder das zweite *f*) von seinem ersten
(dem gothischen *p* entsprechenden) *f* auch lautlich verschieden gewesen sei. — Ehe wir jedoch auf die nähere Prüfung
seiner Worte, so wie des ganzen Lautverhältnisses überhaupt
eingehen, wird es nöthig sein, den thatsächlichen Befund
der labialen Fricativlaute sämmtlich, also auch des *w*, festzustellen; da hier ein enger Zusammenhang und gegenseitiger
Einfluſs obzuwalten scheint. Unter thatsächlichem Befund verstehen wir aber zunächst die graphischen Verhältnisse überhaupt, also aller Perioden, sodann aber auch die lautlichen,
so weit uns dieselben mit Sicherheit bekannt sind, also die
der jetzt lebenden Sprache.

2. Die althochdeutschen Denkmäler bieten für gothisches *f*:

A. Anlautend (nach Graffs Untersuchungen).

a) ausschliefslich *v*: nur sechs Denkmäler; darunter
keines der ältesten.

b) ausschliefslich *f*: Sechsundsiebzig Denkmäler; darunter Isidor, Kero, Otfried, Tatian und die ältesten Glossen
(aus dem 8. Jahrh.), ja bei Otfried ist das zuweilen vorkommende *v* in *f* corrigirt.

c) abwechselnd *f* und *v*: alle übrigen Denkmäler, oft
ein und dasselbe Denkmal an einer und derselben Vokabel. Je
älter indefs ein Denkmal, desto häufiger steht *f*. — Notker
endlich hat auch hier Lautabstufung, wobei er *f* als Fortis,
v als Lenis behandelt; z. B. *fone, ioh folletan, manigfalt, taz
fure*; aber *dero uinstri, er uerleidot, geuromedo*. Doch kommen sehr viele Abweichungen vor, z. B. einerseits *unio ferro,
folle frumigen, under fuoze, sehe folle, allero fertanero, er fer-
uuorfen, chiusken friunt, enfahet, uber finf*; andrerseits *daz
ueruuandes, iz uremedemo*, etc., welche Beispiele zugleich
Grimm's Behauptung widerlegen, dafs zwar *f* statt *v*, nicht
aber *v* statt *f* (*pf*) gesetzt werde*).

---

*) Andere Beispiele der Art sind einerseits: *vadon, vawsa, vlegas* (nach
Grimm nur *phadon, phanna, phlegan* oder *fadon*, etc.); andrerseits: *pharewa
phano*, etc. (nach Grimm *varewa, vano*).

B. Inlautend. Hievon führt Grimm folgende Fälle an: *avur, avar* (retro), *avarón* (iterare), *avara* (pyramis), *ava↑ rah* (gurgustium), *avalón* (parare), *fraval* (contumax), *havan* (olla), *arvizza* (eruca), *chevia* (cavea), *hevo, hevit* (levo, levat), *hevig* (gravis), *nevo* (nepos), *chevar* (brucus), *weval* (subtegmen), *cheva* (branchia), *hreves* (uteri), *weverón* (rugire), *scevar* (lapis fissilis), *wervo* (vortex), *chervila* (cerefolium), *zuelivi* (duodecim), *livol* (libellus), *einlivi* (undecim), *ovan* (fornax), *hoves* (curiae), *hovar* (gibbus), *biscóves* (episcopi), *wolves* (lupi), *funivi* (quinque), *grávo* (comes), *rávo* (tignum), *gitdvili* (laquear), *gávissa* (quisquiliae), *suival* (dubium), *vivaltra* (papilio), *briaves* (epistolae), *tiuval* (diabolus), *eivari* (acris), *seivar* (spuma) *scúvila* (pala), *huoves* (ungulae). Fremdwörter wie *évangelio, éva, david,* etc.

C. Auslautend wird niemals *v*, immer *f* geschrieben; die Nominative der eben angeführten Genitive heifsen also *briaf, huof, wolf,* etc.

3. In den mittelhochdeutschen Handschriften ist *v* ein sehr beliebtes Zeichen geworden.

A. Anlautend erscheint es viel häufiger als *f*, namentlich vor den Vokalen *a, e, i, o,* obgleich auch hier nicht ohne grofse Schwankungen; dagegen findet sich vor *u, û, uo,* etc. häufiger *f*[*]). Vor Consonanten gilt ohne Unterschied *v* und *f*, sogar bei einem und demselben Schriftsteller und in den nämlichen Vokabeln; z. B. *oliz, fliz; vrágen, frágen;* etc. Die Herausgeber haben daher diese Zeichen nach ihrem eigenen Ermessen behandelt und ebenfalls schwankend. Lachmann z. B. setzt in der Ausgabe des Iwein anlautend durchweg *v* (vgl. zu Iw. p. 365), dagegen in der Ausgabe von Walther *f* vor *u, l, r.* Grimm setzt überall *v*, also *vallen, vinger, vuoz, vueze, vúst, viuste, oliz, vrágen, vlach, vlahs, vlec, vléhen, vlehten, vleisch, vliehen, vliezen, vló; vráge, vrech, vrezzen* (tentare), *vremde, vrouwen, vrevel; vnehen* (anhelare, ahd. *fnehan*, scheint bereits erloschen); etc.[**]). Und so

---

*) Blos aus einem kalligraphischen Grunde. Man wollte nicht zwei *u* hinter einander schreiben.

**) Fremdwörter behalten das ihnen zukommende Zeichen, vergl. *fier* (einsilbig, franz. *fier*), *failieren (faillir)*; *venie (venia)*; hier bei *v* indefs zuweilen auch *f*, z. B. *vintále, fintále* (franz. *ventaille*).

wollen auch wir thun, um das mittelhochdeutsche, in diesem
Falle so ausgeprägte, Colorit nicht zu verwischen.

B. Inlautend bieten die älteren Handschriften *v*,
nach althochdeutscher Weise, also *gráven, haven, frevel, zwivel, kever, neve, schever, hoves, wolves, colve, zwelve, vunve.*
Dieses *v* reimt weder auf *f* noch· *w*, also *gráven* (comites)
nicht auf *sláfen* und ebenso wenig auf *gráwen* (canescere) *).
Vor *t, z, s* jedoch geht *v* in *f* über, also *neve, niftel; zwelve,
zwelfte; vunve, vunfte, vunfzic; hofs* statt *hoves.* Spätere
Handschriften fangen auch im Inlaut überall an, *v* und *f* zu
mischen; ja das letztere Zeichen gewinnt sichtlich mehr und
mehr Spielraum. In einzelnen Wörtern wechselt *v* mit *b*;
z. B. *heven, heben; draben, draven; vrevel, vrebel*; namentlich in Fremdwörtern *fabel, favel; tabel, tavel*; etc.

· *C.* Auslautend wird auch hier *v* niemals, sondern immer *f* verwandt; also ganz wie im ahd. *brief, huof, wolf*, etc.
Dieses etymologisch aus *v* entstandene *f* reimt unbedenklich
auf das aus *p* hervorgegangene, also *brief* auf *rief, huof* auf
wuof.

4. Im Neuhochdeutschen ist der Gebrauch des Zeichens *v*, abgesehen von Fremdwörtern, überaus selten; aber
selbst dieser geringe Rest ist ein leidiger Uebelstand, da er
phonetisch gar keinen Sinn hat, sondern überall wo *v* steht,
entweder *f* oder *w* gesprochen wird.

A. Anlautend. Nur in *vater* (*vetter*), *ver-, vieh, viel,
vier, vogel, vogt, volk, voll, von, vor*; die Aussprache ist ein
reines *f.* Wie jedoch eine am Buchstaben haftende Pedanterie
es versucht hat, den nicht vorhandenen Unterschied in der
Aussprache von *ss* und *sz* künstlich hervorzubringen, so ist
es auch hier geschehen. Es giebt Personen, auch Bücher,
welche behaupten, der Auslaut in *Vater, voll*, etc. sei auch
phonetisch ein anderer als z. B. der in *Faden, füllen*, (trotz
dessen daſs *voll* und *füllen* einen und denselben Stamm haben!),
Vetter (consangineus), *fetter* (pinguior) seien auch durch die

---

*) Vor dem Nominalsuffix *t* steht ebenfalls immer *f*, nicht *v*, also *kraft,
gift, gruft, luft*; etc. Doch dieser Fall gehört nur scheinbar hierher, in Wahrheit aber zu dem vorigen §; denn wenn auch im Gothischen hier *f*, nicht *p*
steht, so ist doch dieses *f* bloſs euphonischer Natur und nicht durch Lautverschiebung entstanden. Das hochdeutsche *f* ist an solcher Stelle auch schwerlich
aus jenem gothischen *f* herzuleiten, sondern durch selbständige Assimilation auf
dem Gebiet des hochdeutschen Idioms erwachsen.

blofse Aussprache zu unterscheiden; etc. Wenn man nun in
sie dringt, diesen Unterschied doch einmal durch ihre Rede
anschaulich zu machen (denn für gewöhnlich sprechen auch
sie wie alle Andern eben nur reines *f*), so — gelingt es ihnen
wirklich etwas besser als beim *sz*, weil hier die phonetischen
Verhältnisse zufällig einen Ausweg bieten. Die Sache läuft
nämlich meistens darauf hinaus, dafs solche Personen alsdann
das *v* rein labial, das *f* dental-labial sprechen; mit andern
Worten, sie setzen hochd. *v* = phon. φ, hochd. *f* = phon. *f*.
Natürlich ist dies eine ganz willkürliche Scheidung, welche
ihnen eben die Noth an die Hand giebt, um die sie selber
sich, wie gesagt, sonst nicht im mindesten kümmern und die,
jeder wissenschaftlichen Stütze ermangelnd, keine weitere Be-
achtung verdient. — Interessant dagegen wäre es zu unter-
suchen, aus welchen Gründen das Zeichen *v* gerade in jenen
vereinzelten Fällen geblieben ist. Althochdeutsch unterscheiden sich dieselben in nichts von den übrigen mit *f (v)* anlautenden Wörtern; es heifst *fatar, fetiro, fir-, fiho, filo, fior,
fogal, fogat, folc, foll, fon, fora*; das letztere sogar desselben
Stammes mit *furi*, welches im Nhd. (*für*) das *f* behalten hat.
Mittelhochdeutsch haben sie freilich alle in der Regel *v*,
aber keineswegs etwa strenger als andere Wörter; ja, das
Präfix *ver-* findet sich sogar r e c h t oft als *fer* *). Vermuthlich haben hier niederd. Einflüsse mitgewirkt; im Holländischen
spielt *v* eine grofse Rolle, und der Verkehr mit Holland war
im 17. Jahrh. sehr grofs.

   B. I n l a u t e n d ist *v* in dem einzigen *frevel* geblieben,
und auch in Fremdwörtern steht es nicht allzuhäufig: *braver,
malve, pulver, livree*, etc.; die Aussprache ist überall gleich
dem nhd. *w.* Auch hier jedoch wollen Einige bemerkt haben,
dafs solches *v* härter klinge als sonstiges *w*; also z. B. der
betreffende Laut in *frevel* keineswegs so wie der in *löwe,
möwe*, und es mag sein, dafs individuell, vielleicht selbst mundartlich (Norddeutschland), eine kleine Färbung vorhanden ist;
hier in Schlesien spricht Jedermann reines *w.* Vergl. S. 326,
Anm. **. — Die übrigen alt- und mittelhochd. *v* sind graphisch
·zu *f* geworden, also *briefes, hufes, gräfen, hofes, wolfes*; offenbar, weil man die Uebereinstimmung mit dem Auslaut herstel-

---

*) Vgl. z. B. Deutsche Predigten des XIII. Jahrh. herausgegeben von Gries-
haber 1844. 1846.

len wollte; die nhd. Sprache liebt nun einmal nicht den Wechsel der Buchstaben innerhalb eines und desselben Wortes. *Frevel*, bei welchem dieser Umstand nicht in Betracht kommt, behielt demnach auch sein *v*; und hienach durfte man allerdings auch bei *käfer*, *zweifel*, *schiefer* dasselbe erwarten, aber sie folgten lieber der Analogie der Mehrzahl; *neffe* und *kolbe* haben, wie man sieht, eigenthümliche Wege eingeschlagen. Soviel von der Schrift; nun aber die Aussprache! Dieselbe ist, wie interessant! auch bei diesen Wörtern, welche *f* annehmen, durchaus reines *w*, ganz wie in *Frevel*; also man spricht *Briewes, Hüwes, Gräwen, Höwes, Wolwes, Käwer, Zweiwel, Schiewer*. Wenn nun von Manchen verlangt wird, man solle diese Aussprache aufgeben und wirklich *Briefes*, etc. sprechen, so heifst dies nichts Geringeres als: man soll einer etymologischen Grille der Schriftgelehrten zu Liebe ein tiefgehendes Lautgesetz des deutschen Idioms opfern; nämlich die Neigung: auf langen Vokal eine Lenis folgen zu lassen. Vgl. 150, 7, c.

C. **Auslautend** steht natürlich niemals *v*; das hier sich findende *f* hat ein und dieselbe Aussprache, gleichviel ob es organischem *p* oder *f* entspricht; also ganz wie im Mittelhochdeutschen.

§. 149.
Hochdeutsches w.

1. Die althochdeutsche Schreibung dieses Buchstabens ist gewöhnlich *uu* (I. K. O. T. N.), selten *uv*, *vu*, etwas häufiger *vv*; aus des letzteren Verschlingung entstand dann unser heutiges *w*. Da nun langes *u* ebenfalls häufig durch *uu* bezeichnet wird, so könnten möglicher Weise **sechs** *u* neben einander zu stehen kommen; indefs läfst sich die hiebei vorausgesetzte Verbindung *ûwú* nicht nachweisen, auch keine welche **fünf** *u* nöthig machte (*ûwu*, *uwú*); dagegen finden sich **vier** *u*, als *buuuuit*, d. i. *búwit* (colit), *hriuuuun*, d. i. *hriuwun* (poenitentiam); und **drei** *u* sind ganz häufig; z. B. *uuuntar* (miraculum), *uuurm* (vermis), *uuurdun* (fiebant). Doch wird in solchen Fällen oft auch, um der Häufung zu entgehen, das *w* blofs durch einfaches *u* gegeben, also *uuntar*, *uurm*, *uurdun*. Nach Consonanten ist diese Vereinfachung, wenigstens in den späteren Denkmälern, stehende Regel, selbst wenn dem *w* ein anderer Vokal als *u* folgt; demnach nicht blos *duungun* (strinxerunt), *suungun* (ceciderunt), sondern auch *duingan*

(stringere), *suingan* (caedere), *huer* (quis), *suiski* (binus). Nicht zu billigen ist es, wenn auch in andern Fällen noch das *w* durch einfaches *u* bezeichnet wird, weil dadurch die sonst wohl zu ertragende Mischung mit *v* eine gefährliche Ausdehnung erhielte. Die spätere Zeit hat durch das Zeichen *w* alle diese Bedenken mit Einem Schlage beseitigt.

2. Etymologisch entspricht das ahd. *w* dem gothischen *v*. Die einzelnen Fälle des Vorkommens bieten indefs mancherlei Eigenthümliches und erheischen bei der so sehr verworrenen Beziehungsweise die gröfste Behutsamkeit. Wir stellen die Hauptverhältnisse nach Grimm II, 142 ff. 401 ff. hier zusammen.

A. Anlautend. Vor allen Vokalen: *wahhén* (goth. *vakan*), *werfan* (goth. *vairpan*), *weg* (goth. *vigs*), *widar·*(goth. *vipra*), *wund* (goth. *vunds*), *wolf* (goth. *vulfs*), *win* (goth. *vein*). etc. Vor Consonanten (*l, r*) nicht mehr, bis auf das einzige *wreccheo* (exsul), bei I.; vielleicht gingen diese Verbindungen zunächst in *hl, hr* über, bis dann (im 9. Jahrh.) auch dieser Anlaut abfiel.

B. Inlautend. Hier namentlich ist es fast unmöglich, die Grenzen zwischen Vokal *u* und Consonant *w* immer zu erkennen.

a) wurzelhaft. Es finden sich vor dem *w* sämmtliche Vokale, sowohl kurze als lange; von den Diphthongen jedoch nur *ou* (*öu*) und *iu*, nicht aber *ei*.

1) *qw.* Dies die alterthümlichste Verbindung, dem gothischen *au* entsprechend, als *hawan* (caedere, gl. jun. 200; goth. *hauan*), *bawan* (aedificare, gl. jun. 199; goth. *bauan*), *zawén* (parare, goth. *taujan*), *strawan* (sternere, goth. *straujan*), *frawér* (laetus), *frawón* (laetari), *zawa* (tinctura), *glawér* (versutus), *drawén* (minari), *scawón* (contemplari), *rawa* (quis), *fawer* (paucus), *hrawér* (crudus), *chrawón* (fricare), *dawén* (mori); einige derselben, wie z. B. das letztgenannte, lassen sich freilich in dieser Form nicht mehr belegen, sondern bieten *ów, ouw*; das frühere *aw* mufs jedoch theoretisch behauptet werden. — Aufserdem ist aber auch zu beachten, dafs das *w* hier häufig blofs *u* geschrieben wird, also *hauan, scauón, glauér*, etc., wo man dann schwanken kann, ob nicht gar mit Hiatus *au-a, au-ó*, etc. zu lesen sei. Offenbar liegen hier Lautverhältnisse ohne scharfe Grenzen vor.

2) *ew.* Der Umlaut des vorigen, welcher zum Theil an den oben mitgetheilten Beispielen selbst zu Tage tritt, als *strewan, frewan*; wegen des hinter dem *w* früher einmal vorhandenen *c* oder *j*; die ursprüngliche Form war *strawian, frawian*; hieraus *strewian, frewian*; endlich *strewan, frewan*; wofern nicht etwa, wie so häufig, das *i* aus der ursprünglichen Form ohne Weiteres ausgeworfen wurde; wobei das Wort auch wohl in sonstiger Beziehung noch andere Wege einschlug, vergl. *frawón, frawén.* — Andere·Beispiele des *ew* sind *gewi* (pagus, goth. *gavi*), *hewi* (foenum, goth. *havi*), *evi* (agnae; vergl. goth. *AVI, ovis*), *ewistra* (caula, goth. *avistr*), *ewit* (grex ovium, *avépi*), *drewi* (minare), *frewi* (exhilara), *fardewi* (digere), *lewo* (leo), *lewina* (torrens), *strewita* (sternebat).

3) *ów, ow, ouw* sind spätere Umsetzungen des *aw*; also *hówan, howan, hóuwan* (caedere), *frówón* (laetari), *frówé* (laetificet), *dówen* (mori), *frówa* (femina), *drówa* (comminatio), *gówon* (pagis), *ówon* (terris), *scówón* (contemplari), *stówón* (queri, causari), *hówi* (foenum), *rówaʒ* (crudum), *zówen* (parare), *ówist* (caula), *ówit* (grex ovium), *lówo* (leo), *fówém* (paucis), etc. Alle diese Beispiele finden sich auch mit *ow* und *ouw*, wobei wohl mundartliche Einflüsse mitwirken mögen.

4) *iw, iuw.* Der organische Laut ist *iw*; er entwickelt sich als Inlaut aus dem Auslaute *iu* und hat demnach kurzes *i.* Aus diesem *iw* entsprang dann (ebenso wie vorhin aus *ow* ein *ouw*) ein an sich fehlerhaftes *iuw* (kein dem *ów* paralleles *iw*), welches sich dann später auch häufig wieder·in *iu* auflöst. Beisp. *iwer, iuwer, iuer* (vester), *bispiwan -spiuwan, -spiuan* (conspuére), etc. Statt des *iw* findet sich zuweilen die Brechung *éw.*

5) *uw* ergiebt sich in den Plur. Prät. von *hriuwan, bliuwan*, etc., also *hruwun, bluwun*; allerdings mit einiger Schwankung·in blofses *uu* (mit Hiatus), *iw* und *iuw.*

6) Beispiele der Verbindung mit langen Vokalen: *bráwa* (supercilium), *éwa* (lex), *blíwes* (plumbi), *frówón* (gaudere), *búwes* (culturae), etc.

b) In der Endung, welche das im Auslaut schon weggefallene oder in einen Vokal übergegangene *w* bewahrt hat.

1) Nach Vokalen ziemlich häufig: *balawes* (mali), *marawer* (tener), *garawan* (parare), *chalawer* (calvus), *falawer* (fulvus), *salawer* (ater), *arawer* (frustraneus), *farawa* (color),

zesawer (dexter), *sualawa* (hirundo), *helawa* (palea), *felawa* (salix), *horewes* (luti), *tresewes* (thesauri), *melewes* (farinae), *miliwa* (tinea), *wiluwa* (vidua), *scatuwes* (umbrae), etc. Die unbetonten Vokale vor dem *w* schwanken vielfach in ihrer Quantität, werden aber selten ausgeworfen.

2) Nach Consonanten fällt das *w* gewöhnlich aus, z. B. *aha* (goth. *ahva*), *sehan* (goth. *saihvan*), *lîhan* (goth. *leihvan*), *nâhjan* (goth. *nehvjan*), *sparo* (goth. *sparva*), *gaʒʒa* (goth. *gatvô*), *selida* (goth. *salipva*), *engi* (goth. *aggvus*), *inkar* (goth. *iggar*, d. i. *igkvar*), *sinkan* (goth. *siggan*, d. i. *sigkvan*), etc. In den Ableitungen hat sich zuweilen noch das *w* erhalten, z. B. *sparwâri* (nisus, nhd. *sperber*).

C. Auslaut. Hier verwandelt sich das *w* überall in den Vokal *o* (früher *u* ?) und wird allmälig synkopirt. Daher im Nomin. des Substantivs und (bei abgelegter Flexion) auch des Adjektivs die Formen *grâ* (canus), *blâ* (lividus), *sê* (lacus), *rê* (capreolus), *blû* (plumbum), *brî* (mulsum), *frô* (laetus), *rô* (crudus), etc., wo überall ein früheres *grâo, sêo, blîo,* etc. anzunehmen ist. Geht dem auslautenden *w* ein Consonant voran, so dauert das *o* länger, als: *balo* (clades), *salo* (niger), *chalo* (calvus), *falo* (pallidus), *garo* (paratus), *scato* (umbra), etc. Die älteste Gestalt dieser Wörter mag gewesen sein *grâw, sêw, blîw, garaw, balaw, chalaw,* etc. und so lauten auch die Genitive denn *grâwes, sêwes, blîwes, balawes* (*balwes*), *garawes* (*garwes*), etc.

3. Mittelhochdeutsch bleibt die Schreibung *uu* oder *vv.* Steht jedoch ein *u* (*v*) voran oder nach, so sparen die Handschriften gern das eine dieser drei gleichen Zeichen, setzen also häufig *niuue* oder *nivve* statt *niuwe*; *uunne* (*vvnne*), *suunge* (*svvnge*) statt *wunne, swunge.* Nach Consonanten bieten die bewährtesten Handschriften jetzt *w* (*uu, vv*), nicht einfaches *u* (*v*).

A. Der Anlaut *w* ist unbedenklich und überall von *v* (*u*) streng geschieden; *war* (cura), *winden* (nectere), *want* (nexit) mischt sich niemals mit *var* (eat), *vinden* (invenire), *vant* (invēnit).

B. Der Inlaut *w* steht:

a) In der Endung zwischen zwei Vokalen, z. B. *frouwe, riuwe, senewe*; doch kann der vordere Vokal ·den Umständen nach wegfallen, als *senwe, melwe, varwe,* nie aber der hintere, ohne dafs sich *w* entweder ganz verlöre oder in den Vokal *u* auflöste.

b) In der Wurzel nach langem Vokal, z. B. *gráwen* (canescere), *bráwen* (superciliis), *kláwen* (ungulis), *pfáwe* (pavo), *éwen* (seculis), *snéwes* (nivis), *kléwes* (trifolii), *wéwen* (malis), *séwen* (undare); *iw* ist sehr selten; nur in dem fremden *Iwein* und in der Partikel *niwan*, wofür andere Handschriften *niuwan* setzen; *ów* scheint ganz zu fehlen; von *uw*: *búwen*, *gelrúwen*; *iuw* und *ouw* sehr häufig (wovon gleich mehr); *iew* und *uow* selten, z. B. *liewe* (umbraculum), *ruowe* (quies); *eiw* nirgends.

c) Nach kurzem Wurzelvokal scheint *w* jetzt nicht mehr vorzukommen; ja die Verbindung *iuw* ist mhd. ein so beliebter Laut, dafs er nicht allein aus dem organischen *iw* (*iuwer*, *triuwe*, *niuwe*), sondern auch aus organischem *iu* (*fiuwer*, *tiuwer*, statt *fiur*, *tiur*) entsteht.

C. Der Auslaut *w*, welcher bereits ahd. zu *o* geworden, stumpft sich jetzt zu*we* ab und erleidet als solches gewöhnlich Apokope, z. B. *gel, mel, var, gar, grá, brá, é,* etc.; die übrigen Casus aber noch immer *gelwes, melwes, varwes, garwes,* etc.

4. Neuhochdeutsch dauert das anlautende *w* ungeschwächt fort; das inlautende dagegen hat bis auf wenige Fälle (*ewig, wittwe, loewe, moewe*) aufgehört; am häufigsten durch Synkope, z. B. *méles, feuer, euer, neu, bauen,* etc.; zuweilen auch durch Uebergang in *b*, z. B. *schwalbe, farbe, sperber*; oder *h*, als *frohen, röhen, réhes,* etc.

§. 150.
Rückblick auf hochd. w, f, v vom phonetischen Standpunkte.

Wir sind an der Hand des Meisters den wunderlichen Verschlingungen der Zeichen *f, v, u, vo, uu* gefolgt; es wird kaum möglich sein, den Handschriften in dieser Hinsicht noch ein wesentlich neues Moment abzugewinnen. Versuchen wir nun, aus dem vorliegenden Thatbestand einige Schlüsse zu ziehen.

1. Ueberall da, wo uns bisher im Gebrauch der Lautzeichen grofse Unsicherheit begegnete, da erwies sich dieselbe als eine Folge der Rathlosigkeit, welche entstand, als ältere Laute durch stetige Entwickelung in andere übergingen;

wobei es gleichgültig war, ob diese anderen Laute in dem hochdeutschen Idiom bereits sonst schon vorhanden waren, oder demselben als völlig neue zugeführt wurden. Der erstere Fall begegnete beim Uebergange des *t* in *s*, der letztere bei Erzeugung des Lautes *χ* aus den zwei verschiedenen Quellen *k* und *h*. Tritt nun da nicht von vorn herein die Vermuthung nahe, daß für die uns jetzt vorliegende Verwirrung der Lautzeichen die Ursache eine ähnliche ist, wie bei den früheren? Die Wahrscheinlichkeit steigt, wenn wir bemerken, daß es wieder, also schon zum dritten Male, die Fricativlaute sind, um welche es sich handelt; mehr noch, wir durften erwarten, daß die Labialreihe in dieser Hinsicht keine Ausnahme machen werde. Erinnern wir uns endlich daran, daß diese Labialreihe fast in jeder Beziehung eine große Analogie mit der Gutturalreihe zeigt, während die zwischen beiden gelegene Dentalreihe mehr eigene Wege verfolgt, so steigt die Frage auf: Wie, wenn auch hier jene Analogie stattände? d. h. wenn es sich auch hier um die Erzeugung eines neuen Lautes auf zwei verschiedenen Wegen handelte? — Wir unsererseits nun sind von dieser Thatsache überzeugt, und das Resultat hier gleich vornweg hinstellend, behaupten wir: „Die Verwirrung der Zeichen für die labialen Fricativlaute in der ältern hochdeutschen Sprache beruht auf nichts Anderem als der successiven Entwickelung des neuhochdeutschen Lautes *w* aus den beiden Quellen *f* und ahd. *w* (*uu*); oder, nach Maßgabe unsers allgemeinen Alphabets ausgedrückt: es handelt sich hier um Erzeugung des Lautes *v* aus den Lauten *f* (*φ*) und *w*." — Jetzt unsere Gründe.

2. Der Laut des nhd. *w* (engl. franz. *v*) war in der althochdeutschen Periode noch nicht vorhanden, oder tauchte doch erst in leisen Anfängen auf; vgl. später. Alle die Wörter, welche heut zu Tage mit *w* anlauten, trugen damals an dieser Stelle (abgesehen von dem manchmal hier vorhandenen *h*) das Zeichen *uu*. Wie kam man auf eine solche Bezeichnung? Für einen Consonanten das Zeichen eines geminirten Vokals? Welche Aehnlichkeit besteht denn zwischen unserm heutigen *w* und *uu*? Welcher Ausländer würde heut zu Tage darauf verfallen, die Wörter *Wand*, *Winkel* durch *Uuand*, *Uuinkel* zu kennzeichnen? oder welcher deutsche Knabe, der schreiben lernt, würde auf die Frage, wie er wohl den

Laut *w* zu bezeichnen gedächte, auf diesen Ausweg verfallen? Unter Zehnen werden wahrscheinlich Neune antworten: „Ich weifs es nicht" (d. h. dieser Laut entspricht keinem der bisher gelernten Buchstaben); der Letzte wird vielleicht zögernd sagen: „Mit *f*." — Da nun unsers Wissens noch Niemand daran gezweifelt hat, dafs der althochdeutsche Vokal *u* eben weiter nichts war, als der in ganz Europa und weiter bekannte Lippenvokal; so dürfen wir wohl unsern alten Vätern zutrauen, sie werden so viel Unterscheidungskraft in diesen Dingen besessen haben, um nicht einen Laut wie das heutige *w* mit dem geminirten Vokal *uu* oder der Länge *û* zu verwechseln; und soviel Takt, um, nachdem sie einmal unterschieden, die betreffenden Laute nicht dennoch durch dasselbe Zeichen auszudrücken.

3. Aber wie? giebt es nicht einen consonantischen, wenn auch nicht gerade nhd. Laut, welcher noch heut zu Tage von Ausländern häufig mit *uu* oder auch wohl manchmal blofsem *u* (ganz wie im Althochdeutschen) geschrieben wird, und bei welchem Unkundige, wenn sie ihn hören, in der Regel sofort auf diese Bezeichnung verfallen? — Dieser Laut ist das engl. *w* (in unserm allg. Alph. ebenso bezeichnet), ein Schwebelaut zwischen dem Vokal *u* und dem nhd. Consonanten *w*. Dafs er demnach nicht wirklich und streng phonetisch $=$ *uu* ist, braucht kaum gesagt zu werden; aber so viel wird man allerdings einräumen müssen, dafs, wenn man denselben einmal nicht durch ein eigenes Zeichen, sondern durch bereits vorhandene geben will, dieses Auskunftmittel noch das beste ist. Man achte doch auf die Aeufserungen der Unbefangenen! „Er spricht immer *u* statt *w*" hört man oft von Kindern, etc. über einen Engländer urtheilen, der gebrochen deutsch spricht. Nun, diese naive Unbefangenheit ist genau der Standpunkt, den auch unsere Väter in grauer Vorzeit einnahmen, als sie anfingen, die Laute ihrer Sprache durch Zeichen zu fixiren. Ist es da nicht mehr als wahrscheinlich, dafs gleichen Wirkungen dieselbe Ursache zu Grunde lag? Wir schliefsen also: Das ahd. *w* (*uu*, *u*) war gleich dem heutigen engl. *w*. Auf geringe Schwankungen legen wir dabei keinen Werth. Auch die Frage, ob in den Fällen, wo statt *uu* blofses *u* steht (s. §. 149, 1), vielleicht eine andere Aussprache gegolten hat, wie Grimm I, 138 anzudeuten scheint, lassen wir dahinge-

stellt; der Unterschied dürfte jedenfalls äufserst gering gewesen sein, und wir unsererseits sehen in jener vereinfachten Schreibung überhaupt nur eine kalligraphische Mafsregel, welche mit der Aussprache des Lautes nichts zu thun hat.

4. Wenden wir uns jetzt zu dem althochdeutschen Zeichen *f*; gleichviel ob dasselbe goth. *f* oder goth. *p* entspricht. Hauptfrage ist hier: War die Aussprache des durch dies Zeichen angedeuteten Lautes nach den beiden Quellen desselben eine verschiedene, oder nicht? Grimm glaubt das erstere, wir unsererseits das letztere. Zunächst das allgemeine Princip anlangend, so dürfen wir jetzt, dem Schlusse dieser Lautlehre nahe und gestützt auf die zahlreichen bereits früher gegebenen Lautentwickelungen, wohl mit Zuversicht den Satz aufstellen: „Der verschiedene Ursprung eines Lautes ist kein Grund, demselben von vorn herein verschiedene Arten der Aussprache beizumessen; diese letzteren sind möglich, aber nicht nothwendig". Für den vorliegenden Fall haben, wir die Entwickelung des Affrikationsprozesses im Gebiet der Labialreihe zu beurtheilen; sein Ausgangspunkt ist *p*, sein Endpunkt *f*; diese Bildung läfst sich (annähernd) veranschaulichen durch die Reihe *p, ph, f*, also *slêpan* (gothisch) oder *slâpan* (hochd. zu supponiren), *slâphan, slâfan*; diese letztere Form bereits durch die ganze althochd. Periode entschieden herrschend. Welcher Grund zwingt nun zu glauben, dafs dieses *f* eine andere Aussprache gehabt, als das in *fatar, fuoȝ*, etc.? Nur zwei können überhaupt angeführt werden:

a) der etymologische. Wir haben denselben bereits im Allgemeinen abgelehnt und fügen hier noch insbesondere hinzu, dafs ja auch dieses zweite *f* aus *p* stammt (skr. *pitar, pada*; griech. *πατερ, πόδο*; lat. *pater, pedi*), der ganze Unterschied in der Entwickelung also nur auf eine Zeitfrage hinausläuft; warum soll das schon bei den Gothen entstandene *f* anders klingen, als das einige Jahrhunderte später im Hochdeutschen auftretende?

b) der graphische; weil nämlich für das zweite *f* auch zuweilen *v* geschrieben wird. Aber diese Erscheinung beschränkt sich in der ahd. Periode auf ein Minimum von Fällen und trifft mitunter auch das erste *f*. Vgl. §. 148, 2, c.

5. Doch prüfen wir die Frage auch auf indirektem Wege. Angenommen, die beiden *f* (wie wir der Kürze we-

gen sagen wollen) haben eine verschiedene Aussprache besessen; worin soll dieser Unterschied bestanden haben? Hiefür
giebt es nur eine einzige Erklärung, nämlich die Stelle bei
J. Grimm: D. G. I², 134, welche folgendermaßen lautet:

> „Beiderlei Laut war ursprünglich und so wesentlich verschieden,
> als die goth Ten. von der goth. Asp. Man spreche das *v* (oder
> zweite *f*) milder als das vorige *f* und etwa zwischen *ph* und *w*, also
> wie *bh* aus, gleich dem goth. *f* in *gaf*, *þiuf*, kurz gleich dem sächs.
> *bh*. — — Dem *w* liegt freilich das *v* sehr nahe und ein ungeübtes Ohr
> unterscheidet beide im Inlaute schwer von einander; gleichwohl ist der
> Unterschied so wesentlich, daß mittelh genaue Reimer kein *v* und *w*
> auf einander reimen (z. B nie *grâven* (comitem) auf *grâwen* (canes-
> cere) und im Ahd. sind z. B. *fravallicho* (audacter) und *frawalicho*
> (laete) hörbar verschiedene Wörter. Noch schwieriger fällt die Unter-
> scheidung des anlautenden *v* von dem *f*, und beide sind hier offen-
> bar frühe schon vermischt, d. h. das *v* ist wie *f* gesprochen worden.
> Im Auslaut wird sogar niemals *v* geschrieben."

Die zahllosen Excerptoren Grimm's haben sämmtlich aus
dieser Quelle geschöpft und deren Inhalt meistens in folgende
Regel zusammengefaßt: „*f* ist *ph*, *v* dagegen *bh*;" den Lesern
es überlassend, was sie sich darunter denken wollen. Grund
genug, der obigen Stelle das sorgfältigste Studium zu widmen.

6. Zunächst entnehmen wir daraus, daß Grimm selbst
glaubt, daß schon seit sehr früher Zeit das anlautende *v* wie
f ausgesprochen worden ist; mithin die verschiedenen Zeichen
phonetisch unnöthig waren. Man darf also fragen: wozu sie
beibehalten? Wirklich hat Grimm in der G. d. D. S. das
ahd. *f* im Anlaut durchweg wieder hergestellt. Wenn er es
für das Mittelhochdeutsche nicht ebenfalls that, so kann dies
demnach unmöglich einen phonetischen Grund, ja sogar keinen etymologischen mehr haben, sondern blos einen graphischen, d. h. lediglich dazu dienen, das Colorit der mittelhochdeutschen Handschriften in diesem Punkte recht getreu
wiederzugeben; womit wir unsererseits denn vollkommen ein-
verstanden sind, und es ebenso machen. — Die Frage, wie
früh jene Vermischung stattgefunden, ob schon im 8. Jahrh.
oder einige Jahrhunderte später, ist hiebei sehr unwesentlich.
Wichtig aber ist die Entscheidung, wie vor dieser Vermischung das *v* gelautet. Wir unsererseits glauben durch die
Theorie des Affrikationsprozesses, wie für Gutturale und Dentale, so auch für die Labialen den Uebergang von Expl. fort.

zu Fricat. fort. nachgewiesen zu haben. Wenn also jenes *v*
überhaupt einmal eine phonetische Bedeutsamkeit hatte, so
könnte es für uns nur = *ph* oder *phf* gewesen sein. Grimm's
Antwort aber lautet anders und uns liegt die Pflicht ob,
sie auf's genaueste zu prüfen.

7. Die einzelnen Sätze derselben stehen jedoch keineswegs in so ersichtlichem Zusammenhange, daſs diese Prüfung
im Ganzen geführt werden könnte; sondern es muſs jeder
Satz einzeln betrachtet werden.

    a) „*Beiderlei Laut war so wesentlich verschieden, als die
gothische Tenuis von der gothischen Aspirate*"; (dies wäre,
nach Grimm's Terminologie, einerseits goth. *p*, andererseits
goth. *f*); also in Formel gebracht:

$$\text{ahd. } f : \text{ahd } v = \text{goth. } p : \text{goth. } f.$$

Diese Erklärung kann unmöglich· vom phonetischen
Standpunkte aus gemeint sein; denn von diesem aus wäre sie
vollkommen unbegreiflich; sondern sie soll das etymologische Verhältniſs ausdrücken. In diesem Sinne enthält
sie nur eine bekannte Thatsache nach Grimm'scher Bezeichnung und geht uns hier weiter nichts an.

    b) „*Man spreche das zweite f milder als das erste, und
etwa zwischen ph und w, also wie bh aus.*" — Was ist unter *ph* gemeint? Eine Aspirata im linguistischen Sinne, also
p + h? Aber zwischen einer solchen und dem Laute *w* (mag
man nun unter diesem letzteren nhd. oder engl. *w* verstehen)
giebt es keine rein quantitative Mittelstufe, weil beide Laute
ungleichartig sind. Die betreffende Mittelstufe soll *bh* sein;
aber alsdann entsteht wiederum die Frage: ist damit eine
echte Aspirata, also *b + h* gemeint? Wir bestreiten, daſs
dieses *bh* zwischen *ph* und *w* liegt; es läſst sich da gar nicht
vermitteln; aber abgesehen davon, so würde daraus folgen,
daſs die Wörter *fatar (vatar)*, *fuoʒ (vuoʒ)*, etc. im Ahd. ursprünglich *bhatar*, *bhuoʒ* gelautet haben! Wie lieſse sich das
beweisen! Wer hätte Lust so zu sprechen!

    c) Doch nein, Grimm meint wohl mit dem Wörte As-
pirata nicht eine solche echte, sondern — — ja, hier stehen
wir vor einem Räthsel. Was eigentlich nennt Grimm Aspiraten? Wir haben über den Gebrauch dieses Wortes bei ihm
die scrupulösesten Auszüge nicht blos aus der D. G. sondern

auch aus der G. d. D. S. angelegt, und vermochten gleichwohl darüber nicht in's Klare zu kommen. So z. B. sind ihm
das nhd. *ch* und *sch* Aspiraten, desgleichen das ahd. *ch* (aber
nicht ahd. *h*), auch das griech. χ (und zwar ohne nähere Bestimmung, also sowohl das älteste, wie jüngste);' ferner das
griech. und goth. *th*, aber auch das englisch-neugriechische,
und mitunter das hochd. *z* (ʒ); endlich das gr. φ, das ahd. *ph*
und das aus diesem entstandene *f*. — Sollte hiebei nicht der
phonetische, etymologische und graphische Standpunkt vermischt worden sein? und zwar dergestalt, dafs der etymologische das meiste, der phonetische das geringste Gewicht
hatte? — Alsdann müfsté unser Bemühen, dieser Stelle einen
phonetischen Begriff abzugewinnen, fruchtlos bleiben.

d) „*Gleich dem goth. f in gaf, þiuf.*" Gegen diese Annahme, dafs nämlich das goth. *f*, wo es (durch ein euphoni-
sches Auslautgesetz) aus *b* entstanden, anders gelautet habe
als jedes andere *f*; haben wir bereits früher (§. 107, 3) Einspruch gethan, und bitten dort zu vergleichen.

e) „*Kurz gleich dem sachs. bh.*" — Der Laut dieses letzteren kann unsers Erachtens nur der des nhd. *w* (völlig oder
doch aufserordentlich nahe) gewesen sein *). Soll nun dieser
dem ahd. *v* oder zweiten *f* im Anlaut zuertheilt werden, so
protestiren wir dagegen aufs bestimmteste, da eine Lautentwickelung:

sanskr. lat. gr. p — urdeutsch (goth.) f — ahd. v — nhd. f

nach dieser Auffassung des *v* in ihrer Art einzig wäre und
durchaus nichts zu ihrer Annahme zwingt. Hinsichtlich des
inlautenden *v* jedoch stimmt dieses Wort von Grimm allerdings aufs genaueste mit unserer eigenen Auffassung, welche
wir nunmehr darlegen wollen.

8. Woher das Zeichen *v* im Althochdeutschen? Was
nöthigte zu seiner Einführung? Warum begnügte man sich
nicht mit *w* und ·*f*?

---

*) Es steht in der Regel nur inlautend, wenn auslautendes *f* (sowohl organisches als aus *b* entstandenes) durch Flexion in den Inlaut tritt und ein Vokal
darauf folgt; z. B. *wif, wibhe*; *thiof, thiobhes, gab, gabhum*; *self, selbho*. So
noch heute *leef, leewer*; auch mit Apokope *de deew'* (fures) *de leew' diern* (cara
puella). Statt des Zeichens *bh* ist auch *v* üblich, und die Anwendung desselben
in Fremdwörtern (*eva, evangelium*) spricht deutlich für den Laut des nhd. *w*.

a) Um hierüber zu urtheilen, müfste man, dünkt uns, nicht an die Fälle sich halten, wo das betreffende Zeichen spärlich, unsicher und vor Allem spät eintritt, sondern an diejenigen, wo es bereits die ältesten Denkmäler und zwar mit einer gewissen Regelmäfsigkeit setzen.

b) Dies geschieht aber vorzugsweise im Inlaut vor und besonders zwischen Vokalen. Am auffallendsten wird die Erscheinung, wenn auslautendes *f* durch Anfügung eines vokalisch anlautenden Suffixes in den Inlaut tritt, wo dann sofort jenes *f* in *v* übergeht; also *briaf, briaves*; *hof, hoves*; *wolf, wolves*; *zuelf, zuelves*. Solch ein Wechsel kann nicht auf Zufall beruhen, sondern weist auf einen, von dem Schreiber empfundenen phonetischen Gegensatz hin.

- *c*) Welcher Gegensatz aber war es? Nun, doch wohl derselbe, welcher auch in andern Fällen einem solchen Wechsel des Auslauts zu Grunde liegt. Durch die ganze hochdeutsche Sprache zieht sich das Bedürfnifs: im Auslaut eine Fortis, im Inlaut vor Vokalen, besonders wenn langer Vokal vorangeht, eine Lenis zu sprechen; also *tak, tages*; *bat, bades*; *lop, lobes*; dies ist heut in drei Viertheilen von Deutschland (nur der Nordwesten schliefst sich aus) allgemeine Sitte, obschon man nicht so, sondern etymologisch *tag, bad, lob* schreibt; im Mittelhochdeutschen, welches die phonetische Orthographie aufserordentlich begünstigt, schrieb man auch ganz wie oben; das Althochdeutsche zeigt wenigstens ein Bestreben es ebenso zu machen, indem selbst diejenigen Denkmäler, welche die Lenis sonst gar wohl anzuwenden verstehen, doch im Auslaut häufig lieber die Fortis setzen. Vergl. §. 32, 6, b.

d) Die obigen Laute waren Explosivlaute; wir mufsten sie voranstellen, weil bei ihnen die Schrift am klarsten unsere Regel bestätigt und wir wohl wissen, dafs bei Vielen nichts Glauben findet, was nicht durch jenes äufsere Zeichen bestätigt wird. In der That ist es jedoch mit den Fricativlauten ebenso beschaffen, nur hat der Despotismus der Orthographie die natürliche Lautentwickelung hier, wie auch an andern Stellen so oft, nicht aufkommen lassen. Wir sprechen heut ganz allgemein, auch im Nordwesten, *glas* (*glass*), *gras* (*grass*), *lâs* (legebat), *lôs* (sors), *môs* (muscus), *schôs* (sinus); inlautend aber *glâfes, grâfes, lâfen, lôfes, môfes, schô-*

fes *). — Das *ch* (χ) zeigt in der hochdeutschen $\varkappa o\iota v\acute\eta$ jene
Erscheinung am wenigsten. Wirkliche lange Vokale nämlich,
(Diphthonge entziehen sich überhaupt der Regel) kommen inlautend vor dem Laute χ in der Volkssprache fast gar nicht
vor; die wenigen Fälle aber, welche die Schriftsprache besitzt (*búχes, túχes, súχen*, etc.; populär *buχχes, tuχχes, suχχen*),
.stehen natürlich unter dem Zwange des Buchstabens. Dagegen bietet der Nordwesten, wo auslautendes *g* als χ gesprochen wird, auch von diesem Laute eine schöne Bestätigung
des hier in Rede stehenden Gesetzes; der Genitiv von *taχ*
(dies) heifst hier *tájes* (wohlgemerkt mit gutturalem *j*, nicht
palatalem); *er laχ* (jaciebat), *wir lájen*; etc. — Beim *f* ist
auch in der $\varkappa o\iota v\acute\eta$ das Gesetz klar ausgeprägt: *bríf, bríwes*;
hof, hówes; *wolf, wolwes*; *fünf, fünwe*; *zwölf, zwölwe*; dies
ist die allgemeine Sprechweise, sowohl des Volks, als der Gebildeten, und dafs die Schrift (aus etymologischen Gründen)
sie nicht bezeichnet, kann uns hiebei sehr gleichgültig sein.
Nur Eins verbitten wir uns: dafs man uns zumuthe, dieser
Schrift zu Liebe auch wirklich *briefes, wolfes, zwölfs,* etc.
zu sprechen; es wäre doch gar zu possirlich.

e) Und jetzt ziehen wir den Schlufs: Wenn es sich als
allgemein hochdeutsches Lautgesetz herausstellt: die auslautende Fortis, sobald sie in den Inlaut tritt und ein
Vokal folgt, in die entsprechende Lenis übergehen
zu lassen; ein Lautgesetz, welches in manchen Fällen zwar
der Wust etymologischer Orthographie unterdrücken, nicht
aber ganz ersticken konnte; wenn ferner die ahd. Denkmäler
auslautendes *f* unter den besagten Umständen in *v* verwandeln, so mufs dieses *v* die dem *f* physiologisch entsprechende
Lenis, d. h. nhd. *w* gewesen sein **); mit andern Worten, die

---

*) So z. B.
Ach, welkt einst des Lebens Rofe,
Ruhen wir in deinem (des Vaterlandes) Schofe.
(Aus dem Braunschweig'schen Gesangbuche.)
Manche sprechen hier freilich *Schóse;* und allgemein hochdeutsch gilt *ás, ásen*
(edimus); *blós, blósen* (nudum); *weis, weisen* (album); etc. Hier hat überall
das Zeichen *ss* so imponirt, dafs man ihm zu Liebe die Fortis auch in der Aussprache beibehielt. Im letzten Beispiele mag auch wohl der Gegensatz zu *weifen*
(sapientem) mit ins Spiel gekommen sein. — Das Volk, welches sich weniger
an die Schrift kehrt, spricht häufig *ájen, blófen*, etc.

**) Um „irrationale" Unterschiede in der Qualität der Laute hat die Gram-
matik, wo sie Hauptfragen entscheidet, sich ebenso wenig zu kümmern, als um
die irrationalen Unterschiede der Quantität. Ob also ein solcher zwischen dem

Formen *brieves*, *hoves*, *wolves*, etc. wurden damals so gesprochen wie heut zu Tage.

9. Diese Auffassung nun findet eine schöne Bestätigung

a) durch das Notker'sche Verfahren, welcher das *f* als Fortis, das *v* aber als die zugehörige Lenis behandelt, also jenes parallel dem *k*, *t*, *p*; dieses parallel dem *g*, *d*, *b* anwendet. Vgl. §. 148, 2.

b) durch die mhd. Reime, welche *f*, *v*, *w* niemals mit einander verbinden, also *sláfen* (dormire) nicht mit *gráven* (comitem) und ebenso wenig eines dieser beiden mit *gráwen* (canescere); sehr natürlich, weil eben alle drei in ihnen vorkommende Labialen gahz verschiedene Laute waren; auch nhd. *f* reimt nicht auf nhd. *w* und hätten wir noch den dritten Laut, das ahd. oder engl. *w*, so würde auch dieser niemals mit ihnen verbunden werden.

c) durch die Wahl des Zeichens (*u*, *v*), welches offenbar dem lateinischen Alphabete entlehnt ist, und die Schreibung der Fremdwörter, als *david*, *eva*, *evangelio*, *venie*, *vintále* (*ventaille*). So lange man dem lateinischen und romanischen *v* den Laut unsers heutigen *w* zuschreibt, hat man kein Recht, diesen Laut dem ahd. *v* abzusprechen. — Die altsächsische Schrift, der lateinischen Bildung ferner, schwankte unentschieden zwischen *u* (*v*) und *bh*; in dem cod. cott. (der älteren und besseren Handschrift des Heliand) stehen beide Zeichen.

10. So bleibt denn nur eine Schwierigkeit noch, nämlich der Gebrauch des ahd. Zeichens *v* (*u*) auch im Anlaut. Wir haben gesehen, daſs diese Erscheinung in der ahd. Periode überhaupt nur selten und in den ältesten Denkmälern fast gar nicht vorkommt, dann aber immer häufiger und während der mhd. Periode beinahe zur stehenden Regel wird. —

Laute des ahd. *v* und dem des nhd. *w* obwalte, kommt hier nicht in Betracht, und zwar um so weniger, als der Laut dieses *w* selbst einigen provinziellen Schwankungen ausgesetzt ist. Im Holländischen unterscheiden sich *f*, *v*, *w* ganz bestimmt; beide letztere Laute sind Lenes und, so weit meine Prüfung reichte, ist *v* mehr dental, *w* mehr labial, obschon nicht so sehr wie engl. *w*; doch möchte ich hierüber noch weiter mich belehren lassen. Einer gütigen Mittheilung des Hrn. Prof. De Vries in Leiden zu Folge wäre holl. *w* = hochd. *w*, eher noch etwas sanfter, am meisten ähnlich dem dän. *v* (*vind*, *vor*), holländ. *v* aber vollkommen ähnlich dem franz. *v* (*vin*, *votre*, *vous*). — Diese Erklärung überraschte mich in sofern, als ich trotz aller Mühe den Unterschied zwischen hochd. *w* und franz. *v* nicht zu entdecken vermag. Auch Lepsius, Schleicher, Heyse, etc. betrachten beide Laute als gleich.

Hiefür geben wir folgende Erklärung: Die Aussprache des
lateinischen und romanischen *v* vergröberte sich allmälig
in Deutschland, und zwar nach dem Mafse als die Kenntnifs
der lateinisch-romanischen Fremdwörter aufhörte ausschliefs-
liches Eigenthum einer kleinen Anzahl hochstehender und hoch-
gebildeter Geistlicher zu sein und in die weiteren Kreise der
niedern Geistlichkeit, des Adels, endlich selbst des Volkes
eindrang. Jene Derbheit des Organs, welche anlautende Lenis auch in andern Fällen nicht hervorzubringen vermochte,
verwandelte das anlautende *v* der Fremdwörter in die Fortis *f*, ganz so wie es noch heut zu Tage in gewissen Schich-
ten der Bevölkerung geschieht und wovon wir in Süddeutschland zahlreiche Proben auch bei Gebildeteren vernommen
haben *) — Auf diese Weise gewöhnte man sich allmälig
daran, das Zeichen *v* mit dem Laute *f* in der Vorstellung zu
verbinden und endlich auch in deutschen Wörtern diesen
letzteren Laut mit jenem Zeichen zu schreiben. Der Mifs-
brauch schwand erst mit dem Wiederaufleben der klassischen
Studien; natürlich nur langsam, und einige Spuren bis heute
zurücklassend.

---

*) Wie oft hörten wir da: *Fesper* oder *Feschper*, *fobiscum* oder gar *fopischcum*, *Fiper*, *Feteran*, *Ferona*, *Fenedig*, *Fersalch* (Versailles), etc.; selbst im Inlaut: *Efangelium*, *Adfent*, etc.

Gedruckt bei A. W. Schade in Berlin, Grünstr. 18.